JN279993

ホッブズ　政治と宗教

『リヴァイアサン』再考

梅田百合香　著
Umeda Yurika

名古屋大学出版会

ホッブズ　政治と宗教

目次

序論

1　なぜいま『リヴァイアサン』か——近代政治思想史と現代

近代とはいったい何か。とりわけ、ヨーロッパの政治思想史を対象とした場合、我々は、現代が、近代における無数の思想家たちの営為によって創り出された知的遺産のうえに成り立っているということを知っている。しかし、我々は近代の知的遺産の内実すべてを把握しているわけではない。むろん、近代という時代の本質的な特徴ということであれば、我々はいくつか挙げることができる。たとえば、ルネサンスと宗教改革を受け、神聖ローマ帝国とローマ・カトリック教会を支柱としたヨーロッパ普遍社会の枠組みが突破され、各地域に国民国家が出現してきたこと。また、これに合わせる形で、国家主権の概念が登場し、ボダンの主権論に見られるように、国家の主権の最高性および絶対性が主張されるようになったこと。そして、宗教改革によって、神と信徒とを媒介する教会の役割が後景に退けられ、救済について神と人間個人との直接的な関係が強調されることにより、個人の価値の覚醒が起き、主体的な個人という概念が出てきたこと、などである。神と向かい合った個としての人間存在の強調は、一つの国家を形成する素材たる原子的個人という考え方の思想的土台を形成した(1)。以上のことから、近代とは、宗教改革を決定的な契機とする国民国家形成への衝動から引き起こされた、政治と宗教の関係の劇的転換に対する知的格闘の時代と言うことができよう。言い換えれば、中世から近代への時代の移り変わりの一つのメルクマールは、政治の宗教からの自律化、すなわち、政治が中世的な宗教的観念から解放され、固有の価値と論理とを追求する領域となったということである。つまり、近代において、政治の究極的な目的から、来世における救済や至福といったような宗教的性格が取り除かれ、人権や秩序の構築と維持がそれに取って代わったのである。秩序の形成と政治の宗教に対する原理的対決、そうした問題はすでにニッコロ・マキアヴェリなどによって追究されたが[2]、これを初めて体系的に理論化したという意味で、トマス・ホッブズの『リヴァイアサン』は、近代政治理論の最初の代表例とみなされる。したがって、ホッブズが政治と宗教との関係をどのように処理し、どのような論理構成を行ったかを解明することは、近代を理解するための一つのアプローチを提出することになると思われる。そこで本書は、ホッブズの政治思想が大成された著作『リヴァイアサン』を、近代を再認識する一つの題材として取り上げることにしたい。

さて、本論の叙述のなかで明らかにされていくように、ホッブズは宗教を政治的秩序の枠のなかに位置づける理論を体系化した。結論を先取りして言えば、ホッブズの思想史上の意義は、宗教に対する政治の原理的な対決という点に存在すると思われる。中世の政治理論の場合、救済を最終目的とする思想構造のなかで、宗教すなわちローマ教会が、政治的秩序に対して介入することが肯定されていたが、彼はこの思想の枠組みを大きく転換した。宗教改革後のホッブズの時代においては、ヨーロッパ各地で、宗教的心情に突き動かされた人々が政治的手段をとって秩序を変革しようとして宗教戦争を引き起こし、その結果、国家は分裂し、諸外国の介入をまねいて国民統合が阻害され、社会状況が荒廃していた。ピューリタン革命は近代的市民（権）の確立という画期的な意味をもちながら、しかし、一つの秩序へと収束されねばならない、まさにその典型的な例である。ここから推測されるのは、ホッブズの課題は、宗教的心情が政治権力に対して叛逆することを原理的に封じ、国民を統合して、安定的な国民国家をつくりあげることにあった、ということである。そこで、ホッブズは、政治を宗教的な世界からいったん自律させ、さらに今度は、宗教そのものを政治の世界の制御下におこうとするのである。したがって、近代性のメルクマールである政治の宗教からの自律化は、政治から宗教的考慮を排除するということを意味するわけではない。近代イコール非宗教性ではないのである。なぜなら、政治における固有の価値と論理の追求は、宗教の消滅を求めるものではなく、むしろ新しい宗教意識に由来する新しい倫理観に支えられてもいるからである。たとえば、現代の民主主義国家における市民一人一人の本質的平等の原理は、ホッブズの自然状態論に由来するが、この原理を憲法で採用するべきだと考えるのは、多様な意見の集約・調整を前提に、当該国の倫理・道徳観や宗教観を背景とした政治的判断によると思われる。新しい政治的価値観は、常にそれを支える倫理観を伴っており、また、この倫理観は、自然、人間、世界に対する根本的な問いによって追求され、新しい宗教意識、より現代的に言えば、新しい世界観（世界は失われてしまったという考え方も含めて）(3)との相互作用によって形成されているのである。ホッブズの思想の継承者であるロックとルソーを見るならば、一方で、ロックは、「宗教的寛容」の原理に基づく政教分離の政治論を展開し、他方で、ルソーは、市民育成の原理としての「市民宗教」に基づく政治論を提起している。政治と宗教の緊張・対立関係を克服する論理が、それぞれ新しい宗教意識と倫理観に基づいて創り出されており、かつ、それゆえに、異なる性格の、しかしいずれも「近代的な」政治理論が生み出されることになる。つまり、近代政治思想史とは、政治的領域が宗教的領域の価値観との戦いのなかで、独自の価値と論理を追求しつつ、対立を克服する様々な解決パターンを提出するプロセスとも言える。以上のことをふまえると、ホッブズの政治思想は、後の思想家たちに対して、近代の政治原理について基本的視座を与えたと言うことができる。

ホッブズの政治思想において、国家の意志決定の主体は主権者であり、主権者は群衆各人の信約（同意）によって樹立され、各人からの権威付与《オーソライゼイション》によって、彼らの人格の代表者となる。単なる個人の集合であった群衆は、一人格として設立された主権者に代表されることによって、一つの国民となるのである。これは、現代における代表制理論の基礎となる考え方である(4)。主権者は、具体的には、国王または議会が想定されており、ホッブズの場合、主権の形態としては必ずしも国民主権ではない。しかし、この権威付与の論理によって、人々は国家を構成する成員全体で一つの集合体として主権者と同一化され、この一人格を担った主権者の意志が法となると考えられており、ホッブズの主権論は、明らかに今日の国民主権の原型である。すなわち、ホッブズは、各人の信約（同意）によって樹立された主権者の意志を法として定立し、これに基づいて統治し統治されるという政治システムを確立することによって、治者と被治者の同一性という政治原理を最初に定式化したと言える。また、ホッブズは、人間は女性であれ男性であれ、自然の状態では心身の能力において平等であるとして、この自然的平等の原理に基づいて国家を形成する論理を打ち立てた。人間に自然的な優劣があることを認める伝統的な政治理論から脱却し、人間の本質的平等を基礎として国家論を原理的に構成したという点は、ホッブズの政治思想の近代性を示すきわめて重要な要素である。本書の議論は、こうした点を前提としている。ホッブズの創出した政治的諸原理は近代政治思想の基礎となった。ホッブズ以降の近代の思想家たちは、平等な個人や擬制としての治者と被治者の同一性というホッブズの政治原理を前提にして、国民国家論や民主主義理論を展開していったのである。

こうして近代国家論は現代にいたるまで様々に変容・発展を遂げているのであるが、近年、EU統合によって主権国家の権限が上部機構に一部委譲されるという局面を迎え、国民国家の主権それ自体をあらためて問い直すことが求められるようになった。国家とは何か、主権とは何かという問題が差し迫った問題として浮上しているのである。たとえば、EU諸国は、統合進展のプロセスのなかで、国民国家の枠を超えたEUというより大きなポリティに権限を部分的に委譲し、それに包摂されながら、同時に、移民など国内の異民族・異文化集団の存在によって、それまで一様とされてきた国民の属性を見直すことを迫られ、国民国家の枠を内外から揺さぶられている状態にあると言える。(5) しかしまた、ヨーロッパ諸国は中世においてローマ教会を頂点とするキリスト教圏としての一体性を経験しており、EUの統合はこうした共有された歴史的経験に支えられている面があることも否定できない。こうしたことからも、国民国家という考え方が形成されるようになった歴史的な端緒に立ち返り、その原理を見つめなおすことは重要な意義があるように思われる。我々は、現代世界の実情を理解することを常に求めているが、それには、自己を冷徹に見つめなおす歴史的な視野が必要であり、そのためには今ある仕組みの発端へと回帰し、その原理を再考しなければならない。現代国家が抱える問題性を正確に把握し、何らかの解決方法や展望を見出すためには、我々が立脚している近代的諸原理に立ち返り、それらがもつ本来の意味を再確認する必要がある。我々が、近代の政治的諸原理が生み出された原点たるホッブズの政治思想に回帰する理由はまさにここにある。

我々がホッブズに問わねばならない問題の一つは、近代から現代にかけて、主権者の担い手が国王、議会、国民と変遷してきたけれども、なぜ、主権者は一人格として設定されねばならなかったのか、ということである。国《リヴァイアサン》家が一つの人格とされるのは、伝統的な有機体的国家を意味するのではない。ねらいはもっと別のところにある。論証は本論に譲り、ここで仮説的に述べるならば、それは、いかに各人の善を保持させながら彼らを国民として統合し、宗教を政治の枠内に包摂するかというホッブズの政治的課題の論理的帰結なのである。ピューリタン革命、すなわち自らの神のために戦う宗教戦争は、国益を追求するための戦争と違い、この辺りで手を打とうというような妥協点を設定することが困難である。徹底的な現世改革や浄化を求め、行きつくところまで行こうとする。その戦争の結末は悽惨をきわめる。終わりなき流血を回避するには、宗教の政治化自体を防ぐしかない。ホッブズはそう考えた。ホッブズは、この課題を果たすために、『リヴァイアサン』第一部・第二部において、各人間の善を主観的なものと規定して自然状態を描き、そしてこれに基づく社会契約論すなわち各個人の同意に基づいて一つの人格（person）を形成するという論理をつくり、その社会契約論を基礎にして、『リヴァイアサン』第三部・第四部において宗教を政治的秩序の枠内に包摂するための宗教論（聖書解釈）を展開する。これによって、主権者において政治と宗教とが統合される国家論が確立され、主権者は、政治的領域において国家を代表する人格となり、宗教的領域において教会を代表する人格となる。すなわち、主権者は二つの性質をもった同一の人格であり、一つの主権国家は、主権者において政治的にも宗教的にも統合され、臣民は聖俗双方の領域において、主権者への服従を厳格に義務づけられるのである。聖俗両側面を統べる主権者が各人の同意によって生成されるという論理によって、宗教は政治から統御されるのである。これが、ホッブズの政治思想の核心部分である。

なお、ホッブズの政治的著作は『リヴァイアサン』に限られず、彼の政治思想全体を明らかにしようとするならば、『法の原理』や『市民論』およびその他の哲学的諸著作の考察も必要となってくるが、本書の検討対象は『リヴァイアサン』に限定されている。したがって、本書によってホッブズの政治思想の全体像が示されるわけではない。しかし、他の諸著作に比べ、同時代および後世に対する『リヴァイアサン』の突出した影響力の大きさを考えると、まずもってこの著作を取り上げることに一定の意義があると思われる。また、ホッブズ自身が王政復古後に『リヴァイアサン』をラテン語によって再公刊したことを考えるならば、本人もこの著作を自らの政治思想を大成したものと捉えていたと見ることができる。したがって、筆者は、『リヴァイアサン』の理論的性格を明らかにすることによって、ホッブズの政治思想の重要な基本となる主張は示しうると考える。このように、『リヴァイアサン』をいま一度再考し、この著書の全体的な論理を把握することによって、先のような解釈が妥当であることを試論的に示そうというのが、本書のねらいである。

2　研究史の特徴と問題

ホッブズ研究は膨大で多岐にわたり、すべての論点に言及することはとてもできない。また、各論者の論点も種々様々である。そこで、ここではそういった多様な論点を紹介するということではなく、本書の問題関心である『リヴァイアサン』の論理構造の把握、とくに政治と宗教の関係がどのような論理構成で描かれているかという視角に限定して、簡単に研究史を整理し、この点における研究史上の問題の所在を明らかにしたいと思う。先行研究はそれぞれ独自の課題において大きな成果を収めており、本書もその恩恵に浴するものである。これを前提としつつ、本書の限定された視角に基づいて、あえて大胆にカテゴライズし、ホッブズ研究の特徴と問題を浮かび上がらせることを試みたい。

(1) 欧米の研究史

二〇世紀のホッブズ研究の隆盛[1]に先鞭をつけたのは、レオ・シュトラウスである。シュトラウスは、一九三六年の『ホッブズの政治哲学——その基礎と起源』において、ホッブズの思想史上の意義を、個人の自然権の確立にあると主張し、そこにホッブズの近代性を見出した。彼によれば、ホッブズ以前の伝統的政治理論においては、個人の権利に論理的に先行するものとして自然法がおかれ、自然法の制約のなかでのみ個人の権利が認められていたのに対し（自然法の優位）、ホッブズの場合、個人の自己保存のための自然権が論理的な起点として設定され（自然権の優位）、この権利の実現のために自然法と国法とが導き出されてくると言う。そして、ホッブズの政治哲学の道徳的基礎は自然権であり、自然状態において自然法は存在しないという解釈を示す。彼の視点では、近代性の根拠は、ホッブズが自己保存の権利たる自然権を政治哲学の基礎とし、そこから自然法や神法といった宗教的要素を一切排除した点にあるとされる(2)。シュトラウスは、『リヴァイアサン』における政治哲学が神学的議論から独立しているということだけでなく、ホッブズ自身が無神論者であるとも主張しているが(3)、彼と直接交流のあったカール・シュミットは、このようなシュトラウスの解釈を批判し、ホッブズは「異教系キリスト教徒的」であって、異教的という特色はあるもののキリスト教的立場にあり、「キリスト教共同体、キリスト教国家を前提していた」と反論している(4)。

また、シュトラウスのホッブズの政治哲学に関する解釈は、さらにハワード・ウォーレンダーによって真正面から異議が唱えられる。彼は、一九五七年の『ホッブズの政治哲学——彼の義務の理論』において、ホッブズの論理的起点は自然法であるとし、ホッブズの思想から権利よりもむしろ義務の理論を見出す解釈を提起する。すなわち、自然法は自然状態においても存在するのであって、義務の根拠としての自然法とその命令者である神の存在が、ホッブズの思想体系の核心であると主張するのである。ウォーレンダーの場合、ホッブズの近代性は、ホッブズが主権者の公的良心を法と同一化し、臣民の私的良心（内面的思想）と峻別することによって、法によって規制される政治的領域を外面的行為に限定し、内面における思想の自由を保障したことにあると解されている(5)。シュトラウスとウォーレンダーは、今日まで決定的な影響力をもち続けているホッブズ研究史上の両巨頭と言えるであろう。両者の解釈はその後の研究に対し、ホッブズの思想における論理的基礎は、個人の自己保存のための自然権か、それとも契約とその遵守に義務的性格を与える自然法か、という論争図式、およびホッブズの理論は無神論的かあるいは有神論的かという論争図式を提示することになる。

シュトラウスは、ホッブズの政治哲学の基礎が近代自然科学にあるとは見ず、自然科学的な論証形式によって覆い隠されている真の道徳的基礎を明らかにすることに焦点を絞った。彼はホッブズの政治哲学を自然哲学から切り離して解釈し、その基礎を初期の人文主義的研究によって培われたホッブズの道徳的人間観に見出したのである。(6) ウォーレンダーは、ホッブズの政治哲学が自然哲学から本質的に独立しているという点についてはシュトラウスと意見を共有しているが、(7) 政治哲学の道徳的基礎を自然法的伝統に見ることにおいては見解を異にした。シュトラウスの解釈の背景には、現代における自然権の否定が多様性ないし個別性の無限の尊重をもたらし、ついにはナチズムの台頭をまねいた、ということへの反省が彼自身の問題意識として存在する。(8) ユダヤ人である彼にとって、ナチズムの経験を教訓化し、社会科学者として究極的価値の問題をあらためて問うこと、すなわち、自然権思想を復権させることが強烈な使命意識となっていたように思われる。同様に、ウォーレンダーの解釈も、彼の問題意識を反映しているように見える。ウォーレンダーの時代である五〇年代後半から六〇年代は、シュトラウスのときとは対照的に、市民的自由ないし権利の一方的主張と市民的義務の希薄化という問題が欧米社会において高まっていた。したがって、ホッブズ解釈における権利から義務への理論的焦点の移動は、一方で、市民の側に政治的義務を呼び起こし、他方で、政治家や行政官に対しても内面的義務を喚起することを実践的課題としていたように思われる。

ところで、ウォーレンダーのホッブズの自然法についての有神論的解釈は、A・E・テイラーから継承されたものので、テイラーの説に修正が加えられ体系化されたものである。そこで彼らの解釈は「テイラー・ウォーレンダー・テーゼ」とも呼ばれている。(9) テイラーによれば、ホッブズにおける自然法は国家設立以前（自然状態）にも以後にも存在し、一貫して人間の内面を義務づけている。したがって国法に従う義務のない主権者をも義務づける。自然法が義務的であるのは、それが神の命令だからであり、ホッブズの自然法についての教説は「きわめて厳格な義務論である」と言う。(10) ウォーレンダーはテイラーの主張を敷衍してホッブズの義務論として打ち出し、学界に義務論争を引き起こした。それは、政治的義務という現代的な問題関心と大きく関って、『ホッブズ・ルネサンス』と呼ばれる一九六〇年代の盛んなホッブズ研究の端緒となったのである。(11)

義務論争には非常に多数の論者が取り組んでおり、様々な観点から問題が提起されているが[12]、なかでも、ウォーレンダーの義務の根拠を神の命令とする解釈に対する主な批判者としては、トマス・ネーゲル、ジョン・プラムナッツ、J・W・N・ワトキンス、ブライアン・バリー、およびデイヴィッド・ゴーティエなどが挙げられよう[13]。ネーゲルやワトキンスは、ホッブズの理論の基盤を「利己主義的心理学」とみなすフェルディナント・テニエス以来の伝統的解釈の立場から、ホッブズのなかに道徳的義務を見出すウォーレンダーに反論する。ネーゲルによれば、「ホッブズが道徳的義務と呼ぶものは、もっぱら合理的な自己利益の考慮に基づいて」おり、「利己主義的な動機の理論が著作〔リヴァイアサン〕全体にいきわたっている[14]」という。同じく、ホッブズの自然法は合理的利己心から導出されると捉えるワトキンスは、「ホッブズの自然法には顕著な道徳的性格は認められない[15]」として、道徳性を否定する。ゴーティエの見解でも、ホッブズの体系において神は副次的な役割しか担っておらず、有神論的な前提は論理的に余分であるとされる[16]。したがって、ホッブズにおける道徳的義務とは、論理上神に依存するような「宗教的道徳」ではなく、個人の利益を超えたより大きな「相互的便益」に基づく「世俗的道徳」であると言う[17]。

これに対して、道徳的義務を強調する立場から反論が提出される。「テイラー・ウォーレンダー・テーゼ」を継承したバーナード・ガートは「利己主義的心理学」に依拠するとみなす解釈を否定し、ホッブズにおける道徳的義務の意義を力説する[18]。また、ウォーレンダーの有神論的解釈を発展させたF・C・フッドからは、ホッブズの政治論の核心は哲学的基礎づけの前から存在したキリスト教的政治思想にあり、それゆえ自然法の義務は心理学的な説明を必要としないという立場が提起される。彼の解釈では、ホッブズにとって政治哲学はキリスト教政治論を補完するものであって、真の意図は王権神授説にあるとされる。フッドは、ウォーレンダーよりもさらにキリスト教的な見方を強めて、ホッブズにおける権利を、神が自然法によって禁じることをしなかった、いわば「自然法の沈黙によって残され認められた自由」だと論じる[19]。こうした意味で自然法が自然権に先行すると理解されているのである。マイケル・オークショットもホッブズにおける道徳的義務の重要性を強調するウォーレンダーの立場を継承しているが、義務の根拠を神の命令とする側面を後景に退けている。そして、自己保存に力点をおく教説や自然法の義務の源泉を神にあるとする主張など、義務論争のなかで出された様々な解釈を、社会契約によって生じる「政治的義務（*civil* obligation）」のなかに、道徳的義務として包括するという試みを行っている。[20]

以上のように、シュトラウスとウォーレンダーを画期として、ホッブズの理論における論理的基礎を自然権に見る解釈と自然法にあるとする解釈との対抗、および、ホッブズを無神論者と捉えるか少なくともホッブズ哲学の世俗性を強調する解釈とホッブズの思想体系における神ないし宗教的概念の重要性を主張する解釈との対抗が研究史上形成されたと言える。そして、このような世俗的解釈と宗教的解釈という論争図式は、ホッブズ解釈の方法の問題と関って、さらなる展開を見せる。

イギリス、ドイツのホッブズ研究の動向を整理した三吉敏博によると、「ホッブズ・ルネサンス」以降、ホッブズ研究には方法上、二つの大きな潮流が見られると言う。一つは、「原典を中心に、その斉合性（coherence）という観点から分析哲学によって追究する立場」[21]であり、ウォーレンダーに端を発した上記の研究動向がそれにあたる。すなわち、ホッブズの歴史的・社会的背景はあえて捨象し、テクスト・クリティークに徹して「彼の理論がどういうものであるのか」[22]を探るというものである。もう一つは、「歴史的コンテクストとの関連でホッブズを捉えようとする立場」であり、クエンティン・スキナーに代表される「社会史的アプローチ」の立場をとる人々である。[23]スキナーは、一九六四年の論文「ホッブズの『リヴァイアサン』」において、従来のホッブズ研究に対して思想分析に関する方法論的な批判を行い、ホッブズの思想史的意義を歴史的文脈において捉えるべきだと主張した。彼によれば、ウォーレンダーやフッドに顕著に見られるように、従来の研究は、原典《テクスト》の分析を通して、思想の論理的一貫性を再構成しようとしてきた。しかし、同時代に対する関連性を視野に入れることに関心があまりないために、研究者自身の問題意識に引きずられ、現代的な問題関心からホッブズ解釈を行ってしまう危険性をともなっていたと言う[24]。研究者はホッブズ自身の課題に即すべきであり、そのためには、テクストを当時の社会的および政治的コンテクストで読み、ホッブズの思想を歴史のなかで再構成すべきであると説く[25]。

スキナーのアプローチは、具体的には、ピューリタン革命期のイギリスにおいて、ホッブズが『リヴァイアサン』を著した意図を探るという形で現れる。それは、ホッブズを理解するためには、当時のイギリスにおける政治と宗教との関係を視野に入れなければならないということを示唆するものであった。この課題を受けて、以後のホッブズ研究では、ホッブズにおける政治と宗教との関係、とりわけ『リヴァイアサン』の第三部と第四部の宗教論へ注目する動向が形成されることとなった。

『リヴァイアサン』は四部で構成されており、第一部「人間について」は人間学、第二部「国家共同体《コモンウェルス》について[26]」は政治学、第三部「キリスト教の国家共同体について」と第四部「暗黒の王国について」とが宗教論（聖書解釈）となっている。シュトラウスやウォーレンダーのようないわばテクストを重視するアプローチをとる研究者は、『リヴァイアサン』の第一部の人間論と第二部の政治論に分析を集中していたが、コンテクストを重視するアプローチを提唱するスキナー自身も義務論争を論戦の足場としていたため、宗教論にはほとんど取り組んでいなかった。この問題を認識したJ・G・A・ポコックは、『リヴァイアサン』後半部分は従来の研究において無視されてきたと批判し、宗教論の分析の重要性を説いた。こうして七〇年代以降、前半の人間論および政治論と後半の宗教論の論理的連関の有無という問題が盛んに探究されるようになる。

宗教論に注目する研究動向は、大きく二つの見方に分かれている。一つは、『リヴァイアサン』の前半部分と後半部分とが論理的に自律していると捉えるもの、そしてもう一つは、相互に論理的に連関していると捉える見方である。前者を主張する代表的論者が、ポコックやE・J・アイゼナッハであり、後者の解釈を打ち出すのがパトリシア・スプリングボーグおよびR・J・ホーリデイ、T・ケンヨン、A・リーヴである。ポコックの解釈では、『リヴァイアサン』の前半部分は非歴史的過程において自然理性によって推論される哲学であり、後半部分は聖書から知られる歴史論であるとされ、哲学的部分と歴史的部分とはそれぞれ論理的に自律していると捉えられる。(27)スプリングボーグは、前半と後半とが自律的であるというポコックの解釈を批判し、哲学的議論と神学的議論との相互浸透を主張する。スプリングボーグの場合、第一部・第二部においては、自然理性の法に基づく政治的主権者の成立が説明され、第三部・第四部においては、旧約聖書から導き出される歴史論を根拠に、政治的主権者が究極的な聖書の解釈者とされることによって、教会権力が排除され、信仰の問題がすべて政治的服従の問題へと転換されていると解釈する。つまり、後半の宗教的歴史論は、その論理的類推であるキリスト教の国家の議論から独立して存在すると理解することは困難であると言う。(28)

これらの研究は、『リヴァイアサン』の宗教論の詳細な分析を提示したという点できわめて画期的である。しかしながら、論点が前半の哲学（人間論・政治論）と後半の宗教論との論理連関の有無にあったため、第一部から第四部にかけての『リヴァイアサン』全体の体系的な構成を把握しようという視点で分析が取り組まれていない。周知のように、『リヴァイアサン』第一部の人間論の最初の部分は言葉の定義で埋め尽くされており、ここでの定義に基づいてそれ以降の議論が展開されている。定義は論証の前提であり、これに基づいて公理や公準が定められ、ここから演繹された結論が次の議論の基礎となっている。これは、ユークリッドの幾何学における論証方法から示唆を受けたホッブズが、科学というものに必要な論述形式として設定したものである。以下本論において明らかにされるように、この論証形式は『リヴァイアサン』の構成においても一貫しており、先行の部が次の部の論理的な布石となっている。すなわち、第一部人間論は第二部の国家論の土台であり、その国家論は第三部のキリスト教の国家論の理論的枠組みとされ、そして第四部の「暗黒の王国」論ではキリスト教の国家論を前提として教会権力批判が行われているのである。ホッブズは体系的な理論家であるとしばしば言われるが[29]、しかし、研究史上、主著とみなされている『リヴァイアサン』の構造の体系性は、本格的には解明されておらず、課題として残されている。

ここでひとまず、これまでのところをまとめてみよう。ホッブズ研究史上、自然権か自然法かという対抗あるいは世俗的解釈と宗教的解釈という論争図式に方法論上の批判が加わり、社会的および政治的コンテクストのなかで分析する必要性が求められる一方、『リヴァイアサン』の宗教論への注目が喚起され、前半の哲学と後半の宗教論の論理連関の有無が新たな争点として提起された。こうして、後半の宗教論がようやく分析対象として設定されるようになり、論理構造のテクスト分析が行われるようになった。とはいえ、『リヴァイアサン』全四部の体系的な構成をふまえたうえでホッブズの政治思想を解明しようという取り組みとしては、十分ではなかった。こうしたなか、九〇年代以降、スキナーのコンテクストを重視するアプローチを継承したジョウハーン・P・サマヴィル、リチャード・タック、ノエル・マルコムは、より正確な歴史的文脈の把握を求めて、書簡や手稿を掘り起こしてホッブズと同時代の人々との知的影響関係を調べ、彼の思想的背景を洗い出すための実証的研究を進めている[30]。

このように、宗教論まで拡大したテクスト分析が進むとともに、ホッブズの歴史的実像を明らかにしようというコンテクスト分析も進展を見せている。しかし、他方で、こうした二つのアプローチはいわば分断した状況にあり、これをどのように調整するべきかが新たな問題として浮上している。以上のことから、欧米の研究史上の課題として二点指摘することができる。第一に、テクストを重視するアプローチとコンテクストを重視するアプローチの双方によって提出された成果を尊重するとともに、この間にある方法論上の溝を問い直すこと。第二に、『リヴァイアサン』全四部を貫く叙述の体系性に配慮して、その理論的性格を解明すること。この研究史上の課題に意識的に取り組んだのが、A・P・マーティニッチ[31]である。

スキナーやタックは、同時代人たちのホッブズに対する無神論者という批判や認識を根拠に、ホッブズの政治思想の世俗性を主張している。[32] しかし、マーティニッチは『リヴァイアサンの二つの神――トマス・ホッブズにおける宗教と政治』(一九九二年)のなかでこれを批判する。すなわち、こうした解釈はホッブズのテクストに基づくものではなく、ホッブズの同時代人のホッブズ解釈に依拠するものであって、同時代人の解釈それ自体が適切かどうか定かでないにもかかわらず、それらに引きずられる可能性が高い。またテクスト分析が十分でないため、ホッブズ自身の言わんとするところを汲みとることができない。そうではなく、著者の言わんとするところをつかむ適切な解釈を行うためには、著者自身のテクストを分析すると同時に、「彼に影響を与えた歴史的、政治的、宗教的、科学的、および哲学的コンテクスト」を分析することが必要であると言う。[33] 彼は、自然法、自然権、信約といった社会契約論の基本概念と第三部・第四部の宗教論との関係を、同時代人や思想的影響を受けたと思われるカルヴァンを中心に比較検討し、次のように論じる。「神は前半の二つの部〔第一部と第二部〕の理論全体において中心的な役割を果たしている」。[34] ホッブズはカルヴィニストであり、その思想はカルヴァン主義の伝統に属する。よって、テイラー、ウォーレンダー、フッドといった宗教的解釈者は、神の命令がホッブズの理論のなかで本質的な役割を果たしているとするかぎりにおいて正しく、神の命令を自然法の必要条件だということを認めない世俗的解釈は誤りである、と述べる。そしてこうした観点から、自然法と自然権に関して次のように言う。自然法が法であるゆえんは、それが抵抗しえない力をもつ神の命令だからであり、この神の抵抗しえない力こそがあらゆる義務の根拠である。自然法は自然状態において存在し、義務的拘束力をもつ。自然権は自然法の内容であって、両者の相違は、自然法が自然権の内容に義務を付け加えるというところにある。したがって、ホッブズは自然権から自然法を引き出したのではない。[35] このように、マーティニッチの見解では、自然権優位の解釈は否定される。マーティニッチはテクスト分析とコンテクスト分析の両方を丹念に行うことによって、方法論上の二つのアプローチを統合しようとし、そのうえで宗教的解釈を打ち出しているのである。[36]

マーティニッチの研究は、信約と宗教論との関係について、テクストとコンテクスト双方の分析をより深め、研究史上問題となっていた、ホッブズの論理的基礎は自然権か自然法かという論争に決着をつけようとしている点で、きわめて示唆に富む有益な業績である。ただ、『リヴァイアサン』全体の体系的叙述に配慮しようとする我々の観点からすると、第一部における、信約行為の前提である感覚、情念、意志、理性、良心などの人間の生理的・心理的側面に関する議論と第二部の国家論および第三部・第四部の宗教論との論理関係についての説明がやや手薄に感じられ、とくにホッブズの意志論に関する検討がなされていないという点は問題であるように思われる。彼の場合、ホッブズの自由意志を否定する論理は、人間の意志作用・心理作用についてのいわば科学的な叙述との連関ではなく、神学的な決定論としてカルヴァンの予定説との連関において論じられるのである。[37]

これに対し、ユルゲン・オーバーホッフは、人間論において意志論は重要な位置を占めると捉え、ホッブズの意志論の形成と構造を科学的な側面から分析するだけでなく、ルターやカルヴァンおよび同時代の宗教的知識人の教説とも照らし合わせて検討し、この意志論が注目に値することを示した。テクストとコンテクストの両方の分析からホッブズの意志論の重要性を説いたという点で、彼の著書『ホッブズの意志論——イデオロギーの理由と歴史的状況』（二〇〇〇年）は、きわめて意義のある業績と言わねばならない。彼の解釈の大きな特徴は、ホッブズの意志論はガリレオの新しい科学的論証方法に影響を受けて構成された彼の機械論的哲学の所産であり、「唯物論的決定論」であると主張するところにある。[38] 彼によると、ホッブズの意志論とルターやカルヴァンとの教説との（みかけの）一致は、彼の「唯物論的決定論」に対する無神論という非難を回避するための戦略として後付けされたものにすぎず、意志論は神学的議論の前に確立していた。[39] そして、ホッブズはこの意志論を政治哲学の構築の際に応用するが、[40] ホッブズの政治論は神学的議論から独立して形成されており、[41]『リヴァイアサン』の第三部・第四部の宗教論もこの意志論の無神論的性格に対処するために構成された、いわば「唯物論的終末論」である。[42] このように、オーバーホッフはホッブズの宗教論の唯物論的特徴を強調し、彼の思想の世俗性を主張する。しかしながら、オーバーホッフの考察では、意志論が政治哲学の構築に応用されたと説くにもかかわらず、それと社会契約論との論理的関係が十分に検討されておらず、意志的行為である信約という概念の意志論上の意義が解明されていないという問題がある。

さて、以上が、政治と宗教の問題に関る『リヴァイアサン』の論理把握に焦点をしぼった、今日までの欧米の研究史の大まかな流れと問題点である。現在では、マーティニッチやオーバーホッフによって、テクスト分析とコンテクスト分析の双方に配慮してホッブズの思想の意味を検出しようというアプローチが試みられ、また、とりわけオーバーホッフによって、人間論におけるホッブズの意志論に注目すべきことが喚起された。後続する我々の課題は、こうしたアプローチを継承しながら、意志論にも着目しつつ、『リヴァイアサン』の叙述形式にできるだけ即した理論分析を行うことであろう。では、こうした研究動向に対して、日本のホッブズ研究はどのような立場をとってきたのであろうか。

(2) 日本の研究史

ホッブズの思想が研究対象として日本に初めて受容されたのは大正デモクラシー期であるが[43]、より本格的に取り組まれるようになったのは戦後民主主義の時代においてである。この戦後のホッブズ研究は、研究者の問題関心の推移によって大きく三つの時期に区分することができる。第一に、戦後日本における近代的市民社会の建設という実践的課題からホッブズの社会契約論へ理論的関心が高まった、敗戦直後から六〇年代にいたる時期。第二に、研究者自身の問題意識とは一線を画し、ホッブズ哲学そのものの体系的理解に関心が向けられた七〇年代。第三に、ホッブズの歴史的社会的背景の解明と宗教論の分析に研究作業が投入される八〇年代以降である。

日本のホッブズ研究史を詳しく調査した高橋眞司の整理に従えば、第一期には太田可夫、水田洋、福田歓一が属する。高橋によれば、彼らの業績は、大日本帝国の崩壊過程を自ら生きた体験から、「近代市民社会の哲学的基礎づけや近代政治原理の成立を問う戦後思想者の切実な関心」において共通していると言う(44)。また、こうした特徴と大きく関って、とりわけ太田と福田の研究は、自然権を出発点とするシュトラウスの解釈の影響を大きく受けていると言える(45)。その理由はおそらく、戦前の天皇制ファシズムに対する反省と戦後日本の近代化という課題から、基本的人権の思想を支える自然権優位の解釈に惹きつけられたからであろう。つまりホッブズの近代性を、政治原理としての自然権（自己保存）と政治論の脱宗教性に見る傾向が強いのである。他方で、「テイラー・ウォーレンダー・テーゼ」に見られるようなキリスト教すなわち宗教の存在を前提とする宗教的解釈は、彼らには戦前の国家神道を想起させるため、むしろ避けられるべきものとなったように思われる(46)。

ホッブズの政治理論に抵抗権は認められるか否か、というよく知られている論点は、このような自然権の優位という解釈を背景として出てきた。この論点はすでに水田によって『近代人の形成――近代社会観成立史』（一九五四年）において提起されていたが、やや時代が下って一九七六年に、自然権を根拠として革命権をも包含する抵抗権をホッブズに見出すP・C・マイヤー゠タッシュの『トマス・ホッブズと抵抗権』(47)が翻訳されたのをきっかけに再び活気を帯びた。但し、ホッブズに抵抗権を読みとるという場合であっても、モナルコマキ（暴君放伐論）あるいはロックの明言された抵抗権と同じものを認めるわけではない。ここで言う「ホッブズの抵抗権論」とは、ホッブズの理論においては、犯罪者が処罰を受ける場合のように、ある人間が主権者によって身体生命を脅かされたときには、それは自然状態への復帰を意味するので、その人間は自己保存の権利としての自然権を行使して抵抗することができる、というものである。この身体の防衛という消極的抵抗が、これを貫徹するために必然的に積極的革命に転化すると解するのが水田であり、田中浩はさらに一歩進めて、これによって「近代的な個人的抵抗権」が確立したと捉え、福田はこうした要素を認めつつも抵抗権と呼ぶことまでは差し控えるという態度を示すのである(48)。

しかしながら、筆者は、ホッブズに抵抗権を認めうるかどうかというこの問題設定自体に違和感をもつ。というのも、この論議は、ホッブズにおける自然権の優位という解釈を前提にする場合に現れるからである。そこでは、自然権がホッブズ理論のすべての出発点と考えられるために、主権者から自らの身体生命を脅かされるような命令を受けた臣民がもつ、命令に「従わない自由（the Liberty to disobey）」(49)が、通常の抵抗権概念に近似なものとしてみなされがちになる。つまり、『リヴァイアサン』第一部第一四章の「人間は、命を奪おうとして暴力によって襲いかかる者に対し抵抗する権利を放棄することはできない(50)」という叙述に依拠して、第二部第二一章の臣民の「従わない自由」が、通常の抵抗権になりうると拡大解釈されるのである。ちなみに、第一四章では「抵抗する権利」、第二一章では「従わない自由」と区別して表現されているのは、前者は、これから社会契約を行い自らの自然権を譲渡するという場面における、自己保存権の留保についての説明であり、自然状態における権利を指し、後者は、これを理論的前提として、社会契約が成立し主権者が形成された後における、主権者権力の暴力行使が問題となっており、国家状態における臣民の自由を述べているからである。ホッブズの思考に即せば、この「従わない自由」とは、単に暴力行使に対する人間の自己防衛本能を指すにすぎないのであって、臣民が国家に対して進んで権利要求できるものではない(51)。ホッブズがここで言わんとしているのは、自分の生命《いのち》を脅かすような暴力行使に対して自己を守ろうとするのは人間の本性であり、究極的に言えば神がそのようにつくった人間の自然であって、否定しても仕方がない、ということである。つまり、身を守るという本能は、食べるという本能と同様、法で制御したところでやめさせることはできないものであり、それゆえ肯定せざるをえないということなのである。

しかしながら、むしろここで重要なのは、ホッブズにおいて、自然権は自然法に論理的に先行するわけではなく、自然権と自然法のどちらも理論上いずれかが論理的に先行するわけではない、ということを認識することである。

この点を理解するならば、こうした論議のもととなる観点自体が修正されうるであろう。自然法と自然権に関するホッブズの定義と論理については第II部において詳論する。ここでさしあたり言えるとすれば、ホッブズの社会契約論自体が、自由意志論的な良心に基づく抵抗の主張をいかに排除するかを課題としていたことからすると、ホッブズのなかに抵抗権を見ようとするそうした分析視角は、ホッブズの意図するところに即していないように思われる、ということである。

ともあれ、このような第一期の研究がとった自然権の優位を特徴とする解釈は、その後の日本のホッブズ研究に対して、自然権を論理的起点とする世俗的解釈を基本的枠組みとならしめ、後々まで規定していくことになる。[52]

第二期七〇年代の研究は、研究者自身の問題意識を離れ、ホッブズの意図に即して、その思想の全体構造を明らかにするという関心に移行した。高橋はこの時期を代表する研究者として、岸畑豊、藤原保信、加藤節を挙げている。[53] 岸畑と藤原は、ホッブズの政治哲学を自然哲学から切り離すシュトラウスやウォーレンダーの解釈を批判し、自然哲学は政治哲学の基礎であると主張した。[54] なかでも岸畑は、ホッブズの哲学が「首尾一貫した体系」[55] であることを強調している。[56]

一方、一九七九年に公刊された加藤の『近代政治哲学と宗教』は、それまで日本においては分析が手薄であった『リヴァイアサン』第三部・第四部の宗教論に、初めて本格的に取り組んだ画期的研究である。先に述べたように、政治哲学としての社会契約論が宗教論との関連で検討されるようになったのは、欧米においてもようやく七〇年代に入ってからである。こうした意味で、加藤の研究は欧米の動向に一致するものであり、また、八〇年代以降の日本のホッブズ研究の先駆けともなった。ただ加藤の研究は、ホッブズの同時代の哲学的前提や彼が対峙した思想的伝統の内容にまでは踏み込んでおらず、[57] テクストを重視するアプローチの潮流に属するものであったと言える。

岸畑、藤原、加藤に共通するのは、第一期の研究者が、ホッブズの政治哲学から戦後市民社会の建設のための諸原理を引き出すことに一義的関心をもったため、『リヴァイアサン』の分析を第一部と第二部に集中したのとは異なり、ホッブズが意図した哲学体系の図式を重んじて、全体構造においてホッブズの著作を把握しようとしたところにある。こうした転換は、『リヴァイアサン』全四部の体系性理解に近づく大きなステップである。だが、彼らは、後半の宗教論を政治的な宗教批判と捉え(58)、論理上本質的なものとは解しないため、宗教論は政治論の付属物とみなされ、この結果、論理構造としては「『リヴァイアサン』の第三部、第四部なしにも《ママ》ホッブズの政治哲学は完結している(59)」と理解することになる。したがって、前半と後半、とりわけ第二部と第三部との論理的関連を見る視点は失われている。この点では、彼らはまだ第一期の世俗的解釈の枠組みに強く影響されていたと言えよう。藤原は、シュトラウスの立場に属することを明示的に示し、それに基づいて、テイラー、ウォーレンダー、フッドの自然法優位の解釈を批判する(60)。また、義務論争に取り組んだ中村義知も、従来のホッブズ研究史に対する「テイラー・ウォーレンダー・テーゼ」のインパクトを評価したうえで、バリーを支持してウォーレンダーの解釈を批判し、義務は神を根拠とするのではなく信約の結果として生じると世俗的解釈を主張する(61)。さらに、中村は、ゴーティエの世俗的解釈に与し、「ホッブズの政治体系において、有神論的前提は論理的に不要である」と結論する(62)。野嶌一郎も、義務の根拠は信約自体の論理から生じ、「ウォリンダーの解釈は、誤り」であり、「ホッブズの義務理論は、自然権の名によって自律化された人間の義務理論である」と論じる(63)。

ところが、八〇年代以降、宗教論を単なる政治論の付属物と見るのではなく、同時代に対する関連性を視野にいれ、宗教論の意味を解明することを通じてホッブズの政治論を理解していこうとする研究が日本にも現れはじめる(64)。そして九〇年代になるとそれは一つの潮流となった。その代表者が高野清弘と鈴木朝生である。鈴木は従来の研究を批判し、次のように述べる。「ホッブズの〈政治論〉は、〈宗教論〉の理解を前提にしなければ、まったく一面的に終るおそれなしとしない性格のものである(65)」。彼らはスキナーの方法論における問題提起を受容し、ポコックによって出された宗教論への注目という視角を共有して、ホッブズが格闘した当時の思想状況を追究する。[66] 同時代の政治的宗教的論争とホッブズとの関係を詳細に検討する彼らの著作は、日本においてホッブズの宗教論に関する今日の研究の基礎になったと言える。

しかし、以上の貢献にもかかわらず、彼らの課題がまずもって宗教論の解明にあったということもあり、彼らは、両者がそれぞれ主張するホッブズの宗教論の論理が、『リヴァイアサン』の構造において全体としてどのように関っているのかについては明らかにしていない。というのも、彼らは、同時代人との思想的対抗や政治および宗教状況への実践的対応との関連で解読することに強く力点をおくため、理論的なものとして歴史性を剝ぎ取られている『リヴァイアサン』の哲学部分の論理構造にはあまり踏み込まないからである。言い換えると、テクストの分析において、人間論、政治論、宗教論の論理的連関にはあまり重点がおかれないため、哲学部分の核心である信約が、宗教論との関係上どういう意味があるのか、論理の面ではっきりと見えてこないのである。

高野の場合、ホッブズは、ピューリタン革命のなかから生まれた新たな人間像にカルヴィニズムの人間観を見出し、この新たな人間類型を前提として政治論を構築したと言う。その際、信仰のためならば人間同士の信約を即座に破棄しないとも限らないピューリタン的人間が、平和共存のために国家を設立して信約を遵守するという論理を導出するために、理論のなかにヘブライ的な神だけではなく、各人の理性的推論を支えるギリシア的系譜の「第一起動者」としての神が導入されたと解釈する。[67] 高野の見解は、ホッブズがいかに当時の現実と神学的にそして哲学的に格闘していたかを示すという点できわめて意義が大きいが、高野が言うこのようなカルヴィニズム的人間観とギリシア的系譜の神が、ホッブズにおいてどのような論理によって接合するのかについて説明しておらず、理性的推論がなぜ信約遵守の義務の根拠となるのかを明らかにしていない。つまり、我々の観点からすると、国家設立の信約という政治論と人間論および宗教論の論理的連関に関する解明がなされていないという問題を指摘せざるをえないのである。

次に、鈴木の場合、まずその特徴として、スキナーの方法をより徹底化し、思想史研究における独特の方法を採用している点が挙げられよう。彼は、ホッブズの思想にその核心をなすアイデンティティが存在すると仮定して、その思想の全体像を描出するというような思想家研究のスタイルを否定し、ホッブズと同時代人の著作・文書の調査に基づいて、ホッブズが同時代の政治問題にどのように対応したのかを探究するという、歴史的状況に限定された問題設定を自覚的に厳格にとっている。彼は「同時代の認識は悉く的外れであり、時を隔てた後代のホッブズの読者こそ正しく実像を描きうるとは、断定できない」と力説しており[68]、この点について、マーティニッチの立場と真っ向から対立する。こうした手法を前提に、鈴木は高野とまったく逆に、ホッブズの人間論が呈示する人間像は、信仰のためなら命をなげうつこともいとわないピューリタン的人間とは正反対の、苦痛を回避し、快楽を追求し、自己の生命の維持保存を絶えず図る快楽主義的な人間であると解釈する[69]。しかし、この快楽主義的人間が自然状態を脱却して信約を結び、政治社会を設立するようになるのは、この人間に内在する理性が導くからであると言う。つまり、人間論と政治論とをつなぐ重要な論理は、高野と同様、理性的推論にあると見るのである[70]。しかし残念ながら、彼は高野と同じく、この論理の連関のあり方について、そのテクストの構造を我々に示してはくれない。

思想家の主張は確かに歴史的文脈に規定されているが、それがどのような論理構成によって描出されているのかを正確に把握したうえで理解するのでなければ、その真の課題や意図やその理論の意義を本当につかむことはできないのではないだろうか。コンテクストを非常に重視する点で共通する高野と鈴木が、にもかかわらず、ホッブズから正反対の人間像を読みとったことから伺えるように、解釈に際してきわめて重要となるのは、ホッブズの設定した人間像の論理構造の把握である。すなわち、ホッブズの人間論をコンテクストと照らし合わせてより深く分析し、テクストにおけるその理論的特徴を抽出して、それに基づいて政治論および宗教論を理解することが必要である。

近年では、宗教的解釈の潮流に即して、テクスト分析を掘り下げる研究も出てきている。マーティニッチや高野に示唆を受けた伊豆蔵好美は、『リヴァイアサン』の宗教論を、人間論や道徳論を含んだ政治哲学全体の本質的な構成要素として読み直す作業を行っている。こうした観点からテクスト分析を行うことによって、伊豆蔵は、『リヴァイアサン』の論理に内在するホッブズの問題意識や意図をつかもうとしている。しかしながら、内乱状況の収拾と平和の実現のための理論的処方箋の提出という課題が、ホッブズの執筆の意図として、歴史的文脈の確たる説明なしに一般的前提として措定されており、現実の政治問題への関りや周辺の思想家・神学者との知的格闘などについての検討は十分であるとは言えない(71)。伊豆蔵の研究は、『リヴァイアサン』の宗教論により深く接近し、その論理構造のなかからホッブズの問題意識を読みとろうとする点で、きわめて示唆的であるが、その分析方法は、テクスト中心的なアプローチにとどまっている。また、川添未央子からは、ホッブズの政治神学を研究するうえで、彼の自由意志を否定する考え方に着目する研究が提出されているが、これも本人自身が言明しているように、現時点では周辺の思想家や歴史的文脈は考慮に入れられていない(72)。

これまでをまとめてみると、日本のホッブズ研究史では、世俗的解釈の立場が大きな枠組みとなるなかで、第一期には『リヴァイアサン』第一部・第二部とに原典分析が集中していたが、第二期には第三部・第四部にまで視野がのび、第三期から今日にかけては、この枠組み自体が問い直され、宗教的解釈の意義を一定程度認めつつ、宗教論の分析がコンテクストを重視するアプローチとテクストを重視するアプローチの双方から行われている、といった状況である。しかし、以上のことからわかるように、この二つのアプローチは並存したままで、方法論の調整ないし統合の進展はまだ見られていない。したがって、日本においても、『リヴァイアサン』を歴史的文脈のなかに位置づけながら、同時に、体系的な叙述に即して、全四部の論理的関係や整合性の考察を行うことが課題として残されていると言えよう。我々はこうしたアプローチをとりながら、あらためて『リヴァイアサン』の論理的出発点である人間論のより深い分析を行い、ホッブズの人間像をしっかりとつかんだうえで、続く政治論と宗教論との論理連関の分析を行うことが必要である。

3　『リヴァイアサン』解釈の方法

以上のことから理解されるように、今日のホッブズ研究における、とくに政治と宗教の論理関係に注目した『リヴァイアサン』解釈上の課題は、歴史的文脈との連関で、『リヴァイアサン』の叙述形式に即した全体の論理構造分析を行わなければならない、というものである。そこで本書では、『リヴァイアサン』の論理構造の分析の前提作業として、まずは、ホッブズの歴史的実像に迫り、彼が一七世紀イングランドにおいて、どのような問題に直面し、いかなる実践的な課題を背負ったのか、そして、それをどのように解決しようとしたのかについて探究する。これは、具体的には、ホッブズの伝記的研究を必要とするであろう。というのは、ホッブズが『リヴァイアサン』を出版したのは、六三歳という比較的遅い時期であり、彼の思想がきわめて論理的に緻密な『リヴァイアサン』において大成されるには、長い期間にわたる、非常に様々な内的および外的なプロセスが存在したということが想像されるからである。また、日本の先行研究において、ホッブズの思想を考察する前提として、彼の生涯を紹介した研究はいくつかあるが、(1)『リヴァイアサン』の宗教論の意義を探究することを見据えたうえで、それにまつわるホッブズの思想と行動を丹念に追ったものはないと思われるので、ここで一度、ホッブズの宗教意識について目配りをしたものを彼の伝記に沿ってまとめてみるのも、日本の研究史上一定の意義があるのではないかと考える。したがって、本書は、まず第Ⅰ部において、ホッブズの自伝や書簡および同時代人による伝記などをもとに彼の生涯を通観し、様々な時期に彼が当面した問題をフォローすることによって、彼の思想と行動を理解し、『リヴァイアサン』が構成されるホッブズの内的過程を追究するとともに、時代の性格とホッブズの課題を明らかにしようと思う。

しかし、ホッブズの政治思想を理解するには、同時代的状況といういわば短期的なコンテクストのみを視野に入れるのでは十分ではない。久野真大が指摘しているように、ホッブズの著作は、「古典古代以降のヨーロッパ世界における知の歴史」という、長期的なコンテクストとの連関からも考察される必要がある。(2) とはいえ、ヨーロッパ思想史を概観してホッブズを位置づける能力は現在の筆者にはなく、そこで本書では、ホッブズが自らを思想史上どう位置づけようとしていたのかを理解すべく、『リヴァイアサン』の構想の源泉をつきとめるという観点を導入するにとどめたい。すなわち、何（誰）を継承し、何（誰）を乗り越えようとしていたのかをテクスト分析から読みとることになるが、その際、『リヴァイアサン』の論理的出発点たる人間論の顕著な特徴である、自由意志を否定するホッブズ独自の意志論と、それに関る自由と必然に関する諸論文が中心的な分析対象となる。というのも、この意志論は同時代的にもきわめて異色であり、ホッブズがあえてこの考え方をとったのは、ここになんらかの強烈な問題意識があったから、ということが推測されるからである。結論を先取りして言えば、それは具体的には、宗教改革の大思想家のルターやカルヴァン、そして、とりわけアングリカニズムの大成者フッカーに対する、新しい科学的発想を融合した独自のスタンスの表明と言えるのである。

こうして、本書では、ホッブズ自身の叙述に即して、自然法、自然権、信約の論理的な前提となっている、感覚、情念、意志、理性といった人間論の初めの定義から考察を出発し、『リヴァイアサン』の構想の源泉の問題を視野に入れるために意志論に注目しながら、人間論、政治論、宗教論がどのような論理的関係をもって構成されているかを探り、そうした体系的な叙述にこめられたホッブズの問題意識と著作の理論的性格を解明することにしたい。

本書第II部では、『リヴァイアサン』本体の分析にあたって以上のような観点から検討を開始する。

これまで見てきたように、ホッブズ研究史には、自然権優位対自然法優位、および世俗的解釈対宗教的解釈という大きな論争点が存在する。したがって、本書も上述したアプローチをとりながら、この問題に対して自らの立場を示すべきであろう。結論だけ先に述べておくと、まず、自然権と自然法の問題については、マーティニッチの研究の空隙であった意志論分析を導入することによって、『リヴァイアサン』の定義上では、自然法も自然権もどちらも論理上同等に設定されており、いずれかが他方に先行するものではないということが明らかにされる。ホッブズは、意志と行為を峻別し、前者が必然、後者が自由の領域であるとし、独自の意志論の形成によって必然と自由とが両立すると主張する。このような、意志は自由ではなく必然であるというホッブズの理論について、マーティニッチもオーバーホッフも決定論（マーティニッチの場合はカルヴィニズム的決定論、オーバーホッフは唯物論的決定論）として捉えている。決定論とは、宇宙のすべての現象は先行諸原因によって完全に決定されているという主張である。(3) しかし、決定論は必ず次のような問題に直面する。すなわち、もしも決定論の言うように、意志決定の自由が存在せず、すべての行為が因果的に必然化されているのであれば、行為に対する人間の責任がすべて解除されることにならないか、という問題である。(4) ホッブズは、意志と行為を峻別する意志論を構成することによって、必然の支配する領域は意志であって、行為は自由の領域に属すのであるから、人間の行為の責任は解除されないとして、この決定論の古くて新しい難題を克服しようとした。したがって、意志論を見なければ、人間の行為の責任を厳密に規定しようとしたホッブズの思想の意義を検出できないのであり、この点からしても意志論の考察はきわめて重要であることがわかる。また、決定論という概念は、マーティニッチとオーバーホッフを見てもわかるように、神学的なものから唯物論的なものまで含みうる幅の広い概念である。もちろん、ホッブズの意志論と決定論との間には多くの共通点を見ることができる。しかし、彼の意志論を決定論と同定してしまうと、ホッブズが自由の概念自体を定義しなおし、行為の自発性を強調したという、その思想的特質を見えにくくするおそれがある。それゆえ、本書は、ホッブズの意志論は決定論に完全に還元しえるものではないという立場から、それを決定論とは呼ばないでおく。

このように、オーバーホッフにおいて十分に取り組まれていなかった意志論と社会契約論との論理的関係について、本書はその分析を課題として引き受け、意志論の観点を導入することによって、信約の論理構造と意味を読みとり、さらにそれらと『リヴァイアサン』後半のキリスト教の国家論や「暗黒の王国」論すなわち教会権力批判との関係について考察していくものとする。これによって、オーバーホッフに見られるような世俗的解釈の問題性が明らかとなるであろう。『リヴァイアサン』は全体として無神論ではない。これが研究史上のもう一つの論争点に対する本書の立場である。

最後に、一つだけ付言しておきたい。二一世紀の今日、アメリカの新保守主義《ネオ・コンサヴァティヴ》の論客であるロバート・ケーガンに代表されるように、ホッブズの政治哲学が再び注目を集めている。ホッブズの政治思想が現代の状況を説明するための道具として用いられるのであるが、こうした状況に応答して、上野修は『現代思想』の対談のなかで、「恐怖によって強要された信約は有効である」というホッブズのロジックのもつ限界を指摘することによって、ホッブズをもち上げるネオ・コンの秩序構想を掘り崩そうとしている。上野によると、死への恐怖を第一原理とするホッブズの論理では、死の恐れを突破した自爆テロは彼の議論の範疇外となり、テロリストは信約の当事者とはなりえないと言う。(5) しかし、はたしてそうであろうか。

ホッブズが念頭においていたのは、まさに現世における死をも恐れず、自分の命をなげうってでも神に対する使命を果たそうとするピューリタンであり、彼らをいかに平和構築（国家樹立）の当事者に転換するかが彼の課題であった。そうであるとすれば、むしろホッブズの議論および姿勢は、現代のテロリストや自爆テロの問題に対して何かしら示唆を与えてくれるものと言えるのではないか。こうした観点は、ホッブズをその歴史的文脈において捉えることによってこそ見えてくるものである。したがって、体系的に構成された『リヴァイアサン』のテクストを、歴史的、政治的、宗教的、科学的、哲学的コンテクストに即して理解することは、ネオ・コンのホッブズ解釈の問題性を追究することにもつながり、間接的ではあるが、我々の時代の要請に応えるものにもなりえるのではないかと考える。

第Ⅰ部　『リヴァイアサン』の歴史的コンテクスト

――ホッブズの実践的課題――

はじめに

本書の課題は、トマス・ホッブズの生涯を通観し、様々な時期に彼が当面した問題を追っていくことによって、彼の思想と行動を理解することにある。そして、ホッブズが、その思想形成上においてどのような実践的課題を抱えたのか、またその課題を果たすために、著作においていかなる論理構成をとるにいたったのかを見ていくことにしたい。筆者は、ホッブズの歴史的実像を探ることは、彼の著作をより正確に把握するうえで、必要不可欠な作業であると考える。そもそも思想家や哲学者は、現実の社会において生活し、そのなかで時代が抱えた問題を見据え、思索し、自らの実践的な課題を定めて、彼らなりの解答を、抽象的あるいは具体的な表現形式をとって書物に託す。したがって、いかに抽象的であったとしても、著作に表れた世界は、それを描いた人間の思想的背景を反映しており、著作を分析するためには時代状況の把握が欠かせない。とりわけホッブズ研究においては、クエンティン・スキナーがホッブズを歴史的文脈のなかで理解すべきであると主張して以来、この点が現在たいへん重要視されている。こうしてスキナー以後、ホッブズの歴史的実像に迫る研究が多く出はじめ、一九九〇年代には書簡集や新しい伝記も公刊され、まさにホッブズの実証的研究が開花したような状況にある。本書もこうした研究動向に沿うものである。

さて、ホッブズの伝記的研究はこれまでにもいくつか出ているが、ホッブズの全生涯を取り扱った完全なる伝記というのはそう多くはない。ホッブズの場合、伝記を書く材料となる資料が少ないために、ホッブズの生涯に関する研究書はたいてい、伝記的研究部分と思想の解説部分とを分けた構成をとっており、生涯についての言及は研究の一部分としてなされていることが多い。レズリー・スティーヴン（一九〇四年）、フェルディナント・テニエス（一九二五年）、ジョン・レアード（一九三四年）、リチャード・S・ピーターズ（一九五六年）、チャールズ・H・ヒナント（一九七七年）、リチャード・タック（一九八九年）、ジョウハーン・P・サマヴィル（一九九二年）、田中浩（一九九八年）などによる伝記的研究はこれに属するであろう。[1] こうした研究に対し、著書全体でホッブズの全生涯に関する研究を行っているいわゆる伝記としては、次のものが挙げられよう。ジョージ・クルーム・ロバートソンの『ホッブズ』（一八八六年）、ミリアム・M・レイクの『トマス・ホッブズの黄金郷』（一九七七年）、アーノルド・A・ロゴーの『トマス・ホッブズ――反動に資する急進主義者』（一九八六年）、そしてA・P・マーティニッチの『伝記ホッブズ』（一九九九年）である。[2]

　ホッブズは彼の日常の様子がわかるような日記やメモを残しておらず、残存する書簡も多くないため、他の思想家に比べて私的な生活や思考を知ることが大変難しい、いわば伝記作家泣かせの思想家である。それゆえ研究者は、ホッブズの歴史的実像を知るための貴重な情報源として、ホッブズ自身によるラテン語韻文の自叙伝『詩で表現されたマームズベリのトマス・ホッブズの生涯』と散文の自叙伝『マームズベリのトマス・ホッブズの生涯』という二つの短い自叙伝と書簡およびホッブズの友人であり同時代の伝記作家であるジョン・オーブリー（一六二六―一六九七）の『名士小伝』の記事に主に依拠するのが常である。しかし、とりわけトゥキュディデスの翻訳を出す前、すなわち四〇歳以前の情報がとても少なく、ホッブズの初期の時代は伝記上の「謎の時代」[3]であった。ロバートソンの伝記は、このような初期の時代に注目すべきことを喚起した最初の研究であり、一九世紀の作品ながらもいまなお有用である。[4] そして、研究史において歴史的ホッブズを探究するようになった一九七〇年代以降、初期ホッブズの研究は再び活発になる。レイクやロゴーの伝記はこうした潮流に属すると言える。レイクは「謎の時代」に光を当て、ホッブズがルネサンス末期に属し、ヒューマニストの伝統を継承しているという面を引き出した。[5] さらに、ロゴーはホッブズの自伝やオーブリーの記事などの資料をあらためて批判的に検証するとともに、手稿やそのほかの資料も調査して、これまでの伝記的研究では取り上げられていなかった情報を含む本格的伝記を完成させた。とくにロゴーの伝記では、ホッブズの初期の時代に関する内容がより豊かにされており、[6] この点できわめて有益である。しかしながら、精神分析学者であるロゴーは、実証的な事実が不足するところでは精神分析的洞察を組み込んでいて、マーティニッチも指摘しているように、ところどころでホッブズの心理面に関する不確かな、あるいはありそうにない推測を行っており、この点が彼の伝記の問題点ともなっている。[7]

そこでマーティニッチは、ロゴーの業績の恩恵を受けつつ、さらなる実証分析によって彼の問題点を克服しようとするが、この点で大きく貢献したのが、ノエル・マルコムによって一九九四年に公刊されたホッブズの書簡集である。[8] ホッブズの書簡はそれまで各所に散在しており、研究者は現地に行って直接当たらねばならなかった。しかし、それらがマルコムによって二巻本で集大成されたことによって、伝記的研究を行う資料上の環境を飛躍的に向上させることになった。こうしてマーティニッチは、マルコムの業績に負いながら、その他の新たな資料も渉猟して、ホッブズを当時の時代状況のなかに生き生きと甦らせる新しい伝記を書き上げたのである。本書の伝記的研究は、こうしたマルコムの書簡集とマーティニッチの最新の伝記に多くを負うものである。[9]

だが、ここで本書の資料的な特徴を一言付け加えておこう。本書がマルコムとマーティニッチの業績以外で依拠した主な資料は、これまでの伝記的研究と同様、ホッブズのラテン語による二つの自叙伝とオーブリーの『名士小伝』であるが、さらに加えて、ホッブズと同時代人であるリチャード・ブラックバーンによって書かれたラテン語の伝記を用いている。このラテン語の伝記『ホッブズの生涯補遺』は、オーブリーがホッブズ自身から聞いて書き留めたことをブラックバーンがラテン語に翻訳したものである。[10] これはホッブズのラテン語の散文の自叙伝を内容的に補うものとして書かれ、ホッブズの死後一六八一年に二つの自叙伝とともに一冊にまとめられて公刊された。[11]『ホッブズの生涯補遺』は、ホッブズ自身による散文と韻文の自伝に比べ長文であり、記述も詳細になっている。ただ、ブラックバーンは、ラテン語に翻訳する際、体裁を整えるために伝記的事実の微細な部分を省略するなど自己流にアレンジした。そのため、これについてオーブリーは相当不満をもったようである。[12]しかし、こうした問題はあるものの、ブラックバーンによる伝記は、ホッブズに関する事実を示す資料としては、ラテン語の自叙伝やオーブリーの伝記に次ぐ価値があると思われ、したがって、筆者はこれらを補完する材料として位置づけた。とくに日本の研究においては、邦訳がないこともあって、あまり活用されてこなかったように思う。それゆえ、ブラックバーンの『ホッブズの生涯補遺』を資料として活用していることは、本書の伝記的研究の一つの特徴であると言えよう。

さて、マーティニッチによれば、彼の伝記のなかでは『リヴァイアサン』の役割は相対的に少なく、その理由は、ホッブズは『リヴァイアサン』を出版する前から有名であり、それを出してからも、他の著作や論争で有名であったのであり、『リヴァイアサン』が彼の全生涯を支配したわけではないからだと言う。[13]

確かにホッブズは『市民論』で有名になり、『リヴァイアサン』を主著として構想したわけではなく、また『リヴァイアサン』以外の論争においても激しく戦っていた。にもかかわらず、筆者は、『リヴァイアサン』がホッブズの生涯を決定的なものにした、という立場をとる。なぜなら、『リヴァイアサン』においてこそ、ホッブズの自然哲学における基本的な発想が政治哲学のなかに融合され、かつそれらと彼の聖書解釈とが体系的に結び合わされて、ホッブズの主張がみごとに集約されているからであり、そしてまさにそのような『リヴァイアサン』の出版が、ホッブズとその思想に対する異端ないし無神論という批判を引き起こし、それは終生、彼に付きまとい、彼は死ぬまでそれと戦ったからである。もし一六四七年（すなわち『市民論』を出版した後で、『リヴァイアサン』を出す前）

の重病の際にホッブズが亡くなっていたとしたら、彼の名が今日にいたるまでこれほど残っていたとは考えられない。したがって、本書は『リヴァイアサン』を一つのキー・ポイントとしてホッブズの生涯を追うという志向をもち、そこがマーティニッチの伝記との明らかな違いとなっている。

ところで、ホッブズは無神論者であったのか。そうであったかもしれないが、しかしそれを確かめることはできない。それは内面の問題だからである。「無神論と判断されるのは……言葉もしくは文書によって……確かに神の存在を直接否定した場合である」[14]。彼のこの定義によれば、彼は無神論者ではない。だが、その問い自体がホッブズの思想意義を理解していないのかもしれない。筆者の見解では、ホッブズの思想の意義は、まず人間の内面にある心と外面的行為とを明確に区別して、人間の行為における責任を問題にし、そこから政治における責任倫理を主張し、さらにそれを国家論として体系化した、ということにある。以下の叙述において明らかにされていくように、ホッブズは一七世紀イングランドおよびヨーロッパの時代状況をきわめて政治的な立場から見据え、自らの実践的課題を悟った。そして彼はその課題を、一切の個人的心情を排除して、著作の体系性に託した。こうして、彼の思想と行動が集約されて制度論として花開いたのが、『リヴァイアサン』なのである。

ホッブズは心情倫理と責任倫理を峻別した。それは、彼の目からすれば時代が要請した課題であったし、また彼自身の生き方でもあった。なぜなら、彼の課題はあらゆる党派的な対立を超えることであり、それゆえ著作は個人的な心情を語るべきではなく、むしろすべての人が納得しうるような普遍的な論理、つまり数学的な体系的論証形式によって構成される理論に訴えるべきである、と彼は考えたからである。「私の生涯は私の著作とまったく一致しています（mea vita meis non est incongrua scriptis）」[15]。これは彼の政治思想家としての自負である。彼の政治認識が表れている『リヴァイアサン』は、彼の後の人生を深く規定した。その核心は、宗教の政治への原理的な包摂であり、人間の人格の自律に基づくいわば責任倫理の政治思想であると思う。

ホッブズという思想家の場合、彼の著作の体系的な構成を捉えるなかで彼の課題が浮かび上がってくるのであり、また反対に、時代状況との関連性において彼の思想の形成・展開過程を見ていくことで、著作における体系性を読みとることができるのである。このようなホッブズの特質は、これまでのホッブズ研究ではあまり理解されてこなかったように思う。だが、このホッブズの特質を理解するならば、『リヴァイアサン』の前半部分とくに第二部の社会契約論は、当時の革命的な宗教的心情を封じ込めるための前提となる理論であり、そして第三部および第四部は、この社会契約論を基礎として、宗教的領域つまり教会統治における政治的主権者の権利を確立するために書かれている、ということが見えてくる。さらに言えば、『リヴァイアサン』におけるホッブズの主張の力点は、前半部分よりもむしろ宗教を政治的秩序の枠内に位置づけるための宗教・教会論である後半部分にある、ということが推測される。もちろんこのような仮説を裏付けるためには、『リヴァイアサン』執筆の経緯についての伝記的な検証と『リヴァイアサン』のテクストの分析との両方が必要である。そこで第I部では、アプローチの一方である伝記的研究を行い、後の『リヴァイアサン』分析の土台となる、時代の性格とホッブズの課題を明らかにすることにしたい。

第1章　政治思想家としての出発　1588-1640

1　マームズベリそしてオックスフォード大学

トマス・ホッブズは、一五八八年四月五日、イングランド南西部ウィルトシャー州、マームズベリ近郊のウェストポートに、母アリスと父トマスとの間の次男として生まれた(1)。母はスペイン艦隊の来襲の噂に脅え、彼を早産したと言う(2)。ホッブズは自伝のなかで自らを「恐怖（metum）との双子」であったと述べている(3)。彼はこのような表現によって、人々を「自然状態」から脱却させ、国家の形成へと向かわせるネガティブな感情である「恐怖」に、むしろ生命の保存動因というポジティブな意味を込めていたのかもしれない。

父トマスはイングランド国教会の教区牧師で、ホッブズは父親から洗礼を受けた。ホッブズには兄エドマンドと妹アンがいる(4)。ウェストポートの教区牧師であった父親はあまり評判がよくなく、一六〇三年頃、ある聖職者から名誉毀損で訴えられ、彼に恨みをもった父トマスは傷害事件を起こしてしまう。その結果、彼はウェストポートに居られなくなり、家族を残しロンドンへ逃れた。一四歳でオックスフォード大学に入学したホッブズは、すでにそのときにはウェストポートの家を出て、オックスフォードで大学生活をはじめていたが、まだ十代の若者だったホッブズが、父親の起こした事件によって心を痛めていたであろうことは想像に難くない(5)。父の出奔でホッブズの家は苦境に陥り、兄弟は伯父フランシスの庇護下に入ることになった。父トマスの兄フランシスは、マームズベリの参事会員であり、手袋製造業を営む富裕な地方の名士であった。フランシスには子がなく、ホッブズがオックスフォード大学モードリン・ホールに入る際に経済的に支えるだけでなく、後に遺産として牧草地をホッブズに残している。そしてホッブズより二歳上のエドマンドが、手袋職人として彼の後を継いだようである(6)。こうした初期ブルジョワ的背景は、古い伝統に拘泥しない彼の思想形成に何らかの関係があるのかもしれない。

ホッブズは四歳から八歳までウェストポートの学校に通い、読み書きと初歩的な算数を勉強した。それから、マームズベリの学校に行き、牧師エヴァンスに付いて学んだ後、オックスフォード大学モードリン・ホールから来たばかりの若き教師、ロバート・ラティマーの下でラテン語やギリシア語を学んだ。彼はウェストポートで私塾を開き、ホッブズはそこで、二、三人の優秀な少年たちとともに、夜九時まで指導を受けていた(7)。ラティマーは、学力において並外れて優れているホッブズをとくに可愛がり、同年代の生徒たちを飛び越えてホッブズにはより高度なものを教え込んだ。ホッブズは、オックスフォード大学に進む少し前、エウリピデスの『メデア』をラテン語の詩に翻訳し、ラティマーに献呈している(8)。この作品はホッブズに非常に影響を与え、後のホッブズの著作のなかで四度も言及されており、また『リヴァイアサン』では第三〇章において、よりよい国家の創出を唱えて主権者に服従せず、国家を改革しようとすることは、結局、国家を破壊することである、と警告する箇所において引用されている(9)。

ホッブズの最初の出版作品であるトゥキュディデスの『ペロポネソス戦争史』の翻訳や、晩年のホメロスの『オデュッセイア』『イリアス』の翻訳に見られるように、彼のラテン語およびギリシア語における語学力の堪能さとギリシアの古典文学に対する関心の高さはよく知られているが、これは幼年期のラティマーとの出会いが大きく影響していたように思われる。ホッブズは一六三四年の夏、四六歳のとき、久しぶりに故郷マームズベリに帰るが、このときリー・デラマー（Leigh Delamere）に住む恩師ラティマーを訪ねている。この事実はホッブズの彼に対する敬慕の情を示していよう。またそこで、ラティマーの晩年の生徒であり、ホッブズと年の離れた若き友人で、同時代のホッブズの伝記作家、ジョン・オーブリー（当時八歳）に初めて出会うのである[10]。ラティマーはホッブズに再会したその年の終わりに亡くなり[11]、ホッブズはそれ以後二度と故郷を訪れることはなかったが、師ラティマーとギリシア古典は、ホッブズに対し生涯を貫く影響をもち続けたのである。

ホッブズは一六〇二年一四歳のとき、オックスフォード大学モードリン・ホールに入学した[12]。入学者の大半は一六歳以上なので、ホッブズは二年も飛び級したということになる[13]。ホッブズのオックスフォード在学中、一六〇三年三月二四日にエリザベス女王が死去し、ジェイムズ一世が即位して、時代はテューダー朝からステュアート朝へ移行した[14]。そして一六〇五年八月後半にジェイムズ一世は、王妃、皇太子を伴い、オックスフォード大学を訪れている。大学は十分な準備を整え、新国王の来訪を歓迎した。一方、学問に優れ、知的好奇心旺盛な国王は、御前で行われた討論会に自ら参加するほど積極的であった[15]。それから約二ヶ月後、一六〇五年一一月五日に「火薬陰謀事件」が起こった。これはローマ・カトリック教徒たちが国王の議場における爆殺をねらったものだが[16]、オックスフォードの学生たちは、ほんの少し前に数日間ともに過ごした国王に対するこのような事件に対し、特別な感情をもったに違いない[17]。ホッブズもそのなかの一人であったろう。

ホッブズは大学でアリストテレスの論理学や自然学を学んだ[18]。スキナーはホッブズがこれらに非常に影響を受けていると結論づけているが[19]、ホッブズの自伝によれば、彼は大学で論理学を「長期間にわたり学び、習得したけれども、次いで放棄し、なんであれ自らの方法で論証するようになった[20]」と言う。いずれにせよ、ホッブズが学力優秀で信頼のおける学生であったことは間違いない。というのは、彼は一六〇八年二月五日に学士号を取得し[21]、モードリン・ホールの学長ジョン・ウィルキンソンによって[22]、富裕で有力な貴族、ハードウィック男爵ウィリアム・キャヴェンディッシュの長男の家庭教師として推薦されたからである。[23] このキャヴェンディッシュ家に仕えることが、ホッブズを世界にはばたかせる重要なきっかけとなる。

2　キャヴェンディッシュ家とトゥキュディデスの翻訳

キャヴェンディッシュ家は名門貴族で、イギリス史上に有名なニューカスル伯爵を輩出している。ホッブズを雇ったのは、ハードウィックとチャッツワースを拠点とするデヴォンシャー伯爵家。もう一つの流れは、第一代目デヴォンシャー伯爵の弟チャールズ・キャヴェンディッシュの家系で、その息子ウィリアムがウェルベックの第一代目ニューカスル伯爵（一六四三年に侯爵、一六六五年に公爵に叙される）である。彼はホッブズの生徒ウィリアムの従兄弟に当たる。ニューカスル伯は、一六三八年に皇太子（後のチャールズ二世）の教育係になるが、このことが後に皇太子がフランスへ亡命する際、ホッブズを皇太子の数学教師として推薦することを可能にしたと思われる。そして彼は内乱時代、イングランド北部の国王軍司令官として活躍したが、一六四四年のマーストン・ムーアにおける一大決戦で敗れ、パリに亡命する。[1] 彼は学問に対して深い関心を寄せ、学術の保護者としても有名であった。一六三〇年代には自ら小規模な学問サークルをもち、ホッブズも当然これに参加した。またパリ亡命時代にはマラン・メルセンヌの学問サークルを訪れ、フランス知識人と交流している。[2] ホッブズの著作活動には、キャヴェンディッシュ両家の大きな後ろ盾があった。国家の運命を背負う、というホッブズの課題意識はそのことと無関係ではない。

ホッブズは、家庭教師としてウィリアムに多くの学問を教えるだけでなく、友人として狩りや乗馬、街での娯楽においても常に付き添った。[3] ウィリアムがいつもホッブズを連れ立っていたおかげで、ホッブズはイングランドの重要人物や国王にさえ何度も会う機会を得た。ウィリアムのナイトの叙勲、チャールズの皇太子就任式、ウェストミンスター寺院でのアン王妃の葬儀、ジェイムズ一世のニューカスル伯ウェルベック邸滞在、チャールズ皇太子のハードウィック・ホール訪問、これらの様々な機会にウィリアムの側に侍り、目立たない存在ではあるが晩餐にも出席していたと思われる。(4)

ところで、イングランドの名家の子弟は、学問修得の最後の仕上げとして、大陸旅行に出かけ、現地で語学を学び、実際にヨーロッパを見聞して回ることを慣習としていた。ホッブズは家庭教師として通算三回、大陸旅行に随行している。第一回目はウィリアムと三年かけてフランス、イタリア、ドイツを回った旅行である。(5) ヴェネツィア共和国滞在中、二人は共和国神学者パオロ・サルピの秘書フルゲンティオ・ミカンツィオと知り合う。サルピは、ヴェネツィアの宗教的独立に関する指導的理論家であった。ヴェネツィアは反ローマ・カトリック教会のリーダーであり、イングランドはヴェネツィアの直接的脅威であるカトリック国スペインと敵対していたので、イングランドとヴェネツィアとは友好関係にあった。彼らは帰国後からウィリアムが亡くなる一六二八年まで国際情勢について文通を続けている。(6) 一六一四年時点で、ウィリアムはダービシャー代表の下院議員であり、父ハードウィック男爵（一六一八年にデヴォンシャー伯爵に叙せられる）は貴族院議員、従兄弟のニューカスルはイースト・レットフォード代表の下院議員であった。一六一三年にフランシス・ベイコンは法務長官に就任していたので、ウィリアムとホッブズはベイコンとこの頃から面識があったと思われる。(7) ミカンツィオのねらいは、ウィリアムから、あるいはウィリアムを通じてベイコンから、ジェイムズ一世に外交政策変更を働きかけてもらうことであった。ミカンツィオはラテン語ではなくイタリア語で手紙を書いたので、翻訳するのがホッブズの仕事であった。書簡の内容の大部分は三十年戦争における軍事行動についてである。(8) 一六一八年に神聖ローマ皇帝フェルディナントに対してボヘミアのプロテスタントが反乱を起こした。ローマ・カトリックのフェルディナントがスペインの支援を得たので、ボヘミアのプロテスタントは、ヨーロッパのプロテスタント陣営の指導者ファルツ選帝侯フリードリヒ五世に救援を求めた。フリードリヒはジェイムズ一世の娘婿であり、当然ジェイムズの助力を期待したが、ジェイムズはファルツ援助を拒否し、あくまでヨーロッパ大陸の平和的調停者の位置を確保するという外交政策を保持した[9]。しかし、なによりも、ジェイムズには戦争する財源がなかったのである[10]。ホッブズは、手紙の翻訳だけでなく、ウィリアムの政治活動においても秘書として関っていたので、これらの経験は彼の政治思想の形成に重要な影響を与えたと考えられる。たとえば『リヴァイアサン』において、他国との戦争ないし講和を行う権利および戦費を調達する権利は主権者の本質的な権利とされている[11]。それだけではなく、このことは、より一般的に、ホッブズの主権理論が国内秩序の問題を対外的諸関係をも視野に入れて構成されていることを予想させる。したがって、『リヴァイアサン』の分析において、ホッブズの国際的視点を十分配慮する必要がある。

またホッブズは、一六二〇年頃から一六二五年くらいまでベイコンの秘書として時折働いていた[12]。彼はベイコンの『随筆集（*Essays*）』のラテン訳を手伝ったり、口述を筆記したりしていた。ベイコンは、ホッブズほど自分の考えていることを容易に理解する人はいないと彼を評価している[13]。こうしてホッブズは国を動かす人物たちと接することで、天下国家を語る政治的視野を育んでいったのである。

ホッブズは大陸旅行から帰国後、前述したようにウィリアムの秘書となった。ウィリアムは今やダービシャーの州知事であり、下院議員であり（一六二一年および一六二四年）、またサマー諸島の植民を進める会社ヴァージニア・カンパニーの株主であった[14]。ホッブズもまた会議で一票投じられるようウィリアムからその株を与えられ、一六二二年に株主の一人となっている[15]。ホッブズはウィリアムの政治家としての活動やビジネスにおいて常に付き添い、彼を補佐した。しかし他方で、ホッブズは余暇を見つけては、ギリシア、ローマの「歴史家や詩人を、（言語学者の解説を利用しながら）熱心に読んだ」。彼によれば、それは明晰なラテン語の文章を書く能力を習得するためであったが、[16] それだけにとどまらず、この古典古代の作品に対する勤勉な取り組みは、ラティマーの影響を端緒とする、ホッブズの人文主義的関心の高さを示している。八五歳のホッブズが、自伝であえてこれに触れているのは、彼の人文主義的研究における造詣の深さを、同時代の人々、とりわけ知識人に知らしめるためであろう。そこには、当時の知識人の大半を占める聖職者たちに対するホッブズの挑戦が読みとれる。彼らの多くはスコラ学を信奉していたが、ホッブズは長年、スコラ学派によるキリスト教へのアリストテレス哲学の混入を批判し、『リヴァイアサン』ではその宗教論において、丹念な聖書分析によって独自のキリスト教思想を提示している。しかしそれだけではなく、ホッブズは他方でギリシア古典にも精通していることを示すことによって、キリスト教が混入される以前のギリシア古典の学問的意義を伝え、キリスト教思想に対抗する思想的伝統としてギリシア思想を、敵対する聖職者たちに突き付けようとしたのではないだろうか。

一六二六年二月、デヴォンシャー伯爵が亡くなり、ウィリアムが二代目デヴォンシャー伯爵となった。その年の八月、ホッブズとウィリアムたちは、北西部にあるピーク地方（イングランド中部ダービシャー州北部の高原地帯）へ小旅行に旅立った。[17] ホッブズはこのことを記念して、『すばらしきピーク（*De Mirabilibus Pecci*）』というラテン語の詩を書いている。それは旅行中観光した風物の描写をからめてキャヴェンディッシュ家の系譜をたどり、一族に対する深い讃辞を示すものであった。[18] しかしピーク旅行の約二年後、ホッブズにとって最大の悲しみとも言うべき事件が起こる。一六二八年六月二〇日、父の後を追うかのように、二代目デヴォンシャー伯爵が三八歳で亡くなるのである。[19] ホッブズは愛してやまなかった友を失っただけでなく、二〇年間仕えてきたデヴォンシャー伯爵家を去らねばならなくなる。[20]

ホッブズは伯爵が亡くなる数ヶ月前に、トゥキュディデスの『ペロポネソス戦争史（*The Peloponnesian War Written by Thucydides*）』の翻訳を終え、ロンドンの印刷業者に出版の登録を済ませていた。しかし伯爵が亡くなったため、公刊を延期し、彼の幼い息子である三代目デヴォンシャー伯爵宛に、亡き伯爵について語った献辞を書いて付け加え、一六二九年に出版した。[21]

彼は自伝のなかで、古典の歴史家ではトゥキュディデスを最も好んだと述べているが、[22]ホッブズがトゥキュディデスを翻訳したのは単に古典研究としてではなく、彼の描く政治的人間像、現実主義的な政治認識に共感をもったからである。[23]ホッブズは献辞において、トゥキュディデスの『ペロポネソス戦争史』は、「貴族にとって、そして偉大で重要な行為をなすにいたるような人にとって、有益な教えを含んでいる」と推薦する。[24]なぜなら、他の歴史書は「単なる物語」や「曖昧な憶測」に満ちているが、トゥキュディデスのみが「テクストのなかで道徳的あるいは政治学的な講義を行って脱線するようなことは決してなく」、読者をその場にいるような感覚にさせ、政治的な現実における人間の行為とその帰結を客観的に描写することによって、とりわけ政治に関る者に現実的な行動の指針を提供するからである。ホッブズは、トゥキュディデスを「かつて存在したなかで最も政治学的な歴史記述者」だと主張する。[25]つまり、『ペロポネソス戦争史』は、彼にとって歴史書であると同時に政治分析の書なのである。トゥキュディデスは、史実の客観的な描写のなかに、対立する政治演説を挿入し、政治的責任の所在を明らかにしようとする叙述スタイルをとる。つまり「彼の歴史学は、政治を担う人々の責任の在り方をたえず問い続ける政治学でもあると言える」。[26]国王の側近として華やかな宮廷人であり、君主権力との距離の近い政治的な貴族キャヴェンディッシュ家に属したホッブズは、将来の政治的指導者を教育する立場から政治に関心をもった。ときに、ヨーロッパは三十年戦争の最中であり、チャールズ一世は即位後まもなく戦費や宗教問題で議会と衝突し、イングランドの政治情勢は緊迫感を増していた。[27]ホッブズは、トゥキュディデスによる戦争についての政治学的分析を示すことによって、この状況に応えようとしたのである。つまり「優れた判断力と教養をもつすべての人」[28]に向けて、政治的指導者として自らの政治的行為の影響力を予測した責任ある行動について、および政治的秩序全体を安定させる現実主義的な政治認識について教示したのである。ホッブズはこの作品をウィリアムに捧げている。ウィリアムはホッブズにとって国家レヴェルで物事を考え、行動することのできる政治的貴族であった。ホッブズがキャヴェンディッシュ家とともにあったことの意味、それは全イングランドの運命に対して、思想的に受けとめることのできる人間へと、ホッブズの心と視座を開いたことにある。

3　幾何学との出会いと『法の原理』

ウィリアムの死によって、ホッブズはデヴォンシャー家を去った。しかしホッブズは、きわめて裕福な名家ジャヴェス・クリフトン卿の長男の家庭教師として、大陸旅行に随行するという仕事をすぐに得た。クリフトン卿はニューカスル伯の隣人であり親しい友人であったので、おそらくニューカスル伯がクリフトン卿にホッブズを推薦したのであろう。(1)

一六二九年、ホッブズはクリフトン卿の一七歳になる息子ジャヴェス（父と同名）と隣人の息子ウォルター・ワーリングと三人の従者を引き連れて、彼にとって二回目となる大陸旅行に出かけた。(2) この時イタリアではマントヴァ継承戦争が勃発しており、彼らはイタリア行きを断念せざるをえなかった。(3) 彼らはパリからリヨン、ジュネーヴを回り、オルレアンに戻った。この旅行中、一六三〇年におそらくジュネーヴで、ホッブズは幾何学に出会う。(4)

オーブリーの記述によると、ホッブズがある紳士の書斎に入った時、ユークリッド（エウクレイデス）の『原論』が開かれていて、それはちょうど第一巻四七番の命題（ピタゴラスの定理）であった。彼はそれを読み、こう叫んだ。「ちくしょう、こんなはずはない！」。しかしその証明を読みすすめるうちに、その命題の正しさに納得した。こうして彼は幾何学と恋に落ちたのであった。(5) ホッブズはユークリッドの幾何学によってある体験をしたのである。

それはいかなる人をも納得させることができる普遍性の体験であった。「彼はユークリッドの方法に、その定理ゆえにというよりはむしろその推論する仕方ゆえに心惹かれ、細心の注意を払って徹底的に研究したのである」[6]。学問＝科学の課題は、様々な意見をもつ人々すべてを納得させる結論の確証性を獲得することにある。したがって科学は、幾何学の方法つまり定義づけにおける公理とそれに基づく合理的推論を必要とすると彼は考える。そこで彼は『リヴァイアサン』においても同様な方法論をとった。つまり論証形式として幾何学モデルを使ったのである。彼は、人間の生理的および心理的基礎にまで溯って一般的な原理の設定すなわち定義づけを行い、それに基づく合理的な推論によって導かれる国家像を示すことで、あらゆる党派的な立場を超えた政治理論を確立できると考えたのである。党派的対立を超えるということ、そのこと自体が彼の政治思想の課題であった。幾何学の普遍性はホッブズの心に深く刻み込まれた。だからこそ晩年近くのジョン・ウォリスとの数学論争において、どれだけ非難を受けようとも、彼は幾何学にこだわり続け、自らの証明に固執したのだと考えられる。

こうして一六三〇年一一月、ホッブズ一行はイングランドに帰国した[7]。そして翌年、彼はデヴォンシャー伯爵夫人の要請で、三代目デヴォンシャー伯爵の家庭教師としてキャヴェンディッシュ家に戻ることになった[8]。愛着あるキャヴェンディッシュ家に返り咲いたホッブズは、一三歳になったデヴォンシャー伯爵に、ラテン語、修辞学、論理学、天文学、地理学および幾何学を七年にわたって熱心に教えた[9]。そして一六三四年三月には、ホッブズと伯爵は大陸旅行の計画をたて[10]、この年の秋にホッブズは三度目の大陸旅行に旅立った[11]。一人はフランスとイタリアをほぼ二年かけて回るのであるが、今回の旅行はホッブズにとってきわめて重要なものとなる。というのは、当時の優れた学者たちと面識を得ることができたからである。ホッブズと伯爵は、パリから、リコン、ヴェネツィア、ローマ、フィレンツェと回ってパリに戻るというコースをとった[12]。一六三六年四月ごろ、フィレンツェに滞在した彼らは、ここでガリレオ（一五六四―一六四二）と交際している[13]。ガリレオは一六一六年に、ローマのベラルミーノ枢機卿からコペルニクス理論を擁護しないよう警告を受けていた[14]。しかし、それについて論じた『天文対話』を一六三二年に出版したため、発禁処分を受け、自己の主張の撤回を余儀なくされ、自宅軟禁の状態におかれていた[15]。ホッブズは、一六三四年一月にロンドンにいたとき、ニューカスルに頼まれてこの『天文対話』を探し求めたが、手に入れることができなかった[16]。というのは、この本はすでにイタリアの宗教裁判所によって没収され、さらなる販売が禁止されていたので入手がきわめて困難だったのである[17]。

ホッブズは『物体論』の献辞において、ガリレオを次のように讃えている。「ガリレオは……運動の本性という普遍的な自然哲学の第一の門を我々に開いた最初の人物であった[18]」。また、『リヴァイアサン』や「考察」においても、教会のガリレオに対する抑圧を批判している。「[コペルニクスの地動説についての]賛否の理由を表明する機会として、そのような学説を仮定しただけで、人びとはそのために教会的権威によって処罰されてきたのである。しかし、処罰するどんな理由があるというのか[19]」。ホッブズは主権者を学説や争論の判定者と位置づけ、政治的および宗教的権力のすべてを主権者に一元化する[20]。しかしそれは、政治的に必要なかぎりで裁定権を主権者に保留するというもので、実際はむしろ、平和を害さないかぎり、真理は自由に追究されるべきだということを含意していたのかもしれない。ホッブズは権力の一元化によって、自然科学的諸領域における思想の自由を考えていた可能性がある。

ホッブズはパリで、当時ヨーロッパ中の知識人が訪れたといわれる学問サークルの主宰者、カトリックのフランチェスコ団ミニモ会修道士マラン・メルセンヌ（一五八八―一六四八）に紹介され、彼を介して当代随一の知識人ピエール・ガッサンディ（一五九二―一六五五）やルネ・デカルト（一五九六―一六五〇）と交際する機会が与えられる[21]。彼らは知的領域において、宗教的党派性を否定する仲間たちであった。そして、望遠鏡の開発や光学など「新しい科学（New Science）」の追究が花盛りのサロンで、一流の学者たちと交流することによって、ホッブズは自然科学分野についての考察を飛躍的に発展させていったと思われる。自伝によれば、ホッブズは「パリに滞在している間、自然科学の原理を探究しはじめた。彼はこの諸原理が運動の性質や変化の中にあると理解したので、主として、どのような運動が、動物の感覚、思考、幻想、その他の特性をもたらすものでありえるのかを探ったのである」[22]。

一六三六年一〇月に、ホッブズたちはイングランドに帰国した[23]。これでホッブズの家庭教師の仕事は終了である。そこでニューカスルは、ホッブズにウェルベックのキャヴェンディッシュ家に移り、研究生活を送らないかと誘った[24]。ホッブズも当初その気であったが、結局デヴォンシャー伯爵の下にとどまることになった。しかし、ニューカスルとの研究交流は彼の学問サークルに参加することでさらに深まっている。ニューカスル・サークルの主な関心は光学であった[25]。ホッブズは、一六三六年一〇月二一日のニューカスル伯宛の手紙の中で、「光や色はただ脳のなかにおける運動の結果にすぎない」と述べている[26]。

ところで、ホッブズが光学に関心をもつようになったのはなぜだろうか。もちろん、大陸旅行中の知識人との交流が、ホッブズを自然科学の研究へと向かわせたことは確かである。だが、彼が生理的な人間学へ関心をもったのは、もう少し早い段階だったように思われる。ホッブズはメルセンヌ宛の手紙においてこう述べている。「光、音およびすべての幻想あるいは思考の性質と生成についての教説は、きわめて優秀なご兄弟であるニューカスル伯爵ウィリアムと……チャールズ・キャヴェンディッシュ卿の御前で、一六三〇年に私によって説明されているのです」[27]。ホッブズのこの主張が正しければ、彼は一六三〇年頃にはすでに人間学におけるある種の立場を確立しつつあったと言うことができる。また、ホッブズが著者である可能性の高い『第一原理についての小稿（*A Short Tract on First Principles*. 以下『小稿』と略)[28]』という自然哲学論文が、一六三〇年代前半頃に、ニューカスル・サークルから匿名で出されている。『小稿』は三つのセクションからなり、第一セクションは、自然の作用一般に関する抽象的な諸原理とその論理的帰結、第二セクションは、視覚のような感覚器官と感覚対象との物理的作用、第三セクションは、想像や情念などといった人間の心理作用について取り扱っている。この論文の内容を非常に大まかに言ってしまえば、物体においても人間においても、それ自体として運動したりしなかったりするようなものはなく、自らのなかに作動・非作動の原因をもつものは存在しない、ということである。つまり、運動や感覚は外的存在が働きかけたり、働きかけなかったりすることに原因がある。したがって、「幻影（a Phantasma）」とは「ある外的客体が感覚器官に作用するのをやめた後に我々に現れているところの、その客体の類似物ないしイメージ」であり、「実体」としての「幻影」は否定される。「幻影」は単なる「想像」であって、人間の生理的・心理的運動に還元されるのである。この主張は、「光や色はただ脳のなかにおける運動の結果にすぎない」という前述したニューカスル伯への手紙の内容とも一致する。こうしたことへの関心は、当時、ホッブズからすれば「偽りの預言者」——「夢」や「幻影」によって神の声を聞いたと言って自ら預言者と称し、彼の語る「神の言葉」に従うことを人々に要求する者——が続出し、政治問題化したことに原因があったと推測される。宗教的指導者たちは「精霊（Spirit）」や「幽霊（Ghost）」を現実に存在する「実体」だと主張して、民衆に対し「迷信的な恐怖」を煽り、秩序への叛逆を引き起こす。ホッブズは、「迷信的な恐怖」に突き動かされた宗教による秩序への叛逆を封じ込めるという政治学的課題を果たすために、「迷信」つまり「実体」としての「幻影」を打破する人間学を構築しようとしたのである。

『小稿』はテニエスの発見以来、その著者はホッブズであると考えられてきたが、最近ではタックが、『小稿』のもつ多くのアリストテレス主義的側面はホッブズの後の諸著作と一致しないとして、異議を申し立てている[30]。しかし、『小稿』は、諸原理の設定とそれに基づく諸帰結の演繹という論証形式をとっており、明らかに幾何学的モデルが意識的に適用されていて、なおかつ『リヴァイアサン』においても、この『小稿』とほぼ同様な人間学的諸前提の設定を見ることができ、著者をホッブズに帰属させるほうが理に適っているように思われる。

このように『小稿』がホッブズの書いた物であると仮定するならば、一六三〇年代の初めの頃には、ホッブズは生理的・心理的人間学への関心をもっていたと考えられる。ここで、一六二〇年代の終わり、ホッブズがトゥキュディデスの翻訳において抱えた政治学的な課題を想起されたい。彼はその時、将来の政治指導者の教育という立場から、現実主義的政治認識と責任倫理の必要について示した。だが、ホッブズはさらなる課題を抱えたのである。一六二八年にアルミニウス主義者（人間は自由意志をもつというカトリック的な主張をする、オランダのプロテスタント神学者アルミニウスを擁護する立場）[31]のリーダー、ウィリアム・ロード[32]がロンドン主教に就任して以来、イングランドでは教会改革が行われ、ピューリタンとの対立が激化していた。そして国王チャールズ一世は、対立を抑え込むために、『宣言書』を発して、『三九箇条』をめぐるカルヴィニストのピューリタンとアルミニウス主義者との間の論争の停止を命じている[33]。国王の政策に対する反発は高まり、宗教問題が政治問題となって政治状況は激動した。かつ、ヨーロッパでは、三十年戦争は終わる気配を見せず、ドイツ国内の反乱にローマ・カトリック教会や諸外国が介入し、国際戦争へと拡大していた。このように、宗教的対立が政治的対立と絡み合って政治秩序を危うくしているという現実の状況を抑止し、秩序を回復させるためには、政治的指導者は、客観的・経験的な知識による政治認識だけではなく、政治秩序全体を安定させるような国家論や道徳論すなわち政治哲学をもつことも必要となる。しかし、宗教的「迷信」やレトリックによって対立が煽動されて分裂した社会を一つにまとめるには、単なる一つの主義主張としての政治哲学ではなく、「一足す一は二」であるがごとく、すべての人が納得できるような普遍的な原理を基礎とする政治理論でなければならない。ホッブズはそう考えた。したがって彼は、まず人間の生理的および心理的な基礎にまで溯って、人間の自然における一般的な諸原理を見出し、それに基づいて国家論を構築しようとしたのである。彼にとって宗教的「迷信」の基礎をなす、「幻影」が「実体」であるという考えは否定されねばならなかった。彼の光学への関心の背後には、彼の政治学的課題が存在したのである。そしてこの課題がはじめて達成された政治哲学の書が『法の原理』である。

ホッブズは帰国後、大陸旅行の成果をふまえ、主著として『哲学原理』の構想に取りかかった。それは、『物体論』(自然学)、『人間論』(人間学)、『市民論』(政治学)の三部作からなる哲学体系であった。しかし当時、「船舶税」をめぐる裁判に見られるように反政府の気運が高まり、革命に向かう政治情勢であった。そこでホッブズは、予定を変更して、政治理論に先に取りかかったのである[34]。そして彼はまた、フォークランド子爵ルーシャス・ケアリが事実上のリーダーであるグレイト・テュウ・サークルにも参加していた。サークルは、ウィリアム・チリンワース、エドワード・ハイド(後のクラレンドン伯)、シドニー・ゴドルフィン、その他多くの錚《そう》々たるメンバーで構成されていた。

グレイト・テュウ・サークルの主たる議題は宗教についてであった。中心メンバーはカルヴィニズムよりアルミニウス主義を好んだが、サークル・メンバー各人の所属するセクトはカトリックや国教徒と様々であった。またフォークランドやハイドなどは議会における指導的改革者でもあり、サークルは、政治と宗教の改革の問題やキリスト教の本質についてよく論じた[35]。一六三七年に、国王とロードは、スコットランドにイングランド国教会の祈禱書を強制的に課し、その結果、暴動が勃発する。そして、そのままスコットランドでは反イングランド運動が起きていく[36]。ニューカスル伯は自ら兵を集めてスコットランドの反乱者と戦うが[37]、一六三九年六月、国王は十分な軍隊を編成することができず敗北する[38]。こうしたなかでホッブズは、キリスト教の本質や宗教論争をどう収めるかといった問題を考えていたと思われる。

実はホッブズは、一六四〇年一月にデヴォンシャー伯爵のお供としてチャールズ一世に謁見している。おそらくこのとき、まもなく召集される議会において、王党派の下院議員として活躍して欲しいと言われたのであろう[39]。彼はその後すぐ、デヴォンシャー伯爵の後押しで、ダービー・バラの下院議員候補として出馬している[40]。結局、選挙で敗北を喫して、その後二度と実践家として政治の舞台に立つことはないが、この体験によって、彼はいっそう知識人としての自らの政治学的課題を認識したに違いない。ホッブズは『法の原理』のなかで、キリスト教の本質に関する問題を「イエスはキリスト（救世主）」であるという、すべての聖職者が同意する命題に還元することで解決しようとし[41]、宗教論争の収拾方法については、自然権の放棄を信約した臣民は主権者の命令（国法）に従わなければならないという社会契約論によって説示したのである[42]。『法の原理』はニューカスル伯に献呈され、その日付は一六四〇年五月九日となっているが、おそらく書き上がったと同時に手稿が回覧され、春には読まれていたと思われる[43]。こうしてみると『法の原理』の執筆時期はほぼ「短期議会」の召集の時期と重なる。したがって、臣民は主権者の命令（国法）に服従しなければならないというそこでの主張は、国王が課した「船舶税」や「騎士強制金」なども正当化することになり、国王の対スコットランドの戦費調達を拒否した議会多数派を批判するものと受けとめられるのは必至であった。

その頃国王は、あくまでもスコットランドのイングランド国教会化にこだわり、むしろ戦争によって事態の解決を目指していた。しかし、八月にスコットランド軍が国王軍を破り、イングランド北部を占領する。敗北したチャールズ一世は、賠償金支払いのために「長期議会」を召集せざるをえなくなった。一一月三日に「長期議会」が開かれ、ストラフォード伯の弾劾がはじまる[44]。同時に、ジョン・ピムらの議会改革派は、国王支持の書物の調査を行って、絶対王政擁護者のリストを作り、攻撃の準備をはじめた。ホッブズは『法の原理』がその対象とされるのを恐れた。「私が去った理由は、国王大権を助長するような言説が議会で調査されはじめるのを見たからです[45]」。国王の右腕ストラフォード伯やカンタベリー大主教ロードすら逮捕・拘禁されている状況である。サークルの仲間や友人たちが、いくら内容を支持してくれたとしても、民衆の国教会攻撃の示威行動は激しさを増し、ピムはこのような大衆からの圧力を利用して、議会での勢力を拡大しており、[46] ホッブズの安全を保障するものはおそらく何もなかった。こうして彼は身の危険を感じ、フランスに亡命するのである。

第2章　フランス亡命と名声の確立 1640–1651

1　デカルトとの対決

ホッブズは、イングランドを発つわずか三日前に、デヴォンシャー伯爵に亡命することを告げた(1)。彼は取るものもとりあえず、祖国から逃げ去った。彼のこの行為は、後に『リヴァイアサン』によって正当化される。すなわち、国家への「服従の目的は保護」であるから、「ある人が……身体の自由を信頼に基づいて与えられなかったならば、彼は信約に従わなければならないとは考えられない。それゆえ、もしできるなら、どんな手段をとってでも逃亡してよいのである(2)」。しかしイングランド脱出後どうするのか、彼はどのように考えていたのであろうか。

一六三七年、ホッブズは『修辞学の技術（*The Art of Rhetoric*）』を出版した。これはアリストテレスの『修辞学』をラテン語に翻訳した抜粋である。執筆時期はおそらく一六三五年頃で(3)、デヴォンシャー伯爵のラテン語練習のために書かれたものである。オーブリーによれば、ホッブズは「アリストテレスはこれまで存在したなかで最悪の教師である」が、「『修辞学』と『動物誌』はたぐいまれなるものであった」と述べていたと言う(4)。シュトラウスは、『法の原理』はアリストテレスの『修辞学』にかなり依拠していると主張している(5)。ホッブズは一六二〇年代にはすでにスコラ学と絶縁しており(6)、後に『リヴァイアサン』において、キリスト教へのギリシア思想の混入を徹底的に批判し、アリストテレス哲学との訣別を明示する。しかし、この時点では、『修辞学』ではあれ、アリストテレスに対する高い評価を公表することにためらいはなかったようである。おそらくホッブズは、一六三〇年に幾何学の論証方法の力強さに心を奪われて以来、独自の学問上の方法論を確立しつつあったので、この『修辞学の技術』の出版によって、自らの人文主義的研究にひと区切りつけたかったのであろう。そしてこの年、ルネ・デカルトの『方法序説』が出版される。ホッブズはこの本を、三度目の大陸旅行中に知り合ったイギリス人、ケネルム・ディグビィによって、パリから直ちに送られている。[7] したがって出版してすぐ、目を通しているはずである。ホッブズは『方法序説』を熱心に読み、フランスへ亡命する直前、一六四〇年一一月五日、メルセンヌに五六ページにも及ぶ『方法序説』批判の手紙を送っている。[8] 彼はデカルトに触発されて、自らの哲学体系を完成させようと強く思うにいたり、危険なイングランドを逃れ、学問に没頭するために、メルセンヌ・サークルのもとで研究生活を送ろうと考えたのではないだろうか。[9]

ホッブズはメルセンヌを介してデカルトとの書簡のやり取りをはじめる。メルセンヌは、ホッブズのデカルト批判における鋭い洞察力に心を惹かれたからか、まだ無名であった一介のイギリス人に対し熱心に力添えをした。こうしてホッブズはデカルトと対峙させられることによって名を知られるようになる。メルセンヌから一流の知識人になるチャンスを与えられたのである。しかし、ホッブズとデカルトとの関係は、当初から友好的なものとは言い難かった。

デカルトはメルセンヌにこう言う。「手紙が書かれた様式から、その著者が賢く学識があるように拝見しますが、私がとても驚いたのは、彼は、独自のものとして進めるどの主張においても、真理からそれているように見えるということです」。[10] するとホッブズはメルセンヌにこう返す。「私は彼〔デカルト〕の判断力をきわめて高く賞賛しています。私はただ、彼が私の書いたことを、もう少し注意深く読んでくれたらと願うばかりです。そして、もしあなたがそうするように彼に言ってくだされば、私は誰の批判も受けることはないでしょう」[11]。そして、彼らの関係は次第に険悪になっていく。一六四一年二月二二日のデカルトからメルセンヌへの手紙において、彼は次のように言う。「もし彼〔ホッブズ〕の性格が私の疑う通りのものだとしたら、私たちは敵になることなしに話し合うことはまずできないでしょう。ですから、それ〔ホッブズの手紙〕は放っておいたほうが彼と私にとってよいのです。また私はあなたに、あなたが知っていて、しかし出版されていない私の諸意見については、それらをできるだけ彼に伝えないで欲しいのです。というのは、もし私があまり間違っていないとしたら、彼は私を犠牲にして、ずるい手段によって、評判を得ようとするでしょうから」[12]。一方、ホッブズは三月二〇日の手紙でメルセンヌに答える。「しかしこの口論は、あなた自身が知っているように、彼によってはじめられたのです」[13]。

口論の原因は何だったのであろうか。デカルトは、ホッブズの決して歩み寄ることのない批判はもとより、ホッブズが彼自身の概念である「内的な霊（internal spirit）」とデカルトの概念である「稀薄な気体（subtle matter）」とを同じものであると言ったことに憤慨したのである。彼は語気を荒げて言う。「もしそれが同じものであるなら、私がそれについて最初に書いたとすれば、彼がそれを私から借りたのだと言いうるでしょう」[14]。デカルトは、自らの発見である概念について、ホッブズも同様に気づいていたと安易に言われたことに腹を立てたのである。さらに、それを認めてしまうと、ホッブズの自然哲学から推論される彼の異端的宗教論と同一視されるおそれがあるとデカルトには思えたのかもしれない。

デカルトのこの発言から、議論は自然学における原理の発見はどちらが先かに移っていく。ホッブズはメルセンヌに訴える。「デカルト氏が今拒絶している、光、音およびすべての幻影あるいは思考の性質と生成の教説は、一六三〇年に、きわめて優秀なご兄弟であるニューカスル伯爵ウィリアムと（私たちの共通の友人である）チャールズ・キャヴェンディッシュ卿の御前で、私によって説明されたのです」[15]。ホッブズのこの発言には自信が見られる。

なぜなら、もしメルセンヌが望むなら、彼はその真否を友人であるキャヴェンディッシュ卿に確認することができるからである。タックによれば、ホッブズの哲学は「デカルトの批判的読解によって非常に多大な影響を受けて」いて、『法の原理』においてさえ、「デカルトに対する敵対心の多くの痕跡がみられる」[16]という。つまり、ホッブズの自然哲学は、一六三七年に『方法序説』に出会って以降、発展したというのである。しかし筆者は、ホッブズの自然哲学的側面は、彼の政治学的課題を契機として、未完成ながらも、一六三〇年代にすでに形成されつつあったと捉える。つまり上記のホッブズの発言を是認する立場である。いずれにせよ、両者の見解の相違は、一六四一年に出版されるデカルトの『省察』に付加された反論と答弁において、公的に明らかにされる。

『省察』の第三反論がホッブズの手によるものである。マーティニッチは、彼らの相違を単純化して、デカルトを「唯心論的二元論者」、ホッブズを「唯物論的一元論者」と呼んでいる[17]。デカルトの有名な命題「私は思惟する。それゆえ私は存在する（Cogito, ergo sum）」は、懐疑を突き詰めていくと、疑う人の「存在」を前提にしているということに行きつき、それがそれ以上疑うことのできない真理である、という主張である。このことから、デカルトは思考が人間の本質であるという見解にいたる。彼は「存在」（物体）から「思考」（精神）を分離する。つまり「存在」と「本質」とを区別する二元論をとるのである[18]。デカルトにとって、「精神」は非物体的「実体」である[19]。

しかし、ホッブズにとって、「精神」とは「有機体の若干の部分における運動以外の何ものでもない」[20]。「精神」は「物体」から切り離されては考えられないのである。それはなぜか。ホッブズは、人間は「何であれ働きをそれの主体なしに概念しえ」ない、つまり「思惟するもの」は無ではないので、「思惟」を「思惟するもの」なしには概念できないと述べる。そうであるから、「思惟するもの」は物体的であると結論する[21]。デカルトはこの演繹を論理的でないと斥ける。だが、ここで注意しなければならないのは、ホッブズは「思惟」という用語をデカルトとは異なった内容で用いていることである。デカルトは「思惟」を「知解する、意志する、想像する、感覚する」と言い換えうるとしている。[22] 他方、ホッブズにとってこれらは区別される状態である。ホッブズによれば、「思惟」とは、心のなかに浮かんだ「形と色とから構成された観念、言うなら像」である。[23]「想像」や「像」は「物体的器官の運動に、依拠する」[24]、つまり「感覚」のなかで起こった諸運動の働きなのである。したがって、それらは人間の身体すなわち「物体」の存在を前提としている。それゆえ、「思惟」つまり「像」が「思惟するもの」なしに概念できないと言うとき、その「思惟するもの」とは、「物体（身体）」を意味するのである。したがって、ホッブズは非物体的な「実体」を認めない。デカルトもホッブズも「実体」は存在するものと考えるが、デカルトは「実体」には物体的「実体」と非物体的「実体」があると捉え、[25] ホッブズは「実体」が存在するものであるならば、物体的でなければならないとし、それは「偶有性と変化とに従属する物質」[26] であると捉えている。彼は、「存在」を欠いた「本質」とは我々の虚構にすぎないと結論づけている。[27]

ホッブズの非物体的「実体」の否定は、『リヴァイアサン』において継承されている。[28] 前述したように、彼は、非物体的「実体」や存在のない「本質」という考えが、容易に、見えない力や「幽霊」を恐れる宗教的「迷信」に転化し、無知な民衆を煽動するレトリックとして用いられ、政治秩序への叛逆を生み出す危険性があるということを見ていた。だからこそ、「存在」と「本質」を分離する二元論をとるわけにはいかなかったのである。ホッブズとデカルトは、メルセンヌの努力によって、一六四八年、パリのニューカスル侯の館で、ようやく直接、顔を会わせる。[29] しかし、彼らはそれ以降、二度と会うことはなかった。[30]

ホッブズとデカルト――近代の思想的創始者たる二人の対立、それは一口に近代（モダン）といっても、互いに対立する思想的方向を含んでいたということを意味する。つまり近代は、きわめて多様な特性と思想の深みをもっているのである。ポスト・モダンを語る現在になっても、我々は近代の思考や理念を完全に把握し、乗り越えているわけではない。近代とはいったい何であるのか。我々はまず、それをつかまなければならない。[31]

2　『市民論』と自由意志論争

一六四一年五月一二日、革命の最初の犠牲者として、ストラフォード伯が処刑された。[1] 国教会を廃止する「根こそぎ法案」が出され、七月には、イングランドのすべての教会裁判権は、九人の平信徒の委員によって執行されるという新しい条項が付加された。ホッブズは、この出来事について、デヴォンシャー伯爵への手紙のなかで次のように述べている。「聖職者たちや教会の職員たちによってなされた多くの悪弊は、否定されえないし、許されることもできません。しかしそれらが国教会制度自体から生じたのかは、それほど明らかに証明されていません。……私は、聖職者たちは統治するよりもむしろ牧師をするべきであり、少なくともすべての教会統治は国家に依拠し、まさに国教会においてこそ統一がありうる王国（the Kingdom）の権威に依拠する、という意見をもっています[2]」。この発言は、ホッブズがアングリカン体制を支持していることの一つの証明となるだろう。そして彼によれば、内乱の原因は「霊的権力」と「政治的権力」との間の論争にある。ホッブズはこの視点を、『市民論』においても『リヴァイアサン』においても一貫して保持していく。

イングランドでは、国王は反革命の画策を続けていたが、議会との対立は激しさを増し、ロンドンにおける民衆のデモや集会の盛り上がりは頂点に達していた。[3] ホッブズは祖国のこうした状況を受け、一六四二年四月、パリで『市民論』を匿名で出版した。彼は、イングランドの内乱を終わらせるために、知識人としての使命を果たそうと願ったのである。それゆえ、彼の哲学体系の書である『哲学原理』において第三セクションに予定されていた『市民論』を、一番初めに書くということに変更したのである。だが、『市民論』はラテン語で書かれている。彼にとって『市民論』の内容は、明らかに祖国の戦争状態を念頭においたものだが、それは、どの国家にも通用する普遍的なものを備えているいると自負していたので、ヨーロッパの他の国の人々にも読んでもらいたいという意図があったのである。

しかし第一版の部数は非常に少なく、せいぜい一〇〇部ほどであり、ホッブズがこの時想定していた読者は友人たちであった。出版における資金調達は、王妃アンリエッタ・マリアとも入魂《じっこん》であるカトリックの亡命イギリス人、ディグビーが行った。(4) ホッブズは、この『市民論』によって、「私の名が諸国民に広く知られ」るようになったと自伝において述べている。(5) 第一版の部数が少なかったので、ホッブズの評判は口コミで広がり、やがて第二版の出版を求められるようになった。そこで、メルセンヌ・サークルの仲間であり、ホッブズのきわめて親しい友人となるフランス知識人、サミュエル・ソルビエールの努力によって、一六四七年一月、オランダで、『市民論』第二版が公刊されるのである。(6) 大量の発行部数によって、ホッブズの名は大陸中に知られるようになり、彼はヨーロッパにおいて名声を獲得した。

ホッブズは一六四二年に『市民論』を出版すると同時に、メルセンヌ・サークルに参加していた亡命イギリス人で、カトリック神父であるトマス・ホワイトが同じ年に出版した『世界論（*De Mundo Dialogi Tres*）』について批評を書いている。ホワイトはこの著書において、ガリレオの『天文対話』をモデルとして、近代自然学とアリストテレス的目的論とを一致させようとした。ホワイトは、神の天地創造の目的は人間であり、神の世界創造の原因は人間が「自由意志」をもつことにあると考える。そして「世界は人間のために作られた道具」(7) と結論づける。これに対し、ホッブズは自由な意志を否定し、意志を人間だけでなく動物にも認めるので、彼にとって意志を有することは、神の世界構築の原因となるような価値をもちえない。(8) さらに彼は、そもそもすべての事物の究極的原因である神の意志に原因などありえないと主張し、ホワイトの目的論的世界観を辛辣に批判する。「要するに、神が世界を創造したのは、神がそう欲したからであって、神の意志に原因などありえない（Denique, Deus condidit mundum quia voluit, Voluntatis autem Divinae causa esse non potest)[9]」。

ホッブズは五〇〇ページにも及ぶ草稿をメルセンヌに渡した[10]。このホワイト批判で明らかにされたホッブズの「自由意志」否定の主張が、三年後のブラムホールとの自由意志論争につながったと考えられる。

さて、この頃イングランドでは、一六四二年七月初め、議会は治安委員会を設置し、国王が開戦した旨を宣言した[11]。デヴォンシャー伯爵は、六月に国王と一緒にヨークにいたことから、議会の欠席について弾劾され、他の八名の貴族とともに貴族院から追放されてしまう。次いで、ロンドン塔への投獄の命令が議会で出されたため、大陸に亡命した[12]。そして八月、国王はノッティンガムに国王軍の集結を命じ、内乱が勃発する[13]。翌年、ニューカスル伯は北部の国王軍司令官として活躍し、侯爵に叙せられるが、一六四四年七月のマーストン・ムーアの戦いで敗退し、パリへ亡命することとなる[14]。一方、ノッティンガムシャーおよびリンカンシャーの国王軍最高司令官として、デヴォンシャー伯爵の弟チャールズも果敢に戦っていた。チャールズは、生来、野生的かつ向う見ずな性格で、一六三八年、パリ滞在中に、ホッブズからパリでの乱暴な行為を咎《とが》められる手紙を送られているほどであったが[15]、戦地においては、それは危険を顧みず勇敢に戦うという行動へ表れ、七月、二三歳で戦死する[16]。そして一六四五年一月にウィリアム・ロードが処刑され、アングリカン体制のシンボルが消された[17]。こうしてピューリタンの時代がやってくるのである。今や、デヴォンシャー伯爵やニューカスル侯爵をはじめ、多くの王党派の人々がパリへ亡命し、本人たちの意図せざる形で、ホッブズと再会する。

一六四五年八月、ホッブズはニューカスル侯のパリの館で、アルミニウス派のイングランド国教会の主教ジョン・ブラムホールと「自由意志」について討論を行った。ブラムホールは、ストラフォードとロード大主教の同盟者であり、ロードの教会政策をアイルランドで忠実に遂行しようとし、ロード弾劾の後、イングランドを逃れた[18]。

ここでの論題は、人間が意志するのは神の意志によるのか、人間の選択によるのか、ということである。ホッブズは人間の「自由意志」を否定し、ブラムホールは肯定した。一般に、「自由意志」論はローマ・カトリックのものであるが、アルミニウス主義者は、プロテスタントの立場にたってそれを主張する。したがって、ピューリタンからは疑似カトリックとみなされ、批判された[19]。他方、「自由意志」の否定は、「神の予定」を承認するという意味で、厳格なカルヴィニズムとみなされうるが、ホッブズの自由と必然についての見解は、カルヴィニズムに一般化しえない独自性をもっている。ホッブズは自らの見解を要約してこう述べている。「人間には一瞬の間に次にいかなる意志を抱くかを選択する能力はない。偶然は何ものも生み出さない。あらゆる出来事や行為には必然的原因がある。すべてのものごとを必然的たらしめるものは神の意志である[20]」。

ホッブズは、その自然学において、あらゆる事物は、外的な原因によって動かされれば、永遠に運動し、運動を止められれば、静止し続けると考える。「運動のはじまりは運動である[21]」。同様に、人間の意志も外的原因によって引き起こされる。人間はある行為を行おうとする場合、行為の結果についての善悪を想像する。この善悪の想像が、良い帰結つまり「希望」と、悪い帰結つまり「恐怖」、という欲求を交互的に引き起こしていく。この過程が「熟慮」であり、「熟慮」の過程における最後の欲求が意志である[22]。要するに、人間は心のなかで、行為を行うか否かの欲求の交互的生起という運動を行っているのである。そしてこの運動の外的原因が、事物の第一原因である神の意志である。

しかし人間は、神の意志ではじまったこの欲求の交互的生起という運動を、自らの力で終わらせることはできない。欲求を「希望」で終わらせたり、「恐怖」で終わらせたりすることはできないのである。たとえば、人間は空腹時、何かを食べるかどうかという行為を制御することはできるが、空腹感を感じるかどうかをコントロールすることはできない。欲求は人間のコントロール下にはないのである。そして「意志とは欲求であるから、人間は誰も自らの意志を決定することはできないのである[23]」。「意志することは、神のわざであり、人間が選びうることではない」[24]。したがって、人間の意志は「必然的」なものなのである。しかしながら、この「必然的」な意志と「自発的（voluntary）」な行為とは矛盾しない。なぜなら、「自由とは行為に対する一切の障害物の欠如のこと」であるから、心のなかで抱かれた意志が行為となって現れる際に、それを妨げる「障害物」がなければ、その人は意志が志向する事柄を行う「自由」をもっているからである[25]。つまり、空腹感を抱いた人間が何かを食べるということを意志した場合に、その空腹は所与の欲求であるが、それに従って食べるという行為を行ったとき、それは自らの行為であり、「自発的」である。そして食べることを何かに妨げられなければ、彼は行為において「自由」であったと言えるのである。

この「意志は必然である」というホッブズの意志論は、『リヴァイアサン』において、そのまま再出する。祖国の内乱状況を引き起こした根本問題を、「霊的権力」と「政治的権力」との間の論争にあると捉えたホッブズは、「自由意志」論との対決のなかで、独自の意志論を確立し、そこにイングランドの平和回復の鍵を見出した。それこそが、各人の「必然である」意志と意志との間の同意である社会契約論の構築である。ホッブズにとって、「必然である」意志によって結ばれた「契約」は破棄されえない。なぜなら、意志は究極的には神の意志に結びついているからである。各人はいったん、自らの意志によって「契約」という行為を行ったならば、「自分自身の自発的な行為を無効にしてはならない」という義務を負うことになる[26]。そしてそれは「神に対する義務」となる。

ホッブズは、支配・被支配関係を支える義務の根拠として同意を設定し、それに基づく社会契約論を、政治的主権者が同時に宗教的な事柄における統治者であるアングリカン体制的国家論に組み込むことで、「政治的権力」と「霊的権力」という「ワシの双頭を再び一つにする」[27]ことを理論的になしえたのである。つまり、ホッブズの意志論が展開する『リヴァイアサン』第一部「人間論」は、第二部社会契約論の論理的前提であり、かつ、その社会契約論は、教会統治における政治的主権者の権利の確立を目的とする第三部「キリスト教の国家共同体」の論理的基礎なのである。したがって、ホッブズの『リヴァイアサン』執筆の主眼は、これまで日本のホッブズ研究が重視してきた前半部分よりもむしろ後半部分にあるとさえ言えよう。

ところで、ブラムホールが唱えた「自由意志」論に基づく、もう一つの系譜の契約論が存在する。たとえば、ルソーの社会契約論がそれである。ルソーはホッブズの政治学的課題を継承し、それを「自由意志」論に基づいて再構成した。そしてルソーは、「自由意志」論をもっと徹底させ、政治的権力への宗教的権力の包摂という課題を、「市民宗教」という形に結晶させることで果たそうとしたのである。

ニューカスル侯は、彼らの討論の内容を書面に落とすよう求めた。ホッブズとブラムホールは、論争の内容が時節的に危険であることを考慮して、出版しないという条件で応じ(28)、両者はそれぞれこの文書を保持することになった。しかし、一六五四年にホッブズ信奉者によって、両者の意志に反し、無断で出版されてしまうという事件が起こる。これをきっかけとして、ホッブズは再びブラムホールと公的に対決せざるをえなくなるのである(29)。

3　革命と『リヴァイアサン』

一六四五年六月一四日、ネイズビの戦いで議会軍が勝利し、チャールズ一世はスコットランド軍に身を投じ、その後、議会軍に身柄を拘束される。四六年七月に国王軍は降伏して、第一次内乱は終結した(1)。敗れたチャールズ皇太子は多くの王党派とともにフランスに亡命し、サン・ジェルマンに亡命宮廷を開いた。ホッブズはその頃、『物体論』の執筆に集中するため、友人であるトマス・ドゥ・マルテルの誘いを受けて、彼の地所であるモントーバンに移り住む手筈《てはず》をすでに整えていた。しかしホッブズは、おそらくかつて教育係であったニューカスル侯の関係を通して、サン・ジェルマンの皇太子の数学教師として推薦されたので、それを引き受けることにし、モントーバン行きを断念した(2)。

こうしてホッブズは、サン・ジェルマンで二年ほど過ごすことになる(3)。彼は皇太子の教師という仕事によって、執筆に没頭することができなくなり、仕上げるのに時間がかかったと述べている。だが、その執筆の対象は、予定していた『物体論』ではなく、新たな政治哲学の書、『リヴァイアサン』に変更されていた。彼はこの変更をこう説明している。「私は、こんなにも多くの、こんなにも醜い犯罪が、神の命令とされるのに耐えることができませんでした。私はまず初めに神の法を解き明かすことを決意したのです(4)」。

ピューリタン革命は、国王と議会との単なる政治的対立によって起こったものではなく、政治的対立と宗教的心情が絡みつき、長老派、独立派、レヴェラーズといった各宗教セクトの神に対する宗教的良心や宗教的使命に突き動かされた現世改革の側面が強い。議会や軍隊における内乱の中心的指導者たちは、腐敗した国教会体制を打破し、国王の圧政に苦しむ人々を救うことが「神の命令」に従う「義務」であると民衆や兵士たちに説いた。実際、ピューリタン革命が「革命」たりえた理由は、後のフランス革命やロシア革命と同様、民衆運動の高揚を背景とするが、フランス革命やロシア革命と違って、民衆の蜂起は、農村の荒廃や飢饉を直接的契機とするのではなく、政治的エリートやとりわけ軍隊の中心的人物たちによる宗教的教説によって煽動された、宗教的熱狂を起動力としていたのである(5)。それはなかんずく一六四九年一月のチャールズ一世の処刑とともにさらに高揚し、「神の王国」の到来を待ち望む「千年王国」思想として現れる。つまり、「第五王国派」と呼ばれるセクトに見られるように、それは、国王の処刑によって世界史上の四帝国の最後のものであるローマ帝国が滅亡し、「神の王国」たる第五王国の到来は間近いと考え、しかも自らは神によって選ばれた聖者であり、聖者は「神の王国」の到来を準備するためには、たとえ暴力を用いてでも現世の制度を打倒しなければならない、と唱えるものである(6)。このような宗教的イデオロギーが軍隊内や民衆の間で力をもっていたのである。

こうしたなかで、ホッブズは、革命の指導者たちが、彼らの「良心」や「信仰」に基づいて、「神の言葉」すなわち「聖書」を自由に解釈し、国家権力への叛逆の正当化理由を「神の命令」に従う「義務」としているのを見て、「神の法」とは何であり、それを解釈するのは誰か、そして服従すべき相手は誰であり、なぜそうしなければならないのか、これらのことを明らかにしなければならないと思ったのである。前節のデヴォンシャー伯爵への手紙において見たように、ホッブズの政治学的観点からすれば、「神の法」の解釈について服従すべき相手は国教会の首長である政治的主権者である。したがって、ホッブズの国家論はアングリカン体制をとっていると予測が立てられるのである。

ところで、ホッブズの政治理論がアングリカン体制を採用していたということとは別に、ホッブズ自身がアングリカンの立場であった可能性を示す一つのエピソードがある。彼は一六四七年八月半ばより、命が危ぶまれるほどの重病にかかり、数ヶ月もの間ずっと床に臥《ふ》せていた(7)。見舞いに来たメルセンヌは、友の死を目前にして、彼にカトリックに改宗するよう勧めた。しかしホッブズはそれを断った。数日後、今度は、後にダーラムの主教となるイングランド国教会の聖職者ジョン・コージンが訪れ、ホッブズに、ともに神に祈りましょうと申し出た。ホッブズは彼に感謝の気持ちを伝えた後、こう言った。「そうしましょう。もしあなたが国教会の儀式に従って祈りを先導して下さるならば」。この事実は、彼が国教会の教説を尊重していることの重要な証拠である、と自伝で自ら述べている(8)。

しかし、なぜホッブズは、一六四七年にすでに『市民論』の第二版を出版していたにもかかわらず、さらに『リヴァイアサン』を書いたのであろうか。そこで、ホッブズの亡命時代の出版状況を見てみることにしよう。

ホッブズは一六四二年四月、革命へと向かうイングランドの状況に対して、『市民論』第一版（ラテン語）をパリで一〇〇冊ほど出版した。イングランドで内乱が起きたのは一六四二年八月。四年後の一六四六年六月に第一次内乱は終結した。翌年、『市民論』第二版（ラテン語）をオランダ、アムステルダムにおいて大量部数でもって公刊するが、売行きが好調で八月には完売、しかも何百もの注文が殺到し、印刷会社はさらに二回重版している。[9]次いで、一六四八年四月に、第二次内乱が勃発し、四ヶ月後に終結するが、それは一六四九年一月の国王処刑という結果をともなった。同じ年の七月に、ソルビエール訳による『市民論』フランス語版がアムステルダムで出版される。これはホッブズの承認済みである。さらに、一六五〇年に今度はロンドンで、ホッブズのフランス亡命の原因となった手稿『法の原理』（これは英語で書かれている）が、『人間の本性』と『政治体について』との二つに分離されて、ホッブズの許可なく匿名で、それぞれ二月と五月に出版される。[10]さらにまた、『リヴァイアサン』が出版されるおよそ一ヶ月前の一六五一年三月、同じくロンドンで『市民論』英語版が出版される。これについては翻訳がホッブズ自身なのかほかの者によってなされたのか、研究上意見が分かれている。[11]そして最後に、一六五一年四月後半あるいは五月初旬、母国語で書かれた『リヴァイアサン』が、ロンドンで出版されるのである。[12]このときホッブズ自身はまだパリにいた。

こうしてみると、ラテン語で書かれた『市民論』第二版を出版してから、とくに国王処刑後、ホッブズの政治的著作が様々な形で毎年公刊されていることがわかる。とりわけイングランドでは、ホッブズが不在にもかかわらず、彼の本が出版され、いかに彼の著書が求められていたかが理解されよう。したがって、ホッブズが『リヴァイアサン』を書きはじめたのは、おそらく、イングランド人だけでなく、ヨーロッパ中を震撼させた事件である、国王チャールズ一世の処刑（あるいは、それに向かうイングランドの政治状況）を直接的契機としていると考えられる。それはちょうど、彼の住むフランスにおいても「フロンドの乱」（一六四八年八月～一六五三年七月）と呼ばれる内乱が勃発していた時期でもあった。こうした状況の中で、ホッブズは内乱の終結と再発の防止という政治的課題をこれまで以上に痛切に感じ、しかも祖国の人々もまた、彼の政治哲学の書を求めていることを知ったのである。

利害感情による争いと違い、宗教戦争は妥協点を知らず、「神の命令」という大義名分の下に、悲惨で凄惨な結末を迎える。その行きついた先が国王の処刑であった。平和を回復するためには、それぞれ異なった宗教的心情によって突き動かされ、「神に対する義務」を果たすために殺し合っている人々に対し、戦争をやめさせ、彼らを政治的に統合することが必要である。しかし、「神の命令」に従っている人々を納得させるには、「神の命令」に基づいて、つまり、「神に対する義務」として、国家権力への非抵抗を内面的に義務づける政治理論でなければならない。したがってホッブズは、『市民論』以上に、宗教を政治に包摂する論理を徹底し、革命的な宗教的心情を原理的に封じ込める道徳哲学(Ethica)[13]たる国家論を構築しなければならないと考えた。しかもそれを母国語で書くことが必要であると認識したのである。

『リヴァイアサン』の特徴は、徹底的に責任倫理を追求する政治哲学・道徳哲学の書であるということである。これはホッブズ自身の政治的な志向の表れとも言えるであろう。ホッブズは平和の回復ないし維持のために、主権者や臣民がどうあるべきかを、抽象的に解き明かしているのである。だから、この著書のなかで、王党派支持あるいは革命政府反対といった個人的な心情が語られることはない。ところで筆者は第一章第二節で、ホッブズが君主権力との距離の近い政治的な貴族キャヴェンディッシュ家に属し、将来の政治的指導者を教育する立場から政治に関心をもったと述べた。しかしながら、このキャヴェンディッシュ家を代表する一人の貴族は、革命期に対照的な行動をとった。

ホッブズの主人であるデヴォンシャー伯爵は、一六四二年にパリに亡命してきたが、イングランドにおける伯爵家の土地や財産を守るため、一六四五年にイングランドに帰国し、翌年賠償金を払って議会側と妥協した。その後バッキンガムシャーへ隠遁するが、しかし完全に安定的な生活を確保できたわけではなかった。彼は帰国後もホッブズと連絡を取り続けたが、その書簡は議会派の高官によって検閲され、一六五五年の夏には逮捕されるという危険な目にもあっている（しかしすぐに釈放された）。[14] 一方、ニューカスル侯爵は、王党派の立場を一貫して保ち、一六六〇年、王政復古するまでイングランドに帰らなかった。だが大陸亡命中、彼のイングランドの土地や財産は没収されたので、彼は借金で暮らさざるをえず、金銭的に困窮した状態であった。[15]

これに対して、ホッブズは、今や家庭教師としてではなく一知識人として、それもヨーロッパ中に知られた著名な哲学者として、理論的に独自のスタンスを明示したのである。それは、一方で、政治の目的は人民の血を流さないことであって、各人の国家への「服従の目的は保護」であるから、「身体の自由を信頼に基づいて与えられなかったならば……どんな手段をとってでも逃亡してもよい」[16]という自己保存の原理であり、しかし他方で、いったん「意志」によって政治権力に服従する「契約」を結んだならば、国王であろうが革命政権であろうがイデオロギーは問わず、臣民は主権者に服従しなければならない、というものである。この教説に基づくならば、自己保存のために革命政権に恭順したデヴォンシャー伯爵も、自己保存が確証できないため亡命を続けたニューカスル侯爵も、どちらの行為も正当化されるであろう。このきわめて政治的なホッブズの立場は、彼自身の現実生活の面においても現れている。それは『市民論』第二版に付けるはずであったホッブズの肖像画についての事件に見られる。

『市民論』第二版のオランダでの出版に非常に努力したソルビエールは、ホッブズに対する好意と讃辞を表す目的から、『市民論』に付す肖像画と詩を手配し、そこにホッブズの肩書きとして「皇太子殿下の学問教師」と題した。しかし、ホッブズは、これを喜ぶどころか反対に動揺し、すでに印刷されているものからすべて取り除くようにソルビエールに要請するのである。[17] それはなぜか。「皇太子殿下の学問教師」という肩書きは、ソルビエールが思ったように、一般には名誉あるものと考えられよう。しかしながら、国王軍と議会軍が戦争しているこの時期に、政治理論の書の著者が「皇太子殿下の学問教師」と題されることは、それ自体で国王側に与することになってしまう。ホッブズはそれを恐れた。ホッブズは、国王であれ革命政権であれ、政治的主権者に対し臣民は服従する義務をもつと主張する。だから、『市民論』においても『リヴァイアサン』においても、彼は国王側あるいはクロムウェル政権側を支持するというような特定の党派的な心情を示していないのである。ホッブズは次のように言う。「私は権力をもつ人々についてではなく、権力の座について（抽象的に）述べているのです」[18]。

そして、ホッブズがソルビエールへの手紙のなかで訴えているように、この肩書きは、実際的な面でも、事実上革命政権が支配するイングランドへのホッブズの帰国を妨げる可能性がある。[19] ホッブズは、確かにイングランドへの帰国を願っていた。一六四八年五月二日付のデヴォンシャー伯爵宛の手紙のなかで、伯爵から帰国する気はないかと尋ねられたことに対して、身の安全が確保できるまでは帰れないが、もちろんそうしたいと伝えている。[20] 一六四九年九月一二日、ガッサンディに対しても、いつ帰国してもいいように健康を管理していると述べている。[21] しかしながら、ホッブズは、クラレンドン伯が言うように、帰国したいがためにクロムウェルに気に入られるように『リヴァイアサン』を書いたわけではなく、[22] 国王であれクロムウェル政権であれ、自己の安全を保障する政治権力が安定的に確立された祖国へ帰りたかったのである。『リヴァイアサン』は「保護と義務との相互関係」[23]を理論的に明らかにするために書かれた。だがそれは、単にホッブズ個人や政治的支配層および貴族のみを対象として念頭においているのではなく、民衆を含めた全イングランド人を視野に入れているのである。これについてはさらに次章第一節で考察するが、ここで言えることは、ホッブズの思想と行動はきわめて政治的なものであり、亡命や帰国という行動は、単に自己利益的であるのではなく、彼の政治思想に裏付けられたものであったということである。

一六五一年一二月、ホッブズはチャールズ二世（一六四九年一月にオランダで即位宣言）に、子牛皮紙で装丁された手書きの『リヴァイアサン』を献呈した。[24] その年の春にロンドンで出版された『リヴァイアサン』は、フランスにもち込まれていたので、亡命宮廷の貴族や聖職者たちはすでに読んでいたことであろう。しかし、とりわけアングリカンの聖職者たちが『リヴァイアサン』の教説を「異端としてあるいは王党派に敵対した教説として非難」

し、チャールズ二世にホッブズを排斥するよう働きかけたので、ついにホッブズは亡命宮廷への出入りを禁止されてしまうのである。彼は『リヴァイアサン』第四部においてローマ・カトリック教会を徹底的に批判していたので、亡命宮廷におけるチャールズ二世の保護を失ったことは、カトリック国フランスにおいて、カトリック聖職者からの攻撃に身一つで晒《さら》されることを意味した。(25) また同時に、ホッブズの『市民論』を引用した革命政権擁護者のアンソニー・アスカムがスペインで、チャールズ一世の死刑判決文に署名した「国王弑逆《しいぎゃく》者」の一人であるイザーク・ドリスラウスがハーグで、それぞれイングランドの王党派によって暗殺されるという事件があった。(26) これらのことは、ホッブズはもはやフランスだけでなく、プロテスタント国オランダにおいてさえ安全ではないということを意味した。イングランドはいまだ不安定な政治状況であったが、ホッブズの自己保存にとっては、大陸にいるより、より安全であることは明らかであった。こうして、かつて『法の原理』がホッブズをフランスへ逃れることを強いたように、今度は『リヴァイアサン』が彼をイングランドへ逃れるよう強いたのであった。

第3章　論争の時代 1651-1660

1　エンゲイジメント論争

第二章第三節で述べたように、ホッブズが『リヴァイアサン』を書いた理由は、国王処刑をおそらく契機として、内乱の終結と再発の防止という政治的課題から、宗教を政治に包摂する論理を『市民論』以上に徹底し、革命的な宗教的心情を原理的に封じ込める国家論を英語で書く必要がある、と彼が認識したからであった。しかしさらに、当時のイングランドの状況を見ていくと、ホッブズが、祖国の抱えていた新しい争点にコミットする意図をもっていたことがわかる。それは「エンゲイジメント（Engagement）」論争である。

一六四九年、「ランプ議会」(1)は、三月に君主政と貴族院を廃止し、五月に「共和政宣言」を出した。次いで一一月、すべての公職者、聖職者、軍隊の士官、大学の学長などに対し「エンゲイジメント」なる服従契約への同意の上の署名決議」を発した。そして翌年の一月には、「エンゲイジメント」の対象を一八歳以上のすべての男性にまで拡大し、一六五二年に立法化したのである。(2)「エンゲイジメント」論争とは、「ランプ議会」が自己の権力の正当化と臣民の服従獲得のために出した「エンゲイジメント」の是非をめぐり、一六四九年から一六五二年にかけて盛んに行われた議論のことである。そして、この「エンゲイジメント」論争のなかで現れた特筆すべき理論が「事実上の理論（de facto theory）」である。この理論の特徴は、ある政府が事実上、人民を保護する能力をもっているならば、人民は服従すべきであり、あるいはそうせざるをえず、その政府の起源つまり支配の正当性の根拠は問われる必要がない、と考える点である。王党派によって暗殺されたアンソニー・アスカムやマーカモント・ニーダムがこの「事実上の理論」の代表的論者であり、彼らは革命政府の権力を擁護するために、ホッブズの『法の原理』や『市民論』を援用していた(3)。

スキナーは、一六五〇年以降の『法の原理』、『市民論』英語版および『リヴァイアサン』の出版は、ホッブズがこの「エンゲイジメント」論争に参加するためになされたものだと主張している(4)。確かに「事実上の理論」の論者たちがホッブズの著作を積極的に援用したことによって、「エンゲイジメント」論争の賛否両陣営どちらからも『法の原理』や『市民論』英語版を求める声が高まり、公刊を促したと考えることができる。また、当時パリにいたホッブズは、この論争中イングランドにおいて出版された著作やパンフレットを入手して読み、状況を把握していた。彼は『リヴァイアサン』の「総括と結論」でこう述べている。「最近出版された様々なイギリスの著作からわかるのは、臣民が征服者に対し義務づけられるようになるのはどの時点か、あるいは、征服とは何かについて、内乱は人々にまだ十分に教えてはいなかったということである。それゆえ、これらについて人々がもっと納得するように、私は次のように言う。ある人が征服者に従うようになる時点とは、彼が征服者に対し降伏する自由をもっており、明示的な言葉もしくは他の十分なしるしによって征服者の臣民になることに同意する時点である(5)」。したがって、ホッブズが『リヴァイアサン』を執筆する際に、この「エンゲイジメント」論争へ理論的に貢献する意図をもっていたと言うことができよう。

しかしながら、ここで注意しなければならないのは、『リヴァイアサン』は「事実上の理論」ではないし、またそれを擁護する理論でもないということである(6)。革命によって、ほぼ六〇〇年続いた世襲王政が廃止され、戦争の勝利者である「ランプ議会」の支配の正当性の問題が浮上した。この問題に対する一つの対応が、「エンゲイジメント」論争における「事実上の理論」である。「事実上の理論」は、臣民の服従理由を、政府がもつ人民を守る権力にあるとし、政府の正当性の根拠は問わない。ホッブズと彼らとの決定的な違いは、ホッブズには、支配の正当性の根拠となる概念すなわち「同意」が存在するということである。先の叙述が示しているように、彼の課題は、臣民が征服者に服従する正確な時点を明確化することであり、それは言い換えれば、人民各人が支配者への服従に「同意」するのはいつか、ということである。そこで彼は独自の意志論に基づいて「同意」理論を構築した。

ホッブズの社会契約論は、各人の信約によって国家を形成する理論であるが、そこでは次の二つの類型の国家が設定されている。すなわち、人民各人の相互契約によってつくられる「設立による国家共同体（a Commonwealth by Institution）」と「獲得による国家共同体（a Commonwealth by Acquisition）」である。後者は、親の子に対する支配である「家父長的」国家と、戦争における勝利者の敗者に対する支配である「専制的」国家の両形態を含んでいる。社会契約論というと、一般的に「設立による国家共同体」がイメージされているが、ホッブズにおいては「設立による国家共同体」も「獲得による国家共同体」も相互に矛盾することなく対等に設定されている。ホッブズの国家の二類型については第II部で詳しく論じるが、とくに世襲王政ないし征服者の支配の正当性を考える場合、「獲得による国家共同体」に注目してみると、ホッブズが社会契約論を形成した意図を読みとることができるので、ここで若干触れておこう。

「獲得による国家共同体」の一形態である「家父長的」国家においては、その正統性は「子供の同意」にあるとされる。つまりホッブズは、親が子供を「養育」し、子供がその「養育」を受け入れてきたという事実から、そこに親に対して服従する「子供の同意」があったと解釈するのである。(7) 彼は、子供が「契約」の当事者になりうるのかという、子供の「同意」能力については考慮しない。子供は養育する者がいなければ自己の生命を維持できないゆえに、この「生命の維持」を目的として、子供は実際の行為において、「自発的」に養育する者に服従していると捉えるのである。このように「家父長的支配」は、「養育」という事実によって服従の約束を担保され、「養育」を媒介として、親から子へ、子から孫へと永遠に続いていく。「子供に対して支配権をもつ者は、その子供の子供たちに対してもまた支配権をもち、その子供たちの子供たちに対しても支配権をもつのである」[8]。これが「同意」に基づく「家父長的」国家の生成である。ホッブズによれば、領土内に住むすべてのものに対する支配権をもつ主権者は、被支配者が所有するすべてのものに対して支配権をもつので、その人の子孫を支配する権利をも有することになる[9]。こうして、臣民を永続的に支配する権利すなわち世襲王政が正当化されるのである。

もう一つの形態である「専制的」国家の場合においても、戦争の勝利者の支配の正当性は、勝利という事実ではなく、征服者へ服従するという敗者側の「同意」にある。したがって、臣民が征服者に服従する正確な時点は、「敗者がやって来て勝利者に服従する」ときである[10]。ここでは、征服者に抵抗することは自己の破滅をもたらすため、服従の拒否は事実上不可能である、という強制的側面は無視される。なぜなら、ホッブズにおいて「恐怖によって強要された信約は有効」[11]だからである。敗者は征服者に殺される「自由」を有していたにもかかわらず、死ではなく服従を選択した。自己の「意志」でそうしたのである。だからその服従行為は「自発的」なものである。それゆえ敗者は、その行為を無効にしてはならないという義務を負う。このような「恐怖によって強要された信約は有効」であるという考え方は、ホッブズ独特の意志論に基づいている。

ホッブズは、現実の支配関係のなかに、被支配者側の「同意」を見出し、その「同意」を担保として被支配者側の服従義務と支配者側の支配の正当性とを導出する理論を創り出したのである。したがって、『リヴァイアサン』においては、世襲王政も革命政府も論理的に同時に承認されることがわかる。ホッブズの意図は、世襲王政のような現実に存在してきた国家権力であれ、革命政府のような内乱の勝利者として生まれた国家権力であれ、被支配者は自己の「意志」によって服従したのだから、権力に対する「非抵抗」を内面的に義務づけられる、ということを示すことにある。このようにホッブズの社会契約論は、通常我々が理解しているのとは異なった「意志」ないし「同意」概念に基づいている。それは一見、前近代的な印象を与えるかもしれない。だが同時に、国家設立の根拠たる「同意」という行為が、原理的に民衆一人一人の個人のレヴェルにおいて設定されており、平等性を備えている。これは政治思想史上、画期的な近代的転換を示すものであろう。これらについて、第II部で社会契約論との関連で本格的に検討する。

ホッブズは、内戦の勝利者である革命政権の支配の正当性を議論する「エンゲイジメント」論争に関与する一方、戦争の敗者であるチャールズ二世に『リヴァイアサン』を献呈している。チャールズは、父国王の処刑によって即位を宣言し、亡命地においてイングランド国王としてその支配の正当性を主張している当の人物である。もし『リヴァイアサン』が「事実上の理論」のように革命政権側を擁護しているのなら、彼らに父親を殺され、支配者の地位を追われた人にそのような本を献呈はできまい。また、もし『リヴァイアサン』が国王側を擁護しているのなら、帰国後ホッブズはイングランドで無事に暮らせなかったであろう。しかし事実は反対で、彼はクロムウェル政府の下で、安定して暮らしていた。彼は自伝でこう述べている。「私は国務会議と和解しなければなりませんでした。それを果たした後、すぐにきわめて平穏に隠遁し、こうして以前のように、私は自らの研究に専念しました[12]」。

『リヴァイアサン』はきわめて政治的に巧妙に構成されている。そこでは心情倫理的なものは一切排除されているのである。しかしそれは単なる処世のためではない。「事実上の理論」が革命政権擁護の理論であったのに対し、ホッブズは「同意」概念を軸に据えて、党派を超えて権力秩序を維持する理論を組み立てたのである。ホッブズの場合、王権も革命政権のどちらも論理的に支持される。彼には、「不公平なく、偏向性なく、人々の眼前に保護と義務との相互関係を示すこと[13]」をなした揺るぎない自信があったので、チャールズに『リヴァイアサン』を手渡すことも、「エンゲイジメント」論争に貢献することも、彼にとって何ら矛盾はなかったのである。

2　神義論と政治学

一六五三年に召集された「聖者議会」は、異教的で不必要なことを教える大学や学校の廃止について審議していた。[1] これはオックスフォード大学やケンブリッジ大学にとって大きな脅威となった。ルターの万人祭司主義をとるピューリタンは、聖俗の区別をそれほど重視しないので、大学で神学を学んだ者しか牧師になれないということを否定する人々が一部現れてきたのである。その代表的な論客がジョン・デルとジョン・ウェブスターである。彼らは、大学を聖職者たちが牛耳っていることに嫌悪感を抱いていた。したがって「聖者議会」が解散した後も、彼らは大学への攻撃を続けた。[2]

一方、ホッブズも『リヴァイアサン』で大学を批判している。「哲学の研究にとって、大学はローマの宗教の侍女としての地位しかもっていない。つまり、そこではアリストテレスの権威だけが受け入れられているので、そこでの研究は正確には哲学ではなく、……アリストテレス学である」。[3] ホッブズは『リヴァイアサン』第四部第四六章で、アリストテレスの形而上学によって、大学に空虚な哲学がもち込まれ、そして大学から教会に、つまり宗教に誤謬がもち込まれたと指摘し、スコラ学を批判している。[4] これは宗教改革以降、キリスト教からギリシア的要素を取り除いていこうとするプロテスタンティズムの流れに呼応するものである。こうして、大学改革が議事にのぼる革命政権下において、ホッブズの大学批判およびスコラ学批判は受け入れられ、一六五〇年代、ホッブズはデルやウェブスターと同様、大学批判者として認識された。[5] そしてこのことによって、長老派、独立派、アングリカンを問わず、以前はホッブズの賛同者であったセス・ワードをはじめとする大学側の人々と敵対することになったのである。

ホッブズのスコラ学批判は、「自由意志」論争と大きく関っている。ホッブズによれば、スコラ学は「神は法の第一原因であり、かつその行為および他のすべての行為の第一原因であるが、不正義の原因ではまったくなく、不正義は法に対する行為の不順応性である」と主張するが、「この区別は、自由意志の教説すなわち神の意志に従わない人間の意志についての教説を擁護するためにつくられたのである」[6]。つまり彼の意見では、スコラ学は「自由意志」論に依拠しているので、神がすべての行為の第一原因だと認めておきながら、全能なる神が罪の原因をおくことを認めるのを恐れて、矛盾をおかしているというのである。第二章第二節で見たように、ホッブズは一六四五年にアングリカンの主教ジョン・ブラムホールとパリで「自由意志」について論争した。ホッブズはここで、宗教的にはルターの「奴隷意志論」やカルヴァンの「予定説」の系譜に自らを位置づけ[7]、「自由意志」を否定し、さらに人間の心理過程を考察して独自の意志論を形成した。そして彼は、この意志論を彼の政治学と体系的に結びつけ、『リヴァイアサン』を構成したのであった。

ホッブズが、大学のピューリタン的改革についての論争を行っていた頃、彼の友人であるジョン・デイヴィスは、ホッブズとブラムホールとの論争についてデイヴィスの友人のためにフランス語に翻訳したいので、「自由意志」論争の手稿を借して欲しいとホッブズに願い出た。ホッブズは疑うことなくその依頼に応じ、手稿をデイヴィスに渡した。しかしデイヴィスは、この手稿をホッブズに無断でコピーし、聖職者を罵倒した手紙を自ら書いて序文として付し、一六五四年に『自由と必然について（*Of Liberty and Necessity*）』と題して勝手に出版してしまうのである。出版しないという約束を破られ、かつブラムホール側の主張を載せていないことにブラムホールは怒り、彼はすぐさま、『先行的で外来的な必然からの真の自由の擁護（*A Vindication of True Liberty from Antecedent and Extrinsecal Necessity*）』を出版した。このような経緯で論争内容が公にされてしまったので、ホッブズは論争のより正確な内容を公開する必要を感じ、二年後の一六五六年に、『自由、必然、偶然に関する諸問題（*The Questions concerning Liberty, Necessity, and Chance*）』を出版した。(8) ホッブズはこの著作において、スコラ神学を批判するルター、カルヴァンおよびメランヒトンを引用することによって、アルミニウス主義的なブラムホール主教よりも、自由意志を否定する自らの教説のほうが宗教改革者の教えに一致することを示そうとするのである。(9)

そもそも「自由意志」論争というのは、人間は「意志」の力で、自らを魂の救済にふさわしい宗教的・倫理的存在へと高めていくことができるという考え方と、人間は「自由意志」をもたず、救済は神の恩恵のみによるという考え方との対決である。五世紀初頭のペラギウス対アウグスティヌス、宗教改革期におけるエラスムス対ルターの論争に代表される、キリスト教思想史における一大論争である。前者と後者の対立は、しばしば神義論問題に対する態度の相違に由来する。なぜなら、「自由意志」を認める立場は、後者の考え方——救済にいたる人間の主体的な努力の可能性を否定し、神の一方的な恩恵しか認めない——では、救済が神の「選び」のみに帰され、救済されざる者は、救済されざるようにつくられ、それゆえ救済されざる行為を犯すがゆえに、永遠に拒絶される、ということになり、「神の正義」が傷つけられてしまう、と主張するからである。したがって、「自由意志」論争は、「神の正義」とは何かという問題と密接に関っているのである。(10) ホッブズも、神義論問題との格闘のなかで、神と世界に対する自己の思想的スタンスを形成していったと思われる。

神義論問題とは、神は正義なる存在であり、その神がこの世界を創ったにもかかわらず、なぜこの世には悪や不正、苦難や不条理が存在するのか、という問題である。これについて、「自由意志」論者ブラムホールの中心的論点は次のようなものである。もし「自由意志」を否定するならば、行為の不正義や罪に対する人間の責任が消えてしまい、そのため、救済されるために人間が努力することの動機も失われてしまう。つまり、神は罪を犯すように人間をつくっておきながら、人間に罪を犯さないでおこうとする能力すなわち「自由意志」をも与えず、最後の審判において、人間をその罪ゆえに罰するという不条理をなす、ということになる。これでは「神の正義」はなきに等しい。ブラムホールからすれば、「神の正義」を認めるならば、人間は自己努力によって善を行い、悪を退ける能力すなわち「自由意志」を与えられているはずである。[11] そうでなければ、「神に、この世に存在するすべての罪と悪の本当の原因であり、真なる責任主体（author）であるという責を負わせることになる」[12]。もしホッブズが主張するように、「意志」が「必然的」であるならば、人間の罪に向かう「意志」は神を原因とし、人間自身によって回避することのできない「必然的」なものとなり、「罪の責任主体（the author of sin）」は人間ではなく神となる。

これに対してホッブズは、「神があらゆる行為と運動の原因だと言っているのであって、それらの責任主体だと言っているのではない[13]」と反論する。ホッブズにとって、神はあらゆるものごとの原因であり、人間の罪の原因でもあるが、厳密に言えば、神は「罪の原因をお」いたのであって、神が罪を犯したわけではなく、「罪の責任主体」ではない。なぜなら、「罪の原因をおくことは必ずしも罪ではないし、自分より高い力に服することのない者にとって、罪はありえない[14]」からである。罪を犯すのはあくまで人間であって神ではない。全能なる神は、たとえ何をしようと罪とはならない。「神の力のみで、ほかに何もなくても、神のどんな行為をも正しいものとするのに十分である[15]」。「抵抗しえない力は、それをもつ者は誰であれ、そのすべての行為を、現実に、本当に、正しいものとする[16]」。ホッブズは旧約聖書の『ヨブ記』を引用し、ヨブの苦難すなわちこの世の不条理は、人間の罪からではなく、神の絶対的な力によって正当化されると主張する。[17] 人間や獣の苦難、死および世界の一切の不条理は、それらの罪に由来するのではなく、「神の抵抗しえない力」すなわち神の全能性から引き出されるのである。「神の正義とは、まさに、神が幸福と苦難とを配分する際の、彼の行使する力そのものではなかろうか[18]」。ホッブズは、この神義論問題に対する同様な態度を『リヴァイアサン』においても示している。「抵抗しえない力をもつ人々には、その力の優越ゆえに、すべての人々に対する支配が自然とつき従う。その結果、この力から、人間を支配する王国と人間を意のままに苦しめる権利とが、創造者および慈悲深き神としてではなく、全能者としての万能の神に、自然に属するのである」[19]。

神義論問題における態度決定において、ブラムホールは、救済にいたるための人間側の主体的な努力の可能性を認め、「神の正義」と「人間の正義」とをリンクさせる立場をとる。つまり、神に人間的な正義、善、愛をあてはめ、その関連で人間の苦難の意味を探ろうとする。この考え方によれば、善なる神の被造物たる人間はある種の神聖さを帯び、人間関係において、他者は自己と同様かけがえのない存在であり、自らの良心を拘束する義務の根拠になりえる。だが、他方で、苦難に意味を見出そうとし、他者の苦難は彼の罪と神の教育的手段としての戒めを原因とすると考えるので、苦難から抜け出せない者を蔑視し、苦難を被っていない者を正当化するという危うさをはらんでいる。ホッブズの場合、ブラムホールとは対照的に、「神の正義」を人間中心に捉える見方を否定する。彼にとって現実とは、「抵抗しえない力」をもつ全能なる神が存在し、かつ世界には不条理が存在する、ただそれだけである。彼はこの人間の善悪と神の善悪との厳然たる断絶を受けとめ、全能なる神とこの世の不条理の存在とを意味的に関連づけることを拒否するのである。救済は神の「選び」にあり、人間の「意志」は人間の力のなかにはない。神は不条理な苦難を与えもするし、神のその行為は神の力によって正当化される。したがって、罪がすべての苦しみの原因ではなく、不条理な苦難に意味はない。この神と人間との善悪の断絶こそが、ホッブズの「自然状態」の姿である。

国家が成立する以前の状態である「自然状態」においては、人間関係を律する国法が存在しないのだから、人間を律するのは神のみである。だが、神にとっての善は人間にとっての善とは限らない。「サタンは我々にとって悪である。というのは、彼は我々の破滅を求めているからである。しかし、彼は神にとっては善である。なぜなら、彼は神の命令を執行するからである」[20]。このように、神と人間との間に善悪についての共通の基準は存在しない。

したがって、「自然状態」には神と人間とを結ぶ共通の善悪の基準である「自然法」が存在しないだけでなく、その結果として、他者に対する行為を自己に義務づけるような道徳的基準も存在しないのである。だからこそ人間は、「自然法」が存在しないゆえに、いかなる不正を犯すことなく、その本性によって「万人の万人に対する戦争」にいたるのである。[21] この人間と神との間の善悪や正義についての断絶こそ、『リヴァイアサン』の論理的出発点なのである。

ホッブズは、一六七〇年代に、ドイツの天才的思想家ゴットフリート・ヴィルヘルム・ライプニッツ（一六四六―一七一六）から賞賛の手紙を二通送られている。[22] ライプニッツはホッブズの哲学を深く理解し、それはデカルトによっても凌駕されることはないと褒め称えている。[23] 一八世紀に入って、ライプニッツは、神義論問題を扱った著書『弁神論』において、ホッブズとブラムホールとの論争について、第二附論として「ホッブズ氏が英語で出版した著作『自由、必然性、偶然』についての考察」を書いている。ライプニッツは神義論問題に取り組む際、ホッブズの議論を参照すべきと考えたようである。

ライプニッツは、人間には現在もつべき「意志」を選択する能力はない、というホッブズの主張に同意する。[24] しかしながら、人間は「意志」を直接的に支配することはできないけれども、魂が感情に間接的に働きかけることによって、未来の「意志」作用に傾向性を与えることはできると主張する。[25] すなわち「意志は必然である」というホッブズの考え方を否定するのである。ライプニッツの議論では、人間には神が創造した最善の世界に一致するための能力が神から付与されているから、神が善を引き立てるために世界に悪を引き入れていても、人間は自己の悪しき意志を努力によって善なる意志へ変えることができる可能性をもつ、とされる。ここに、ブラムホールと同じく、神と人間との善悪の共通性が見られる。ライプニッツも、人間と神との間の善悪や正義についての断絶を認めようとはしなかったのである。それゆえ彼は、残念ながら、ホッブズ独特の意志論が彼の政治学の基礎になっていることを見抜いていないようである。人間は自ら望む「意志」を意志することはできないというホッブズの主張について、彼は同意しつつこう述べる。「〔ブラムホール〕主教はこの考察にそれほど注目しなかったようだし、ホッブズ氏もこの点を展開することはしなかった」(26)。ホッブズが「意志は必然である」という意志論を展開しなかったと見るのは誤りである。なぜならこれまで見てきたように、ホッブズの意志論は神義論問題との深刻な内的格闘のなかで形成され、そこから神と人間との断絶的距離を表す「自然状態」という概念が生み出されたからである。「自然状態」はホッブズの政治学の公理である。そしてこの「自然状態」概念においてこそ、彼の人間学と政治学と宗教論とがリンクするのである。

3　『物体論』と数学論争

ホッブズは一六三〇年代後半から構想にとりかかっていた『哲学原理』の第一部『物体論』を、一六五五年にようやく公刊した。『物体論』の主な主張は、存在する実体（substance）はすべて物体（body）である、というものである(1)。この「存在する実体は物体である」というホッブズの考え方は、デカルトとの論争のときから一貫しているが、これはキリスト教における三位一体論と大きく関っている。そしてホッブズのこの三位一体についての解釈が、彼を無神論者とする非難の一つの大きな原因になっているように思われる。

三位一体とは、キリスト教における基本的・中心的教理の一つで、神はその本性においては一つであり、この一つの神のうちに三つの人格（persona）つまり父と子と聖霊があることを言う(2)。ホッブズは『リヴァイアサン』第三四章において、人の子であるイエスはもとより、当時、スコラ学的には「非物質的な精霊（Ghosts *incorporeall*）」と解されていた「聖霊（*Holy Spirit*）」についても物体であると主張し(3)、その結果、三つの人格の統一である神も物体であると主張するにいたるのである。神が物体であるという彼の見解は、『リヴァイアサン』ラテン語版の付録第三章において明示されている。「彼は確かに神は物体であると主張する（Affirmat quidem Deum esse Corpus）」。(4)

神が物体であると明示的に主張することは、当時としてもかなり新奇な教説であったろう。デカルトをはじめ、多くの人々が神を非物体的「実体」と考えていたので、非物体的「実体」を否定することは、神の存在を否定することであり、無神論者であると解されることにつながりやすかったと考えられる。こうした、当時において危険視される思想を、ホッブズはなぜあえて主張したのであろうか。無神論あるいは異端とみなされうることを、当然予想できたはずである。このようなことを見越しながらも、神すら物体だとして、すべての非物体的「実体」を否定した彼の意図は、時代状況との関係から推測することができる。第一に、この頃、影響力のある説教者や宗教的指導者が、自らの「夢」や「幻影」において神の啓示を受けたとして、民衆に対し宗教的な熱狂や「迷信的な恐怖」を煽って、現世改革を唱えていたということが挙げられる。そこでホッブズは、非物体的「実体」としての「幻影」の存在を否定することによって、神の啓示は彼らの思い込みにすぎないとし、秩序への叛逆を正当化する根拠を破壊しようとしたと思われる。第二に、この時代に特徴的なもう一つの事柄がある。それは教会権力による思想的抑圧である。神を非物体的「実体」と捉える教会権力は、彼らの神観念に拘泥するあまりに、科学的に正しい合理的な立場を否定し、しばしば抑圧していた。ホッブズからすれば、教会権力のこのような行為は、まるで神の存在が自然科学と矛盾するかのように言うものであった。これに対しホッブズは、存在するものはすべて物体であるとし、自然と世界の創造主である神をも物体であると主張して、神の存在は自然科学に反しないということを示し、教会権力が科学的真実をねじまげることに異議を申し立てたのだと思われる。

このような状況でありながら、ホッブズは共和政イングランドにおいては比較的平穏に暮らしていた。(5)『リヴァイアサン』の初期の反応は、王党派からの非難は激しかったが、(6)イングランド国内における批判は大部分、限定的であり間接的であった。[7] というのは、おそらく『リヴァイアサン』の同意理論がエンゲイジメント論争において見られるように、革命政権の支配を正当化するものと解されたり、あるいは、『リヴァイアサン』における辛辣な長老派批判およびローマ・カトリック教会批判が独立派に受け入れられたりしたからだと推測される。ホッブズ自身は、『リヴァイアサン』において、共和政政府を支持するような個人的な党派心を吐露しているわけではないけれども、独立派に受け入れられていたというこの事実が、亡命中の王党派からはホッブズの裏切りと受けとめられ、王政復古後、彼らのホッブズに対する復讐攻撃を導いたと思われる。

ホッブズは『物体論』において、古代ギリシアからの幾何学における作図の三大問題の一つである、与えられた円と同面積の正方形を作図する円積問題という難問に挑戦した。ホッブズはかつてユークリッドの定理に出会い、幾何学のもつ普遍性を心に深く刻まれるという体験をしている。そして人間学や政治学においても幾何学の論証形式を応用し、まず一般的な公理のような諸原理を設定し、そこから諸帰結を演繹するという叙述形式を、『法の原理』、『市民論』および『リヴァイアサン』において用いた。つまり、ホッブズが名声を獲得した政治哲学は、幾何学をモデルとした論証形式を基盤としていたのである。したがって、彼は、彼の哲学の基礎である幾何学においても、政治哲学と同様ヨーロッパで学者としてトップに立つことを自らに課したのである。彼が数学において最前線の立場にあることを誰に対しても明らかにするのは、かつて誰もなしえなかった、この円積問題を解くことである。こうしてホッブズは、『物体論』で円積問題に対する彼の証明を自信をもって披露した。しかし、難問には難問である理由がある。この円積問題は一八八二年にC・リンデマンによって作図不可能が証明されたように、[8] ホッブズの証明は間違っていた。ホッブズが『物体論』を出版するやいなや、この円積問題の証明に対する反駁が、オックスフォード大学幾何学教授ジョン・ウォリスからなされた。[9] これを発端として、その後、ホッブズとウォリスとの間の約二〇年にわたる激しい数学論争が引き起こされるのである。[10]

ウォリスは『物体論』が出た年に『ホッブズの幾何学の索引（*Elenchus Geometriæ Hobbianæ*）』を出版し、ホッブズの証明の誤りを指摘した。これに対しホッブズは、翌年、『物体論』の英語版に『オックスフォード大学における身分高く学識あるサー・ヘンリー・サヴィールによって設立された講座の、一人は幾何学、いま一人は天文学の、数学教授たちへの六つの課題（*Six Lessons to the Professors of the Mathematics, One of Geometry, the Other of Astronomy, in the Chairs Set Up By the Noble and Learned Sir Henry Savile, in the University of Oxford*）』と題した付録をつけて出版し、応酬した。これはウォリスとオックスフォード大学の天文学教授であるワードの二人に向けられた批判である。ワードは一六五四年にすでに『リヴァイアサン』の大学批判に対し、『大学の擁護（*Vindiciæ Academiarum*）』を出版し、ホッブズを攻撃していたが、彼はまた一六五六年に『トマス・ホッブズの哲学に対する書面による検討（*In Thomæ Hobii Philosophiam Exercitatio Epistolica*）』を出し、ホッブズの数学だけでなく哲学をも反駁した。しかし、『六つの課題』の内容の大半は、ウォリスの『ホッブズの幾何学の索引』への返答であり、彼の他の著作に対する反論であった。一六五六年、ウォリスは『ホッブズ氏に対する適切な修正あるいは彼の課題を正しいと言わないための授業（*Due Correction for Mr. Hobbes, School Discipline, for not saying his Lessons right*）』を出版。翌年、ホッブズは『幾何学教授で神学博士であるジョン・ウォリスの間違いだらけの幾何学、粗野な言語、スコットランド式教会統治および野蛮思想のしるし（*ΣΤΙΓΜΑΙ, or Marks of the Absurd Geometry, Rural Language, Scottish Church Politics and Barbarisms of John Wallis Professor of Geometry and Doctor of Divinity*）』で答える。この題名が示しているように、『物体論』の円積問題に端を発した数学論争は、ラテン語とギリシア語における能力についてや神学ないし教会統治論にまで発展していった。[(11)]

そしてさらに、この時期オックスフォード大学内で起きていたセクト対立が、論争の激化に拍車をかけた。独立派のジョン・オウエンがクロムウェルに認められ、一六五二年にオックスフォード大学の副総長に任命されて以来、大学内で独立派と長老派との抗争が起こっており、長老派の代表格であるウォリスはオウエンおよびその一派と対立していた。ウォリスと戦っていたオウエンや彼の保護下にあるヘンリー・スタッブは、同じくウォリスと争っているホッブズを後押ししたため、ホッブズは大学内の抗争にも巻き込まれていくことになる。(12)このように論争の規模は拡大し、ウォリスは溯って『リヴァイアサン』を徹底的に批判していく。

彼によれば、ホッブズの主張は、『リヴァイアサン』の教説がイングランドにおいて国教として確立されることの要求であり、ホッブズは『リヴァイアサン』を聖書の地位においていると言う。そしてその中身は、政治的主権者のみが正典と認められた聖書を宣言する権威をもち、聖書がどのように解釈されるべきか、どのような崇拝のやり方が認められるのかを決定する権威をもつ、というものである。このような主張はウォリスにとって、神の崇拝を主権者の崇拝に置き換えるものであって、ひいてはすべての宗教の否定につながるものであった。それゆえ、ホッブズはすべての既存宗教の敵であり、彼の哲学は根本的に無神論的である、と非難したのである。(13)そもそも長老派は、牧師の承認は政治的主権者の管轄ではなく彼ら自身に帰属すると考える。それゆえ、聖書を伝える牧師の役職は主権者の権威に依拠する、というホッブズの主張は受け入れられるものではなかった。こうしてウォリスは、ホッブズを無神論者として罵声を浴びせ、ホッブズの知的評判を効果的に落としていったのである。

他方で、ウォリスのそのような攻撃を助長したのが、ホッブズ自身の幾何学における名声への固執であった。ホッブズは度重なる証明の失敗にもかかわらず、論戦から身を引くことをせず、展望のない勝利にこだわり続けた。友人で賞賛者であるソルビエールやフランソワ・デュ・ヴェルデュですら、ホッブズの円積問題の証明に疑問をもち、ホッブズが数学的分野における継続的な失敗によってその名声を失いつつあるのを見かね、論争から手を引くように勧めている。(14)ソルビエールは、ガッサンディがデカルトとはきわめて巧妙で洗練された論争を行った一方、論争する価値のないモランとの間で時間を無駄に費やした例を引き合いに出し、ホッブズを諭そうとしたのであるが[15]、しかし彼はソルビエールにこう言う。「私と彼〔ウォリス〕との論争は、ガッサンディとモランあるいはデカルトとの間の論争のようなものではありません。私は同時に、ウォリスが私に反対して書いた物に味方する、イングランドのすべての聖職者たちと対峙していたのです。そうでなければ、私は彼を返答の価値があるとはほんの少しも考えなかったでしょう[16]」。

当時、新奇な考え方に対して異端あるいは無神論というレッテルを貼るのは、相手を貶《おとし》める常套手段であった。ウォリスも当然その方法をとった。また先に触れたように、『リヴァイアサン』における神観念は、伝統的なスコラ学の立場から無神論と非難されるようなものであった。したがって、ホッブズにとってこの論争は、彼の哲学（政治哲学と自然哲学）に敵対するすべての人々に対する防衛戦争になっていたのである。ホッブズは、彼の哲学における発想の基礎たる幾何学において、難問を解くことによって彼の新しい方法論の優越を示しうると考え、証明に固執した。それに、ここで負けを認めることは、彼の哲学全体の徹底的な反駁を許してしまうことになると考えた。とりわけ無神論的だと非難され、「全聖職者を敵とした『リヴァイアサン』[17]」を守ることは、それによって「平和が人民のものとなる[18]」と固く信じていたホッブズにとって、必須の課題であったろう。

ホッブズ研究者ダグラス・M・ジェセフは、宗教的および政治的問題というような数学以外の要素は、ウォリスとの論争において限定的な役割しか果たしていないと主張している[19]。しかし、「存在する実体は物体である」、それゆえ「神は物体である」、というホッブズの存在論に由来する神観念を鑑みれば、『物体論』が神学論争へと展開したのはむしろ当然であるように思われる。論争の火種はホッブズ独特の世界観にある。この点について少し敷衍しよう。

ジェセフ自身が認めているように、幾何学はホッブズの哲学体系にとって必要不可欠なものである[20]。したがって、数学論争の内容が、純粋に幾何学的証明の主張あるいは反論だとしても、それは彼の哲学体系〔自然学・人間学・

政治学）と緊密に結びついているのであり、ホッブズにとっては単に数学だけにとどまらない重大な意味をもっていたと思われる。ライプニッツが鋭くも見抜いているように、ホッブズの哲学の特徴は、諸事物は「2足す3が必然的に5になるというのと同じような必然性に従って、すべてが本性により存在する」と考えるところにある。[21]これをライプニッツは「幾何学的必然性」と呼ぶ。[22]すでに述べたように、ホッブズは、科学において、あらゆる事物は「幾何学的命題のように絶対的に論証される」べきだと考え、[23]著作において幾何学的論証形式を用いてきた。このような体系的な論証形式は、同時に、諸事物も運動法則も意志作用もすべて、「作用因の幾何学的必然性にその源泉を有している」という存在論に裏打ちされているのである。[24]だがライプニッツによれば、このような「幾何学的必然性」の見方は無神論に行きつくと言う。なぜなら、諸事物は絶対的な必然性から生じるのだから、「神によるとされているのと同じ結果が、諸事物の秩序の必然性によって生ずることになる」[25]、それゆえ神を必要としない、つまり「諸事物が……神もなしに存在する」ということになるからである。[26]しかしながら、ホッブズはあらゆる事物の第一原因を神の意志と考える。これに対しライプニッツは、ホッブズが「神と呼ぶものは物質的な事物の集積の盲目的な本性をもったものにすぎず、絶対的な必然性に従って数学的な法則によって振る舞うものである」と説明する。そうだとすると、『リヴァイアサン』も『哲学原理』三部作である『物体論』・『人間論』・『市民論』も、ライプニッツ的観点に立てば、理論内在的に無神論的な要素を抱え込んでいる、ということになる。したがって、この「幾何学的必然性」というホッブズの哲学の原理自体が、宗教的および政治的問題を提起せざるをえない面をもっているのである。そうした彼の哲学の独特な新しさは、ピューリタンであれカトリックであれ、旧来の宗教的立場からすれば、きわめて異端的と映ったであろう。しかし、ホッブズのなかでは、神は事物の第一原因として論理上不可欠な存在であり、その哲学は無神論ではない。おそらく、このような哲学原理は、宗教戦争によって分裂している人々を普遍的な論理によって納得させ、再び政治的に統合するという彼の実践的な課題と不可分に結びついていると思われる。神に対する篤い信仰心と熱情に突き動かされている人々を冷静にするには、絶対的に論証される幾何学的な必然性の原理によって説くほかない。ホッブズはそう信じたのである。

ホッブズはおそらく、「神は物体である」というような神観念が多くの人々にとって異端的と映るということを知っていた。しかし、それに基づいた彼の哲学の体系は真理であり、人民の平和の確立に資するという信念をもっていた。だからこそ、彼はあえて挑戦的に論争に挑み続けたのであろう。ウォリスとの論争は王政復古後も続き、ホッブズへの復讐心を燃やす王党派の貴族や聖職者が復帰することによって、ホッブズへの非難はさらに過激さを増して強まっていく。そしてこの戦いは、ホッブズが亡くなるまで幕を閉じることはなかった。[27] ホッブズは哲学者としての信念をかけて、無神論者という非難に対し、命のかぎり戦い続けるのである。

第4章　王政復古そして知識人としての使命 1660-1679

1　『リヴァイアサン』ラテン語版と『ビヒモス』

一六六〇年、イングランドは王政復古を迎える。オーブリーは、ダービシャーにいたホッブズにチャールズ二世が到来することを手紙で伝え、ぜひとも国王が到着する前にロンドンに来るよう求めた。オーブリーの伝えるところによれば、国王チャールズは、ロンドン入りした数日後、デヴォンシャー伯爵とホッブズが滞在していたソールズベリの館を馬車で通過した時、門の前に立っていたホッブズに気づき、快く帽子をあげてホッブズに挨拶し、彼にどうしているか尋ねたと言う。さらに数週間後、画家サミュエル・クーパーが国王の肖像画を描いているとき、国王はポーズをとって座っている間、ホッブズと歓談し、彼との愉快な会話を楽しんだ。こうしてチャールズ二世のホッブズに対する寵愛が取り戻され、ホッブズは国王に自由に会うことができる許可を与えられた。国王はホッブズの気のきいた即答が気に入り、彼のことを「熊（the Bear）」と呼んで、ホッブズが宮廷に来ると、「熊がなぶられにやって来たぞ」とからかったと言う。(1) このようにホッブズは、王政復古後直ちにチャールズ二世と和解し、彼から年金を与えられるようになる。(2) 彼はこの時、すでに七二歳。しかし彼は、穏やかな老後生活を過ごしているどころか、依然として論争の真っ只中であった。

一六五〇年代半ばからのウォリスとの数学論争はいまだに続いていたが、ホッブズの六〇年代の論争にはさらに新たな側面が加わった。それは「王立協会（the Royal Society）」との対立である。一六六〇年一一月、チャールズ二世の命によって、自然哲学を促進するため「ロンドン王立協会」が設立された。ホッブズは当初この「王立協会」の設立を歓迎していた(3)。しかし、「王立協会」は国際的な名声をもつホッブズを入会させなかった。「王立協会」は一六六三年末の時点で一三七名の常任会員をもち、イングランドのおよそすべての著名な学者を含んでいた。そのなかにはホッブズの敵であるウォリスやワードのほかに、真空の実験的証明について彼と論争していたロバート・ボイルも入っていたが、他方で、デヴォンシャー伯爵をはじめ、ホッブズの友人たちも会員であった。それにもかかわらず、なぜホッブズは排除されたのか。

そもそも「王立協会」の基本的理念は「実験による自然的知識」の推進であって(4)、科学は一般的な公理のような諸原理に基づいて結論を演繹する論証形式をとるべきである、という信念をもつホッブズとは相容れない。ホッブズからすれば、「王立協会」が出す諸帰結は「実験の多種多様な些事の寄せ集め(5)」でしかなかった。しかし、ホッブズ研究者ノエル・マルコムによれば、ホッブズの排除を導いたのは、このような科学に対する基本的スタンスの相違というよりは、「王立協会」とホッブズとの間における類似にあると言う。マルコムは、その類似を、機械論的世界観と宗教問題における理性への依拠という点に見ている(6)。ホッブズがこのような世界観や宗教論をもっていたかどうかは議論を要するが、彼と「王立協会」とが、無神論という批判を共通して受けていたのは事実であろう。

新しい科学を追求する「王立協会」には、アリストテレス主義をとる保守的な学者や、新しい科学は無神論を導くと恐れた宗教的保守主義者が、敵対者として当初から存在していた(7)。これらの批判者は、「王立協会」の主要なメンバーたちの、自然的知識における理性を支持する主張と彼らの宗教的見解の合理主義との結びつきに目をつけ、このような「合理主義的宗教」という考え方は無神論につながると批判した(8)。一方、ホッブズはウォリスとの数学論争以降、無神論者という非難を浴びせられていたので、「王立協会」は敵対者から自分たちとホッブズとの類似性を指摘されることを恐れた。したがって、ホッブズの評判が悪くなればなるほど、「王立協会」はホッブズを非難することによって、彼らが無神論とは関りがないことを強調しなければならなかったのである。(9) このような理由から、「王立協会」は、そのなかに親ホッブズ派の人々を少なからず含んでいたけれども、組織としてはホッブズを受け入れることができなかったのである。

ところで、イングランドにおける教会の復古体制は、長老派を含む緩やかな国教会体制を目指して寛容政策を試みた国王の意図に反し、極度に反動的な性格をもつにいたった。というのは、革命前の国教会主流派であったアルミニウス主義者のロード派が勢力を急激に回復し、ピューリタンを徹底的に排除する保守的なアングリカニズムが勝利をおさめたからである。そして、アングリカン聖職者や旧王党派である騎士派のピューリタンに対する復讐心は、一連のピューリタン弾圧法すなわち「クラレンドン法典」となって現れた。(10) この名に示される王政復古の立役者クラレンドン伯エドワード・ハイドは、かつてグレイト・テュウ・サークル時代においてはホッブズの友人であったが、今やホッブズの裏切りに対し怒りをあらわにしていた。さらに復帰したアングリカン聖職者たちもホッブズに対し攻撃を開始した。

こうしたなかでホッブズは、ウォリス、クリスティアン・ホイヘンス、ルネ・フランソワ・ドゥ・スルスとの数学論争、ボイルとの実験科学についての論争、および「王立協会」との対立を続け、彼の異端ないし無神論者という評判はますます広がり、彼に対する非難は極度に強まっていった。そしてついに一六六六年一〇月、『リヴァイアサン』の無神論について調査を行う法案が議会に提出される。一〇月一七日の下院議会日誌には以下のように記録されている。

無神論と瀆神《とくしん》に反対する法案が付託された委員会は、無神論と不敬、瀆神に向かうような、または神の本質と属性に反するような書物、とりわけホワイトなる人物の名において出版された本と、ホッブズ氏の『リヴァイアサン』とに関する情報を得ることと、その件に関し自らの意見を付して報告する権限とを付与される。(11)

議会の審査の対象となったのは、ホッブズと『世界論』の著者であるカトリック司祭トマス・ホワイトであったが、彼ら二人は、同時に「王立協会」から締め出されていた人物でもあった。(12) この法案は翌年の一月に下院を通過するが、(13) しかし、この年の八月にクラレンドンが失脚し、ホッブズの宗教的見解についての審査は、「カバル」(14) の一人アーリントン卿ヘンリー・ベネットによって結局、防がれたのである。(15) ホッブズとアーリントンはパリの亡命宮廷で知り合っていたようである。ホッブズの保護者であるデヴォンシャー伯爵やニューカスル公爵もかつては有力な政治家であったが、王政復古後は公的生活から引退しており、ホッブズを危機から救い出すほどの影響力をもち得ていなかった。(16) 一六六六年に出版した『幾何学の諸原理と推論について（*De Principiis et Ratiocinatione Geometrarum*）』におけるアーリントン宛の献辞や翌年六月の手紙によれば、国王からの年金が滞りなく払われたのも、アーリントンの力添えがあったからだということが推察される。(17)

こうしてホッブズはアーリントンの保護を得たのであるが、しかし彼は、出版監督官によって英語の著書刊行および『リヴァイアサン』の再版を禁止され、(18) イングランドでは事実上、数学や科学以外の著作の出版を行うことができなかった。(19) だが、ホッブズは一六六三年の時点においてすでに、これまで書いた諸論文をまとめ合わせ、ラテン語著作集（*Opera Philosophica, Quae Latine scripsit, Omnia, Ante quidem per partes, nunc autem, post cognitas omnium Objectiones, conjunctim & accuratius Edita*）として出版することを計画していた。(20) おそらくその年ソルビエールがイングランドを訪問した際、彼との話し合いのなかでそのような計画がたったのであろう。(21) イングランドで出版ができないため、ソルビエールがオランダへ渡り、アムステルダムの出版社ブリューから公刊するよう手配を進めた[22]。しかしながら、実際にそれが出版されたのは、四年後の一六六八年であった。この遅れの原因は、著作集のなかに『リヴァイアサン』ラテン語版を含めることになったからである[23]。ソルビエールは、一六六四年六月の手紙で、ホッブズに『リヴァイアサン』をラテン語に翻訳するよう勧めている[24]。この『リヴァイアサン』のラテン語版は、ほぼ大部分が一六五一年英語版のラテン語訳であるが、しかしラテン語版では、英語版にあった「総括と結論」が削られ、第四部の最後の第四六章と第四七章とが全面的に書き替えられ、そして第四七章が結論を兼ねるように変更されている。また、主に異端問題を扱う付録三編（第一章「ニケア信仰箇条について」、第二章「異端について」、第三章「リヴァイアサンに対するいくつかの反論について」）が付け加えられた。ホッブズがラテン語翻訳を行っていたのは長く見積もって、一六六四年から一六六八年の間であるが、一六六〇年代後半から一六七〇年代の初めにかけて、彼は異端に関る著作をそのほかに何本か書いている。それらは、『異端とその処罰に関する歴史講話（*An Historical Narration concerning Heresy and the Punishment Thereof*）』、『ビヒモス（*Behemoth*）』、『哲学者とイングランドのコモン・ローを学ぶ生徒との対話（*A Dialogue between a Philosopher and a Student of the Common Laws of England*）』、およびラテン語韻文の対話『教会史（*Historia Ecclesiastica*）』などである。これらすべてはホッブズが生きている間には出版許可がおりず、死後出版されている[25]。

タックやマーティニッチは、ホッブズがこの時期に異端問題を中心に論じた著作を書いた理由を、彼に向けられた異端ないし無神論批判に対する自己防衛であると捉えている。むろんその側面を否定することはできないが、しかしこれまで見てきたように、彼の行動はきわめて政治的な志向をもつものであって、単なる自己防衛にとどまらない、彼の実践的課題が含まれているように思われる[26]。

ホッブズは、非難を増大させるおそれがあるにもかかわらず、一六六八年、あえて異端問題を大きく取り扱った『リヴァイアサン』ラテン語版の出版へ踏み切った。そして同じ頃、『歴史講話』と『ビヒモス』の出版許可を得るべく、アーリントンやチャールズ二世に積極的に働きかけている。(27) ホッブズのこのような行動の背景には、当時のイングランドの不安定な政治・社会情勢があるように思われる。その特徴は大きく言って三つある。第一に、議会の多数派である騎士派が報復的なピューリタン迫害政策を強行していたということ。第二に、カトリック信仰に共感を抱いていた国王は、議会とは反対に、カトリック保護を念頭においたプロテスタント系を含む非国教徒寛容政策をとっていたということ。事実、宮廷ではカトリック勢力が増大しつつあった。そして第三に、社会的不安を駆り立てる事件が相次いだということ。一六六五年、ロンドンでペストが大流行した。明くる年、同じくロンドンを大火が襲った。さらに翌年の一六六七年、第二次オランダ戦争によるオランダ艦隊のテムズ川侵入といった事件が起こった。立て続けに起きた災禍がイングランド人を狂乱させ、神の怒りを示す禍《わざわい》の原因は瀆神者、異端、無神論者の罪であると思わせるにいたり、カトリックや異端の疑いのある者の迫害を求める風潮をもたらしたのである。

そしてこのような国内状況に加えて、この時期、親政を開始したルイ一四世のフランスが、ヨーロッパの国際関係の構図を塗り替えるほど膨張しはじめた。これへの対応において、国王はイングランドのカトリック化政策を実現するために親フランス外交に転換し、議会はそれに反対して、排他的アングリカニズムと反フランス政策をとった。(28) こうして宗教問題と政治・外交問題とが絡み合い、国王と議会とが決定的に対立し、イングランドの国内情勢は一気に混乱した状態に陥った。そしてこのような状況は、ホッブズの目には、まさにピューリタン革命前夜と同じと映ったのである。したがってホッブズは、『リヴァイアサン』ラテン語版を出版し、とりわけここでは、現在の最重要課題である異端問題に取り組み、内乱を再び起こすことのないように、宗教の政治への包摂をもう一度訴えたのである。なぜなら、異端の迫害は、臣民各人が自由に聖書を解釈し、自らと異なる宗教的見解をもつ人々を残酷に抑圧することであって、国内の分裂を引き起こし、内乱をもたらすからである。「それはきわめてしばしば教説の相違やどちらが優れた考えであるかについての論争から生じる」[29]。ホッブズは、異端とは学派ないし宗派の意見にすぎず、聖書では、「キリスト教徒は、異端者を政治的処罰によって罰することを禁じられている」[30]ということ、そして異端や無神論について内面的な思想を罰するのは、「思考の検査者たる神だけに関る」[31]ということを強調した。彼は、国内の分裂と戦争を防ぐという課題に対し、ラテン語版の出版によって対応したのである。

また、同様な課題から、ホッブズは、戦争史という表現形式をとった『ビヒモス』を書いたと考えられる。それはトゥキュディデスの叙述スタイルを踏襲したものと推測できる。第一章第二節で述べたように、ホッブズはあまたのギリシアの古典作家のなかで、とくにトゥキュディデスを好んだ。アリストテレスではなくトゥキュディデスを選択したということには、ホッブズの思想形成上きわめて重要な意味があるよう思われる。おそらく彼は、トゥキュディデスの特徴である責任倫理の思想に非常に共感を抱いたのであろう。トゥキュディデスの叙述スタイルとは、客観的な歴史叙述のなかに、ある決定的場面で、対立する政治的な討論演説を挿入し、対話において語らせることによって、政治的責任の所在を浮かび上がらせていくというものである。したがって、彼の歴史書は歴史叙述の形式をもった政治学の書でもあると言える[32]。つまり歴史を政治における責任の観点から分析しているのである[33]。鈴木朝生も「『ビヒモス』とは王政復古期における歴史叙述のスタイルを採った〈政治〉論文」であると、同様な見解を示している[34]。彼によれば、この時期、王政復古後も生き延びて活動していた議会派を批判するために、王党派の歴史家たちが内乱史を書くということが歴史書の叙述上の一特徴であって、ホッブズも内乱の原因分析のために、これに参加し、対話体の内乱史を書いたと言う[35]。王政復古後に書かれたホッブズの著作の多くが、対話体を採っていることは興味深い。タックはこれを「純然たる人文主義的慣行への回帰を意味する」と解している[36]。スキナーも同様の見解であり、「科学の方法とルネサンス・ヒューマニズムの技法とを結びつける企図[37]」は『ビヒモス』

において最も顕著に表れていると言う[38]。

ラティマーとの出会いを端緒として、ホッブズのなかには「ルネサンス・ヒューマニズム」の思想的伝統が脈々と流れていたと思われる。だが、とりわけ『ビヒモス』は戦争史であるので、ホッブズがそれを書くうえで、若き時代から評価していた政治学的な歴史家であるトゥキュディデスの手法を念頭においた可能性は高い。トゥキュディデスは彼の政治認識の出発点であり、『ペロポネソス戦争史』の翻訳以来、『法の原理』、『市民論』、『リヴァイアサン』英語版およびラテン語版においても、ホッブズは責任倫理の政治思想を一貫して保っている。それゆえ、彼がイングランドの戦争史を書く際に、トゥキュディデスを意識しないはずがないと思われる。さらに、『ビヒモス』という題名が示すように、「陸獣」『ビヒモス』は「海獣」『リヴァイアサン』に対しあえて対峙させられている。おそらくこのように対抗させたホッブズの意図は、政治哲学の書である『リヴァイアサン』に対し、政治学的歴史書として『ビヒモス』を定位することであったろう。前者は、内乱の終結および再発の防止を目的とした、抽象的な国家権力についての理論であった。これに対し後者は、実際に起きたイングランドの内乱を政治的な責任の観点から分析し、内乱の原因を具体的に明らかにすることを課題としている。だが、どちらにも共通するのは、著述の究極の目的は「戦争状態」の終結すなわち「平和」であり、それを可能にするのは「抵抗しえない力」をもつ怪獣つまり政治的主権者であるという政治学的な課題である。

2　知識人としての使命

晩年においてもホッブズに対する風当たりは強かったが、彼の著作の需要は高く、『リヴァイアサン』ラテン語版は、一六七〇年にアムステルダムで、一六七六年および一六七八年にロンドンで重版されている[1]。また、ドイツのライプニッツから賞賛の手紙が送られて来るように、ホッブズの名声はイングランドよりも大陸においてのほうが高かった。彼は、ヨーロッパにおける大哲学者としての名声に応えるべく、八〇歳を越えてもなお、精力的な著述活動を続けたのであった。それでは、彼の著作活動を順を追って見ていくことにしよう。

まず彼は幾何学についての諸論文を出版した。一六七一年に『幾何学のバラ園あるいはこれまで間違って試みられたいくつかの諸命題および運動についてのウォリスの教説に対する簡潔な批評（*Rosetum Geometricum, sive Propositiones Aliquot Frustra Antehac Tentatæ. Cum Censura brevi Doctrinæ Wallisianæ de Motu*）』を出版。続いて翌年、ウォリスとの数学論争の要約である『きわめて名高いオックスフォード大学における幾何学教授および神学博士であるジョン・ウォリスとの衝突によって投げかけられた数学の光（*Lux Mathematica, Excussa Collisionibus Johannis Wallisii Theologiæ Doctoris, Geometriæ in Celeberrima Academia Oxoniensi Professoris Publici*）』を公刊した。(2) それから一六七四年に、『かつては放棄されたが、いまや簡潔に説明され、証明された、いくつかの幾何学の諸原理と諸問題（*Principia et Problemata Aliquot Geometrica Ante Desperata, Nunc breviter Explicata et Demonstrata*）』を出した。(3)

このようにホッブズはウォリスとの論争を続けるとともに、一六七四年には、オックスフォード大学クライスト・チャーチの学生監で、前大学副総長であるジョン・フェルとの間でも、オックスフォード大学史におけるホッブズの伝記の改竄《ざん》をめぐって論争を行った。事の次第はこうである。オックスフォード大学の古物研究家であるアンソニー・ウッドは、ほぼ一〇年の歳月をかけてオックスフォード大学史である『オックスフォード大学の歴史と故実』を完成した。大学において最も有力な人物の一人であったフェルは、このウッドの大作の出版費用を受けもつことを申し出て、この本のなかに、オックスフォード大学出身の有名な人物たちの伝記を含めることをウッドに勧めた。そこでホッブズの伝記も当然含められることになり、ウッドはオーブリーにホッブズの伝記の原稿を依頼した。しかしフェルはホッブズをことのほか嫌っていたので、出版前に、オーブリーの伝記原稿におけるホッブズへの讃辞を抹消したり、彼を貶めるように書き替えたりしたのであった。出版の二ヶ月前にこのことを知ったウッドは、直ちにオーブリーを通してホッブズに、このようなフェルの行為を知らせ謝罪する手紙を書いた。(4) そこでホッブズは、ウッドへの手紙という体裁をとった改竄箇所を明示した抗議文書を印刷し、大学側にこれを『オックスフォード大学の歴史と故実』に挿入するよう要求したのである。結局、この挿入は実現されなかったが、ホッブズは、ウッドへの手紙のなかで、フェルの不正は明らかであり、また、ホッブズの国際的名声ははるかに大きいので、たとえ大学史から彼の名が消されたとしても、さして問題ではないと自尊心をもって述べており、それ以上論争を続けなかった。(5) しかし、ホッブズが亡くなった後、オーブリーとブラックバーンは、彼のラテン語で書かれた二つの自叙伝『マームズベリのトマス・ホッブズの生涯』と『詩で表現されたマームズベリのトマス・ホッブズの生涯』とを合わせて出版する際に、それらを補完する『ホッブズの生涯補遺』を書き、同時にフェルによって改竄された事実とホッブズの抗議文書を載せて、彼の汚名を晴らしたのである。(6)

さらにホッブズは、こうした論争の合間を縫って、若い頃に愛好した翻訳に回帰し、力を注いだ。まず一六七三年にホメロスの『オデュッセイア』の九巻から一二巻『オデュッセウスの旅（*The Travels of Vlysses*）』を翻訳し、出版した。これが好評だったので、一六七五年には『オデュッセイア（*Homer's Odysses*）』全巻を翻訳出版。続いて一六七六年にホメロスの『イリアス（*Homer's Iliads*）』も同様に翻訳して公刊し、成功を得た。これらは一六七七年、一六八六年にさらに二回重版されている。(7) ホッブズは、序文「読者へ、叙事詩のよさに関して」において、よい叙事詩の七つの特徴を挙げて説明し、ホメロスの叙事詩が多くの古典詩人のなかで最も優れていると主張している。オーブリーによれば、ホッブズの机の上にはいつもホメロスとウェルギリウスが置いてあり、愛読していたようである。(8) だがそのウェルギリウスにさえホメロスは勝る、と述べている。(9) それから、なぜホメロスを翻訳したのかについて彼は、既存の翻訳（ジョン・オジルビィのもの）に対する批判の意図はなく、「私はほかにすることがなかったから」と説明している。また、なぜ出版したかについては、「それ〔ホメロスの翻訳〕は、私の敵対者たちが、私のより重要な著作に対して彼らの愚かさを示すのを取り除き、私の詩に対して彼らの賢明さを示すようにすると思ったから」だという。(10) これらの言説から二つのことが読みとれる。まず第一に、ホッブズは政治哲学および自然哲学において、これまでに十分学を究めたので、「ほかにすることがなかった」と言いきれるほど、哲学者としての自信に満ちていたということである。第二に、ホッブズからすれば、そのように卓越した彼の哲学的著作に対してはいかなる敵対者も「彼らの愚かさを示す」しかないが、彼は詩人としては素人であるから、何かしら議論の余地を残しているかもしれない。それゆえ、闘技場を、彼らの反論が徒労に終わる哲学の領域から古典文学の領域へと移そうではないか、というものである。ここに、同時代の知識人に対するホッブズの尊大なる挑戦を読みとることができよう。

ホメロスのギリシア語の翻訳は、我々が想像する以上に骨の折れる仕事である。八〇歳をとうに過ぎたホッブズが、並々ならぬ努力を要するホメロスの翻訳を行った背景には、敵対する知識人とくに聖職者に対し、彼がギリシア古典文学にきわめて造詣が深いということを示すことによって、「ルネサンス・ヒューマニズム」の思想的伝統の意義を教示しようという意図があったように思われる。ホッブズは幼少期にラティマーからギリシア・ローマの古典の手ほどきを受けて以来、オックスフォード大学での伝統的人文主義的学問の修得、一六二〇年代におけるギリシア・ローマの歴史家や詩人の再学習、フランス亡命時代における修辞的技術の唱道者たちとの交流、(11) 王政復古後の著作における対話体の利用、というように、生涯にわたって人文主義的学問に携わってきた。一六三〇年代は、古典作品からいったん距離をおき、自然科学的研究に重点をおいたが、それは自然学の原理として「運動（motus/motion)」を見出したからである。(12)

彼は幾何学との出会いをきっかけとして、幾何学的命題のように絶対的に論証される必然性に従う運動法則を発見し、それが世界を支配する根本原理であると考えた。そのような世界観のなかでは、神は事物の第一原因として存在する。彼の論理においては神の存在は不可欠であり、ホッブズの理論は無神論ではない。しかし、たとえば地動説のように、キリスト教的な世界観に反する学説は、しばしば教会的権威によって弾圧される。ホッブズは『リヴァイアサン』において、自然科学分野における新しい発見が教会的権威によって抑圧されてきたことについて非難しており、(13) 彼が自然科学的領域における思想の自由を求めていたことを匂わせる。つまり彼のなかには、権威に束縛されずに自己の思索を展開するという知的態度が厳然と存在するのである。この知的態度は「ルネサンス・ヒューマニズム」の基盤である。したがって、一六三〇年代の自然科学的研究への没頭は、彼の人文主義的側面と矛盾することはないと思われる。加えて、彼がこれまで政治哲学の諸著作において、聖書を駆使して宗教・教会論を展開してきたのを見れば、ホッブズは、ヨーロッパ思想の二つの伝統、キリスト教思想とギリシア思想との両方を兼ね備えていると言える。しかしながら、ホメロスを翻訳したのが、国教会体制をめぐって国王と議会が争い、約一〇年後に名誉革命にいたる政治的および宗教的に昏迷した時期であったことを考慮すると、分裂の大きな原因となっている宗教の政治的介入を封じ込めるという政治思想的な課題から、ホッブズはむしろ、キリスト教思想の代弁者である聖職者たちに対し、アリストテレス以前のギリシア思想の伝統でもって対抗し、彼らの知的態度に挑戦したのかもしれない。

さて、亡くなる前の年である一六七八年において、ホッブズは、自然学についての著作『自然哲学についての十の対話（*Decameron Physiologicum ; or, Ten Dialogues of Natural Philosophy*）』を出版している。(14) 彼はここで、自らの自然学の公理を非常に簡明に整理している。それは、第一に、二つの物体は同じ時に同じ場所を占めることはできない、第二に、それ自体で動くものは存在しない、第三に、すべての運動は接触によって起こるのであり、離れた作用はありえない、第四に、絶対的に静止しているものは存在しない、というものである。(15) このような主張は『リヴァイアサン』、『物体論』、あるいはそれ以前の自然学的論文から一貫している。そしてここでも人文主義的な対話体を用いているのである。

こうしてみると、ホッブズは死ぬ間際まで寸暇を惜しんで執筆活動を行っていたことがわかる。またホッブズの基本的な主張は、政治哲学においても自然哲学においても、大きな転回を受けることなく、およそデカルトとの論争時代から貫かれているように見える。彼は、自ら確立したと考える哲学の諸原理を、より簡明で洗練されたものにしながら、晩年におけるまで、様々な分野で書き続け、読者に伝えようとしたのである。彼のこのように精力的な態度は、おそらくホッブズの知識人としての使命感から来るものであろう。

彼は、亡くなる年である一六七九年の早い時期に、「継承権に関する諸問題」という覚書を残している。これは、一六七八年頃からかまびすしくなった王弟ヨーク公ジェイムズの王位継承排除問題に関して書かれたものと考えられている。[16]ジェイムズは、議会がカトリック教徒の公職排斥をねらった「審査法」を制定した直後に海軍提督職を辞し、自らカトリックであることを認め、さらにカトリックのモディナ公女と結婚したため、反カトリック感情が蔓延していた議会から王位継承者としての資格に疑念がもたれていた。[17]それが決定的となったのは、一六七八年九月に起こった「教皇主義者陰謀事件」である。この事件はイエズス会士による国王暗殺計画であったが、それにはルイ一四世の支援を得たジェイムズが加担していた、という噂がともない、イングランド中を反カトリックのヒステリー状態に陥らせたのである。[18]

このような政治情勢のなかで、デヴォンシャー伯爵の長男キャヴェンディッシュ卿は、ジェイムズの王位継承問題についてホッブズに尋ねたのであろう。[19]ホッブズは「継承権に関する諸問題」において、主権者は合法的にその相続人から継承権を剝奪することができるが、臣民はそうした継承権剝奪を主権者に強要することはできないと述べている。[20]したがって、議会の「王位継承排除法案」に対しては反対の立場である。そもそもホッブズは『リヴァイアサン』第四三章で書いているように、たとえ政治的主権者が、不信心者すなわち異端や異教徒であっても、キリスト教徒である臣民は政治的主権者に服従すべきであるという立場をとっている。ましてキリスト教徒であるカトリックの国王に、臣民が服従しないでよいわけがあろうか。[21] キャヴェンディッシュ卿は強烈な反カトリックであり、チャールズ二世がジェイムズの王位継承権排除に同意することを望んでいた。そして名誉革命時にはオレンジ公ウィリアムを支持し、革命推進に尽力したため、後に公爵に叙せられている。[22] それゆえ、彼はホッブズの回答に満足しなかったかもしれない。ホッブズの立場からすれば、臣民は「自分たちの合法的主権者について不平を言うべきではなく、いわんや彼と戦争などしてはならない」[23] からである。しかしながら、異端やカトリックへの迫害の嵐に対するホッブズの危機感は的中し、この一〇年後、彼の願いもむなしく、イングランドでは再び臣民が政治的主権者に戦争をしかけることになるのである。

ホッブズは、一六七五年にロンドンを離れ、キャヴェンディッシュ家の地所であるチャッツワースとハードウィックで余生を過ごしていた。やがて一六七九年の一〇月の半ばに彼は体調を崩し、尿閉症に襲われる。しかし老齢ゆえに治癒は困難であると医者たちによって判断された。一一月の末に、チャッツワースからより穏やかな気候であるハードウィックへ移る主人たちに無理して随行するが、到着した後、身体が麻痺し、話すこともできなくなった。[24] こうしてホッブズは、一六七九年一二月四日木曜日に亡くなった。享年九一歳であった。デヴォンシャー伯爵の秘書ジャスティニアン・モースの手紙によれば、ホッブズは死ぬ間際、聖体拝領を受けることができなかったが、少し前に危篤状態になったときに、デヴォンシャー家の牧師によってそれを受けている。彼の遺体は、ハードウィックからほぼ一マイルほどのオールト・ハックナルの教区教会である聖ジョン・バプティスト教会に埋葬された。[25] 長年、ホッブズの筆記者を勤めた友人でもあるジェイムズ・ウェルドンやモースの証言によれば、彼は老衰によって亡くなっており、非常に穏やかにこの世を去ったと言う。ホッブズの敵対者たちは、彼が安らかに死を迎えたことが許せず、ホッブズが死の床でサクラメントを拒否したという嘘をロンドン中で巻き散らした。[26] ホッブズが、内面的に無神論者であったかどうかは確かめることはできない。モースはホッブズとともにサクラメントを受けたことがあり、「彼はもっともらしい礼拝を行い、慎ましく、敬虔な態度でサクラメントをとった」と証言している。[27] 少なくとも外面的には、つまり彼の行為と言葉は、彼がキリスト教徒であることを示していた。ホッブズの思想においては、国家といえども個人の内面には介入することはできないので、外面的な行為から判断するよりほかはない。なぜなら「信仰や内面の思考は命令に服従するものではなく、ただ神の通常のまたは特別な働きかけにのみ服従する」[28]ものだからである。ホッブズは、キリスト教国家イングランドにおいて、キリスト教徒として静かにその生涯を終えたのである。

おわりに

エリザベス期に確立されたイングランド国教会体制すなわちアングリカニズムは、カトリシズムとプロテスタンティズムの中間的存在として独自の立場をとっている。そもそもイングランド国教会は、礼拝様式と教会統治の面ではカトリック的要素を残したものの、教義の点ではカルヴィニズムを固持していたというのが定説である。[1] だが、ウィリアム・ロードが「自由意志」を認めるアルミニウス主義を導入することによって、国教会はカトリックへの傾斜を強めた。そのような動向への反発としてピューリタンによる革命が起き、プロテスタンティズムへ引き戻そうという動きが出た。そしてまた、それへの反動として、王政復古とともにアングリカニズムが回復するが、国王はカトリシズム、議会はアルミニウス主義を支持し、ピューリタンは非国教徒として抑圧されるという分裂状況となる。やがて名誉革命によって議会と新国王との教義が一致し、プロテスタント国イングランドが確立する。要するに、一七世紀イングランドは、教義や教会統治をめぐって、信仰や宗教的使命に突き動かされた人々が、政治的手段をとって現世改革を行おうとした宗教戦争の時代であった。このような時代背景をもつホッブズの実践的課題は、革命的な宗教的心情を原理的に政治の枠内に位置づけることであった。

この伝記的研究で我々が理解したのは、ホッブズはその政治的課題を果たすために非常に新しい体系的な哲学を構築し、その新しさゆえに様々な敵対者と戦わざるをえなかったということである。そこでは彼の独特な宗教意識がきわめて重要な役割を担っている。ホッブズの出自は国教会の教区牧師の家であり、彼の宗教意識の根底にはオーソドックスなプロテスタンティズムがあると思われる。だが他方で、幼少期にラティマーによって「ルネサンス・ヒューマニズム」の伝統を学び、ブルジョワの伯父の援助を得て大学に行ったという境遇が、権威にとらわれず自由な発想のもとに自己の思想を展開する彼の知的態度をもたらした。そして大学卒業後、君主権力に近い政治的貴族キャヴェンディッシュ家に属したことが、彼に国家レヴェルで物事を捉える広い視座を与えることになる。そしてさらにホッブズの思想形成上、一つの画期をなすのが、一六三〇年の幾何学との出会いである。彼は絶対的に論証される幾何学の定理に触れることによって、必ずそうあるはずの性質のもの――たとえば、直角三角形の斜辺の上に立つ正方形の面積は、他の二辺の上に立つ正方形の面積の和に等しい、というような――つまり必然性を体験する。彼はおそらくこのとき、この幾何学的な必然性から、世界を支配している原理についてなんらかのヒントを得たのではないだろうか。なぜなら、必然は、「神の予定」と符合するのでカルヴィニズム的な宗教意識にかなうものであり、「自然（それによって神が世界を創り、統治している技術）」(2)の原理と「神の予定」との関係を説明できる可能性があるからである。

ホッブズ研究史では、幾何学との出会いを契機として、ホッブズの関心が自然科学へと移った一六三〇年代は、数学的な方法へと論証形式の転換が行われ、人文主義的学問と訣別した時代とされている(3)。筆者の分析によれば、この自然科学的研究への移行は、単に新しい科学への関心からではなく、必然性の原理の発見によって触発されたものと思われる。あえて言うならば、この自然科学的研究に没頭した一六三〇年代こそが、同時にホッブズが、神と人間との関係についての原理的な問題すなわち神義論問題と内的に対決した時代だったと考えられるのである。というのは、自然がいかなる原理によって存在しているのかを考えることは、神がどのようにして諸事物を支配しているのかを考えることだからである。「神の予定」――人間ではどうすることもできない、神が決定した必然――は、人間の善と一致するとは限らない。ここに「神の正義」とは何かという問題が生じてくる。神は一方的に人間に禍福をもたらす。それは人間の側からすれば、悪人が栄え善人が滅びるというような不条理の問題となる。あるいは、まさにヨーロッパにおいて、神に対する純粋な信仰心に従って、善なる人々が互いに無残に殺し合っている現実がある。神は人間の善を基準にしてはかることはできない。この不条理の問題がホッブズの心に突き刺さった。彼は時代が抱えた課題を自ら背負い、この世の現実と自然の成り立ちのすべてを、事物の本性にまで溯って、究極に突き詰めて思索した。そして、やがてそのような内的プロセスを経て、神の善と人間の善とが合致するとは限らないという否定し難い事実をそのまま受け入れるようになる。彼は「全能なる神」を承認することでこの問題に決着をつけるのである。人間が神に従わざるをえないのは、ブラムホールやライプニッツが主張したように、神が人間の善を配慮する善なる神だからではなく、神が「抵抗しえない力」をもつ存在だからである。この「抵抗しえない力」をもつ『ヨブ記』の神は、ホッブズにとって、絶対的な必然性に従って数学的な法則すなわち運動法則によって振る舞うものとして現れる。こうしてホッブズは自然の根本原理を発見する。それが、諸事物の本性としての「運動」である。彼は神義論問題と格闘するなかで、自然学の原理を発見するとともに、さらに、神と人間とに共通する善悪の基準つまり「自然法」が存在しない「自然状態」という政治学の公理をも見出すのである。したがって、自然哲学においても政治哲学においても、ホッブズの神観念は非常に重要な位置を占めていると言える。

ホッブズの実践的課題は、内乱の原因たる、あらゆる党派的対立を克服することであった。そこで彼は、独自の宗教意識と結びついて形成された概念「自然状態」を論理的な出発点として国家論『リヴァイアサン』を創り出した。『リヴァイアサン』においてとられた党派的な対立を超えるための方策は、政治的主権者への権力の一元化、というものである。「自然状態」は、国家に論理的に先行する人間の状態として設定されている。そこにおいて諸個人は、人間の本性（競争心、不信、名誉欲）から「万人の万人に対する戦争」へといたる。このような「戦争状態」から脱却するために、諸個人は主権者に服従するという国家設立の「契約」を結ぶ。主権者は人民各人の「意志」に基づいて形成されるのである。この国家を形成する論理は「意志は必然である」というホッブズの意志論に基づいている。したがって、主権者へ服従する臣民の義務は、究極的に言えば、人間の意志を決定づける神に結びつけられているのである。ホッブズは『リヴァイアサン』において、政治的主権者に従うことは「神に対する義務」として、臣民各人の内面を拘束するような論理構成をとっているのである。その背景に内乱の再発を防止するというホッブズの意図が読みとれる。

以上のように、ホッブズ独自の神観念ないし宗教意識は、彼の自然学、人間学、政治学と体系的に結びついている。ホッブズの体系化への努力は、すべての人が納得しうる普遍的な論理を求めて行われたものであり、人民の平和というホッブズの至上の課題に動機づけられたものだと言えよう。我々は、ホッブズの生涯を通観することによって、彼の実践的課題と体系的な論理構成との関係について、このような視点を得ることができた。そして、ホッブズの課題——平和の確立、そのために宗教を原理的に政治的秩序のうちに位置づけること——それはまた、『リヴァイアサン』の論理構造およびその体系的な構成を分析する際に、明確に浮かび上がってくるのである。

第II部　『リヴァイアサン』におけるホッブズの思想世界

——テクストの理論的性格——

はじめに

トマス・ホッブズが生きた一七世紀は、宗教改革によって生じたカトリック・プロテスタント両教派の対立を大きな原因としてヨーロッパ各地に起こった宗教戦争の時代であった。それは同時に、ローマ・カトリック秩序に対する各国の反発と自律の時期でもあり、国民国家生成の時代でもあった。第一部のホッブズについての伝記的研究で述べたように、ホッブズは、知識人として生きるうえで、それまで一般的であった聖職者の道を選ばず、国王の側近で政治的貴族であるキャヴェンディッシュ家の家庭教師となり、国家レベルでものを考える政治的思考を身につけていった。彼の祖国イングランドは、国内に、諸教派の対立、対外的に、ローマ教会を中心とするカトリック勢力との対抗という、内と外に不安定要素を抱え、一国家として安定的な国民統合と国家主権を確立することが早急に求められていた。とくに国内の分裂は、各国の干渉をまねき、三十年戦争のような国際戦争にまで拡大するおそれがある。こうして、対外的諸関係を視野に入れながら、国内秩序の問題を解決する主権理論をつくりあげることが、ホッブズにとって、知識人としての課題となった。

ところで、ホッブズは、一六三〇年頃、ユークリッドの幾何学に出会い、幾何学の証明の仕方に誰をも納得させるような結論の普遍性ないし必然性を体験し、すべての学問＝科学のあるべき姿をそこに見出した。そこで彼は、それ以降の政治学的著作において、幾何学的な論証形式を用い、人間の生理的ないし心理的基礎にまで溯って一般的な原理を設定し、それに基づく合理的推論によって導かれる国家論を著わすようになった。一六四〇年に『法の原理（*The Elements of Law*）』、一六四二年に『市民論（*De Cive*）』を出しているが、一六五一年に出版された『リヴァイアサン（*Leviathan*）』はそれが最も体系的に完成されたものである。ホッブズは、幾何学的論証方法をとった政治理論の確立によって、あらゆる党派的な対立を克服することができると考えたのである。ホッブズの思想の特徴は、徹頭徹尾、政治的ということである。彼は、内面（心）と外面（行為）とを明確に区別し、人々の善意や心情は一切問わず、行為の結果に対する責任のみを問題にする。ピューリタン革命とはまさに、宗教的な心情――信仰や良心――によって突き動かされた人々が、政治的手段をとって国家権力に対して叛逆し、現世改革を断行しようとするものであった。だからこそ、ホッブズは人間の内面や信仰には手を触れず、心情が行為となって現れたその結果を問い、あらゆるセクトの様々な宗教的心情をそのまま国家の内に包摂しつつ、彼らが政治的手段をとることを原理的に封じ込めようとしたのである。革命の起動力となった宗教的心情自体を弾圧するのではなく、理性と聖書の解説によって、行為を政治的秩序の枠内に抑え込むように、論理的に誘導しようとするのである。このような政治的課題を果たすために、主権者の権利と臣民の政治的義務について明らかにした政治学の書が『リヴァイアサン』である。ホッブズはその主張を著作の体系性に託している。体系的な論述によって得られる結論の普遍性によって、党派的な立場を超えた、あらゆる人々の承認を獲得することを目標としたのである。すべての党派的な対立を超え、平和を確立すること、これこそがホッブズの政治思想の課題である。

第II部では、一七世紀イングランドおよびヨーロッパにおけるホッブズの思想と行動を描いた第I部を前提としたうえで、とくに、こうした時代的文脈に規定されたホッブズが書いた『リヴァイアサン』が、きわめて体系的に構成されていることを示し、ホッブズがこれによって以上のような問題と対決し、理論的にいかに解決しようとしたのかを描き出すことを課題とする。ホッブズの問題意識は、体系的な論理構造を丹念に解きほぐすことによって解明されるのである。

第1章　ホッブズの人間学と政治学

1　ホッブズの意志論

(1)リヴァイアサンの人間学＝意志論

幾何学的な論証方法によって、きわめてシステマティックに描かれたホッブズの政治学（国家論）の論理的基礎は何か。ホッブズは、国家の性質を考察する際に「その素材であり製作者でもある人間」の分析からはじめている。『リヴァイアサン』の出発点（第一部）は人間学である。[1]

研究史では、基礎となるホッブズの人間像について解釈が分かれている。ホッブズの同時代より、彼の政治哲学の基礎は唯物論であるという解釈は存在し、それはしばしば彼に対する無神論批判の根拠となっていた。[2] また、二〇世紀においても、フランツ・ボルケナウは、ホッブズは「機械論哲学の創立者」の一人であって、そのなかでもとくに「無神論的唯物論者」であったと主張し、ホッブズの人間像の基礎を「機械論的唯物論」に求めた。[3] しかし、レオ・シュトラウスは、政治哲学の基礎となる人間学が自然科学や機械論的哲学を起源としていることを否定して、ホッブズを近代的ヒューマニズムの先駆けと捉え、こうした解釈の伝統をくつがえした。彼は、ホッブズの倫理観や政治観を本質的に決定づけたのは、初期の人文主義的研究、とりわけトゥキュディデス研究にあると見たのである。(4) これに対し、W・B・グラバーは、シュトラウスがホッブズの政治哲学と機械論的体系との相互の独立性を明示したことを評価するが、ホッブズにおける倫理と聖書的ないしキリスト教的伝統への関心を十分に考慮していないことを批判する。グラバーの解釈では、ホッブズの政治哲学は「近代的機械論」ではなく、「アウグスティヌスの伝統における国家についてのキリスト教的哲学」であるとされる。(5) シャーリー・ロドン・レトウィンも、ホッブズの描く人間像のなかにキリスト教的伝統を見ている。レトウィンの解釈では、ホッブズは、キリスト教的世界観に混入していたギリシア的遺産の分離を目指し、その人間像を、ギリシア的側面を剝ぎ取ったユダヤ―キリスト教的思考に基礎づけたとされる。(6) このような解釈に対して、ホッブズの政治哲学の本質的な基礎を機械論的哲学と見る伝統的な解釈の継承者たちは、サミュエル・ミンツ、J・W・N・ワトキンス、パトリック・ライリー、ユルゲン・オーバーホッフ、日本では藤原保信、佐藤正志、佐々木力などである。ワトキンスによれば、ホッブズの機械論的哲学は、彼が政治理論を書く前の一六三〇年代にすでに確立しており、その人間学も政治学も機械論的諸原理から導き出されていると言う。(7)

以上のように、研究史では、ホッブズの描く人間像の基礎が人文主義やキリスト教もしくは機械論や唯物論にあるというように、解釈が様々に分かれている。序論でも述べたように、『リヴァイアサン』を理解するには、ホッブズの人間論をできるだけ正確につかむことがきわめて重要である。こうした研究状況に対し、オーバーホッフは、ホッブズ人間学の中心に意志論があることに注目して、意志論の形成と構造を時代の文脈に即して考察し、その展開過程を時系列的に明らかにした。彼によれば、ホッブズの意志論は、ガリレオによって開拓された新しい数学的な科学的アプローチの影響を受けたことに端を発し、機械論的哲学を基礎として導出されていると言う。(8) だが、オーバーホッフは、意志論に対する自然哲学的な分析だけにとどまらず、ルターやカルヴァンおよび同時代の宗教的知識人の教説と比較分析することによって、ブラムホールとの自由意志論争や、『リヴァイアサン』第三部・第四部の宗教論におけるホッブズの意志論の意味をも検出しようとする。このようなオーバーホッフによるホッブズの意志論の強調は、ホッブズ研究史上、画期的であり、注目に値する。とりわけ日本の研究においては、ホッブズの意志論はこれまでテクストとコンテクストの双方に即して十分に検討されてきたとは言い難く[9]、より考察が進められるべき研究領域である。

ホッブズの意志論に着目するオーバーホッフの意図は、意志論の宗教的含意を浮かび上がらせ、『リヴァイアサン』の宗教論の唯物論的特徴を明らかにすることにある。彼の分析によれば、神が人間の意志や欲望を必然化するというホッブズの意志論における主張は、宗教改革者たるルターやカルヴァンの教説に一致するものの、彼らが、人間の意志に対する「神の必然的な統治[10]」において「神の霊」の働きを強調するのに対し[11]、ホッブズはそのような聖霊論（Spiritualism）を取り除き、「科学的唯物論」に置き換えていると言う[12]。したがって、ホッブズの意志論は「唯物論的哲学」から導出されたものであって、「論理的にその神学的裏付けの前に存在した」のであり、宗教改革者の教説との一致は、後から付加された「神学的防衛」にすぎないという結論にいたる[13]。つまり、オーバーホッフはホッブズの意志論の科学的および世俗的特徴を強調するのである。

そのうえで彼は、ホッブズが政治哲学を構築する際に、この「機械論的唯物論」の体系に含まれる意志論、「彼の科学的唯物論の核心たる意志論」を応用したと考える[14]。彼によれば、ホッブズは、人文主義やグロティウスの自然法理論の影響を受けて、公的問題に対する「私的判断」の乱立が政治的秩序を脅すという課題を共有し[15]、その課題を自己の意志論に基づいた政治学の構築によって克服しようとしたのだと言う。そうしたホッブズの意志論の政治学的解釈は次の点にあるとされる。すなわち、人間は、人間の制御を超えた機械論的決定論の作用によって、必然的に自己の最高善を意志し、戦争状態に陥る。この戦争状態へいたる原因は、自己防衛のために戦争する必要があるかどうかについての、各個人の主観的な判断にある。そこでホッブズは「私的判断」を否定して、共通の判定者として主権者を設立するという教説をたてるのである。[16]

以上のようなオーバーホッフの解釈は、ホッブズの意志論を戦争状態論と関連づけており、示唆的である。しかし、その戦争状態を抜け出すための社会契約論と意志論との関連については検討されてはいない。つまり、ホッブズの独特の意志論に基づく社会契約論すなわち国家を構成する信約行為の論理構成の意義が明らかにされていないという問題が残る。

こうした問題を受けて、我々は、オーバーホッフによってなされた、ホッブズの思想における意志論の意義という観点を継承し、さらに踏み込んで、意志論と政治思想との関りを分析することにしたい。そのために、まずは政治学（社会契約論）の前提である人間学まで遡り、そこでの意志論の意味を再検討することからはじめる。というのは、それによって、ホッブズ人間学の特質を新たに照らし出すことができ、同時に、その意志論を「唯物論的決定論」[17]とするオーバーホッフの世俗的な解釈の問題性をも示すことができると思われるからである。その際、『リヴァイアサン』の第一部「人間論（Of Man）」を大きく四つの問題に分けて考察し、そのうえで、社会契約論との論理的関係の検討に入ることとする。

第一に、『リヴァイアサン』におけるホッブズの意志論の構造について検討する。ホッブズは、人間学において、思考の根源となる人間の感覚・認識作用から意志の生成過程を描いている。この知覚・意志作用の叙述は、一見すると機械論的に見え、ホッブズ人間学を機械論的哲学として解釈する一つの論拠となっている。しかし、ホッブズの意志論は、「自由意志」を否定する彼の宗教意識を土台としており、それに目を向けないならば、意志論に基づいたホッブズの政治思想の独自な性格を理解することができない。したがって、ここでは、自由意志論争に対する彼の態度決定との連関のなかで、ホッブズの意志論を考察し、その特質を明らかにすることを課題とする。

第二に、ホッブズの意志論に基づく、良心と理性の概念の独自性について考察する。自由意志論的立場においては、良心や理性が絶対化され、政治的叛逆を生み出すことを見て取ったホッブズは、良心や理性の定義を伝統的な自由意志論的定義から根本的に転換し、叛逆を原理的に封じる人間像をつくりだそうとするのである。

第三の課題は、ホッブズの意志論と政治学とりわけ自然状態論との関係について解明することである。ルターの「奴隷意志論」やカルヴァンの「予定説」の系譜に自らを位置づけるホッブズの立場は、動機はどうであれ、いわば一つの宗教的立場の公的表明である。この事実は、「自由意志」を否定するホッブズの人間像が、ルター派および改革派の宗教意識に由来するものであることを明示している。さらに、「自由意志」を否定するか肯定するか、いずれの立場に立つかは、「神の正義」をどう解するかの態度決定の相違に端を発する。ホッブズは、神議論問題との内的な格闘を通して、神と人間との善悪についての断絶的な状態という思想をもつにいたり、ここから、政治学の公理たる自然状態という概念を生み出すのである。そして、この自然状態という根本仮定から、自然法と自然権という観念が、意志論と結びついて導出される。意志論は彼の政治学の一つの基礎をなしているのである。

最後に、こうして政治学の論理的出発点となる自然状態から演繹された信約（国家を形成することへの各人の同意）に基づいて、ホッブズの国家は樹立される。しかし、それは、意志は必然的に決定され、人間自身のコントロールを超えているので、国家は意志（内面）の領域に介入しないという特徴をもつ。つまり、国家権力は、一切個人の内面には介入せず、外面的な行為のみを規制し、操作するというものである。ホッブズは、人間の意志の「自由」を否定し、意志は「必然的」なものだと主張する。ホッブズにおいて、人間の「自由」とは、意志が行為となって現れる際に「外的障害」のないことを指し、したがって、国家の作動範囲は、行為における「自由」の領域に限られるということになる。つまり、ホッブズの国家は外面的国家なのである。

それでは、これらの点について、以下で検討していくことにしよう。

（2）感覚と意志

ホッブズは「国家共同体《コモンウェルス》」と呼ばれる「リヴァイアサン」、すなわち「人工的人間[18]」の生成の仕方と本性とを述べるにあたって、最初に、自然人の固有の特性を説明することからはじめる。なぜなら、「哲学とは、『ある事物の生成の仕方からその固有の性質を導く推論によって、もしくはその固有の性質からある事物の可能な生成の方法を導く推論によって獲得される知識……』と理解される[19]」からである。それは具体的には人間の思考のあり方についての解説である。

ホッブズによれば、人間の思考のすべての根源は感覚（Sense）であると言う。「というのは、人間が心のなかで抱く概念はすべて、全体的にであれ部分的にであれ、最初に感覚諸器官において生じたものだからである[20]」。感覚の原因は外部の物体（Body）であり、一般にこれを対象（Object）と呼ぶ。この外部の物体が、目、耳、鼻等の感覚器官を圧迫し、神経、筋、膜を媒介して、やがて脳や心臓へと伝わる。この圧迫に対して身体内で抵抗や反発が生じ、「自己を解放しようとする心臓の努力（endeavour）を引き起こす[21]」。対象に対する身体内の反応であるこのような努力《エンデヴァー》は外へ向かっているので、何か外部にある物質（matter）であるかのように見える。「このような一見そう見えること（*seeming*）あるいは幻想（*fancy*）を人間は感覚と呼ぶのである[22]」。光、色、音、臭いあるいは熱さ冷たさといった感覚器官が認識する性質は、対象のなかに存在するが、その性質とはその対象たる物質がもつ運動（motion）にほかならない。対象はこの運動によって人間の感覚器官を様々に圧迫するのであり、圧迫を受けた人間にとって、身体内におけるこの運動の現れ（apparence）が幻想なのである。つまり、感覚とは「根源的な幻想以外のなにものでもなく、……圧迫、つまり目や耳、その他備わっている諸器官に対する外的な事物の運動によって引き起こされるのである[23]」。人間は、外部にある対象からの運動（光、色、臭い、温度など）によって、身体内に運動＝感覚＝幻想を引き起こされる。言い換えれば、見たり触ったりした対象の像（image）をもつのである。この想像は、対象が目の前から取り除かれたり、目を閉じたりした後でも、見ていた時より曖昧ではあるが保持される。なぜなら、それが運動法則だからである。ホッブズは自然学の原理である運動法則を人間の生理的作用にも応用する。「ある物体がいったん運動をすると、（もしほかの何かが妨げなければ）その物体は永遠に運動し続ける。そして、それを妨げるいかなるものも、一瞬にではなく、そのうちにだんだんと完全に静止させるのである」。この感覚の後に残った同じ運動のなごりが、幻想＝「想像（*Imagination*）」である。(24)

このように、感覚、幻想ないし想像を人間の身体内の作用（運動）であると厳密に規定するホッブズの意図は、実体としての「幻（Vision）」とそこから派生する非物質的な「霊（spirits）」(25)を否定することである。すなわち、『リヴァイアサン』の一つの課題は、迷信的な信仰の基礎をなすスコラ学的な非物質的「霊」という観念を原理的に打破することにある(26)。というのは、聖職者や説教者は、民衆に対し、非物質的の「霊」ないし神の「霊」のふき込みを説き、自らを、霊感を受けた神の代弁者＝預言者として、民衆の内面を支配しようとするからである。これは神および神の代行者である彼らへの服従を要求するものであり、そこから政治権力の支配への対抗が生まれてくる。ここに霊的権力と世俗的権力という、人民に対する支配の二重構造が生じ、統治が分断され、国家秩序の解体という危険が出てくる。したがって、「霊」のスコラ学的解釈を徹底的に破壊することが、ホッブズの政治学的な課題であった。この課題は、第一部の心理的なレベルの人間学と、第三部・第四部の宗教論すなわち聖書に基づく反駁との両方で、理論的につながりながら追求されている。人間の知覚作用の叙述は、第四部「暗黒の王国について」への論理的布石にもなっているのである。この点については、さらに次章で考察する。

さて、ホッブズの主張では、人間の思考は幻想＝想像に依存しているという。「我々が概念をもつものはすべて、まず感覚によって、一度に全部あるいは部分ごとに知覚したものであるから、人間は感覚のもとにない事物を表すいかなる思考ももつことができない」(27)。したがって、「行くこと、話すこと、および、同様な自発的な運動（Voluntary motions）は、常に、どこへ、どのようにして、何をについて先行する思考に基づいているから、想像があらゆる自発的な運動の最初の内的出発点である」[28]ということになる。人間は行為の結果を想像し、行為の結果が自分にとって善であると想像される場合には、対象に向かう運動である「欲求（Appetite）」が心のなかに引き起こされ、悪が想像される場合には、対象から離れる心の運動である「嫌悪（Aversion）」が引き起こされる。善とは「欲求あるいは欲望の対象」であり、悪とは「憎悪ないし嫌悪の対象」[29]である。言い換えれば、この主観的な善悪についての想像が、希望（獲得できるという意見をともなった欲求）と恐怖（対象から害されるという意見をともなった嫌悪）[30]とを心のなかに交互的に引き起こしていくのである。この過程が「熟慮（Deliberation）」である。「人間の心のなかに、同一のものごとに関する欲求と嫌悪、希望と恐怖とが交互に生じ、示されたものごとを行うか行わないかの結果として出てくる様々な善悪が、連続的に我々の思考のなかをめぐる。それゆえ、そのものごとに対し、ときには欲求をもち、ときには嫌悪し、ときにはなしうるという希望をもち、ときにはそれを企てることに絶望し、恐怖する。このようなときに、そのものごとがなされるか、あるいはできないと思われるかまで続いた欲望、嫌悪、希望、恐怖の総計が、**熟慮**と呼ぶものである」[31]。そして、この「熟慮」において、「熟慮」しているものごとについて、「行うか否かに直接くっついている最後の欲求あるいは嫌悪が、**意志**（the WILL）と呼ばれるものであり、意志する（*Willing*）という行為であって、（能力ではない）」[32]。意志するとは能力ではなくて行為であり、意志による行為すなわち自発的な行為（Voluntary Act）は、「意志」＝「最後の欲求あるいは嫌悪」から出てくるのであって、それ以外のものからではない。したがって、「意志」は「理性的欲求」であるというスコラ学者の定義は否定される。なぜなら、「意志」とは「欲求」もしくは「嫌悪」であるから、「情念（Passions）」の一つであって、主観的な心理運動の所産にほかならないし[33]、反対に、「理性」とは、「情念」とはまったく別のものであり、人間に生まれつき備わっている能力ではなく、「勤勉（Industry）」によって後天的に獲得される、心の能力だからである[34]。

さて、「意志」とは、交互的に現れる「欲求」ないし「嫌悪」の「最後の」ものであって、「熟慮」の過程のある時点でもつ中間的な「欲求」や「嫌悪」は、「一つの傾向にすぎない」[35]。このような交互的に生起する「欲求」や「嫌悪」の過程と終結は、人間の選択によるものではなく、自分自身ではコントロールすることができない、いわば「必然的（Necessary）」なものである。なぜなら、「欲求」ないし「嫌悪」は、心のなかに生じた運動であって、その運動をどの時点で止めるかを決定する能力を人間はもっていないからである。運動は、運動法則に従い、「（もしほかの何かが妨げなければ）その物体は永遠に運動し続ける」[36]のであり、その運動法則を支配しているのは、あらゆる運動の「第一起動者」たる神である[37]。「人間は、神の意志が原因である欲求以外には、どんなものごとに対しても情念も欲求ももちえない」[38]。「意志」は人間にとって「自由」ではなく、究極的には神によって引き起こされているのである。

ところで、ホッブズにおける「必然的」という語の意味はどんなものであるのか。彼は、ブラムホールとの自由意志論争の内容を明らかにした『自由、必然、偶然に関する諸問題』（一六五六年）において次のように定義している。「それ以外ではありえないもの、あるいは、それ以外では生起しえないものは、必然的である」[39]。人間はこの日、この時に、こういう「欲求」をもとうと自分で決定することができない。「欲求」は人間には制御することのできない所与のものだからである。人間には偶然に起きたように見えるものであっても、それはすべて神が決定したものなのである。なぜなら、「偶然」とは、その原因がただ我々に知られていないものにすぎないからである[40]。ホッブズは言う。「神の諸属性のうちの他のもの、すなわち神の予知（*foreknowledge*）から、私ははっきりと次のことを推論しよう。すべての行為は、意志から生じようと運命から生じようといずれにせよ、永遠の昔から必然的であったということである。神の予知されていることはどんなものであれ、起きるであろうし、起きざるをえない、つまり、起きないことは不可能であり、予知されていること以外が起きることもありえないのである[41]」。このように、ある時点で「意志する」という行為となる「最後の欲求あるいは嫌悪」＝「意志」は、神によって必然化されたものなのである。つまり、自分では「自由」にできない「それ以外ではありえないもの」、すなわち、「必然的」なものである。ホッブズは、「自由意志」の存在の否定を、「神の予知」という神の属性に基礎づけている。だが、ホッブズの「必然的」な「意志」は、自発的な行為と矛盾することはない。ホッブズは「自発性」、「選択」、「自由」を次のように定義している。

熟慮に基づく行為は、自発的であり、選択（*choice*）と選び（*election*）に基づいてなされたものと言われる。したがって、自発的な行為と選びから生じる行為とは同じであって、自発的行為者の行為のことである。彼が自由（*free*）であるというのと、彼がなお熟慮過程を終結させていなかったというのとは、同一のことである。……自由とは、行為に対する一切の障害物、つまり行為者の本性と内的性質に含まれているのではない障害物がないことである。たとえば、水は自由に下る、あるいは、水路を下る自由をもっている、と言われるのは、水路に障害物がないからであり、そして、水路を横切る自由をもっていないのは、堤防が障害物となっているからである。また、水は昇ることができないが、その場合、人は、水が昇る自由を欲しているといった言い方は決してせず、能力（*faculty*）や力（*power*）という言葉を用いる。なぜなら、その場合の障害物は水の性質のなかにあり、内在的だからである。(42)

こうした意味で、ホッブズは「自由と必然は両立する」(43)というのである。「すべてのものごとを見て処理する神は、人間が自分の意志することを行うときの自由が、神の意志するところを行う必然性をともなっており、それ以上でもそれ以下でもないことを見ているのである」(44)。人間の「自由」は、「意志」の領域ではなく、行為の領域においてのみ存在する。人間は、自分では制御することのできない原因によって「欲求」もしくは「嫌悪」＝「意志」

を引き起こされており、「意志」は「自由」ではない。しかし、「熟慮」の過程を経て、心のなかに生起した「最後の欲求あるいは嫌悪」である「意志」が、行為となって現れようとしているときに、それを妨げる障害物がなければ、人間はその行為を行う「自由」をもっているのである。「私の言う必然的なという言葉は、あらゆる永遠からの必然性を意味している。それにもかかわらず、真の自由と両立しないわけではない。真の自由は、自ら決定するということにあるのではなく、決定された意志が志向する事柄を行うというところにある」[45]。ホッブズは、人間の「自由」を内面的過程から切り離し、外面的な行為の領域に限定する。この意味は、内面的思考を必然性に従う領域、言い換えれば、神の予知と命令に服従する領域とすることによって、人間の心は神の働きに服する領域であるから、他の人間および国家は介入することができない、ということを明確化することである。また、それの裏返しとして、「自由」が与えられている外面的行為の領域においては、厳格に行動の「責任」ないし「義務」を問うということ、すなわち、国家が介入する政治的領域であるということを明言しているのである。

(3) 良心と理性

ホッブズは、このような、「意志」は「必然的」であるという意志論によって、自由意志論的な「良心(Conscience)」や「正しい理性(Right Reason)」という主張と対決する。自由意志論の立場からすれば、善なる神に創造された人間は、本来的に、善悪の判定者として「良心」ないし「正しい理性」を授けられているので、努力すれば自らの「意志」の力によって、道徳的に善なる人間になることができる、と考えられる。たとえば、自由意志論的な系譜に立つルソーはこう述べている。「神は私に、善を愛するようにと良心を、善を知るようにと理性を、善を選ぶようにと自由をあたえているではないか」[46]。このような考え方においては、「良心」や「理性」は神聖視され、自分自身の「良心」や「理性」こそが真理であり、絶対的なものだと捉えられるようになる。ルソーは「良心」を賞賛する。「私は、私がなそうと欲することについて、私の心にきくだけでよい。善いと私が感ずることはすべてよく、悪いと私が感ずることはすべて悪い。最良の決疑論者は良心である」[47]。「良心、良心！　神的な本能、不死の天の声、無知で有限ではあるが知性をもつ自由な存在を確実に導くもの、善悪を誤りなく裁くもの、人間を神と同じものにしてくれるもの。おんみこそ、人間の本性の優越性をなし、人間の行動の道徳性をなすものだ」[48]。

こうして、神から与えられた「良心」、「理性」、「自由」への信頼は、人間ひとりひとりの生まれながらの権利という思想を生み出し、各個人の権利と「理性」に基づく政治という原理を打ち立てる。このような原理に基づいたルソーの社会契約論は、既存の国家権力に対する批判基準となり、それが打倒されるべき場合には、新しい国家を形成するための基礎理論となる。これに対し、ホッブズの国家論は、現実に存在する権力への叛逆を否定するための理論である。ホッブズの観点からすれば、自己の「良心」や「理性」の神聖化は、自らを、主権者の行動についての善悪の判定者たらしめ、自分が気に入らない政治権力を圧政と呼び、国家秩序の破壊をもたらしかねない。こうした危険性を取り除くために、ホッブズは、叛逆ないし革命の精神的起動力となるような「良心」や「理性」の神聖化を語源的に突き崩していく。彼の「良心」の定義を見てみよう。

　二人あるいはそれ以上の人間が、ある同じ事実について知っているとき、彼らはそのことを**共に意識している**（CONSCIOUS）と言われる。それは一緒に知っているというのと同じである。そして彼らは、お互いまたは第三者に関する事実についての最適の証人であるから、自分の良心（*Conscience*）に反して語ったり、買収や強要によって他者に語らせたりするのは、これまでもきわめて悪い行為であったし、これからもずっとそう評されるであろう。そのために、良心による弁明は、あらゆる時代に常に非常に熱心に耳を傾けられてきたのである。その後、人々はコンシャンスというこの同じ言葉を、自分自身の秘密の事実や秘密の思考を知っているということに対して比喩的に用いるようになった。それゆえ、良心は万人の証人であると修辞的に言われているのである。そしてついには、人々は自分自身の新しい意見（それがどんなに不条理なものであろうと）を熱烈に愛し、それを頑強に保持しようとする場合にも、自分の意見に良心という尊い名前を与えるようになった。それは、まるで意見を変えたり反対のことを言ったりするのを不法と考えているかのようである。そのようにして、せいぜい自分はそう思うというくらいにしかわかっていないにもかかわらず、真理であると知っているかのように称するのである。(49)

ホッブズはこのように「良心」を私的な「意見」に減じてしまう。「意見」とは論究（Discourse）の連鎖の切断である。(50)ホッブズは、思考過程を、心のなかで「交互的な意見」が展開するプロセス、すなわち、自己の対話《ディスコース》の過程として捉えている。「意志」が「熟慮」における「最後の欲求あるいは嫌悪」であるように、「交互的な意見」が生起する対話過程の「最後の意見」が「判断」なのである。この「判断」は、語の定義、一般的断定、三段論法、結論という幾何学的な論証方法によるならば、「**科学**」と呼ばれうるが、そうでなければ、ただの「**意見**」にすぎない。(51)人間は思考しているかぎり、自己の対話のなかで、Aという「意見」あるいはBという「意見」を交互的に生起させている。心のなかの対話は無限に連続する。しかし、ある時点で一定の決断をしなければならず、そこでいったん対話を打ち切って、「判断」すなわち「最後の意見」を出す。だから「意見」とは経過的なものであって、完全なものではない。この「意見」ができるプロセスを知っているという意識が「良心」なのである。つまり、ホッブズにおける「良心」とは、自己の対話の内なる「証人」である。「良心」は、自分の「意見」をここで断ち切った、ということを知っている「証人」である。したがって、人間は「良心」によって自己を相対化するのである。「良心」は、自己の「判断」が絶対的なものではありえないことの自覚を促す。そうであるからこそ、ホッブズは

「人間の良心と判断とは同じものであり、判断と同様に良心もまた誤りうる」[52]と主張するのである。このようにホッブズの「良心」は、善悪の無謬の裁定者とされるルソーの「良心」とはまったく異なった意味をもち、定義が伝統的な自由意志論的なものから切り替えられているのである。

ここにおけるホッブズの課題は、各個人の「良心」を相対化することによって、主権者に「良心」を委ねること、つまり、主権者の「公的良心」すなわち法に従うことを導き出すことにある。自己の「判断」は経過的なものであって、絶対的なものではない。人々が自らの「良心」を貫くために内乱が起きているイングランドの現実の状況において、ホッブズは、主権者が「公的良心」を担うことを可能にしようとするのである。ホッブズは言う、「法が公的良心である」[53]と。

さらにホッブズは、「理性」からも道徳性を剝ぎ取って、各人の「理性」の個別性を強調する。

理性とは、……我々の思考をしるしづけるおよび表すために合意された一般的諸名辞の連続関係を、計算することと（*Reckoning*）（つまり足し引きすること）にほかならない。[54]

「理性」は各人の主観的な善を計算するにすぎないのだから、誰かの私的な「理性」が他者に対する普遍的な道徳的基準になるということはありえない。ホッブズは「正しい理性」についてこう述べる。

算術に不慣れな人は必ず、また教授たち自身でさえしばしば誤り、間違って計算するように、推論の対象がほかのどんなものであっても、最も有能で最も注意深く最も熟達した人でさえ、思い違いをして誤った結論を導き出すことがある。それは、算術が確実で決して誤りのない学術であるのと同じようには、理性それ自体は必ずしも常に正しい理性（Right Reason）ではない、ということではなくて、どんな人の理性も、どんな数の人々の理性も、確実性をつくることはない、ということなのである。それは、ある計算を非常に多くの人々が一致して立証したからといって、それゆえその計算がうまく算出されたとはいえないのと同じである。(55)

したがって、「自然が正しい理性を据えなかった(56)」のだから、各人が従うべき公的な判定者の理性を「正しい理性」として定めなければならない、と彼は主張する。ここにおいて、ホッブズの社会契約論が立ち現れてくる。ホッブズはブラムホールに対して言う。「私の理性も〔ブラムホール〕主教の理性も我々の道徳的行為の規則であるにふさわしい正しい理性ではないのだから、それゆえ、我々は自分たちの上に主権的統治者を設立し、彼の法がどんなものであれ、我々にとって正しい理性の地位を占め、何が本当に善であるかを命令するということに同意したのである(57)」。こうして、ホッブズにおいて、人民各人の「私的良心」は「公的良心」に、私的な「理性」は「人工的人間つまり国家共同体の理性(58)」に置き換えられるのである。

以上のように、ホッブズの意志論は、自由意志論との対抗のなかで形成されたものである。一七世紀イングランドの時代状況がホッブズに与えた一つの課題は、自由意志論的な宗教的「良心」や「理性」に基づく叛逆から国家権力を守り、平和を取り戻し確立することであった。したがって、『リヴァイアサン』の人間学は、そのような課題を果たしうる政治学の構築を念頭においており、意志論はその人間学の中心に据えられているのである。

2　必然的な意志と国家

(1)　自然状態

一七世紀のイングランドにおいて、自由意志論争は、一六二八年にアルミニウス派のウィリアム・ロードがロンドン主教に就任して以来、単なる神学的対立にとどまらず、社会の各面での対立と結びついて深刻な政治問題となっていた。カルヴィニストのピューリタンは、人類の一部のみが救われ、残りの者は滅びる運命にあることが永遠の昔から「神の絶対意志」によって定められており、その「絶対意志」に人間はまったく抵抗できないという予定説を説いた。一方、アルミニアンは、カルヴィニズムの予定説に反対して、神はすべての人々が救われることを定めたが、人間は救われるか否かを自分で決定する「自由意志」をもつと主張した。[1] ピューリタンとアルミニアンとの対立は激しさを増し、同年、国王チャールズ一世は、『宣言書』を発して、自由意志論争の停止を命令するにいたっている。[2] つまり、一六三〇年代のイングランドは「自由意志」についての見解の相違が社会的な混乱を引き起こし、政治的にも宗教的にも激動している状況であった。それゆえ、君主権力に近い政治的貴族キャヴェンディッシュ家に属していたホッブズにとって、自由意志論争は、きわめて重要な政治的懸案であり、彼はこの問題について哲学的にも神学的にも思索を重ねていたと考えられる。したがって、ホッブズが自然科学的研究に没頭した一六三〇年代は、同時に神と人間との関係についての原理的な問題に内面的に対決した時代でもあったと言えよう。[3]

オーバーホッフによれば、ホッブズの意志論は、一六三一年から一六三二年ごろに書かれた『第一原理について』の小稿（*A Short Tract on First Principles*）』において萌芽が見られ、一六四〇年に書かれた『法の原理』において初めて体系化されていると言う。[4] ホッブズとブラムホールの「自由意志」をめぐる討論は、一六四五年に亡命先のパリで行われており、このときにはすでに、ホッブズの立場と論理とはほぼ確立していたと思われる。[5] オーバーホッフは、「決定された意志についての彼〔ホッブズ〕の機械論的教説は、論理的にその神学的裏付けの前に存在した」のであり、ホッブズの「自由意志」の否定は、宗教意識からではなく、唯物論的哲学の確立に由来する、と主張している。[6] つまり、ホッブズの「自由意志」の否定は、唯物論的哲学の所産であって、ブラムホールとの自由意志論争で現れるホッブズの議論は、唯物論的哲学に対して後付けされた、神学的な裏付けにすぎず、「自己の哲学的決[7]

定論を無神論という非難から防衛するために」、ルターやカルヴァンの教説を戦略的に利用したというのである。[8]確かにホッブズは『市民論』において「自由意志」を哲学の問題だと述べている。

自由意志、信仰義認およびサクラメントにおけるキリストの受容の仕方についての問題は、哲学の問題である[9](*Quæstiones de libero arbitrio, De justificatione, De modo recipiendi Christum in Sacramento*, Philosophicæ sunt)。

ホッブズにとって「自由意志」とは、神学ではなく哲学領域の問題であった。とはいえ、哲学は神の存在を否定するものではない。なぜなら、ホッブズにおいて、神はあらゆる存在の行為や運動の究極的な原因として位置づけられているからである。[10]しかしそれだけではなく、彼は「自由意志」の存在の否定を、明白に「神の予知」という神の属性に基礎づけている。[11]したがって、自然学の原理としての運動の発見は、同時にホッブズのなかに神と人間についての原理的な問題を生起させたと考えられ、この問題をくぐりぬけていくことによって、人間学＝意志論を確立しえたのだと思われる。それゆえ、彼の意志論は、無神論的唯物論の所産とは言えないのではないか。そうではなく、それはルターやカルヴァンの教説との格闘のなかで生じた宗教意識に由来している可能性がある。

実際、ホッブズは、ブラムホールの自由意志論に対し、ルターの「奴隷意志論」やカルヴァンの「予定説」の系譜に自らを位置づけ、[12]意志は「必然的」であるという立場によって対決している。自由意志論は、救済という目標に対して、人間には主体的な努力をなす能力が神によって内在化されているとみなす。したがって、「自由意志」を否定するということは、救済にいたる能力を人間はもっていないと主張することであり、救済は神の一方的な働きがあるかないか、すなわち、神の選びに帰され、ここから、神の人間に対する正義の問題が浮上する。つまり、神は人間に罪を犯さざるをえないように創っておきながら、罪から逃れる能力である「自由意志」を与えないで、にもかかわらず、人間をその罪ゆえに罰するという不条理をなすのか、それでは、神の正義とは一体何なのか、という問題である。ホッブズは神義論問題に対し次のように答える。我々はここからホッブズの宗教意識を読みとることができる。

神の力のみで、ほかに何もなくても、神のどんな行為をも正しいものとするのに十分である。人々がこの世で自分たちの間において、約束や契約によってつくり、正義という名で呼び、それに従って人々の正と不正とを正当に判定を下すところのものは、全能なる神の行為の正しさを計ったり、判定したりする基準ではありえず、それはちょうど人間の知恵で神の意図を計ることができないのと同じである。神が行うことは、それが神の行為であることによって、正しいものとされるのである(13)。

神がヨブを苦しめた時、神はヨブに罪を帰せたのではなく、神の力をヨブに告げることによって、ヨブを苦しめることを正しいものとしたのである。「(神は言う)おまえは、私のような腕をもっているのか。私が大地の基礎を築いたとき、おまえはどこにいたのか」。同様に、我々の救世主も、盲目に生まれた人について、それは彼や彼の親の罪からではなく、ただ神の力が彼において示されるためであると言った。獣は死と苦しみを被るが、しかし獣は罪を犯しえない。それは、そうあるべしという神の意志なのである。抵抗しえない力は、それをもつ者は誰であれ、そのすべての行為を、現実に、当然に、正しいものとする。より小さな力はそうではない。そしてそのような力は、神においてのみ存在するのだから、神はあらゆる行為において正しいとされねばならない。しかも我々は、彼の意図を理解することができないのだから、彼を法廷に呼び出すことは、不正を犯すことになるのである(14)。

ホッブズは旧約聖書の『ヨブ記』を引用し、ヨブの苦難すなわちこの世の不条理は人間の罪からではなく、神の絶対的な力によって正当化されると主張する。人間や獣の苦難や死および世界の一切の不条理は、それらの罪に由来するのではなく、「神の抵抗しえない力」すなわち神の全能性から引き出されるのである。世界の不条理は、全能者である神の意志の所産であり、人間が問うことのできるものではない。ホッブズは、神に対し人間的な正しさや善を当てはめることを拒否する。ここに、神と人間との間の断絶的な距離が現れてくる。ここから、ホッブズは善と悪とに関して、神と人間との間に共通の倫理的空間が存在しないという意識をもつようになる。

スコラ学のなかには、アリストテレスの『形而上学』から導き出された次のような諺《ことわざ》というか古い格言がある。「存在、善、真理は相互に置き換えることができる」。ここから、主教は、形而上学的な善というこのような観念、および存在するものは何であれ善であるという彼の教義を引き出し、そしてこれによって、創世記一章三一節の言葉を解釈する。「神は自分が創ったすべてのものを見られたところ、それはたいへん善かった」。しかし、この言葉の言わんとするところは、善い（*good*）というものは、それを喜ぶ者と相関的なのであって、すべての人に対して絶対的な意味をもつのではない、ということである。したがって、神が創ったすべてのものがたいへん善かったと神が言うのは、神が自分の創ったものに喜びをもったからである。もしそうではなく、あらゆるものが絶対的に善であるならば、我々はみなそれらの存在に喜びをもつはずであるが、けれども、それらの存在に基づく作用が我々に害を及ぼすときには、我々は喜びをもたない。それゆえ、正確に言えば、あるものが善であったり悪であったりするのは、それから生じる作用と関連しており、また、それが善をなしたり害をなしたりする人間に関連しているのである。サタンは我々にとって悪である。なぜなら、彼は我々の破滅を求めているからである。しかし、彼は神にとっては善である。というのは、彼は神の命令を執行するからである。したがって、形而上学的な善とは意味のない言葉であって、何かを識別するもののうちに入らないの

である。(15)

ブラムホールは、スコラ学的立場から、善なる神の被造物のなかに、善という倫理的秩序を読みとり、神の被造物の一つである人間も、本来的には善であり、それゆえ、自ら善という倫理的秩序に向かう「自由意志」をもつと考える。これに対してホッブズは、善悪の主観性を主張する。善悪は、神であれ人間であれ、それを喜ぶ者あるいは悲しむ者と「相関的」であるから、主観的なものである。神にとっての善は人間にとって善であるとは限らない。神は人間に対し主観的にその意志を遂行する。したがって、神と人間との間には善悪についての共通性は存在しないということになる。これこそ、神と人間との間に共通の倫理的空間は存在しないというホッブズの意識の現れである。さらにここから、すべての人間を司る神との間に善悪についての共通する基準が存在しないのだから、人間と人間とを結ぶ善悪についての共通する基準も存在しないということが出てくる。こうして、神と人間および人間と人間とを結ぶ善悪についての共通基準＝自然法が存在しない自然状態が立ち現れてくるのである。自然状態（国家が存在しない状態）においては、国法がないのだから、人間における自己と他者との関係は、法的な問題ではなく、道徳的な問題となる。それゆえ、人間各人の行動の基準は、神の前で正しくあることができるか、ということになろう。しかし、神と人間との間には、善悪の共通性が存在しない。神の善は人間にとって善であるどころか、むしろ悪であることもありえる。神の前で正しくあろうとすることは自らの破滅（悪）をまねくかもしれず、自らは善と思った行動が、神によって悪と受け取られるかもしれない。したがって、人間は神の前で自らを義務づける神と共有する基準すなわち自然法をもちえないということになる。神の前で正しくあるための基準が成立していないのであるから、人間同士の間にも普遍的な道徳的基準は生じえず、自然状態は戦争状態となりうる。つまり、神と人間とにおける善悪の主観性というホッブズの意識は、『リヴァイアサン』の人間論と国家論の論理的な出発点をなしているのである。

『リヴァイアサン』において自然状態は次のように描かれている。すなわち、国家が設立される以前の人間は、自然によって身体と心において平等につくられたことから、目的獲得の希望を平等にもち、[16]それゆえ、獲得途上で各人は敵対し、人間の本性――競争心、不信、名誉欲――から「万人の万人に対する戦争」にいたる。[17]自然によって戦争状態に陥ってしまう人間の本性は本来的に悪なのであろうか。ホッブズはそれを否定する。人間本性は悪ではなく、また善でもない。なぜなら、自然状態には、人間の本性（自然）を裁定する、善悪についての共通の基準すなわち自然法がないからである。「人間の欲望やその他の情念は、それ自体としては罪ではない。それらの情念から生じる諸々の行為も、それらを禁止する法を彼らが知るまでは同様に罪ではない。法がつくられるまでは、人々は法を知ることができないし、人々が法をつくる人格（Person）に同意するまでは、いかなる法もつくられえないのである」。[18]罪とは、「法の侵犯」ないし「法を侵犯しようと意図あるいは決意すること」[19]である。そして、「共通の権力がないところに法はなく、法がないところに不正はない」[20]から、法がなければ、罪も「正と不正の観念」も存在しないのである。正や不正は、感覚や情念のように「身体や心の能力ではない」。それらは、「孤独（自然状態）のなかにある人々にではなく、社会のなかにある人々に関係する資質である」[21]。

このように、ホッブズにおいては、正や不正は、国家（人民各人の人格を担う主権者）の設立と国法の制定をもってはじめて人々に知られるものであり、自由意志論的発想に見られるように、人間に内在的な能力ではない。社会のなかにおいてのみ、罪＝悪は発生するのであって、自然状態においては、たとえ人を殺そうとも（すなわち、戦争も）不正ではないのである。このことは、自然状態とは、神と人間、人間と人間との関係において、道徳的・倫理的に白紙の状態であるということを示している。言い換えれば、自然状態においては、神は人間を自然法によって内面的に義務づけていない、ということである。この意味で、ダントレーヴがいみじくも言うように、「彼（ホッブズ」の倫理論は絶対的価値の観念を排斥(22)している。ホッブズは、神義論問題に対する内的な格闘を通して、神の意志の所産として世界の不条理が厳然として存在するという事実を受けとめた。そこから、神にとっての善は人間にとっての善とは限らないという意識が生まれ、それによって、自然法なき自然状態という政治学の原理が導き出されることとなった。このように、自由意志論争において見られる彼の宗教意識は、哲学（人間学および政治学）の体系的な形成に対し、内在的に影響を与えていたと言えるのである。(23)

（2）自然法と自然権

ホッブズの神義論問題に対する立場の結果として、自然状態において自然法は存在しないとされた。つまり、いわゆる自然法なるものは法的性格をもたず、平和に向かう人間の「性質（qualities）(24)」にすぎないのである。自然法が人々にとって法となって現れるのは、自然状態を脱却するときである。それについて、ホッブズの意志論に基づき『リヴァイアサン』の叙述に即して見ていこう。自然状態において、なんら法的な制約におかれることがない各人は、道徳的・倫理的に白紙の状態であり、自らの主観的な善、とりわけ「自己保存(25)」を、自分にとって都合の良い方法で自由に追求する。だれもが「先手(26)」をとろうとし、やがて「万人の万人に対する戦争状態」に陥り、各人の「自己保存」が危機に追いやられる。しかし自然状態から脱却する可能性はある。それは人間の情念と理性とに存する。(27)

その結果として、次のような理性の戒律あるいは一般法則が出てくる。すなわち、「各人は、平和を獲得する希望があるかぎり、平和に向かって努力すべきであり、他方、平和を獲得できないときには、戦争によるあらゆる援助と利益を求め、かつ用いてもよい（*That every man, ought to endeavour Peace, as farre as he has hope of obtaining it ; and when he cannot obtain it, that he may seek, and use, all helps, and advantages of Warre*）」。この法則の最初の部分は、第一の基本的な自然法であり、「平和を求め、それに従え」というものである。第二の部分は、自然権の要約であって、「あらゆる手段によって、自分自身を守ることができる」というものである[28]。

このホッブズの定義に厳密に即してみるならば、自然法も自然権も自己保存を貫くための「理性の指示（dictates of Reason）」[29]の二つの部分であって、一方が他方に対し論理的に先行しているわけではない。しかし、序論でも触れたように、ホッブズ研究において、自然権が自然法に論理的に先行する、あるいはその逆であるというような解釈の対立が存在している。すなわち、一方は、ホッブズの政治哲学の論理的な基礎を、個人の自己保存のための自然権にあると捉え、もう一方は、契約とその遵守に義務的性格を与える自然法にあると把握する。

このような論点に対し、我々はホッブズの意志論という観点からアプローチしてみよう。なぜなら、ホッブズの意志論は、時代に規定された課題を克服するために構成された彼の政治学の基礎だからであり、研究史上の課題である歴史研究の必要にも符合すると思われるからである。先に述べたように、一七世紀イングランドにおいて、自由意志論争は深刻な政治問題となっており、ホッブズの意志論は、この問題に原理的に対決した成果とも言えるのである。さらに、このアプローチは、自然権の優位対自然法の優位という争点の前提自体を問い直し、この論争を止揚しうる観点をもたらすであろう。ホッブズの意志論に即して自然権と自然法の定義をよく見てみると、自然権優位の解釈も自然法優位の解釈も妥当ではないことがわかる。なぜなら、理性の指示は、「平和を獲得する希望」があるか否かに応じて、自然法にもなり、自然権にもなるからである。自然法と自然権は、ホッブズの宗教意識に深く関る意志論によって、人間の情念・意志作用という人間学と綿密に結びつけられて構成されているのである。

ⓐ 自然法

まず、理性の指示が自然法になる場合を検討しよう。自然法の定義＝「平和を獲得する希望があるかぎり、平和に向かって努力すべきであり」をホッブズの意志論から分析すると、その論理構造はこうである。「熟慮において欲求と嫌悪とは、我々が熟慮する行為の帰結や結果についての善悪を予見すること（foresight）によって引き起こされる」[30]。したがって、各人は、行為の結果の善悪を想像ないし予見することによって、心のなかに「恐怖」あるいは「希望」を生み出し、そのどちらかが自己の「意志」となる。「欲求」と「嫌悪」、「希望」と「恐怖」は心のなかで生起する交互的な運動であり、ある事柄に関する心のなかの運動の一つの終点が「意志」である。「平和を獲得する希望」のこの「希望」とは、「獲得できる意見をともなった欲求」であり、善とは「欲求あるいは欲望の対象」であるから、「平和を獲得する希望」をもつということは、行為の帰結を善だと思い、「希望」が「最後の欲求」となって、「希望」という「意志」をもつということである。したがって、「平和を獲得する希望があるかぎり、平和に向かって努力すべきであり」という理性の指示は、自己の善悪についての予見から、心のなかに生まれる「希望」＝「意志」と結びつくときに、その人間にとって自然法となるのである。理性の指示は、自然状態のなかにいる人間が、自らの善（自己保存）を追求する行為の結果を予想し、「平和を獲得する希望」をもった場合にのみ、平和への努力という義務を課すのである。換言すれば、理性の指示は、自然が自然状態にいる人間にとって「希望」という「欲求」になる、つまり平和を求めることが自己の「意志」となる場合にのみ、その人間にとって自然法となるのである。「平和を求めそれに従え」という命令法の指示は、それとして法的性格を備えるようになるのである。理性の指示は、人間の「意志」によってはじめて、自然法となるのである。だからこそ、ホッブズは自然法を「同意そのもの」だと言うのである。「自然法とは、すべての人間が自分たちの保存の仕方について与える同意そのものである」[31]。

このように、理性の指示が自然法となるのは、戦争状態にいるよりも平和を求めるほうが、自己保存にとって合理的であるという、指示内容の功利性ないし合理性にあるのでない。そうではなく、「意志」と法との対立がないというのがホッブズにおける特徴なのである。それゆえ、これまでのホッブズ研究において、自然法の義務の根拠を功利性に見る解釈（ジェレミー・ベンサムを代表とする功利主義者たちやジョン・デュウイなど一九世紀から二〇世紀初頭の論者に多い）[32]や、合理性にあるとする解釈（ネーゲル、ワトキンス、ゴーティエなど）[33]は、人間の内面を義務づける論理の基礎として意志論の役割を見抜けていなかったと言える。『リヴァイアサン』において、義務の根拠は、自らの「意志」という点にあり、かつ、この「意志」は、究極的には神と結びついている。というのは、ホッブズにおける「意志」は、「必然的」な「意志」であり、あらゆる運動の第一起動者であるとともに、その力を正義としてみなすほかはない、「抵抗しえない力」をもつ全能者である神によって必然化されたものだからである。その意味で、『リヴァイアサン』は神の存在を前提としており、無神論ではない。自然法の義務の根拠は、自らの「意志」であるということ、それは「全能なる神」によって「決定された意志」であるということ、つまり、「意志」において自己と神とが接続するかぎりにおいて、義務は成立するのである。したがって、自然法の成立には、ホッブズの宗教意識が、理論上、重要な役割を果たしているのである。

以上のような理性の指示を、人々は法と呼ぶのが常であるが、適切ではない。なぜなら、これらの指示は、何が彼ら自身の保存と防衛とに役立つかについての結論または定理であり、これに対して、法は、本来は、権利に基づいて他人を支配する者の言葉だからである。けれども、もし我々が同じ定理を権利に基づいてあらゆるものごとを支配する神の言葉として考えるならば、それならば、それらは法と呼ばれるにふさわしい[34]。

理性の指示自体は、自己保存のための定理ないし合理的な一般法則にすぎない。それが「神の言葉」とみなされ、法となるのは、自己の「希望」＝「意志」となる場合だけである。ここに、神の善と人間の善とが一致するとは限らないという、ホッブズにおける神と人間との断絶的距離という宗教意識が現れている。彼において、神と人間とを接続するものこそが自分自身の「意志」にほかならないのである。自由意志論の立場からすれば、善なる神は、人間の善（自己保存）を配慮しており、人間がその善を実現できるように善悪を知る埋件と良心を与えている。だから、理性の指示それ自体が、「神の言葉」であり、自然法である。これに対して、ホッブズの場合、理性の指示は、人間の善（自己保存）のための合理的な指示ではあるが、それ自体が「神の言葉」であるわけではない。理性の指示を「神の言葉」と思うことができるためには、それが自己の善になるという「希望」に支えられなければならない。理性の指示が「希望」と結びついて自分の「意志」となるとき、初めて人間はそれを「神の言葉」すなわち「神の命令」としてみなすことができるのであり、ここにおいてのみ、神の善と人間の善とが接続するのである。つまり、自分の「意志」において、神とのつながりを感じることができたときである。

こうして、神の善と人間の善とが結びつくやいなや、理性の指示は、神を発信源とする義務の根拠を得る。自己保存と平和の追求という理性の指示が、自己の「意志」となって、自然法となるのである。自然法の義務の成立が神の「意志」と結びついた自分の「意志」であることによって、自分の「意志」による信約行為を無効にすることは許されないということになり、自分の「意志」が自分の内面を義務づけることになるのである。ホッブズの義務の定義を見てみよう。「人は自分自身の自発的な行為を無効にしてはならない。それが彼の**義務**である[35]」。「自発的な行為」とは、熟慮に基づいて、言い換えれば選択に基づいて、「最後の欲求あるいは嫌悪」＝「意志」から出てくるものであるから、自分の「意志」による行為である。それゆえ、ホッブズの用語法に従えば、義務とは、自分の「意志」による行為を無効にしてはならない、ということである。これに対して、自由意志論的な発想においては、義務は他者を経由しうる。なぜなら、人間は誰であれ、善なる神に創られた聖なる被造物として、善性ないし神聖なる価値を帯びた存在と考えられるからである。善なる神に由来する人間の尊厳は、肩書きや身分といったものとは関係なく、自己と他者とに等しく内在する。したがって、信約の相手としての他者は誰であれ、侵すことのできない尊厳をもつものとして、自己の内面を拘束する根拠となるのである。しかしながら、ホッブズの理論においては、自己を拘束するのは、他者ではなく、神と結びついた自分の「意志」である。この神に従わなければならないのは、神が「抵抗しえない力」をもつ全能者だからであって、神の力を正義とみなすしかないからである。ホッブズの場合、神と人間とは善悪について断絶しており、神の創造から人間の善性を導き出すことはない。人間の側に「希望」＝「意志」が生まれ、その「意志」が理性の指示「平和を求めそれに従え」と結びついたとき、それは自己の「意志」となり、平和を求める行為へと「意志する」＝自発的な行為となるのである。その「意志」は、究極的には神によって決定されているので、自分の「意志」に従うことが神の「意志」に従うことになる。つまり、ホッブズにおいて、自然法の義務は、神を根拠とし、人間の「自発性」に支えられているのである。それゆえ、ホッブズの人間学＝意志論は、オーバーホッフが言うような「唯物論的決定論」ではない。人間が自然法に従う義務は、自己保存という合理的な自己利益から導出されるのではなく、神の「意志」と人間の「意志」との一致という倫理的・道徳的空間の誕生から引き出されるのである。

ⓑ 自然権

さて、次に理性の指示が自然権になる場合を見てみよう。「**自然権**とは……各人が自分自身の自然、つまり、自分の生命を維持するために自らが意志する通りに自己の力を用いるためにもっている自由である。したがって、自己の判断と理性において、彼が生命の維持に最も適した手段と考えるどんなことでも行う自由のことである」[36]。各人は、自分の生（Life）を維持するためには、自分にとって有効だと思われるあらゆる手段をとることができる。それゆえ、自然権は他者の身体への権利をも含み、各人の自然権の行使によって、人間の自然の状態は戦争状態となる。「この状態においては、各人は彼自身の理性によって統治される。すなわち、各人は自分の敵に対して自分の生命を維持するために、自分にとって役に立つもの一切を利用することができる。したがって、この状態では、各人は、すべてのものに対して、相互の身体に対してすら、権利をもっている[37]」。この自然権は、自然法とともに、自己保存を貫くための理性の指示あるいは戒律の部分を構成している。「『平和を獲得できないときには、戦争によるあらゆる援助と利益を求め、かつ用いてもよい』。……第二の部分は、自然権の要約であって、『あらゆる手段によって、自分自身を守ることができる』というものである[38]」。

自然状態において、人間が「平和を獲得する希望」をもてない場合は、彼のすべての行為は戦争行為を含めて、自然権として許される。これがもう一つの理性の指示である。「平和を獲得できないとき」が意味するのは、自然状態において、ある人が行為の帰結を予見したとき、心のなかに「恐怖」すなわち「対象から害されるという意見をともなった嫌悪」が生じ、「恐怖」が「最後の嫌悪」となって、「恐怖」という「意志」をもったということである。つまり、自然状態において、人間は、「先手」によって、すなわち、「侵略によって自己の力を増大しなければ[39]」他者の犠牲になるという「恐怖」をもち、戦争状態に陥る。そして、戦争状態にある人間が、戦争を続けるか平和を求めるかについて思考したとき、自分のみが平和を追求するならば、自分は他者の餌食となってしまうだろうと予測し、「恐怖」をもつ。行為の帰結を悪（憎悪ないし嫌悪の対象）と予見し、「恐怖」が「意志」となるのである。したがって、理性の指示は、「恐怖」という「意志」と結びつくときに、その人間にとって自然権となるのである。

ところで、戦争行為となって現れるこの「恐怖」＝「意志」は、神によって必然化されたものである。だから、「戦争によるあらゆる援助と利益を求め、かつ用いてもよい」という許可を示す指示は、人間の行為の「自由」に対し、究極的には神によって自然において外的障害をおかれていないことを意味しているのである。自然状態において、神と人間とは断絶しており、神は自然法によって人間の内面を義務づけておらず、両者は法的関係ではない。

人間が自己保存のために殺人を犯しても、神は罪とはみなさない。こうした自然権の観念は、人間の善性や尊厳を前提とする、自由意志論的なヒューマニズムからは決して生まれてこない。ホッブズにおいて、神は、神が命じた法を守らないということから人間を罰するのではなく、一方的に禍福をもたらすのであって、それは神の「抵抗しえない力」によって「正義」とみなされるほかはない。だが他方で、この断絶ゆえに、人間の情念（内面）から生まれるあらゆる行為に対し、神が黙過していることにおいては、人間は「自由」であるということになる。すなわち、神が自然によって外的障害物＝規制をおいていないならば、人間は自然によって「自由」ということになるのである。自然状態において、人間は、自分では「自由」にできない必然的な「意志」から現れる行為の領域において、「自然（それによって神が世界を創り、統治している技術[40]）」によって、つまり神から与えられたものとして、「自由」を権利としてもつのである。

以上のように、理性の指示が自然法となるか自然権となるかは、人間の行為の帰結についての予見と、それから生じる「希望」あるいは「恐怖」という情念に依存している。ホッブズは、この「希望」から義務を、「恐怖」から権利を導き出しているのである。ホッブズにおける義務と権利とは、神の「意志」と人間の「意志」との接続の有無に依拠し、義務は、接続する場合（理性の指示が「希望」＝「意志」となって、自分に対する自然法＝神の意志となる場合）として、権利は、断絶する場合（理性の指示が「恐怖」＝「意志」となって、あらゆる自由＝自然権を行使する場合）として描かれる。このような神と人間および人間と人間とにおける倫理的・道徳的空間の成立過程は、ホッブズの宗教意識と人間の意志作用の分析とが結合した独自の人間学の論理的な帰結なのである。

（3）信約と国家

これまで見てきたように、自然状態において自然法は存在しない。これがホッブズの国家論の理論的前提である。

自然法がない自然状態は、神と人間、人間と人間との間に善悪の共通性が存在しない。そこにおいて人間は主観的な善悪によってのみ動いており、必然的に戦争状態に行きつく。各人はこの戦争状態を抜け出すために、信約によって国家を形成する。いわゆる社会契約論である。それは、各人が相互の信約に基づいて国家をつくるというものであり、言い換えれば、各人が自らの意志に基づいて自発的に国家の樹立に同意することである。したがって、ホッブズの国家は、各個人の意志をその正当性根拠とする国家である。「エンゲイジメント」論争のなかで現れた「事実上の理論」とホッブズの理論との決定的な相違は、この同意にあった。しかしながら、ホッブズにおける自らの意志に基づく同意ないし信約は、独自の意味をもっており、我々が通常理解している自由意志論的な意味とはまったく異なるものである。というのは、信約という用語は、「必然的な」意志というホッブズの意志論に基づいているからである。

ホッブズにおける自発的な行為とは、「熟慮に基づく行為」であり、すなわち、欲求、嫌悪、希望、恐怖の交互的な生起を経た行為にほかならない。それゆえ、どんなに衝動的な行為であっても、それが行為の帰結の善悪についての予見によって、希望あるいは恐怖という欲求もしくは嫌悪が引き起こされる過程をもつかぎり、熟慮に基づく行為であり、自発的な行為と解されるのである。「たとえどんなに突然であっても、熟慮していないと言われうるような人間の行為はない。なぜなら、彼は、そのような行為をすべきかどうか、彼の人生のそれより前のすべての時間において、熟慮する時間をもっていたと想定されるからである」[41]。だから、ホッブズにおいて自発的ではない行為とは、物理的に不可避になされた行為を指すにすぎない。非自発的な行為とは、「自然の必然によって、たとえば、押されたり、落下したりして、他者に善や害をなすような行為である」[42]。したがって、自分の命を救うために船から自分の積み荷を投げ捨てたとしても、それは自発的な行為となる。「恐怖と自由は両立する。たとえば、人が、船が沈むという恐怖から、彼の財貨を海に投げ捨てたとしても、彼はそれをまさに意志的に行うのであり、彼が意志すれば、そうすることを拒否することもできるのである。それゆえ、それは自由な人の行為である」[43]。自己保存のためにはほかに方法がないといった状況においても、希望と恐怖の交互的な生起という熟慮の過程を経ているかぎり、行為は自発的なものであり、行為者の意志に基づいてなされた自由な行為とされる。恐怖によってなされた行為——我々は普通、それを選択の余地のない、強制による行為とみなすが——であっても、人は行為すべきか否かの「自由」を有していたのであり、ホッブズにおいて、それは自発的な行為であり、意志に基づく行為なのである。そうであるからこそ、ホッブズは「恐怖によって強要された信約は有効である」[44]と主張するのである。暴力や死に対する恐怖から信約を結ぶという場合、「結んだ信約を遵守する」[45]という理性の指示は、それが熟慮における「最後の欲求あるいは嫌悪」すなわち意志になるとき、その人自身にとって自然法となるのである。

恐怖からつくられた信約は有効であり義務的であるというホッブズの主張は、一見我々には奇異なように映るが、ホッブズ研究者D・D・ラファエルは、このホッブズの信約の特質を、いみじくもつかみとっている。彼によれば、このようなホッブズの見解の正当性は、戦争を終結するための国家間の講和条約によって例証されると言う[46]。敗戦国は、戦勝国から提示された講和の条件を非常に不本意と思いつつも、戦争が続いた場合の悲惨な結果に対する恐怖から講和条約（すなわち信約）を締結する。これは自由意志論的発想からすれば強迫による契約であるから無効であろうが、このような条約は国際社会において有効とされる。そうでなければ戦争はいつまでたっても終わらないであろう。こうしたホッブズの信約の特質は現代において意味をもつだけでなく、むろん一七世紀のヨーロッパにおいても意味をもっていた。とりわけ、イングランドにおいて議会派は内戦の戦勝者として支配の正当性を主張し、人民に革命政府への「エンゲイジメント」を求めていた。ホッブズの信約概念は、このような時代背景のなかで生み出されたものであり、ホッブズは特定の党派に与することなく、支配者の支配の正当性を理論化しようとしたのである。その理論的類型化が『リヴァイアサン』第二部における「設立による国家共同体」と「獲得による国家共同体」である。なかでも「獲得による国家共同体」は、これまでホッブズ研究において、ホッブズの社会契約論における前近代的な遺物として解され、過小評価されてきた。しかし、ホッブズの信約がもつ独自な意味を受けとめることができるならば、「獲得による国家共同体」は彼の理論のなかで、「設立による国家共同体」と同等の位置を占めていることを理解することができるのである。この点については次章において考察する。

さて、ホッブズにおいて、意志は人間にとって「必然的」なものであって、人間の「自由」は行為においてのみ存在する。ホッブズは、人間の「自由」を内面的過程から切り離し、外面的な行為の領域に限定する。内面的思考は必然性に従う領域、すなわち、神の命令と予知に服従する領域とされるが、他方で、「自由」が与えられている外面的行為の領域は、国家権力が介入することができる政治的領域であるとされる。したがって、ホッブズの国家は、人間の内面に介入することのできない外面的な国家である。「信仰や内面の思考は命令に服従するものではなく、神の通常のまたは特別な働きかけにのみ服従するのである[47]」。それゆえ、国家が人間に対してできるのは、行為における「自由」の制限である。ホッブズにおいて「自由」とは、「外的障害の欠如[48]」であるから、国家による「自由」の規制とは、意志そのものに対してではなく、意志が行為となって現れる際に、水の流れをコントロールする水路のように、外的な障害物をおくことにすぎない。

これに対して、自由意志論的な立場からは、国家による人間の内面変革という考え方が現れてくる。たとえばルソーの社会契約論の場合、善なる神の被造物である人間は本来的には善であったが、社会制度によって悪くされたので、理想的な国家につくりかえることによって、歪められた人間本性を本来の姿に回復することができると考える。つまり、国家による政治的な市民の育成という教育論をともなう国家論となる[49]。この立場は、人間本性の本来の善性に対する信頼に基づいて、国家によって人間を倫理的に完成させることができると考えるが、それと同時に、その信頼ゆえに人間の良心を神聖化し、国家権力による良心への暴力的な介入を断固として拒絶する態度を表明する。ここから、国家権力に対する良心に基づく抵抗が生まれうる。

ホッブズは、自由意志論的な良心に、革命の起動力となる心情を見出し、このような良心概念を「私的意見」[50]に減じて、良心に基づく国家権力への抵抗を原理的に封じ込めようとするのである。臣民各人の良心は私的で個別的であって、国家ないしその代表者たる主権者を裁くことはできない。翻って、「公的良心」の担い手である国家の側も臣民の内面には介入できない。なぜなら、人間の内面を神聖なものとみなしているからというよりは、むしろ、神による必然が支配する領域を人間の製作物である国家が変えることなどできないからである。したがって、ホッブズ的な意味での「政治的な市民の育成」とは、内面変革ではなく、国家が恐怖という「外的障害」をおいて、国家への服従および法遵守へと臣民の行為を継続的に導くことである。「意志は強制されえない。しかし人間は強制されえる。また、彼の意志が、強制力（force）や刑罰（punishment）や、神もしくは人間からもたらされるそのほかの害悪についての恐怖によって変化させられるとき、その場合、彼は強制される。彼の意志が変化するとき、新しい意志が（神によろうと人間によろうと）形成され、しかもそれは必然的に形成されるのである」[51]。国家は「強制力」を用いて、人間の心に恐怖を抱かせ、「新しい意志」が形成されるように仕向けるのである。これを敷衍してみよう。国家がある人に対しある行為をするよう命令した。彼にとって命令に従うことは自己の利益に背くことであった。しかし、それをしない場合、刑罰に処せられるという法が新たに制定された。彼は命令に従わなかった場合の行為の結果について想像し、希望と恐怖が交互的に生起し、行為を行わない場合の刑罰に対する恐怖が最後の嫌悪となって、「新しい意志」が引き起こされ、結果として国家の命令に服従する行為をなすことになった。国家は、「刑罰」という悪を制定することによって、「人間の意志を法の遵守の方向に形成する」[52]のである。だから、国家による意志の形成とは、意志が行為となって現れる際に、ある一定の方向に向くように障害物をおくことなのである。

ホッブズの外面的国家は、「信仰や内面の思考」には一切介入せず、ただ行為のみを規制するものである。このような国家においては、外面的な行為において法を遵守するならば、思想の「自由」が保たれうる。つまり、互いに対立し争っていたカトリック、アングリカン、ピューリタンその他様々なセクトを、その固有の内面的信仰には手を触れないままで、一つの国家のなかに包摂することが可能となるのである。(53) ホッブズは、あらゆる党派的な対立を超えて、すべての人民を一つの国家に統合しようとするのである。

以上のように、ホッブズにおける同意ないし信約という概念は、「必然的」な意志というホッブズの意志論によって論理的に導かれた独自な意味をもっている。自然状態にいる人間は、理性の指示が自分の意志となって自然法として現れ、「神の言葉」とみなすことができるとき、国家を樹立するということに同意する。国家を樹立するということは、具体的には「法をつくる人格に同意する」ということである。ホッブズは、人格の担い手として、神と人間とを挙げ、(54) まず『リヴァイアサン』第二部において、人間への同意すなわち国家の成立について叙述し、第三部において、神への同意すなわち神を王とする（預言的な）「神の王国」の誕生と消滅および復活とについて描いている。つまり、『リヴァイアサン』の政治学（国家論）は、自由意志論的発想とはまったく異なる性格をもつホッブズの意志論――ホッブズの宗教意識と人間の意志作用の考察との結合によって生み出された人間学――によって導出された同意（信約）概念を論理的出発点として構成されているのである。ホッブズの政治学はこの点を十分ふまえて分析される必要がある。

第2章　社会契約論とキリスト教の政治学

1　ホッブズとフッカー

（1）フッカーとホッブズ——社会契約論の一系譜として

社会契約論を代表する三人の近代の思想家、ホッブズ、ロック、ルソー。そのなかでホッブズは、社会契約論を最初に定式化した人物と一般に言われている。近代政治思想史の起点はイタリアのマキアヴェリにおかれるが、マキアヴェリには社会契約論的思想はなく、突然ホッブズにおいて体系的な社会契約理論が現れる。では、この空白を埋める存在はいないのか。ホッブズは社会契約を国家の構成原理とする発想を、いったいどこから得たのであろうか。グロティウスの自然法理論などがその先駆としてしばしば語られるが[1]、一六世紀において「国家の歴史的、法的根拠としての社会契約という理念を発展させた最初の英国人」としてリチャード・フッカー（一五五四―一六〇〇）が存在する[2]。フッカーは、エリザベス女王の国家・教会体制を理論的に大成したイングランド国教会の聖職者かつ神学者で、一五九三年に『教会政治理法論』を出版している（『教会政治理法論』全八巻のうち、第一巻から第四巻までが一五九三年に、第五巻が一五九七年に刊行されたが、後の第六巻から第八巻までは生前には出版されず、第六巻と第八巻が一六四八年に、第七巻は一六六二年になってようやく公刊された[3]）。彼はこの著書のなかで、イングランドの王権の歴史的存続という事実そのもののうちに、被支配者側の同意（契約）を読みとる「同意」理論を展開している。このフッカーの「同意」理論は、これまでロックによって継承されたと考えられてきた。[4] しかし、ホッブズとフッカーの思想には非常に多くの共通点が認められ、フッカーの「同意」理論の継承は、ロックだけでなく、すでにホッブズの社会契約論においても現れているように思われる。

一六〇〇年にフッカーが亡くなった後、『教会政治理法論』の未刊行部分（第六〜八巻）の原稿は、一六二〇年代頃から一六四〇年までランベス宮の図書館に保管されており、国王の側近であるキャヴェンディッシュ家に属したホッブズにとって、原稿へのアクセスは十分可能であった。[5] 第Ⅰ部で述べたように、ホッブズが参加したグレイト・テュウ・サークルで最もよく議論されたのは宗教についてであった。このサークルはアングリカンを多数含んでおり、宗教・教会問題を論じる際に、アングリカニズムの教祖たるフッカーの思想が取り上げられたであろうということは想像に難くない。したがって、サークルの話題についていくには『教会政治理法論』を読んでいることが前提であったであろうし、ホッブズが宗教・教会問題を考察する際に、このサークルでの議論を大いに参考にしたであろうということも推測できる。この点については、ポール・J・ジョンソンも同様の見解を示している。ジョンソンは、ホッブズは同じグレイト・テュウ・サークルのメンバーでアングリカンであるウィリアム・チリングワースやジョン・ヘイルズの影響を受け、彼らを通じてフッカーに由来するアングリカンの思想を受容したと解釈している。[6] また、さらに加えるならば、ホッブズの父親がアングリカンの牧師であったことも、彼がフッカーに強く関心を抱きうる理由の一つとなるであろう。

そこで筆者は、こうした間接的な意味ではあれ、ホッブズはフッカーのアングリカニズムの思想から示唆を受けており、その理論の共通性から、彼らは同一の思想類型として位置づけられるということを仮説として提起したい。先行研究において、ホッブズとフッカーとの思想的共通性に着目する論者に、スティーブン・ステイトとマーティニッチがいる。管見のかぎりそうした視点をもつホッブズ研究者は彼らを除いてほとんどいない[7]。また、日本ではフッカー研究そのものがきわめて少なく、取り上げられたとしても、神学者としてもしくはトマス・アクィナスの自然法理論の改鋳者として紹介される場合がほとんどである[8]。こうした研究状況のなかで、ホッブズとフッカーの思想を比較分析することは、フッカーの政治思想史における意義を提起するとともに、ホッブズの思想的源泉が明らかになることによって、彼の思想的特徴の新しい側面を照射することになるのではないかと考える。

ステイトは、ホッブズとフッカーとを比較することによって『リヴァイアサン』の構造が明らかになると主張し、次にように説明する[9]。フッカーは古代イスラエルがもつ国家と教会との統一性という形式からイングランドのアングリカニズムを類推し、イングランドにおいても政治的主権者が教会統治権をもち、宗教問題は主権者の決定に従属するということの正当性を導き出している。ホッブズは、こうした主張とともに、ピューリタンの「聖書主義《ビブリシズム》」――聖書のみを唯一絶対とし、国教会秩序へ抵抗する立場――との対決というフッカーのスタンスについても継承し、さらに踏み込んで、聖書解釈に対して論理的に一貫した諸原理を提供することによって、ピューリタンの政治権力への叛逆の口実を封じ込めようとした[10]。この合理的諸原理が述べられた部分が、『リヴァイアサン』の前半部分の第一部と第二部であり、後半第三部と第四部とにおける宗教論はまさに聖書解釈そのものであって、前半部分はこの聖書解釈のための「入門書」に当たる。ステイトの視点からすると、『『リヴァイアサン』は、全体で一つの統一されたものを構成するような構造のもの[11]」ということになる。同様に、マーティニッチも、ローマ・カトリック教会やピューリタンに対抗して、イングランド国教会を防衛するという点において、ホッブズとフッカーに共通性があると指摘している[12]。

ホッブズとフッカーとは、同じイングランド人であり、時代的にはほぼ半世紀ほどの開きしかなく、見方によってはとても近いところに位置するようにも見える。にもかかわらず、アングリカン神学者フッカーと、近代政治思想家ホッブズとの思想的関係は非常に遠いものとされ、両者の関連はほとんど研究者の視角に入ってくることはなかった。そうした意味において、彼らの共通性を見抜いたステイトとマーティニッチの解釈は稀有であり、きわめて画期的なものと言えるであろう。筆者も彼らの解釈に基本的に同意する。しかしステイトやマーティニッチにおいては、ホッブズとフッカーとの思想的共通性が指摘されるにとどまり、ホッブズの社会契約論とフッカーの「同意」理論の比較分析は行われていない。そこで本章では、ステイトとマーティニッチの問題提起を受けとめ、ホッブズとフッカーの思想的共有部分を本格的に分析して彼らの近代政治思想史上の配置を見直し、そのうえで、ホッブズの社会契約論の新しい解釈を提示することを試みたい。フッカーとの比較分析は、ステイトが指摘するように『リヴァイアサン』の構造を明らかにすると同時に、『リヴァイアサン』のなかに出てくる様々なキーターム（たとえば、同意、自然法、主権者、異端、破門、主権的預言者、本質的信仰箇条など）の理解を助けるものにもなるであろう。

とはいえ、ここには重要な限定を付さねばならない。というのは、ホッブズ自身がフッカーの思想を継承していると明示的に記しているわけではないからである。それゆえ、ここでさしあたりできるのは、テクストの比較対照によって、両者の思想がもつ理論的性格と実践的な課題の類似性・共通性を浮かび上がらせ、同一の思想類型とみなしうることをまずは指摘するということである。したがって、彼らの思想的影響関係については、今後多くの資料を渉猟し、より詳しい伝記的な考証によって補っていく必要がある。ここで論じられることはあくまで試論であって、限定的なものである。

ホッブズとフッカーとの共通性は、具体的には次の五つの点において見られる。第一に、国家設立の原理を人々の「同意」にあるとする点。第二に、人民の「同意」に基づく世襲王政の是認という論理。第三に、統治者の主権をモーセの主権から類推する点。第四に、カトリックとピューリタンへの対抗およびそれらの包摂という課題。最後に、国家と教会とを同一社会の二つの側面と理解するアングリカニズムの論理、である。以下において、これら五つの共通点について考察し、ホッブズにおける社会契約論の構想の原点がフッカー的な「同意」理論にあり、広い意味でホッブズがフッカーに対し思想類型として継承関係にあるということを仮説的に提示していきたいと思う。

ⓐ 共通点1——国家設立の原理としての「同意」

フッカーは、すべての人間の自己の利益に対する愛情が相互に衝突することによって、争いをもたらすと考える。これを解決するために、人々は共通の判定者によって秩序づけられることに同意する。人々は「同意（consent）」によって、判定する権力をもつ者すなわち国家を打ち立てるのである。[13] 国家の統治権とは、統治するための法を制定する権力と言い換えることができる。この「人々からなる政治社会全体に命令する法を制定する合法的権力は、本来、社会全体に属するもの[14]」であって、これを「同意」によって、人々は一人の人格に譲渡（conveyance）するのである。[15] フッカーは次のように述べる。「自然は、政治社会において法を制定する権力が存在すべきであると命令してきたけれども、しかし、人民（それは社会である）の同意が、そうした権力の至上権が存する主体として、君主の人格を設立したのである[16]」。つまり、人民（社会）は、社会の秩序と平和のために、本来は社会全体に帰属する立法権を君主に譲渡し、君主が定める法に従うことに「同意」するのである。「いかなる者も、人々の同意によるか、あるいは神の直接的な任命によるほかには、完全な合法的権力をもつことはありえない[17]」。国家の主権は、（超自然的である神の直接的任命を除いて）人民の「同意」によってはじめて成立する。これがフッカーの「同意」理論である。

これに対して、ホッブズの社会契約論を見てみよう。ホッブズにおける国家の生成過程は、『リヴァイアサン』第二部「国家共同体について」第一七章において述べられている。ここでは第一部「人間について」で描かれた自然状態＝戦争状態を前提とし、そこから抜け出すために、人々は彼らの間の相互侵害や外国からの侵略を防ぎ、彼らの安全を保障する国家を樹立する信約を結ぶとされる。

共通権力を樹立するための唯一の道は、人々のすべての権力と強さを一人の人に与えるか、あるいは多数決によって自分たちのすべての意志を一つの意志にまとめることができる一つの合議体に与えることである。それは言い換えれば、一人の人あるいは一つの合議体を任命して自分たちの人格（Person）を担わせ、そして、そのように各人の人格を担う者が、共通の平和と安全に関する事柄について行為したり行為させたりするあらゆることを、各人は自己のものとし、自らがその本人であることを承認するということである。ここにおいて、各人は自分たちの意志を彼の意志に、自分たちの判断を彼の判断に従わせるのである。これは同意（Consent）や一致（Concord）以上のものであり、同一の人格におけるすべての人々の真の統一である。この統一は、各人が各人に対し次のように言うかのような、各人と各人との信約（Covenant）によってつくられる。『私は、この人あるいはこの合議体を権威づけ、自己を統治する私の権利を譲渡する。それはあなたも同じ仕方であなたの権利を彼に譲渡し、彼のすべての行為を権威づけるという条件においてである』。これが行われると、一つの人格に統一された群衆は**国家共同体**《コモンウェルス》、ラテン語では**キウィタス**と呼ばれる。これがあの偉大な**リヴァイアサン**の生成である(18)。

信約とは、各個人が、自己を統治する権利を、主権者に予定されている者に対し譲渡することに「同意」することである。したがって、フッカーにおいてもホッブズにおいても、国家の成立は、人民の「同意」にその根拠をもっている。そして人民は、主権を担う者の人格において一つの国家として統一される。ホッブズは、国家が存在しなければ、人々の「敵対と衝突には終わりがない(19)」というフッカーの仮説を思想的に採り入れて、国家成立以前の状態としての自然状態＝戦争状態を創出したのではないだろうか。

そしてさらに注目すべきことは、国家権力を「同意」に基礎づけて導き出すこの論理が、フッカーにおいてもホッブズにおいても、「受動的服従」の思想と密接に関連づけられているということである。「受動的服従（Passive Obedience）」とは、聖書におけるパウロのロマ書一三章、第一ペテロ二章に基づいて、すべての権力は神によって与えられているのだから、君主への服従は神に対する義務であり、叛逆は神の法に対する侵犯であるとする、伝統的なキリスト教の思想である。服従が「受動的」とされている理由は、統治者が「敬虔君主」であろうと「暴君」であろうと、服従は義務であって、君主が神の命令に反する命令を下した場合でさえ、キリスト教徒の臣民は力による抵抗を許されないからである。[20] この思想は、とりわけ宗教改革期において、マルティン・ルターやウィリアム・ティンダルを経由してイングランド国教会にもたらされ、いろいろな宗派で様々に主張された。[21] しかし、フッカーは、この「受動的服従」を内面的に位置づける「同意」概念を導入して、王権神授説的な権力の正当化にとどまらない国家論を打ち出しているのである。フッカーによれば、いかなる合法的権力も人民の「同意」によるほかにはありえない。しかし、人民はひとたびある者に権力を与え、統治者の地位につけたならば、「すべての権力とは神の制度であるから、そうした権力への服従は義務である」[22]と主張する。国家権力の樹立は人民の「同意」を基礎とするが、権力という官職自体は神の設定に基づく。つまり、権力への服従義務は自らの「同意」から生じ、そしてそれは神に対する義務となる。こうしてフッカーは、「同意」理論に基礎づけることによって、中世的な「受動的服従」の思想を近代的な思想へと転換するのである。

こうした手法をホッブズも同様にとっているように見える。彼は、合議した人民の選挙によって設立された主権者であれ、征服によって支配権を握った主権者であれ、彼らは人民の「同意」によって成立しているのだから、その主権は等しく絶対的であり、[23] そして、パウロとペテロの教えを引用しながら、そのことは聖書によっても裏付けられていると主張する。[24] 彼は主権が神からのものであることを明言している。「キリスト教徒の国王たちは、彼らの政治権力を神から直接的に授けられている。……すべての合法的権力は神からのものであって、最高統治者においては直接的に与えられているのである」[25]。したがって、確かにホッブズにおいて、主権は神に由来し、神的な権威を有していると言える。しかし、F・C・フッドが主張するように、ホッブズにおいて「主権の真《リアル》の権威は、直接的に神から引き出される」[26]のではなく、むしろ権威の真《リアル》の源泉は、人民の「同意」（信約）にある。これこそが、ホッブズの国家論を王権神授説ではなく、社会契約論と呼ぶゆえんであり、フッカーと同様に「受動的服従」の思想を再生する論理的基盤なのである。主権という官職の神的カリスマによって、服従義務を強化する思想的伝統を継承しつつ、服従理論を人民の「同意」に基礎づける論理は、ホッブズとフッカーに共通する独自性であり近代性であると言えるであろう。

ⓑ 共通点2——人民の「同意」に基づく世襲王政の是認という論理

彼らの共通項として、まず国家設立の原理として「同意」が設定されている点を見たが、さらに両者の国家論に特徴的なことは、世襲王政という統治形態がこの「同意」に基づいて弁証されているところである。まずフッカーの主張を見てみよう。

> 人間は、自然的には、人間の政治的集団全体に命令する十分で完全な権力をもたない。それゆえ我々は、我々の同意なくしては、いかなる人の命令にも従って生活するということがないはずである。しかし、我々の属する社会が、かつてのある時点で、一つの同意を形成し、その後において同様の一般的合意によってそれを取り消していないのであれば、我々は命令されることに対して現実に同意しているのである。なぜなら、ある人の過去の行為が、その人が存続するかぎり、その人のものであるように、ちょうどそれと同じように、五百年前に行われた公的社会の人々の行為も、現在その社会に属している人々の行為として存続しているのであっ

て、それは団体が不滅だからである。我々は、我々の先行者たちにおいて生きていたのであり、彼らも彼らの後継者たちにおいて、なお生きているのである。[27]

フッカーは、五百年の伝統をもつイングランドの世襲王政を、人民の「同意」に基づいて擁護する。しかしこの「同意」とは、過去のある時点で、何かの文書によって明示的に宣言したものだけを指すのではない。それはむしろ、王政が歴史的に持続してきたという事実、つまり、そのなかで臣民が服従してきたという事実のうちに、被支配者側の暗黙の「同意」が存在すると理解するものなのである。[28]

『教会政治理法論』から五八年経った『リヴァイアサン』も同様に「六百年の世襲」王政を弁護している。[29]

国家共同体をすでに設立した人々は、そうすることによって、ある人の行為や判断を自己のものとするよう信約によって義務づけられているのだから、その人の許可なしでは、どんなものごとについてであれ、ほかの誰かに服従するという新しい信約を自分たちの間で合法的に結ぶことはできない。したがって、ある君主に対して臣民である人々は、彼の許可なしに君主政を放棄して、解体された群衆という混乱に戻ることはできないし、彼らの人格を、それを担っている君主からほかの人やほかの合議体に移すこともできないのである。[30]

それゆえホッブズは、イングランドにおいて「六百年の世襲」によって主権を有する国王が、臣民の代表としてみなされなくなることは、不当であると主張する。[31] これは、一六四九年のチャールズ一世の処刑の後、亡命先のオランダで王位を継承したチャールズ二世のことを含意しているのかもしれない。それはともかく、王政がこれまで数百年間も存続してきたという事実は、臣民の側の服従についての「同意」が存在することを表しており、その「同意」は自分たちの「先行者たち」から「後継者たち」まで連綿と続いて臣民を拘束する、と彼は考える。なぜなら、「人民は、自分たちと自分たちの後継者たちのために、同意と誓約によって、国家（nation）の最高権力を、ずっと以前に、彼らの国王たちの手においた」[32]からであって、それゆえ「後継者たち」は統治形態を変更することを許されないのである。このように、ホッブズの世襲王政を擁護する主張は、明らかにフッカーのものと酷似している。

ⓒ 共通点3——統治者の主権をモーセの主権から類推する点

さて、フッカーは、旧約聖書のなかで、神との契約によって成立したとされる古代イスラエル国家からイングランド王国を類推し、君主の主権をモーセの主権と等しいものとして導き出している。そして、それに基づいて、一五五九年の「国王至上法」（「女王陛下のみが、この国と支配下にある領土において、世俗的および宗教・教会的な事柄の双方における唯一最高の統治者である」と定められた法[33]）によって規定された「国王至上権」を正当化しようとするのである。

我々〔イングランド〕の状態は、神自身の選ばれた古代の人民〔ユダヤ人〕の形式に従っている。この人民は、彼らの一部が国家共同体であり、彼らの一部が神の教会であるというのではなく、まさに同一の人民全体が、一人の最高統治者のもとで国家共同体と教会の両者となるのであり、彼らは統治者の主権的権威に依拠するのである[34]。

〔神から授かった十戒以外の〕ほかの法に関しては、人民はモーセの手からそれらを受け取ることに同意を与えている。「あなたはどうぞ近くへ進んで行き、我々の神、主が言われることをみな聞き、我々の神、主があなたに告げることをすべて我々に語ってください。我々は聞いて行います」（申命記五章二七節[35]）。

ユダヤ人たちにおいては、政治的統治の利益は、主要には、モーセによってもたらされた。モーセは彼らの政治的主権者（principal Civil Governor）だったので、たとえ宗教的統治の利益は主要には最高牧師のアーロンからもたらされたとしても、しかしその領域においてすら、彼はモーセの主権に服従したのである。(36)

フッカーは、古代ユダヤ人の国家において、モーセと彼の継承者である王たちが宗教に関する最高権をもっていたことから、キリスト教の君主もキリスト教の事柄について同様の権力をもつこと、(37)つまり、王権そのもののなかに教会統治権が含まれることを主張するのである。(38)

同様の発想は、ホッブズにおいても見られる。彼は聖書の出エジプト記二〇章一九節を引用し、モーセの主権から君主（主権者）の主権を導き出す。「イスラエルの人民はモーセに言った。『あなたが私たちに語ってください。私たちは聞いて従います。しかし私たちが死なないように、神が私たちに語らないようにしてください』」。出エジプト記のこの節は、第二部第二〇章において主権者の権利の絶対性を正当化するところと、(39)第三部第四〇章において、モーセの主権は「ほかのすべての君主の権威と同様に」人民の同意と約束とに基づくということを示すところで、(40)二度引用されている。ホッブズはここで、イスラエルの人民は、最高牧師アーロンではなくてモーセに服従を約束したのであって、モーセのみが「政治問題においても宗教問題においても」イスラエル人に対して主権をもったということを強調する。したがって、アーロンはモーセに従属し、「キリスト教の国家共同体においてはモーセの地位をもつものは誰であれ」、教会統治権をもつということを示しているのである。(41)つまり、主権者は、聖俗を問わず一切の事柄に関して最高権＝主権を有するのである。ホッブズは、同じモーセの主権の解釈に基づいて、フッカーの「国王至上権」を、教会統治権を含む絶対主権としてより明確化・徹底化したと言える。

また、ホッブズは、「暗黒の王国」という名称についてもフッカーから示唆を得たのかもしれない。フッカーは、

「イスラエル国家から異邦人とみなされた人々」すなわちキリスト教徒でない異教徒を意味して、「暗黒の王国に住む人々」と呼んでいる。[42] ここからホッブズは、異教徒の影響を受けて「偶像崇拝と迷信」を信仰している人々と意味を拡大し、主要にはローマ・カトリック教会を指して、それを批判する『リヴァイアサン』第四部の題名としたのではないだろうか。「偶像崇拝と迷信」とは、フッカーがローマ教会について述べる際に用いた批判的特徴である。[43] このことも、ホッブズがフッカーから影響を受けていることを示す一つの材料となりうるかもしれない。

ⓓ 共通点4——カトリックとピューリタンへの対抗と包摂という課題

第四の共通点としては、彼らが同様の時代的な課題を抱えたということが挙げられる。イングランドの政治状況は、テューダー朝エリザベス期においても、その後のステュアート朝においても、大きく捉えれば、国外に主権国家確立における敵対者としてのローマ教会を中心とするカトリック勢力と、国内に国教会体制に抵抗し、治安を揺るがす革命的心情をもつピューリタンとが存在し、国家秩序の安定について予断を許さない状況であった。ヘンリ一八世期の宗教改革以降、「偶像崇拝と迷信」に満ち、「教説におけるひどい誤り」[44] をもつとレッテルを貼られたローマ・カトリシズムは、イングランドにおいてもはや多くの国民からは信じられないものになっており、「問題は、エリザベスの解決に基づく教会形成を容認するか、あるいは大陸の教会にならってより徹底した改革教会を実現させるか、ということ」[45] に収斂していた。エリザベス女王の宗教解決における基本的方針は、外面的な言動において信従的であるかぎり、いかなる臣民も信仰上の迫害を受けないとするものであり、これは国民の大多数を包摂する意図でなされた。[46] しかし、より徹底した改革を望むピューリタンは、聖書主義に基づいて、聖書によって明白に裏付けられない事柄（聖職服の着用、洗礼時の十字の印、陪餐時の跪拝、主教制など）をカトリックの残滓として排除を主張し、エリザベスの教会政策（礼拝様式の統一および教会法の厳守）に従おうとはしなかった。[47] 彼らは、人間である君主ではなく神への服従を説き、「受動的服従」を解体しようとする。イングランド国教会の最高位であるカンタベリー大主教グリンダルでさえ、エリザベスに対し「宗教の問題を取り扱う場合は、この世の権威を二の次にして、まず神の権威を第一に据え、神の声に従うことを心に決め」るよう諭している。[48] このような問題に対し、フッカーは、「彼ら〔ピューリタン〕があらゆる政治的義務の基盤を切りくずしている」とみなして、ピューリタンの聖書主義や、教会は神に選ばれた信徒だけからなるべきだとする分離主義的志向を徹底的に批判することとなる。[49]

こうしたピューリタンの抵抗は、ステュアート朝になって次第に過激化していく。ピューリタン最左派であるレヴェラーズは、自由意志論的な「良心」の自由や「正しい理性」に基づいて、[50]「暴君」への武力的抵抗を正当化する。レヴェラーズのリーダー、リチャード・オーヴァートンは次のように言う。「正しい理性の原理は、……神の指によって心の板に刻みつけられた堅固な法であり、自然の根源的な原理である」。ここから各人は「すべての圧制・暴力・虐待から自分を救い防衛し助け出すこと……そこから彼を救い出すための正当な方策をあますところなくすべて用いること」を「正当な権利と自由」としてもっと理解される。したがって、「暴君」へと堕落した「王に対して武器を執」ることは、「あらゆる正義と理性によって……是認され得る」。というのは、「すべての人間の正当な権力は共同の合意によって信託され」たものであり、信託者である各人は神によって「正しい理性」を与えられているので、政治権力が「信託」違反をしたかどうかの判断権をもち、「信託された権力が違反を犯すなら〔すなわち犯したと判断するなら〕……権力者への服従義務から解除される」からである。[51] もう一人のリーダー、ウィリアム・ウォルウィンも「無害の人々のためにできるかぎりのことを述べかつ行う義務を、万人が良心に負うべきである」と述べ、自ら「良心における義務」として、圧制に苦しむ人々のために戦いに身を投じていくのである。[52]

このように、神を源泉として神聖化されたレヴェラーズの自由意志論的な「良心」や「理性」は、自己の判断を絶対化する根拠となって、既存の国家権力に対する批判基準となり、叛逆の基礎となる危険性をもつ。第一章第一節ですでに述べたように、こうした危険性を取り除くために、ホッブズは、自由意志論的な「良心」や「理性」の定義そのものを転換し、私的なものへと減じるのである。ピューリタンのうち、自由意志論的な思想の系譜に属するレヴェラーズの主張は、「受動的服従」の思想と真っ向から対立するものである。

一方、ピューリタンのセクトで、革命後、政治権力の中心的な担い手となる独立派は、レヴェラーズとは異なり、自由意志を否定するカルヴィニズム的予定説の立場にある。彼らは、独立派会衆教会《コングリゲイション》を、キリストを王とする目に見える聖徒からなる地上の王国と捉え、聖徒は神の兵士を増やすことによって、人類史に対する神の計画の一翼を担うと考える。(53)たとえば、独立派の代表者たるオリヴァー・クロムウェルは、「神の摂理」信仰、すなわち神意至上主義《プロヴィデンシャリズム》（神の計画によってあるべき教会の姿が実現すると考える立場）(54)によって、内乱における議会軍の勝利において、自らと兵士が「神の栄光のための道具」であることを確信する。(55)それゆえ、国王に対して武器をとり、「受動的服従」の義務を犯したことに動揺する軍人に対し、クロムウェルは、「神の摂理」に訴えて、政治権力への抵抗を正当化する。彼からすれば、叛逆ないし革命は、「神の計画」の一部であって、「キリストの王国」にふさわしい環境にするための現世改革は、むしろ神の意志であり、それを「神の道具」として履行することが聖徒の義務ということになる。しかし、まさに、こうした独立派の「神の摂理」信仰は、「受動的服従」思想を破壊するものである。

レヴェラーズは自由意志論的な「良心」や「理性」に基づき、独立派は予定説を強調する「神の摂理」に依拠して、「受動的服従」の思想を解体する。このようなピューリタンの革命的な心情に対して、「受動的服従」を確保しようと、権力の側からウィリアム・ロードは、礼拝様式の統一を徹底する教会政策を断行した。ロードは、オックスフォード大学時代にフッカーの「ヴィア・メディア神学（イングランド国教会はローマにもジュネーヴにも従属しないとする神学的立場）」に影響を受け、(56)信仰に「本質的なもの」以外の事柄（聖職服の着用、祭壇の位置、陪餐時の跪拝などの礼拝様式）における政治権力の統制を正当化するフッカーの主張を継承している。(57)これは、外面的行為における信従を条件として、国民の大多数を国家教会体制のなかに包摂しようとするエリザベス期の教会政策との連続性を示す。しかし、フッカーのアングリカニズムへの依拠にもかかわらず、王権神授説の承認に見られるように、ロードは王権の神権性のみを強調し、フッカーの「同意」理論の意義を汲みとっていない。こうしたロードの教会政策のなかに、ホッブズは内在的な問題を見出していたと思われる。

ⓔ 共通点5——国家＝教会というアングリカニズムの論理

最後に、フッカーとホッブズとに共通する第五の特徴は、国家と教会とを同一社会の二つの側面として捉え、イングランドの国民は同時に国教会の信徒であるとするアングリカニズムの主張である。

フッカーによれば、教会とは社会であると言う。それは「結合についての契約（bond）に同意する」という起源的根拠をもつ[58]。「教会とは、キリスト教徒の仲間に属する人々の集まりである一つの社会であって、確定された空間と境界をもつものである[59]」。この境界とは国境を意味し、社会は国家そのものを指している。「教会と国家共同体（*Commonwealth*）とは……一つの社会[60]」であり、「性質において一方が他方から区別されるものである[61]」。それゆえ、社会を構成する人々は、国家の側面においては国民と呼ばれ、教会の面においては国教徒と呼ばれる。だから「イングランド国教会の信徒でない国家共同体の構成員はいない[62]」ということになる。そして、「国家（Civil）と教会の機能は合法的に同一の人格において統一され[63]」、この人格を担う君主が、教会の「首長」あるいは「最高の統治者」として最終的権威をもつのである[64]。こうしてエリザベスの「国王至上権」を弁護するアングリカニズムが理論的に成立する。

ホッブズの教会の定義はまさにフッカーと同じものである。「**教会**とは、一人の主権者の人格において統一された、キリスト教への信仰を告白する人々の一団である。……教会は、キリスト教徒の人々からなる政治的《シヴィル》国家共同体《コモンウェルス》と同一のものであって、それに従う者が人間である場合に政治的国家（*Civill State*）と呼ばれ、それに従う者がキリスト教徒である場合に教会と呼ばれるのである」[65]。「政治的主権者は、もしキリスト教徒であるならば、自らの領土における教会の首長である」[66]。彼によれば、宗教における至上権が政治的主権者にあることは、聖書によって明示されていると言う[67]。ホッブズは、アブラハムとモーセが政治問題においても宗教問題においても主権をもっていたことから、政治的主権者の主権（それはむろん教会統治における至上権を含むものである）を正当化する[68]。フッカーもホッブズもイングランドを古代イスラエルに類似するものとして、異教徒（ギリシア・ローマ）の政教分離ではなく、ユダヤ人の政教一致の立場を志向する[69]。しかし、これは古代イスラエルのような神権政治を意味しない。神から直接啓示を受けなくなった（あるいはそれを他者に証明できない）現在の人間は、神から与えられた主権を担う者が聖俗双方の事柄を統治するという制度を彼らから継承すると考えるのである。

以上のように、ホッブズはフッカーの国家教会体制の立場をそのまま同じように踏襲していることがわかる。そして、彼らのアングリカニズムの理論のなかでも特徴的なものが、本質的信仰箇条（Necessary Article）である。フッカーは、キリスト教の信仰箇条を、救済に「本質的なもの（necessarie）」と「付随的なもの（accessorie）」とに区別し、その本質的信仰箇条を「『イエスが神の子キリストであることを信じること（ヨハネ二〇章三一節）』」とする[70]。彼は説教において述べている。「まさにイエスこそ……キリストであり、主であり、唯一の世界の救世主である。こうして私は簡潔にキリスト教の原理を明らかにした。それは私たちが信仰の基礎と呼ぶものである」[71]。フッカーは、この本質的信仰箇条の定立によって、宗教・教会領域に対し君主はどこまで介入できるかという問題に決着をつけようとしたのである。

先に述べたように、ピューリタンだけでなく大主教グリンダルのようなアングリカンでさえ、「国王至上権」を盾に取った政治権力による宗教問題の統制に対して抵抗を見せていた。「人間に従うよりは、神に従うべきである（使徒行録五章二九節）」というペテロの教えに基づいて、国王といえども信仰に関する事柄には干渉できないと彼らは抗議する。こうしたアングリカンの聖職者やピューリタンの主張に対し、フッカーは、問題となっている「信仰に関する事柄」の範囲を確定するのである。すなわち、君主の教会領域における統治権は、救済に本質的な領域には及びえない。しかしその領域とは、「イエスはキリストつまり救世主である」という信仰箇条を指す。この本質的信仰箇条以外はすべて救済に「付随的なもの」であり、非本質的=付随的な領域に対して政治権力は統治権を有する。こうして「信仰に関する事柄」は本質的信仰箇条に限定され、国王の宗教上の統制領域は最大化し、非本質的事柄すべてに及ぶとされるのである。このようなフッカーと同じ立場をホッブズは基本的に受け継いでいる。「聖書が救済にただ一つ本質的なもの《ネセサリー》としている唯一の信仰箇条（唯一本質的なもの *Vnum Necessarium*）は、**イエスはキリストである**ということである[72]」。

以上のように、ホッブズとフッカーとの間には重要な論点における著しい類似が存在し、この点において、ホッブズはフッカーと同じ思想類型に位置づけられるように思われる。ところで、ホッブズの思想とアングリカニズム自体との間の類似性については、ジョンソンによって指摘されている[73]。先述したように、ジョンソンは、アングリカンであるチリングワースとヘイルズとがホッブズと同じグレイト・テュウ・サークルのメンバーであったことから、彼らの交際の可能性を示唆し、チリングワースとヘイルズのアングリカニズム、とりわけ本質的信仰箇条という考え方に関して、ホッブズは影響を与えられたと解釈している[74]。そして、救済の要件を本質的信仰箇条とする立場において、その創始者フッカーと、ロード、チリングワース、ヘイルズ、さらにホッブズをも同じ系譜に位置づけるのである[75]。

確かに、フッカーのアングリカニズムの論理に対して、グレイト・テュウの仲間とホッブズとは関心を共有しており、これについて議論した可能性はきわめて高いと思われる。しかし、鈴木朝生は、救済に非本質的な事柄について寛容的対処を求める「広教主義者」のチリングワースやヘイルズと、非本質的事柄ゆえに教会権力の積極的介入が許されると主張する「高教会派」のロードとを、単一のアングリカニズムの枠で一括し、理論構成上の類似によって、そのなかにホッブズを組み入れるジョンソンの手法は、ホッブズの理論の特異性・独自性をかき消すものであると批判している[76]。鈴木の指摘はもっともであるが、問題の本質はむしろ、ロードもチリングワース、ヘイルズ、そしてホッブズも、フッカーのアングリカニズムの論理を原点として共有したということであり、一方で原点の共通性ゆえに理論構成上の類似が生じ、他方でフッカー思想に対する解釈と展開の相違から、各自の国家教会論のオリジナリティがそれぞれ生まれたということであろう[77]。したがって、まず、フッカーのアングリカニズムがいかなるものかを明らかにすること、そしてホッブズがサークルで共有されていたこの思想伝統を立脚点として、どのように展開していったのかを理解することが必要である。そこで以下において、これらの二つの問題を順次考察することにしよう。

(2) フッカーのアングリカニズム

エリザベス一世からチャールズ一世にいたるまで、政治権力による教会政策は、国教徒《アングリカン》だけでなくピューリタンをも、イングランド国家教会体制（アングリカニズム）の枠のなかに包摂しようとするものであった。ただ、「包摂」が可能となるには、社会秩序を維持する外面的行為における信従すなわち法の遵守が必要となる。そのための立法措置の一つの例が一五五九年の「礼拝統一法」である。これは、礼拝様式を規定した祈禱書の使用と教区教会への礼拝出席とを国民に要求し、違反者に厳しい罰則を科す法律である[78]。しかし、この祈禱書は、ピューリタンからすれば、プロテスタント的改革が不十分で、カトリック的要素を多く残すものであり、その使用と礼拝出席の強制に抵抗が示され、公然の法律無視が行われたりした。そして、礼拝様式への抵抗はすぐさまアングリカンの教義に対する根本的な問題提起へとつながり、平信徒である君主は信仰に関する事柄までも決定する権限をもちえないという体制批判（長老主義や分離主義の提起）が開始された[79]。

こうしたピューリタンの抵抗に対し、フッカーは、先に述べたとおり、本質的信仰箇条の提示によって、信仰箇条と救済に関する事柄（教義）を「イエスはキリストである」という命題に限定し、それ以外の教義への国家権力の介入を正当化する。「教会規律や外面的組織《ポリティ》に属する事柄」は、「付属的なもの」であるから、教会が法をつくる権威をもつ[80]。「すべての自然的事物は、多かれ少なかれ、自己のうちに、自らの安全を確保する権力を自然によってもっている」。したがって、この権力は、同様に人間諸個人にも各政治社会にも備わっており、それゆえ、「政治社会である教会がその権力を欠くことはありえない[81]」。そして教会は同時に国家であるから、その「首長」である国王[82]によってその権力は具体的に行使される。「我々は、人間の法を法令として定める人々に同意する。彼らは〔神の教会を導くのに役立つという〕目的のために与えられた合法的権威をもち、神の恩寵のはたらきに助けられ、自然と神の法から理性の論究によって、その法令を導き出すであろう[83]」。

フッカーによると、ピューリタンは聖書（神の言葉）による裏付けがないということを根拠に、国王の命令（教会法）に従わないが[84]、神が人間に定めた法は聖書だけではなく、自然法や理性の法も与えており、それらは社会生活における義務や道徳を人間に実践させるための実定法を必然的にともなうのだから、まさにそうした実定法たる教会法を遵守することは神の命令であると言う。彼らが国家の定める実定法に従わなければならないのは、彼らが国家に所属することによって、人民全体の権力であった立法権を君主に対して譲渡することに自ら（明示的であれ暗黙的であれ）同意しているからである。フッカーは「同意」理論によってピューリタンの聖書主義を叩くのである。そして、さらに「受動的服従」を用いてこのことを弁証する。「なぜなら、神の法もその理由を述べているからである。『上位の権力にすべての魂を従わせよ』（ロマ書一三章一節）と[85]」。

フッカーの意図は、本質的信仰箇条の設定によって人々の救済に対する不安を解消し、彼らの外面における君主への服従（法の遵守）を確実なものにすること、および、「受動的服従」の思想によって、その義務を正当化することである。彼は、異端ですら社会の構成員であることを理由に、教会から切り捨てられるべきでないとし、教会法に従うかぎり国教徒として取り扱う(86)。彼において内面と外面とは峻別され、「人間は心に命令するいかなる法もつくりえない」ゆえに、法は良心に関らないと定位される(87)。それゆえ、異端が内面においてどのような信仰をもっていたとしても、問題にすることはできない。しかし、異端が異端であるのは、自己の信仰を外面的に表出するからであって、頑迷に国教会に従わない場合は、破門を受けることもでてこよう。「破門とは確かに教会から切り捨てられることであるが、国家共同体から切り捨てられることではない。……破門の実施によって政治問題において〔社会という〕団体から排除されるわけではないけれども、にもかかわらず、その期間はいわゆる教会という団体に属する、たとえば聖餐式に関るようなものごとにおいて、〔社会という〕団体からは排除される(88)」。フッカーにおいて、教会法に服しない者は、同一社会の二つの側面の一方である教会からは破門すなわち排除されるが、同時に国家からも排除されるわけではない。したがって、教会法の最大の処罰は破門であり、それ以上の（例えば焚刑のような極刑を含む）刑罰は、政治権力の管轄であって、国法《シヴィルロー》に従って執行されることになる。ホッブズもフッカーと類似の異端および破門の定義をしている(89)。このようにして、様々な教義をもつ宗派を国教会体制に包摂しようとするエリザベスの政策は、理論的に弁護されたのである。

しかしながら、先行研究のなかには、右のような見解とは異なって、フッカーの意図は、国王の主権を法によって制限することにある、という解釈が散見する。ステイトは、国王は憲法上の制限を受ける議会と、教会法に服する聖職会議とに組み込まれると捉える(90)。ロバート・K・フォルクナーにおいては、フッカーの主張のアクセントは、主教の地位と権力とを回復させ、聖職会議の教会法によって「国王至上権」を制約することにあるとされる(91)。さらに鈴木は、フッカーの立場は、自らが「神に仕える者」（聖職者）であるがゆえに、世俗の権力への服従に、神への服従を優先させるべきだという聖職者・神学者の立場となんら違わず、「ホッブズのそれとまったく相容れるものではなかった」と結論し、彼らの思想的な断絶さえ示している[92]。

確かにフッカーは「国王は教会の諸法に従ってのみ教会問題において執行する支配権をもつ」として、君主が神の法や自然法だけでなく、手続きにおいて実定法にも厳格に拘束されるべき旨を述べている[93]。しかし他方で、次のような叙述もある。「法の立案や議論においては賢明な者がとくに必要とされるが、しかし法を成立し制定するのは権力であり、統治権力の最高位こそ我々の間では国王の人格に存するのである[94]」。「国王を裁判する合法的権力や権威をもついかなる者も存在しえない[95]」。「国王は法に従属しない[96]」。これらの一見相反するように見える叙述を、「エリザベスの絶対主義と自己の憲政主義とを調和させようとして」果たせなかったフッカーの「理論的矛盾」として解釈する向きもあるが[97]、八巻の結論部分で、いかなる臣民も国王を破門する権力をもちえず、それゆえ彼に対する教会裁判からの免除の合法性を承認しなければならないと明言していることからして[98]、むしろ彼の論調は次のようなものであろう。すなわち、法の具体的立案は、政治や宗教問題に精通した者がすべきであり[99]、君主は法や慣習を尊重すべきであるが、もし教会法を犯したとしても君主を裁くことができるものは神を除いてほかにはいない。したがって、君主は政治問題においても宗教問題においても主権をもつ存在なのである。クリストファー・モリスの言うように、主権は、ただ法の支配の原則に基づいて行使されなければならないということであって、不干渉を約束する特定の領域（教会領域）があってはならず、秩序の維持のために、あらゆるものに優越する最高権力でなければならない[100]。つまり、フッカーの意図は、法の優位というイングランドの従来の慣習を退け、宗教問題を政治的に解決することにあったと思われる。

こうして、フッカーのアングリカニズムにおいては、政治権力は人々の内面に及びえない代わりに、外的告白、宗教的行為、集会、外的礼拝の一切を管轄しうるものであることが理解された。したがって、フッカーによる最小限の信仰箇条の設定は、宗教的寛容論ではないのである。だから、やがてロックへといたる「広教主義」は、あらゆるセクトを国教会内に統合するという目標においてのみ共通点を有するが、その方法はフッカーとまったく異なるものと言わねばならない。また、「高教会派」と言われるロードは、一方で、フッカーの発想を継承して、救済に付随的な事柄において積極的な介入政策を行ったが、他方で、その政策の究極的な根拠を王権と主教職の神権性に求めたため、人々の理解が得られず、革命を引き起こす結果となった。それは、ロードが「同意」理論に託された意味を汲みとりきれなかったことに原因があると思われる。ロードの教条的とも言える統制政策は、フッカーの意図に反するものであろう。[101]なぜなら、アングリカニズムの目的は、社会の平和と秩序の維持だからである。フッカーは（国民）国家の安寧を政治的に確保しようとする政治思想家なのである。[102]

　こうしてみると、フッカーの思想の意義を最も理解したのはホッブズであったように思えてくる。ホッブズは、フッカーのアングリカニズムにおける主権をより明快に描きなおし、絶対主権へと徹底化する。主権者が従うのは神の法たる自然法だけであって、彼自身すなわち国家がつくる国法《シヴィルロー》には従わない。[103]それゆえ、臣民の主権者に対する告発は正当にはありえず、また、主権者設立の信約における権威付与《オーソライゼイション》（本人—代理の関係の成立）によって、それは自己矛盾となる。[104]聖職者は「最高の牧者」である政治的主権者の代行者《ミニスター》にすぎず、教会領域における彼らの主権者への従属性が明示される。[105]そのうえ、本質的信仰箇条を告白するキリスト教徒の政治的主権者は「主権的預言者（Sovereign Prophet）」であるとして、[106]フッカーの発想をさらに一歩進め、神の言葉（聖書）の伝達経路を主権者に一元化するのである。「主権的預言者」については第二節で敷衍するが、このように、ホッブズはフッカーのアングリカニズムの論理を基本的な面で思想的に踏襲し、次第に激化するステュアート朝イングランドの政治状況に対応すべく、さらにそれを理論的に飛躍させたように見える。それでは、彼は具体的にどのように展開していくのであろうか。

（3）ホッブズの社会契約論——受動的服従と国家の二類型

これまでは、フッカーとホッブズとの間の論理的共通性に着目してきた。しかし、彼らの間に決定的な相違が存在することもまた事実である。それらは次の四点において見出される。第一に、国家樹立に対する「同意」の担い手が、フッカーの場合、人民（社会）とされるのに対して、[107]ホッブズの場合は一人一人の平等な個人とされている点である。第二に、これと関って、契約を結ぶ人々の前提となる状態が、フッカーは現実の社会を想定しているのに対し、[108]ホッブズは自然状態という理論的仮説を設定している点である。第三の相違は、フッカーは自由意志論の立場にあり、[109]「同意」もそれに基づくものであるのに対し、ホッブズは第一章で見たように、必然的な意志という立場をとるので、「同意」概念も特殊な意味をもつということである。最後に、自然法の意味が、フッカーの場合、アリストテレス―トマス的な伝統的自然法であるのに対し、ホッブズの定義する自然法は、独自の意志論によって導かれる、自己の意志となった理性の指示、というまったく新しい意味をもつものに転換されている点である。

以上のことからわかるように、彼らの相違点は前提とする人間学の違いにある。第一章で述べたように、ホッブズは、伝統的な自由意志論を否定して、人間の生理的・心理的過程の分析をもとに、「必然的な意志」の理論を核とする人間学を構築した。彼がこのような転換を行った背景には、自由意志論の立場にあるカトリックやピューリタンのセクトがもたらす宗教の政治への介入という現実的問題があったというだけではなく、彼の政治思想に有効な示唆を与えてくれるフッカーの思想伝統のなかにも論理的な問題性を見出した、ということがあるのではないか。ホッブズはフッカーのアングリカニズムの思想伝統を共有しつつ、自らの新しい人間学と調和させることによって、より堅固で論理的に一貫した国家論をつくることができると考えたように思われる。では、ホッブズがフッカーの思想における問題としてみなしたものは何であろうか。それは、自由意志論に基づく「同意」理論にある。

ⓐ 自由意志論的「同意」理論の否定

フッカーの「同意」理論は、人民が、人民全体に属する統治権（主権）を君主に譲渡することに同意することによって、国家が構成されるとするものである。そして、人民はこうした原初の契約によって、永久に権利を譲渡したとされ、この論理に基づいて世襲王政が認められるのである。[110] だが一方で、フッカーは自由意志論の立場にたって、臣民の服従義務の限界を次のように述べている。「権力の行使において権威づけられた以上のことを行う王権強奪者（usurpers）は、いかなる人をも良心において服従するよう義務づけることはできない」。[111] つまり、君主に対して、良心に反する服従は義務づけられないことになる。

一般に、近代民主主義的発想からすれば、人民の「同意」によって設立された主権者はその「同意」に従わなければならないものとされる。つまり、国王は人民の意志に制限され、場合によっては統治形態も人民の意志によって変更されうると考える。国家設立の原理が人民の「同意」にあるならば、原初の契約において君主政を立てたとしても、新しい世代が契約の更新によって取り消すことがありえるので、最初の国王は世襲王政の起点とはなりえないはずである。このような考えに基づいて、F・J・シャーリーは、フッカーの王権の永久譲渡という社会契約を理論的矛盾として捉えている。[112] フォルクナーは、人民の「同意」にアクセントをおいて、フッカーの描く国王は「同意」に従う制約つきと解釈する。[113] しかし、フッカーの力点はむしろ、人民の「同意」を国家設立の原理とすることによって、世襲王政に対する彼らの服従を正当化することにある。体制への不服従の根拠になるような王権の制限をフッカーは意図していないであろう。なぜならフッカーの課題は五百年の世襲王政を守ることだからである。だが、「王権簒奪者」が権威づけられたことを越えた行為を行ったかどうか、世襲王政の国王が「暴君」になり果てたかどうかを、臣民各人が良心に基づいて判断するということは、それ自体、統治権の譲渡への「同意」＝契約を遵守する義務の限界を示している。むろん、良心において服従義務が解除されるからといって、直ちに支配者に対して外的行為において抵抗してもいいというわけではない。フッカーが先の叙述にすぐに続けて「受動的服従」について丁寧に語っていることからして、彼の主張の強調点はむしろ、たとえそうであっても、外面的行為における服従は維持されなければならないというところにある。

しかし、フッカーは、この問題に対してより根本的な解決策を提示する。すなわち、本質的信仰箇条の創出によって、服従義務を解除されるかどうかの良心における判断基準を最小化し、臣民の国王への服従を確固たるものにするのである。「イエスはキリストである」ということを否定するキリスト教徒の君主はいない。したがって、神の命令と君主の命令とが相反する状況自体が生起される可能性はなく、良心においてそれを判断する場面も生まれてこないことになる。「暴君」とは、「イエスはキリストである」ということを口でもって否定するよう臣民に強いる君主であり、それをなすのは明らかに異教徒の君主しかありえない。

こうして、フッカーは良心による不服従の問題を本質的信仰箇条によって解決しようとした。この本質的信仰箇条の設定は、同時に政治権力による教会統治の領域を最大化することでもある。ここから、問題が生じてくる。政治権力が、教義や宗教的儀式を管理・統制することは、人間の内面（信仰）に対して暴力的に干渉する危険をはらむのではないか。むろん何度も論じたように、フッカーは国家による内面への介入を否定している。しかし、にもかかわらず、人々が侵害されたと感じてしまったとき、それでもなお、国家への服従を自らに義務づける理由は何であろうか。このとき、国家設立の原理としての「同意」が登場する。フッカーは言うだろう。臣民はかつて王権に統治権を譲渡することに同意する契約を結び、彼らはその契約を守る義務を負っている。だから、了解事項である政治権力による教義・儀式の政策について良心に基づく抵抗は許されない、と。

ところで、自由意志論的な発想においては、善なる神の被造物である人間はすべて、ある種の善良性と尊厳を本来的に帯びる存在である。そこから、自己も他者も侵すべからざる尊厳をもつという共通の意識が生まれる。そこで他者との契約は、他者の尊厳を守るために、遵守されなければならないと考えられ、他者という人間存在のなかにある神聖さが、契約を守る義務の根拠となる。したがって、国家への服従を内面的に拘束する根拠は、契約相手（社会全体）に対する義務にある。またそうであるからこそ、他者が同意するならば、契約義務も解除されうるということになる。フッカーは、社会全体のかつての「同意」は、「一般的合意」によって取り消されうるとしている。[114] かつての社会契約は、現在の社会契約によって無効にされうるのである。これが、先のシャーリーやフォルクナーのような解釈が出てくるゆえんである。フッカーは、実際には、こうした契約解除が行われないように、王権への服従義務を「受動的服従」によって確保しようとしている。しかし、フッカーの論理に従っていくと、多くの人の良心が権力による内面への介入を感じたとき、「一般的な合意」が成立するならば服従義務は解除されうることになる。この論理がホッブズにとって問題であった。

ピューリタンによる王権への抵抗がますます激化する状況を目の当たりにしていたホッブズにとって、こうしたフッカーの「同意」に見られるような契約の無効の論理は、彼らに叛逆の口実を与えるものに映ったであろう。彼は服従義務がより強固なものにされなければならないと思った。ホッブズは、おそらくフッカーが「受動的服従」の思想を再確立しようとしていることを理解していたが、同時に、自由意志論の立場にたつかぎり、最終的には自らの良心を審判者とするため、「受動的服従」の思想を貫き通すことができないということも見てとったのではないか。そこで彼は「受動的服従」の思想を確立したルターに立ち戻り、自由意志論を放棄する。ルターの「奴隷意志論」に導かれ、彼は必然的な意志の理論を構築し、新たな「同意」理論すなわち社会契約論をつくりあげるのである。

ⓑ　受動的服従

「受動的服従」を説いたルターは、君主が「暴君」で、神の命令に反することを命じるとき、キリスト教徒の臣民は「言葉による抵抗」によって、自らが神の側にいることを告白すべきであるが、しかし君主に対して「力による抵抗」を行ってはならないと説く。「あなたが彼〔君主〕に言い逆らわず、彼に場所をゆずって、あなたから信仰や本をとるにまかしておくならば、あなたはほんとうに神を否んだことになるということを、私はあなたに言っておく。……〔しかし〕人々が家中を捜しまわり、本だろうと財貨だろうと暴力をもって取り上げよと命令したとしても、それは忍ぶべきである。力で抵抗したりせずに、これを忍ぶべきである」[115]。ルターの「奴隷意志論」は良心を神聖なものとはしない。人間の意志は自由ではなく、神あるいは悪魔の奴隷であって、徹底的に受動的なものである。人間は自らの力で意志を変えることができず、神の力か悪魔の力によってのみ動かされるのである[116]。こうした宗教意識からは、自己の良心を絶対化するという発想は生まれてこない。神が権力の座においた君主の行為に対し、それが不正であろうとなかろうと、自らを審判者にするなど許されないことである。君主の不正が明白だとしても、それ自体が神の意志かもしれず、キリスト者はただ耐え忍び、神の審判と救済を待つほかにはないのである[117]。自己の良心を絶対化し自ら審判者となって、君主の不正を暴力によって正そうとするならば、民衆は暴徒となって戦争へと突入し、悲惨な結果をきたすであろう。ルターはそれを回避するために、政治権力への服従を神に対する義務として「受動的服従」を唱え、さらに宗教的指導者による民衆の煽動を防ぐために、教義や儀式など外面的行為を政治権力が統制する領邦教会制（領邦君主による教会統治）の導入に尽力したのである[118]。

ホッブズは、以上のようなルターの「受動的服従」の思想がもつ本来の精神を理解し[119]、その核心である良心論——自らの良心を絶対化してはならない——を継承する。平和のためには、臣民の主権者に対する服従義務は厳格に守られなければならない。たとえ主権者が「暴君」だろうと「異教徒」だろうとそれは同じであって、キリスト教徒において、権力への服従は神に対する義務である。これをより確固たるものにしなければならないと彼は考えた。だから彼は「服従が能動的なものと受動的なものとに区別されることは正しくない[120]」と述べるのである。ホッブズ的な意味において、服従は「受動的」ではありえない。「というのは、いかなる非自発的な行為も法〔主権者の命令〕に従うこととはみなされえないからである」[121]。服従とは自発的な行為でしかないのである。ホッブズの論理に即して言えば、物理的に押されたり、落下したりすること以外の、熟慮に基づくすべての行為は自発的な行為とされる。そして、国家の樹立とは、各人が主権者に予定されている人あるいは人々の統治に、自らを「自発的に」服従させることであるから[122]、この服従契約は自発的な、自らの意志に基づく行為とされる。自分の意志に従うことは、究極的には自己の意志を必然化した神の意志に従うことである。したがって、自らの意志による服従契約は、自分の意志を経由して神に対する義務をもつ。こうして服従義務は、自己責任と神への義務によって厳格な拘束力をもつことになる。

しかし、「受動的」な服従という言葉が、ホッブズの意志論からすればあまり意味をなさないとしても、そうだからといって、ホッブズが「受動的服従」の思想を否定したということにはならない。彼は、ルターからフッカーに受け継がれた「受動的服従」の思想がもつ本質的な精神——平和と秩序のための厳格な服従義務の確立——を再生しようとした。そこで彼は、自由意志論的な良心論から生じてくる抵抗権を打ち破るために、ルターの「奴隷意志論」的宗教意識〔良心論〕と自然学的人間分析とを結合させて、独自の人間学を形成し、それを論理的前提として社会契約論を構成したのである。そうだとすれば、かつて日本のホッブズ研究において主張された、抵抗権の論理の定礎者というホッブズ評価は修正されねばならないだろう。このような修正は、一九九四年に出た鈴木の著書によって行われており、ホッブズの意図は、不服従を認める「受動的服従」論や「抵抗権」論を理論的に排除することにあるということが主張されている[123]。筆者は、鈴木のこうした主張と同じ立場にある。しかし、彼と袂を別つのは、「受動的服従」の思想の捉え方に関してである。彼は、「受動的服従」を「不服従」の理論と理解し、それゆえ、ホッブズが「受動的服従」の思想に反対の立場にあるということを主張する。

この問題に入る前に、まずもう一度「受動的服従」の思想について整理しておきたい。この思想は二つの構成要素からなっている。第一に、すべての権力は神に由来し、権力への服従は神に対する義務であること。第二に、君主が神の命令に背くことを命令した場合、キリスト教徒の臣民は、自分はむしろ神の命令に従うということを君主に告げるべきであるが、力によって抵抗すべきではなく、それによって刑罰を受けることになったとしても、抵抗することなくそれに従い、忍ばなければならないということ。以上の二つを特徴とする。

鈴木は、「受動的服従」の第二の側面に注目して、ホッブズの立場を次のように説明する。「〔ホッブズは〕〈受動的服従論〉の持つ、〈非抵抗〉ではあるが〈不服従〉の主張が、神に対して従順であれと説く余り、自らの信仰の〈敬虔〉に至上の価値を置く「キリスト教徒」（たとえば、その典型はピューリタンであろう）に対し〈不服従〉の口実を与えてしまう機能を持つことを懸念した」。この「受動的服従」論の不服従の主張は、「ホッブズの視点からすれば容易に〈抵抗権〉論へと道を開く危険と契機を含むものであった」[124]。そこで、ホッブズは、内面と外面とを徹底的に分離して、救済は本質的信仰箇条一条を内面において信仰することで保証されるとし、信仰問題が政治領域（外面の服従が求められる領域）に現れえないようにするとともに、救済は、内面における本質的信仰箇条の信仰と、外面における主権者への服従との双方がそろってはじめて保証されるという「救済論」を提示することによって、信仰に基づいた抵抗権論の現出を封じ込めようとしたと言う。その際、キリスト教徒である臣民の主権者への外面的な服従が確実なものとなる理由は、彼らが救済を求めるかぎり（それはキリスト教徒である証である）、主権者への服従が条件になっているので、それを義務として受け入れざるをえないから、とされている[125]。

しかし、「受動的服従」は、はたして不服従の理論なのであろうか。彼の解釈では、君主の命令が神の命令に背くとき、ルターやティンダルの「受動的服従」思想は、君主への不服従（たとえ死刑となっても）を貫くことにより救済への道が確保されるというように理解されている[126]。「〈受動的服従論〉においては〈不服従〉こそが〈救済〉

の条件なのである」[127]。それゆえ「受動的服従」は不服従の理論とされる。しかし、「奴隷意志論」から流出するルターの神中心主義からすれば、救済は、君主への不服従や抵抗という人間の努力によって確保されえるものではなく、神の一方的な選びやわざに依拠するものであろう[128]。とするならば、「不服従こそが救済の条件」とまでは言えないのではないか。少なくとも、不服従を奨励するという「受動的服従」の理解[129]は、その思想を確立したルターのものとは異なるように思われる[130]。

『リヴァイアサン』第四二章の次の叙述を見てみると、ホッブズは主権者への服従が神に対する義務であることを、明らかに、当時「受動的服従」の根拠として共通に理解されていた、聖書におけるパウロやペテロの言葉に依拠しているように見える。

聖パウロは言う（コロサイ三章二〇節）、「子供たちよ、何事においても両親に従いなさい。なぜなら、これは主がおおいに喜ぶことだからである」。（同二二節）「召使たちよ、何事についてもこの世の主人に従いなさい。人の気に入ろうとして目の前だけで仕えず、主を恐れる純朴な心をもって仕えなさい」。……またさらに、聖パウロは、君主たちへの服従に関して、（ロマ書一三章最初の六節）「上にたつ権力に服従せよ」と熱心に説き、「すべての権力は神によって定められたのであり、我々は」彼らの「怒り」をまねくのを恐れる「ためだけではなく、良心のためにも、彼らに服従すべきである」と言っている。そして聖ペテロは言う、（第一ペテロ二章一三、一四、一五節）「あなたたちは主のために人間のたてたすべての命令に従いなさい。至高の者としての王であろうと、悪をなすものを処罰し、善をなすものを讃えるために主によって使わされた者としての統治者であろうとこれに従いなさい。なぜなら、それが神の意志だからである」。さらにまた聖パウロは言う、（ティト三章一節）「人々に心から主権者と権力とに従わせ、為政者に服従させなさい」[131]。

もし鈴木の言うとおり、ホッブズが「受動的服従」思想を全面的に否定しているというのであれば、この思想を連想させる聖書の箇所をこのように積極的に長々と引用するであろうか。確かにホッブズは、鈴木の指摘するように、『ビヒモス』においてアングリカン「高教会派」の「受動的服従」の見解を批判している。[132] しかし、ホッブズがある特定の論者の「受動的服従」の理論を批判したからといって、彼が「受動的服従」の思想そのものにまったく反対の立場であるということを示していることにはならないし、また、ホッブズが同時代の「受動的服従」の支持者から批判の対象とされ、異質な性格の理論家と評価されていたとしても、そのことは、彼の思想がキリスト教思想史のなかで受け継がれてきた「受動的服従」の思想自体と全面的に対決するものであったということを証明することにはならない。自分の良心を絶対化して、服従すべきでないかどうか自ら審判する、こうしたピューリタンやアングリカンの自由意志論的良心論に基づく「受動的服従」の解釈は、「受動的服従」の精神を解体する原因であるとして、ホッブズにとって徹底的に対決すべき相手であったろう。服従義務の思想の衰退を食い止めることこそ彼の課題であった。

ホッブズはフッカーの本質的信仰箇条という発想を共有して、さらに、異教徒の主権者の下にあって「イエスはキリストである」ということを口で否定するよう命じられた場合ですら、その命令に従うことは自然法にかなうとして、外面的な服従義務を徹底する。彼は旧約聖書列王記下五章一七節の事例に基礎づけて次のように言う。「ナーマンのように、ある臣民が、彼の主権者に対し服従しているために強制されて、自分の心に従ってではなく、彼の国の法に従って行うことは何であれ、その行為は彼のものではなく、彼の主権者のものである。この場合、人々の前でキリストを否定するのは、彼ではなくて、彼の統治者であり、彼の国の法なのである」。[133] ホッブズは「言葉による抵抗」すら、もはや神に対する義務として必要でないばかりか、神の意志に反することであると規定する。彼がこう主張できるのは、『リヴァイアサン』第一部の人間学（意志論）が理論的前提として存在するからである。

彼は、自らを審判者とせず、ただ神の意志に従うというルターの「奴隷意志論」的良心論を導入することによって（そうした宗教意識を取り入れた意志論を構成することによって）、「受動的服従」の思想の第一の構成要素——神の設定した権力に従うことは神に従うことである——のほうに、理論的焦点を移動させたのである。

ホッブズにおいて、「受動的服従」の思想における不服従や抵抗の問題は、おそらくフッカーの思想の自由意志論的「同意」理論がもつ問題性を見抜き克服するなかで、突破された。それゆえ、様々に噴出してきた同時代の「受動的服従」理論や抵抗権論に対して、彼はすでに理論上の問題点を把握し、解決策を備えていると自負していたので、徹底的に対決する姿勢を見せたのではないであろうか。したがって、アングリカン主教ブラムホールとの自由意志論争は、おそらく両者がフッカーの思想を暗黙の前提とするなかで議論され、一方で、アングリカン聖職者としてフッカーを直接継承していると自負するブラムホールは、フッカーをそのまま継承して自由意志を主張し、他方で、論争時点においてすでにフッカーの思想の問題点を認識し、その克服策を考えていたホッブズは、意志の必然を説く主張を行ったように思われる。

ⓒ　国家の二類型——設立による国家共同体と獲得による国家共同体

以上のように、ホッブズとフッカーとの間には著しい思想の共通性が見られ、この点において、彼らが同一の思想類型として括られうるということが確認された。さらにホッブズは、フッカーの思想伝統を越えるために、必然的な意志という立場にたって社会契約の理論を展開する。この意志論の違いが、先に述べたフッカーとホッブズとの相違点をもたらしたと言えよう。

まず、同意の担い手と国家のない状態における相違に関して言えば、フッカーは、理論の前提として現実の社会を想定し、契約の担い手を歴史的存在としての人民においている。そこでは、人民全体の「同意」がいつどこでどのように行われたのかということが問題となって生じてくる可能性がある。これに対してホッブズは、どの国のどの時代にも適用できるような理論の普遍性を求めた。そこで、前提となる人間の状態を、歴史にとらわれない合理的推論によって導き出した、自然状態という理論的仮説として設定する。この自然状態は、ルターの「奴隷意志論」的な良心論が内在した彼の独自の意志論に基づいている。それは、神の全能性の承認から導出された、神と人間および人間と人間とを結ぶ善悪についての共通基準＝自然法が存在しない状態であった。ここから、両者の自然法の相違も生み出される。

フッカーの伝統的自然法の場合、自然法は善を知る能力である理性によって見出され、理性的な意志が欲求に働きかけて人間の行為を自然法に従うように導くとされる。[134] つまり、意志と自然法とは別個のものである。これに対しホッブズの自然法は、「同意」そのものであって、自然状態にある人間が、自己保存のための合理的な一般法則にすぎない理性の指示を、自己の意志とみなすことができたときに法的性格をもつものである。自己の意志と自然法との一致というのが、ホッブズの自然法の特徴である。善悪について神と断絶している自然状態において、理性の指示は、それが神によって決定された自分の意志となるとき自然法となる。したがって、ホッブズの場合、社会契約にいたる人間にとって、契約遵守を命じる自然法は、論理上、自分の意志と対立しないものとされる。だから、いったん社会契約を結んだならば、契約の破棄つまり統治形態の変更は、自己矛盾であり、自然法（神に対する義務）違反となる。こうして統治形態の変更は論理上、不正とされ、合法的にそれを行うことは不可能とされる。そしてホッブズは、そうした義務の源泉である契約（同意）の主体を、フッカーの人民（全体）から平等な各個人へと切り替えることによって、国家樹立の責任が原理的に平等に各人自身にあることを明確化するのである。この点はきわめて重要であろう。

こうしてホッブズは、臣民による統治形態の変更を原理上排除し、フッカーが目指した世襲王政の擁護をより論理的に確固たるものとした。彼は統治形態について君主政、貴族政、民主政の三種類を認めており、[135] その趣旨は、どの形態においても、いったん設立されたならば、臣民の側はそれを変更することは許されないということである。そして、すべての統治形態は、統治の維持のために、主権者という官職の「人工的永続性」という処置を必要とする。[136] そこで、とりわけ君主政の場合、国王の死のたびに戦争状態に戻るわけにはいかないので、継承権が最も明白な世襲王政が求められることになる。[137]

さて、以上のことから、ホッブズの社会契約論は世襲王政を積極的に承認する性格をもっていることが確認された。流血の回避と平和のために、現実に存在する国家権力の継続性を徹底的に支持するホッブズの課題は、『リヴァイアサン』において「設立による国家共同体（a Commonwealth by *Institution*）」と「獲得による国家共同体（a Commonwealth by *Acquisition*）」という二つの国家類型として理論化される。[138] この二類型の国家は、ともに正当的国家として相互に矛盾することなく同等に位置づけられている。それではまず「設立による国家共同体」について見てみよう。

「設立による国家共同体」とは、我々が社会契約論と聞いてまずイメージする、各人の相互契約によってつくられる国家である。それは、力における人間の平等によって引き起こされる自然状態（戦争状態）という理論仮説を前提とする。この戦争状態を抜け出すために、群衆のなかの各個人は相互に自然権を放棄し、「一人の人あるいは一つの合議体」を主権者として任命し、これに服従するよう自らを義務づけるという契約を結ぶ。この自然権放棄の際、生きるために不可欠なもの（食物、空気、薬その他）を使用する権利（生存権）だけは留保する。[139] つまり、自分の生命を守る権利は残すが、他者を防衛して国家に抵抗する自由は放棄するというものである。[140] ホッブズは主権者に予定されている「一人の人あるいは一つの合議体」と臣民となる人々との間の契約を否定している。それゆえ、主権者は指名を受けるだけで契約の当事者にはならないので、契約によって制約を受けることがない。[141] 各人が「一人の人」を選んだならば国王が主権者であり、「一つの合議体」が選ばれたときは議会が主権者である。いずれの場合も、諸個人が選挙によって主権者を決定し、選ばれた主権者に自らを服従させるというものである[142]。

次に「獲得による国家共同体」であるが、ホッブズはこれに「家父長的」国家と「専制的」国家の二つの形式を帰属させている。「家父長的」国家とは、親の子に対する支配に基づくものである。ここで特徴的なのは、「家父長的支配」の正当性が、生殖（血縁）ではなく、子供の「同意」に基礎づけられていることである[143]。服従の目的は自分の生命の維持・保護にあると捉えるホッブズは、親が子を養育（生命維持）し、子がその養育を受けているという事実から、子供の服従への「同意」を読みとるのである[144]。このように養育関係が存在するという事実を支配の正当性の根拠とするので、親の子に対する支配は、まだ生まれていない子孫にまで及ぶ。たとえば、親Aは子Bを養育し、支配・服従関係にあり、子Bは自分の子Cと支配・服従関係にある。そしてさらに親となったCは子Dに支配権をもつ。すると、最初の親AはBに対する支配権を通じて、BのCに対する支配権とCのDに対する支配権を有し、B、C、Dすべてに対して支配権をもつことになる。「なぜなら、ある人の人格に対して支配権をもつ者は、その人が有するすべてのものに対して支配権をもつからである[145]」。これによって、AはBとCとDの自然権を手中に収めることになり、彼が契約によって自らの自然権を放棄するならば、この権利放棄の契約は、契約の直接的当事者ではないB、C、Dをも拘束することになるのである。

さて、「専制的」国家の場合、それは戦争における勝利者の敗者に対する支配に基づく。ホッブズは、支配の正当性の根拠を戦争の勝利ではなく、敗者の勝利者に対する「同意」におく[146]。ここでも征服者の支配は単なる力による制圧ではなく、敗者の側の服従信約に基礎づけられているのである。敗者は武力的抵抗の継続による確実な死よりも、生命維持を目的とする服従契約を「自発的に」選んだのである。しかし、ここで注意したいのは、敗者は生命を保護するという「条件付きで[147]」、征服者と信約を結ぶわけではないということである。彼らは「自分を救うことも滅ぼすこともできる力《パワー》をもつ[148]」征服者の裁量に委ねたのであって、征服者は信約によって彼らを助けるよう義務づけられはしない。征服者は、自らの裁量で統治に適当だと思う以上には信約に制約されず、自由に権力を行使しうる。[149]統治契約説（支配者が人民から条件付きで主権を受け取るという説）を否定するホッブズの論理は、「設立による国家共同体」から「獲得による国家共同体」にいたるまで終始一貫しているのである。他方で、征服者に対する敗者の服従契約は義務的となる。なぜなら、ホッブズの意志論においては、希望と恐怖の交互的生起という熟慮の過程を経ているかぎり、行為は「自発的」なものであり、自己の「自発的」行為を無効にしないということが、まさしく義務の定義だからである。[150]

つまり、「家父長的」国家と「専制的」国家のいずれも、被支配者の「同意」に基づく正当な国家である。[151]ホッブズは、現実の支配・服従関係のなかに被支配者側の「同意」があると考える。こうした考え方は、現実に存在する国家のなかにいる人々は統治に対する「同意」を与えているはずだ、と捉えるフッカーの「同意」理論と連なるものである。

以上のように、「設立による国家共同体」は、各人相互間の恐怖によって主権者を選んで服従するものであり、「獲得による国家共同体」は、自分が恐怖する「抵抗しえない力」をもつ人へ服従するものである。すなわち、両方とも同じ「恐怖」を理由とする服従契約によって形成される国家である。[152]ホッブズ的な意味で「恐怖によって強要された信約は有効である」[153]から、この二類型の国家はどちらも正当で合法的な国家なのである。したがって、ホッブズは「設立による国家共同体」も「獲得による国家共同体」も「恐怖」を根拠に対等に相互に矛盾なく設定しており、「獲得による国家共同体」を「設立による国家共同体」に論理的に従属させたという見方は妥当ではない。[154]いずれの場合も、契約の本質的内容は、生命維持のために、主権者に対して抵抗権を放棄し、服従するというものである。

ホッブズの時代、イングランドの現実は、国王対議会の内乱であった。彼の課題は内乱を終結させ、それが再び起こることを防ぐことであった。したがって、ホッブズの念頭には、イングランドの諸個人が国王と議会のいずれかを選択して相互に契約し、内乱を終結するか（設立による国家共同体）、それが無理な場合には、内乱の勝利者に服従して非抵抗を約束し、内乱の再発を防止するか（獲得による国家共同体）、という平和への二つの現実的選択肢があって、それらを理論的類型へと対応させたと思われる。[155] 選挙で選ばれた者であれ、戦争の勝者として統治者となった者であれ、この服従契約によって生まれた主権者は、「一人の人」であれば国王として世襲王政の初代となり、「一つの合議体」であれば議会が議会政治の起点となって永続的に支配する。臣民は、こうして生成された国家権力に対する非抵抗を自然法によって内面的に義務づけられ、叛逆の口実を論理上一切取り除かれるのである。

ホッブズの社会契約論の基本的性格は、ピューリタン革命という神や良心への義務から生じる国家権力への抵抗を、神に対する義務によって権力への非抵抗へと一八〇度転換させるというものである。この転換は、新しい人間学（意志論）の構成によって論理的に可能となった。しかし、こうして生み出された社会契約論の奥底には、ピューリタンを「受動的服従」の枠のなかに収めようとしたフッカーの思想が見え隠れする。ホッブズの社会契約論（政治学）は、ルターからフッカーに貫流する「受動的服従」の思想を継承した「義務の理論」と言えるのではないだろうか。

2　リヴァイアサン——政治と宗教の問題に対するホッブズの解決策

（1）「神の王国」論

『リヴァイアサン』の構造に着目したとき、先行研究において、二つの見方が提起されている。一つは、第一部人間論と第二部国家論の前半部分と、後半の第三部および第四部の宗教論とが、論理的に自律していると捉えるもの、そしてもう一つは、相互に論理的に連関していると捉える見方である。前者を主張する代表的論者が、J・G・A・ポコックやE・J・アイゼナッハである。とりわけポコックは、従来の研究が『リヴァイアサン』の後半部分を無視している点を批判して宗教論の分析の重要性を説いた先駆者である。彼は、『リヴァイアサン』の後半で「ホッブズがしていることは、新しい方法における信仰の歴史化である」と説く(1)。つまり、『リヴァイアサン』の前半は「時間のない自然人の合理的世界」を描く哲学であり、後半は聖書から読みとられた歴史と理解するのである(2)。ポコックの解釈を契機に、以後のホッブズ研究は、非時間的な前半部分と時間的あるいは歴史的な後半部分とがどのような論理的関係にあるのかという問題を探究していくことになる。パトリシア・スプリングボーグは、前半と後半とが自律的であるというポコックの解釈を批判し、後者の立場を打ち出す(3)。彼女の場合、ホッブズはキリスト教の国家共同体を聖書からの論理的類推による構成物として描いていると捉え、「ホッブズの神学的議論と哲学的議論とは相互浸透している」と主張する(4)。同様に、哲学部分（社会契約論）と宗教論との連関に着目するR・J・ホーリデイ、T・ケンヨン、A・リーヴは、第三部の「神の王国」論における神とアブラハムとの信約が、第二部の社会契約の枠組みとして描かれていると論じる(5)。論理的連関を認めるうえで同じ立場にある鈴木朝生は、「ホッブズの〈宗教論〉は哲学体系内の構成において〈政治論〉の論理を引き受ける形で始まっている」と述べ、前半の政治論を宗教論の論理的前提であるとする点で、ホーリデイらとは逆の説明を行っている(6)。

このように、最近のホッブズ研究では、これまで軽視されてきた第三部および第四部の宗教論に注目して『リヴァイアサン』を分析するものが多く現れている。しかしながら、第一部・第二部と第三部・第四部との論理的な関係や整合性を考察する際に、意志論に基づく人間論から展開される『リヴァイアサン』全体の体系性にまで目を配った構造分析を行っているとは言えない。そこで、本節では、これまで行ってきた人間学や社会契約論の分析をもとに宗教論を考察し、『リヴァイアサン』における宗教論の理論的役割を明らかにするとともに、体系的な構成にこめたホッブズの問題意識を探ることにしたい。

さて、『リヴァイアサン』の第三部「キリスト教の国家共同体について」において、ホッブズは、「神の王国」ないし「キリストの王国」という宗教理念の考察を行い、独自の「神の王国」論を展開することによって、聖俗双方の領域における政治的主権者の至上権を立証しようとしている。

ホッブズによれば、神の法は、人間に対して、「自然理性の指示、啓示、ある人の声」という三つの方法によって伝えられると言う。そして、それらは、それぞれ「理性的、感覚的、預言的」な言葉として現れ、人間はそれらをそれぞれ「正しい理性、超自然的感覚、信仰」によって聞くのである。しかし、「啓示」は誰にでも与えられるものではなく、「普遍的な法」とはなりえないので、ホッブズは「超自然的感覚」によって知られる「啓示」を一般的でないものとして退ける。こうして、神が自らの法を「自然理性の指示」を通じて人間に伝え統治する「神の自然の王国」と、選ばれた特定の国民（ユダヤ人）に対して、神が預言者の口を通じて実定法を与え統治する「神の預言の王国」という二つの「神の王国」が提示される。(7)「神の自然の王国」とは、「抵抗しえない力」をもつ全能なる神によって支配されるすべてのもの、すなわち、世界そのものを指している。だから、異教徒はもちろんすべての人間を含む森羅万象を対象とするものであり、「神の自然の王国」という名は、神の全能なる力を示す比喩的な呼称にすぎない。(8)他方、「神の預言の王国」とは神を信仰するユダヤ・キリスト教徒を対象とするものである。ホッブズは、第二部の締めくくりに「神の自然の王国」を説明することによって、第一部と第二部とは「神の自然の王国」における議論であるということ、つまり自然理性によって理解され、すべての人間に適用される内容のものであることを示し、続く第三部と第四部では、「キリスト教の国家共同体」において理解されるべき「神の預言の王国」の議論に入るということを表明しているのである。

ⓐ「神の王国」の二類型――歴史的原型としてのアブラハムとモーセ

ホッブズの聖書解釈において、「神の預言の王国」――宗教理念としての「神の王国」――とは、神を王とする「特別の人民（*a Peculiar people*）」を意味し、比喩的なものではなく、地上にある現実の王国である[9]。その起源は、神とアブラハムとの信約[10]およびモーセによるシナイ山での信約の更新にあるとされる[11]。神はアブラハムと信約し、次のように言う。

「私は、おまえと後の世代におけるおまえの子孫との間に、おまえとおまえの後の子孫に対して神となるという永遠なる信約として、私の信約を確立しよう」。

こうして、アブラハムと彼の子孫に対する「約束による、神の特別の主権が設立」され[12]、「アブラハムは自らと自分の後の子孫とが神の命令を承認し服従するよう義務づけた[13]」。これが「神の王国」の第一の歴史的原型である。そして、第二の歴史的原型は、「イスラエル人がエジプト人から解放された」あと、モーセによる信約の更新から生まれた「神の王国」である。モーセは、「アブラハムの権利の継承者として、イスラエル人を統治する権威を」、「相続」ではなく、「他のすべての君主の権威と同じように、人民の同意と彼に服従するという彼らの約束とに基づいて」引き継いだのである[14]。

「人民は（出エジプト記二〇章一八節）、雷と稲光とラッパの響き、山が煙っているのと見たとき、感動し、遠く離れて立っていた。そして彼らはモーセに対して言った。あなたが私たちに語ってください。私たちは聞いて従います。しかし私たちが死なないように、神が私たちに語らないようにしてください」。ここに彼らの服従の約束があった。そして、これによって彼らは、モーセが神の命令として彼らに伝達するものは何であれ、服従するように自らを義務づけたのである。[15]

この「神の王国」の二類型、アブラハムとモーセという歴史的原型は、第二部社会契約論の国家の二類型と論理的に対応している。アブラハムの場合、ホッブズが「信仰深いものの父」[16]と呼んでいるように、彼の一族に対する支配は「家父長的支配」であり、彼は「獲得による国家共同体」(家父長的支配)の主権者なのである。信約の当事者ではないアブラハムの家族や子孫が信約に拘束される理由は、アブラハムが「彼らの父であり主人であり政治的主権者」であって、「(すべての信約の本質をなす)彼らの意志は、契約を結ぶ前からアブラハムの意志のなかに含まれていて、それゆえアブラハムが彼らに代わって信約したすべてを、彼らに履行させる合法的な権力をもっていたと想定されるからである」[17]。この叙述を根拠づけるために、第二部第二〇章において、子供の同意を基礎とする「家父長的支配」の理論的枠組みが先に論じられているのである。[18]そして、モーセは、「設立による国家共同体」の主権者である。なぜなら人民は、「服従の約束」によって「モーセが神の命令として彼らに伝達することは何であれ、服従するように自らを義務づけた」からである。イスラエルの各人は、自己保存のために、相互契約によってモーセを主権者に選び、彼の行為と判断のすべてを自らのものとするよう義務を負ったのである。[19]

このように、自然理性に基づいて理論化された国家の二類型「獲得による国家共同体」および「設立による国家共同体」の主権者は、聖書の歴史においてアブラハムとモーセとによって裏付けられるのである。あるいはもっと正確に言えば、国家の二類型の主権者は、聖書からキリスト教の政治学を理解する際の理論的枠組みなのである。つまり、第二部の国家の二類型(「獲得による国家共同体」「設立による国家共同体」)は、第三部「神の王国」の二類型(歴史的原型アブラハムとモーセ)の前提であり、「神の王国」論をつくるために設定された理論的な土台ということができる。

前節で考察したように、フッカーは、神との契約によって成立したとされる古代イスラエル国家からイングランド王国を類推し、君主の主権をモーセの主権から導き出した。それは、モーセが宗教に関する最高権をもっていたことを根拠に、王権そのもののなかに教会統治権が含まれることを主張するためであった。ホッブズはこうしたアングリカニズムの思想の課題を徹底して果たすために、二類型の国家論に基づいて独自の「神の王国」論をつくりだしたのである。すなわち、「神の王国」における神の人民に対する支配は、人民の信約（同意）に基づいて形成された政治的主権者（アブラハムとモーセ）によって媒介されることを示すことによって、現実のイングランドにおける神の言葉の伝達者を、聖職者ないし宗教的指導者から政治的主権者に切り替えようとしたのである。

さて、ホッブズによれば、旧約の時代に誕生した「神の王国」は、モーセの死後は彼の地位の継承者として祭司長が「神の唯一の代理人（Lieutenant）」となって続いていた[20]。しかし、サムエルの時代に「ユダヤの人民が神を拒否して[21]」人間サウルを王に選んだときに、「神の王国」は「投げ捨てられ[22]」、それ以来今日にいたるまで、「神の王国」は存在しない状態となっている。したがって、現在は「神の王国」の存在しない、神が自然による以外直接的には働きかけない時代ということになる。「神の王国」がこの世に存在しないことについて、ホッブズは、ユダヤ人が王としての神を拒絶して人間の王サウルを立てたという旧約の叙述、および「キリストの王国はこの世のものではない」というキリスト自身の言明[23]に依拠している。そして、「神の王国」は、「来るべき世界[24]」すなわち未来において、キリストによって復活される。来るべき「神の王国」は、アブラハムやモーセのときと同様、現実の地上の王国である。それゆえ、人間としてのキリストが王となって地上において政治的に支配するのである。救世主はキリストの王国において「人間の本性において統治する[25]」。

現世には「神の王国」は存在せず、来世においてキリストによって「神の王国」が復活されるというホッブズの教説は、ポコックやアイゼナッハによって、当時のピューリタンの終末論や千年王国論と結びついているという指摘がなされている。[26] ポコックによると、ホッブズの「神の王国」論では、「救済が現世的、歴史的、さらに千年王国的過程として示され」[27]、ローマ・カトリック教会の非時間的で空間的な「神の王国」のイメージから、宗教改革派の時間的終末論へと転換されたと言う。[28] ホッブズは、そのような時間的・歴史的な「神の王国」論をつくりだすことによって、「神の王国」を「現在の教会」と捉えるカトリックやピューリタンの解釈と対決したのである。

ⓑ　現在における「神の王国」の否定

ホッブズは第三部において、以上のような独自の「神の王国」論を展開し、これを前提に、第四部「暗黒の王国について」のはじめのところで「神の王国」を「現在の教会」とする解釈を否定している。

> 聖書の最大かつ主要な誤用は、……神の王国が現在の教会、あるいは今生きているキリスト教徒の集団、あるいは死んでいるが最後の日に甦る〔現在の〕キリスト教徒の集団であるということを証明しようとして、聖書を捻じ曲げることである。[29]

ホッブズはここにおいて、ローマ・カトリック、独立派の千年王国論、ジュネーヴの改革派教会の系譜にある長老派、そしてポコックが指摘しているように、神権的主教制論を主張する国教会のロード派を批判の対象として念頭におきながら、[30] 彼らの教会の正当性を基礎づけている理論的根拠を徹底的に掘り崩していこうとするのである。

ローマ教会が唱える「神の王国」論は、霊的・空間的・現在的性格をもつものである。カトリックは、魂を「肉体から分離したある本質（an existence）という非物質的な実体（a *Substance Incorporeall*）」[31] と定義することによって、魂は滅ぶべき肉体とは異なり不滅であると説く。彼らはこの魂の不滅性に依拠して、ローマ教会の階層的組織の頂点に立つ法王が、人間の魂の死後の運命——天国に行くのかそれとも地獄に落ちるのか——について、神の媒介者として霊的な力を行使すると主張する。カトリックは、このような法王の霊的な力を、法王がキリストによって聖霊を授けられた使徒たちの継承者であるということを根拠としている。つまり、カトリックの「神の王国」論では、ローマ法王が、魂の世界すなわち目には見えないが実体として存在する霊的世界と現世との接点であり、法王を軸に現に存在するローマ教会自体が「神の王国」として空間的に存在すると理解されるのである。それゆえ法王は、神による人間の魂の支配を根拠に、現世におけるキリスト教徒の人々の行為をも主権的に支配しようとする。たとえば、ローマ教会の代表的論客であるベラルミーノ枢機卿によれば、法王は、各国の主権者に対して「間接的に」最高の政治権力をもつと言う。[32]このように、カトリックの「神の王国」論は、この世に政治的主権者と法王との支配の二重構造を生み出してしまうのである。

これに対して、ホッブズは、第三部第四二章「教会権力について」においてベラルミーノの主張を丹念に論駁し、[33]さらに、第四部でカトリックの「神の王国」論の論理的基礎を提供するスコラ学を徹底的に批判する。第四部は最後の「総括と結論」を除いて、次の四つの章――第四四章「聖書の間違った解釈から生じる霊的暗黒について」、第四五章「魔物学および異邦人の宗教のその他の遺物について」、第四六章「空虚な哲学と架空の言い伝えから生じる暗黒について」、第四七章「このような暗黒から生まれる利益とその利益は誰に生ずるのかについて」――から構成されている。これらの表題を見てわかるように、第四部では、スコラ学が標榜する非物質的な実体としての霊や悪霊が、聖書解釈に基づいて厳密に反駁されていくのである。

ホッブズは第一部第四章「言葉について」において、スコラ学者の「非物質的な物体」、「非物質的な実体」、「丸い四角形」という概念を「無意味な言葉（Words insignificant）」であると断定しているが、[34]彼のこのような言語分析の視点は、実は第三部第三四章「聖書の諸篇における霊、天使、および霊感の意味について」や第四部の各章において具体的に適用するために書かれているのである。なぜなら、「非物質的な物体」、「非物質的な実体」、「物体から分離した本質」、および「停止している今」（「神の王国」の時間性・歴史性を否定する「永遠」の定義[35]）というスコラ学の観念は、まさにカトリックの依拠する霊的世界（それをイメージさせる不滅の魂や実体としての精霊（Ghosts））が現在において空間的に存在することを保証するものだからである。ホッブズは、次のような世界観に基づいて、スコラ学の上記のような観念を否定する。「世界（それは、……地上だけではなく、存在するすべてのものの全集合体である宇宙をも意味する）は、有形なもの、つまり、物体（Body）である。……したがって、宇宙のすべての部分は物体であり、物体でないものは宇宙の一部ではない。宇宙がすべてなのだから、宇宙の一部でないものは存在しない」。それゆえ、「霊」が存在するならば、「現実に物体である」[36]。こうして、彼は、物体でない実体を否定し、存在するものの本質は存在するもののなかに実在するという存在論に基づき、「分離した本質」、「肉体から分離した非物質的な魂」、「停止している今」を「無意味な言葉」にすぎない誤った教説であることを弁証するのである[37]。このような考え方はデカルトとの論争時から一貫している。ホッブズは、「霊」を物体《ボディ》と厳密に位置づけ、聖書における「神の霊」や「精霊」を単に神の力を示すための比喩と限定することによって、ローマ教会が霊的な「現在の教会」であることを否定するとともに、使徒継承に基づく神権的主教制を根拠に、現在の国教会を「神の王国」と捉えるロードの立場をも反駁しようとしていたと思われる[38]。

さて、一六四〇年代のイングランドにおいて、「神の王国」の実現を切望するピューリタンの千年王国論者たちが政治的に急進化し[39]、独立派はその主要な担い手であった[40]。千年王国論とは、キリストの再臨と地上における「神の王国」の樹立により、この世の姿が変えられ、その後に最後の審判が到来すると考えるものであるが、それはさらに、キリストの再臨が千年王国に先立って起こるという前千年王国論と、キリストの再臨が千年王国の後に続くとする後千年王国論とに分けられる。革命の推進力となったのは、千年王国の到来を激変的なものと捉える前千年王国論であり、それは現状の急進的改革を志向した[41]。前千年王国論は、キリストが地上に現れ、「キリストの王国」を地上において千年間統治し、そのあとに最後の審判が到来して、全般的復活が起こると考える[42]。その際、特徴的なのは、殉教者や聖徒は全般的復活の前に復活して、キリストとともに地上において千年の統治を行うとされている点である。[43] そして、「キリストの王国」の実現の場は、会衆教会《コングリゲイション》にあると想定されている。[44] つまり、「神（キリスト）の王国」を「今生きているキリスト教徒の集団」と捉えているのである。それゆえ、人々は独立派の会衆教会《コングリゲイション》に入ることによって、自らは聖徒であること、すなわち、「キリストの王国」の実現のための担い手であるという強烈な使命意識をもつようになり、「キリストの王国」の実現のために、現世を徹底的に浄化し改革しようとする。だから内戦の進展は千年王国の切迫を示すものとして感じられ、革命を神の意志の実現として熱狂的に推し進めることとなる。

また、長老派に関しては、ホッブズによって問題が鮮明に述べられている。「キリストによる神の王国がすでにこの世に存在するということを示すためにもち出されるあらゆる議論のなかで、答えるのに最も難しい主張は、ベラルミーノやローマ教会の他の人々によってではなく、ベザによって主張されている。すなわち彼は、キリストによる神の王国は、キリストの復活からはじまるというのである」。[45] テオドルス・ベザとは、長老派が依拠したジュネーヴ改革派教会の指導者である。[46]「神の王国」がキリストの復活においてはじまるということは、「キリストの王国はすでに来た」ということであり、今ある長老派教会を「神の王国」と捉えることである。それによって長老派は、「法王と同じく、人民に対する主権者権力をもつことを期待したのである」。[47]

ホッブズにとって、独立派や長老派の「神の王国」論に共通する問題は、聖書に記された歴史におけるイエス・キリストの位置づけである。ホッブズの視点からすると、彼らはキリストの復活や再臨がすでにはじまっているとみなすことによって、「神の王国がこの世に今あるに違いない」[48] と誤って解釈しているのである。ホッブズはこのような解釈を論破するために、第三部において「神の王国」の霊的・空間的・現在的性格の一切を排除する「神の王国」論をつくりあげるのである。それではここで、ホッブズの「神の王国」論の概観を示し、キリストと現在の世界とがどのように描かれているかを整理しておこう。

ホッブズの聖書解釈によれば、神による人間の創造は、アダムのときに行われた。しかし、アダムの罪によって人間は永遠の生を喪失した。[49] その後、アブラハムのときに「神の王国」がはじまり、神のアブラハム一族に対する「家父長的支配」が行われた。そしてモーセのときに信約が更新され、モーセの地位は祭司長によって継承され、神のイスラエル人民に対する実定法による支配が続いた。しかしサムエルの時代、イスラエルの人民が神を拒否して人間サウルを王として樹立したときに（神の同意のもとではあるが）、「神の王国」は消滅した。[50] こうして現世における「神の王国」の存在しない状態がはじまり、イスラエル国家を滅ぼした異教徒のローマ帝国の時代に、イエス・キリストの人間としての最初の到来が起きた。キリストの地上への到来の目的は、来世において「父なる神」の王国がキリストを王として復活することを告げること、そして、人々が、来るべき「神の王国」において永遠の生を享受する選ばれた者となるように、現世において準備するよう教え説得することである。[51] キリストは「神の王国」の存在しない現世において、王としてではなく贖罪者（救済者）としてやって来た。したがって、「キリストの王国」はこの世にはない。彼は死（受難）によって全人類の罪を贖い、そのあと復活し昇天した。キリストによる「神の王国」の復活は来世において生じ、それはキリストの再来のとき、すなわち審判の日であり、同時に「全般的復活」のときでもある。[52] このときに選ばれた者は「神の王国」の臣民となって永遠の生を享受し、見放された者は「神の王国」の外にある敵となり、永遠の死の処罰を受けるとされる。[53]

以上のように、ホッブズの「神の王国」論では、前千年王国論において「キリストの王国」すなわちキリストの再臨が、最後の審判＝全般的復活の前に現れるとされていたのに対し、最後の審判＝全般的復活と同時にはじまるというように転換されている。また、前千年王国論が「キリストの王国」の基盤を現在の独立派会衆教会《コングリゲイション》においたのに対し、ホッブズは、「キリストの王国」を現在ではなく未来に存在するものと位置づけ、これを否定している。

ホッブズは、聖書に描かれている出来事を歴史的事実として捉え、「神の王国」を地上における政治的王国として、過去と未来の両極に位置づけている。この操作によって、この世における「神の王国」の存在を否定し、とりわけ、現世において地上に現れたキリストを、権力をもたない救済者ないし牧者に減じることによって、キリストの代行者たち——カトリックおよびピューリタンの各教会や聖職者——は、「キリストの名において服従を要求することはできない」ということを確立しようとするのである。(54)「彼〔キリスト〕は現世において王ではなかった」。(55)したがって、キリスト自身がこの世において王としての権力をもたないのだから、「キリストの代行者」はむろん政治権力をもちえない。「キリストの代行者の仕事は福音伝道」(56)であり、それは、外面的行為についての「強制や命令」に関るもの、つまり政治権力ではなく、「内面的な回心」(57)を求める教えと助言にすぎないのである。

ローマ・カトリック、独立派、長老派、国教会ロード派は、「神の王国」を「現在の教会」であるとか、「今生きているキリスト教徒の集団」であるというように、まさに自分たちの教会こそが「神の王国」であると捉え、自分たちを神と人々とをつなぐ媒介者であると主張する。つまり、教会権力や宗教的指導者たちは、人間〔政治的主権者〕の命令よりも、王である神〔キリスト〕そしてその代行者たる彼らの命令に従うことが神に対する義務であると民衆に対して熱狂的に説くのである。このような政治と宗教との対立は、一方でカトリック勢力による主権国家イングランドへの介入と、他方でピューリタンの宗教的革命思想による内乱をもたらす。ホッブズは、宗教の政治への介入によって引き起こされる悲惨な戦争状態からイングランドを回復し守るために、「神の王国」を否定することなく、過去と未来の彼方に放逐し、ピューリタンを国教会体制の枠内へ収めようとする意図をもって、宗教に対して政治の立場から対決するのである。

現在の世界に「神の王国」は存在しないというホッブズの考え方は、彼の神義論問題に対する態度決定と緊密に結びついている。それは、世界の一切の不条理は「抵抗しえない力」をもつ全能なる神の所産であり、人間の苦難に意味はない、と考えるものであった。彼の神義論問題へのスタンスは、神と人間との断絶という意識をもたらした。現在の世界において神は直接的には働きかけないのであり、人間の自然の状態は自然法なき戦争状態となる。この戦争状態から脱却するために、人間は信約を結び、国家（「獲得による国家共同体」あるいは「設立による国家共同体」）を樹立する。このように、現在における「神の王国」の否定は、神と人間との断絶意識すなわち自然状態論と関っている。言い換えれば、第一部の自然状態論（人間学）とこれを理論的前提とする社会契約論（二類型の国家論）とは、現世から「神の王国」を排除する歴史論をつくるために用意された理論なのである。

（2）主権的預言者

ホッブズにとって「現在の教会」とは、「神の王国」ではなく、「一人の主権者の人格において統一された、キリスト教への信仰を告白する人々の一団」で、「キリスト教徒の人々からなる政治的国家共同体《シヴィルコモンウェルス》と同一のもの[58]」であり、具体的にはイングランド国教会を指す。「政治的主権者がキリスト教徒ならば、彼は自己の領土における教会の首長である[59]」というアングリカニズムは、フッカーの思想と共通している。この体制において、聖職者は順々に階層的に上位の者に従属し、最終的には「一人の最高の牧者」、すなわち政治的主権者によって統括される[60]。

> すべての牧者は、最高の牧者を除いて、政治的主権者の権利において、つまり政治的主権者の権威すなわち政治的権利（*Iure Civili*）によって、その責務を遂行する。しかし王やほかのすべての主権者は、最高の牧者という職務を神からの直接の権威によって、すなわち神の権利あるいは神権（*Iure Divino*）において遂行する[61]。
> 主教たちは彼らの権威を神の権利によってもつのではないように、法王も彼がまた政治的主権者である場合

を除いて、その権威を神の権利によって有するのではない[62]。

このように、法王や主教という聖職者の地位や職務および権威は、神の権利すなわち神から直接受けたものではなく、それを直接神から受けている主権者からの派生ということになる。ホッブズはここで、教会権力や聖職者は政治的主権者に従属するものであることを明確化しているのである。こうした主権の神権性という考え方はフッカーの「受動的服従」の思想と共通するものである。そのフッカー自身は、政治的主権者の主権をモーセの主権から類推しているのであるが、さらに彼は、モーセを「預言者のなかの王（the prince of prophets）[63]」と捉えることによって、モーセは政治的主権者であるとともに主権的な預言者でもあるから、イングランドの王も主権的な預言者でありうる、ということを示唆するのである。ホッブズも、このフッカーと同様な視点をもって、「主権的預言者（Sovereign Prophets）[64]」という概念を創出する。これによって、国教会の首長が「主権的預言者」という新しい地位にまで高められ、神の言葉の伝達経路が、神→聖職者・宗教的指導者→人民から、神→政治的主権者→人民へと転換されるのである。

ⓐ 真の預言者と偽りの預言者

ホッブズは、まず『リヴァイアサン』第一部第七章において、「主権的預言者」の議論の論理的布石をおいている。

我々がどんなものであれ、ある言明が真実であることを、そのものごと自体、あるいは、自然理性の諸原理からではなく、それを言った人の権威から、ないし、その人に対する我々の好意的な意見から引き出された論拠によって信じるとき、その場合、我々が信じ信頼するのは、話し手あるいは人格であって、我々がその言葉を受け入れる人格こそが、我々の信仰の対象なのである。……したがって、我々が、神自身から直接的な啓示を受けることなく、聖書を神の言葉と信じるとき、我々の信念（Beleefe）、信仰（Faith）、信頼（Trust）は、教会に対するものなのである。つまり、教会の言葉を受け入れ、教会に対して黙って従うのである。そして、預言者が神の名において告げることを信じる人々は、その預言者の言葉を受け入れ、彼に名誉を与え、信頼し、彼が真の預言者であろうと偽りの預言者であろうと、彼が告げることを真実のものとして信じるのである。[65]

つまり、ホッブズの言いたいことは、「信じる」ということは「話し手」ないし「人格」に対するものであり、信仰の対象は、言葉そのものではなく、その言葉を告げる人間に対するものだということである。したがって、「聖書を神の言葉と信じる」という場合、その信仰の対象は、聖書が神の言葉であると説いた人、すなわち、教会の聖職者や牧者、もしくは、彼らの行為を権威づけている教会の首長たる政治的主権者ということになる。[66]

ところで、一般に預言者は、自ら預言者であることについて、神が自分に「夢、幻、声、霊感」[67]によって語ったということを根拠とする。ホッブズは、「モーセもアブラハムも、霊を保有するからではなく、神の声あるいは幻や夢によって預言することを主張した」[68]と述べており、神が「夢、幻、声、霊感」によって直接的に啓示する可能性を認めてはいる。しかし、他方でホッブズは、「今では奇蹟はなくなった」と断言し、それゆえ、「私人の啓示や霊感」を預言者のしるしとして承認することはできないと言う。[69]なぜなら、往々にして人間は、自らの願望や思い込みによって、単に自分自身の「想像」にすぎない「夢」や「幻」を、神の啓示と間違ったり、あるいは嘘をついたりするからである。[70]第一部第二章において、「夢」や「幻」を人間の身体内の自然的作用と厳密に定義する作業は、こうした私的預言者を封じる理論的前提をなしていたのである。[71]このように、ホッブズは、超自然的啓示や霊感を人間の身体の自然的作用による錯覚とみなし、私的な預言の根拠を取り除くとともに、同時代の一般人民を超自然的な啓示をもたない人々と規定し、彼らが信ずべき人格つまり「真の預言者」の資格を「最高の牧者、つまり政治的主権者[72]」という地位に収斂させていくのである。

超自然的な啓示をもたない一般の人々は、霊に基づいて預言者の真偽を調べることができない。だから、各人は、「神が預言者の真偽を見分けるために与えた法則を適用するよう、自然理性を用いなければならない」とホッブズは言う。この法則が、「イエスはキリストである、つまり、旧約において約束されたユダヤ人の王である」という信仰箇条である。この信仰箇条を教える者が「真の預言者」であり、これを否定する者が「偽りの預言者」である[73]。この「イエスはキリストである」という教義は、キリスト教徒の救済に唯一必要な本質的なものとして最小化した信仰箇条であり[74]、フッカーと非常に共通する立場である。「イエスはキリストである」という本質的信仰箇条は、「信仰の基礎」であり[75]、それ以外は「上部構造」すなわち非本質的な諸教義とみなされる[76]。ホッブズは、おそらくフッカーに由来するアングリカンの思想から受け継いだと考えられる本質的信仰箇条を、さらに預言者を見分ける基準にまで仕立てたのである。

ⓑ 政治的主権者＝主権的預言者

「イエスはキリストである」という唯一の本質的信仰箇条を説く者が「真の預言者」であるということは、主権者も最小限の本質的信仰箇条を告白するならば、「神の預言者」になりうるということである[77]。しかし、この場合、預言者は必ずしも敬虔な人格であるとか、神に選ばれた者であるとかということを必要としない。「イエスはキリストであると告白し、公言し、説教するということは、その人が信心深い人間であるとか、選ばれた者であるとかということを示すものではない。そうではなくて、彼は公的に承認された預言者であるということを示すものなのである。というのは、神は時にはその人格を受け入れていない預言者たちによっても語るからである[78]」。つまり、ホッブズは、政治的主権者が「神の預言者」になる資格条件を極力減らすことによって、主権者の敬虔さが臣民によって取り沙汰されることのないようにしているのである。なぜなら、それは、主権者の行為を臣民が判断する根拠となり、ひいては反抗の口実を与えてしまうものとなるからである。ホッブズの意図は、神の言葉の伝達経路を政治的主権者のもとに一本化するために、条件をつけずにキリスト教徒の主権者を「主権的預言者」にすることにある。この「主権的預言者」という概念は、「神の王国」論から導き出される。

ホッブズによれば、聖書における**「預言者」**は「神から人間に語るあるいは人間から神に語る代弁者（*Prolocutor*）」という二つの面をもつと言う。モーセは「神から人民に語るという意味での」預言者であり、アブラハムは「人間から神へ語るという意味での」預言者とされる。[79] それゆえ、人民のために神に向かって言葉を伝える者、すなわち、「キリスト教の教会において会衆のために公的に祈る人々」も預言者と理解され、人間の王サウルも預言者のなかに組み込まれる。[80] こうして、政治的主権者も「会衆のために公的に祈る」ならば、アブラハム、モーセ、サウルと同様に預言者と呼びうることになる。そして、ここから類推して、アブラハムやモーセの地位の継承者が本質的信仰箇条を告白するならば、「主権的預言者」となる、ということが導き出されるのである。

ここで、ホッブズの「神の王国」論に即して「主権的預言者」を整理してみよう。アブラハムとモーセは、王である神の代理人の「地位」（政治）と祭司長の「地位」（宗教）を合わせもつ「主権的預言者」である。モーセの死後、「神は彼（アーロンの息子祭司長エレアザル）を（神に次いで）主権者であると宣言した」[81] ので、祭司長が同時に、王である神の代理人の「地位」を担う「主権的預言者」となる。そしてイスラエルの人民によって神の特別の統治が退けられ、「神の王国」が解体した後は、敬虔な王たち（サウル、ダヴィデ、ソロモン）が、政治的主権とともに「宗教についての至上性」をもつ「主権的預言者」であり、祭司長は王の単なる代行者に降格される。[82] しかし、新約の時代においては、「主権的預言者」は存在しない。というのは、王が異教徒であり、神の言葉の伝達者になりえないからであり、地上にいたキリスト自身が「話しかける神であるとともに、神が話しかける預言者でもあった」[83] からである。そして、キリスト教に改宗したコンスタンティヌス大帝以降、キリスト教徒の政治的主権者が、アブラハムあるいはモーセの「地位」の継承者としてサウルたちと同様「主権的預言者」となる。ホッブズは次のように言う。

国家共同体においてアブラハムの地位（the place of Abraham）をもつ者は、また神が語ったことの唯一の解釈者である。(84)

キリスト教の国家共同体においてモーセの地位（the place of Mose）をもつ者は誰でも、神の言葉の唯一の伝達者であり、神の命令の唯一の解釈者である。(85)

神と直接的に契約を結んでいない、言い換えれば直接的に啓示を受けていないアブラハムの家族や子孫およびイスラエルの人民は、アブラハムとモーセが「獲得による国家共同体」および「設立による国家共同体」の政治的主権者であるがゆえに、つまり、彼らがアブラハムとモーセに「自発的に」服従することに同意したために、アブラハムやモーセが神の言葉として伝達するものに服従するよう義務を負っているのである。したがって、今日において、神から直接的に啓示を受けない人々は、神の言葉（神の命令）をアブラハムとモーセの「地位」の継承者である政治的主権者＝「主権的預言者」から受け取るべきとされる。ホッブズは次のように主張する。「どの国家共同体においても、超自然的啓示を受けない人々は、宗教に関する外面的行為と信仰告白において、彼ら自身の主権者の法に服従すべきである」。

しかし、注意すべき点は、「主権的預言者」が「神の言葉」として伝えることを、臣民は「信じる」ように強制されるわけではないということである。なぜなら、「人間の内面的な思想と信仰とは、人間の統治者には知ることができないものであり、（神のみが心を知っているのであるから）自発的なものでも法の効果でもなく、啓示されない意志〔人間にはわからない神の意志〕、すなわち神の力の効果であって、したがって〔統治者から〕義務づけを受けることはない」ものだからである[86]。人間はある人格が伝える言葉を聞き、真実のものであるかについての「意見」をもつ。それゆえ、ある者は預言者の言葉を〔私的預言者のものであろうと「主権的預言者」のものであろうと〕信じるかもしれないし、信じないかもしれない。だが、その人が何かを信じたり信じなかったりすることを、他者はコントロールすることはできない。人間の内面を制御することなど神以外にはできないことだからである。しかし、自称預言者が、「神の名において至福への道だと説くその方法において、神に従うことを要求する」ならば、それは「人々を統治すること」と同じであり[87]、政治的な外面的行為の問題となり、政治的主権者の管轄に抵触することになる。したがって、「主権的預言者」以外の預言ないし預言者は、政治的に真偽を検討されねばならないのである。

政治的主権者＝「主権的預言者」は「イエスはキリストである」という最小限の本質的信仰箇条以外のすべての諸教義を統制しうる。そして、主権者が決定した教義は法として布告されるのであるから、法が改正されるまで、臣民は自己の理性や良心に基づいて拒否することは許されない。だから、臣民各人は、「主権的預言者」が神の名のもとに教えられるべきと命令した教義を、法として守らなければならないのである[88]。「我々は、牧者たちの教説について論争してもよいが、しかし、いかなる人も法について論争することはできない[89]」。人民は、宗教問題が政治問題となったとき、自己の私的理性あるいは良心を判定者とすべきではなく、主権者すなわち「公的理性、言い換えれば、神の代理人（Gods Lieutenant）」を判定者とすべきなのである[90]。また、そうであるがゆえに、異端の判定についても政治的主権者に委ねるべきであり、人民は、自己の理性に基づいて異端の判定をすることを許されない。「異端とは、公的人格〔つまり国家共同体の代表者〕が教えられるべきと命令した意見に反対して、頑固に主張された私的な意見にほかならない。これによって明らかなのは、教えられるべきと公的に定められた意見は異端ではありえず、それを権威づけた主権者である君主も異端者ではありえない、ということである」[91]。たとえ、君主が異教徒であったり、「誤りを教えることを権威づけた君主」であったりしても、「キリスト教徒は良心ゆえに寛容しなければならない」[92]。「良心ゆえの寛容」というホッブズの考え方は、自己の良心を絶対化してはならないというルターの良心論を継承したものである。ホッブズにとって良心とは、自己の「意見」にすぎず、自分の「意見」が形成される心のなかの対話過程を知っているという意識にほかならない。したがって、人々は自らの良心すなわち「意見」を相対化して、主権者の「公的良心」すなわち法に従うべきなのである。

ホッブズは言う。「キリスト教の国家共同体における反乱や内乱に最も頻繁に用いられる口実は、長い間、神と人間の命令が互いに対立する場合に双方同時に服従することの困難から生じてきた」[93]。聖職者や私的預言者が、政治的主権者の命令より神の命令に服従するように説いて民衆を煽動し、支配の二重構造、すなわち、人間の命令（政治）と神の命令（宗教）との対立という政治的構造が生み出される。ホッブズは、このような政治的課題に対して、「主権的預言者、つまり、地上における神の代理人であり、キリスト教徒の人々を統治する権威を、神に次いでもつ者」[94]というカテゴリーを創出して、神と政治的主権者と人民とを一元的に結びつける国家像を形成する。政治的主権者が国教会の首長として「主権的預言者」という新しい地位を合わせもつことによって、国家教会体制の下で、政治と宗教の対立が取り除かれるのである。「受動的服従」という思想伝統を受容したホッブズは、「主権」とは神が被造物の世界の秩序を維持するために設定したものであり、諸個人の信約によって設立された主権者は、神的性格を帯びる「主権」を担うことによって、「主権的預言者」すなわち「神の預言者」ないし「神の代理人」とみなされうるという論理を導き出す。それゆえ、主権者の命令（法）は、諸個人が自発的に信約したことから生じる責任と神に対する義務によって厳格な拘束力をもつものとなる。

ホッブズは、ピューリタンの宗教的良心に基づく、神に対する義務として起こされた権力への抵抗を、自己の意志に基づく、神に対する義務としての権力への服従へと、反転させようとしたのである。彼はこの課題を果たすために、まず第一部で必然的な意志の理論を中心とする人間学を構築し、第二部でそれを前提とする社会契約論――政治的主権者（設立による国家共同体と獲得による国家共同体）の生成と特質――を描き、第三部において社会契約論を理論的土台とする「神の王国」論を提起し、現世から「神の王国」を排除して、現在の政治的主権者が聖俗双方の領域で最高権力をもつことを弁証していく。こうして、政治と宗教の問題に対する『リヴァイアサン』の体系的な論理は、「主権的預言者」において一つの頂点を迎える。換言すれば、国家の独立と平和の回復維持のために、宗教問題を政治的主権者の一元的な管理体制の下におくという主題は、「主権的預言者」によって結実する、キリスト教の国家論（政治学）において達成されるのである。

ⓒ ホッブズの国家教会体制論とエラストゥス主義

宗教問題を政治権力の支配下におくというホッブズの国家教会体制論は、しばしば同時代のエラストゥス主義（教会問題における国家の支配権を主張する思想的立場）、とりわけその代表的論者であるジョン・セルデン（一五八四―一六五四）との近似性が指摘される。[95]

ホッブズとセルデンは親しい友人関係にあり、一六三六年の手紙では、グロティウスの『自由海（*Mare liberum*）』を批判したセルデンの『領海（*Mare clausum*）』（一六三五年）をホッブズが高く評価しているのを見ることができるし、[96] セルデンの死の間際にホッブズが居合わせ、牧師が赦免を行おうとやってきた際に「男らしく筆をふるってきた君が、なんと、女子のように死ぬのか」と言って牧師を入らせなかったというエピソードも有名である。[97] またホッブズは、『リヴァイアサン』のなかでほかの論者の著作を褒めることはほとんどないが、セルデンの『名誉称号論（*Titles of Honour*）』（一六一四年）は数少ない例外に入り、第一〇章で推奨されている。[98]

ホッブズとエラストゥス主義者に共通する大きな特徴は、教会権力の政治権力からの自律性を主張するカトリック、長老派およびアングリカンの議論を論駁するために、旧約聖書に描かれているユダヤ人の歴史を利用するところである。この点だけを見れば、ホッブズは広い意味でエラストゥス主義者と呼べるかもしれない。イングランドのエラストゥス主義者は、ユダヤ人の歴史、とくに古代ユダヤの制度、法、実践に関心をもち、旧約研究を盛んに行い、これをモデルとしてイングランドに応用しようと考えた。とりわけセルデンは、ヘブライ学者として古代ユダヤに関する膨大な知識を駆使して、カトリック、長老派、アングリカンなどの聖職者主義的な旧約の理解を攻撃した。[99] ホッブズもこうした方向性には共感したと思われる。しかしながら、ホッブズはこのような一七世紀のエラストゥス主義の潮流に棹差しながらも、その国家教会体制論において、彼らの教説とは異なる新奇で独創的な聖書解釈を展開する。[100] したがって、こうした共通点は前提としつつ、それよりはむしろホッブズとエラストゥス主義者の違いがどのような点にあるのかを見ていくことのほうが、ホッブズのキリスト教の国家論を理解するうえでより役立つように思われる。そこで、ここではサマヴィルの分析を手がかりに、ホッブズとセルデンおよびエラストゥス主義者との間の相違について明らかにしたいと思う。

ホッブズとエラストゥス主義者の重要な相違は、第一に教会の捉え方、第二に祭司長の位置づけにおいて見られる。まず、第一の点について見てみよう。セルデンの旧約聖書の解釈によると、古代ユダヤにおいて最高権力をもつのは、宗教問題・税金問題だけでなく民事・刑事の諸問題をも処理するユダヤ人議会であるサンヘドリン（synedrium）であり、このサンヘドリンが国家と教会の両領域におけるあらゆる問題に関して管轄権を有するという。セルデンの目的は、イングランド議会をサンヘドリンになぞらえることにある。[101] そしてこれに基づいて、新約のマタイ一八章一五、一六、一七節のなかでキリストが言う教会とは、サンヘドリンを意味すると捉える。この箇所は『リヴァイアサン』においても引用されている。

（キリストはいう）もしあなたの兄弟があなたに対して罪を犯すことがあったら、彼のところに行き、二人だけの間で彼をいさめなさい。彼が聞き入れてくれたなら、あなたは兄弟を得たことになる。しかし聞き入れようとしないなら、一人か二人を連れていきなさい。それでも彼が彼らの言うことを無視するなら、そのことを教会に言いなさい。しかし教会の言うことも無視するなら、彼のことはもう異教徒か収税吏のように考えなさい。(102)

このマタイ一八章一五、一六、一七節は、キリストが教会に破門の権限を認めていることを示すものとして、カトリックや長老派やアングリカンによって、教会の破門の権力の根拠とされる箇所である。セルデンは『サンヘドリンについて（*De Synedriis*）』において古代ユダヤの歴史について詳細な研究を行い、膨大な知識を武器に、こうした聖職者主義的主張を反駁する。セルデンによると、ここでキリストが述べている教会とは、ユダヤのサンヘドリンのことで、このサンヘドリンの命令さえ聞けないような者はもはやユダヤ人とは認めがたく、異教徒か（ユダヤ人からの嫌われ者であった）収税吏のように取り扱うべきだということが説かれているのだと言う。(103) セルデンはここから、聖書に厳密に基づくならば、現代のサンヘドリンであるイングランド議会こそがあらゆる問題について決定権をもつ最高権力であって、国家の制御から独立した教会の管轄権すなわち破門の権力はユダヤの歴史からは正当化されえないと主張する。(104)

国家の制御から独立した教会の管轄権を拒否するという点ではホッブズも共通する。しかし教会をサンヘドリンと捉える解釈はとらない。ホッブズによると、マタイ一八章一五、一六、一七節のキリストの教えから明白なことは、「悔い改めが真実かどうかに関する判断」は、「国家共同体において、王や主権者の権威を有する人々が改宗する前の時代」は、「教会すなわち忠実な信者の合議体、もしくは彼らの代表者となる権威をもつ人々に属した」ということである[105]。そして主権者のキリスト教への改宗後は、王であれ議会であれ主権者は最高の牧者であり[106]、その領土における教会の首長であるから、その判断は主権者に属する。政治的主権者は「教会的であれ政治的であれ、行為と言葉に関するかぎり、あらゆる訴訟事件における最高権力をもつのである」[107]。しかし、主権者が異教徒であれキリスト教徒であれ、主権者も教会もある人間が偽善者であるかどうかは外面的行為からしか判断できないのであるから、キリスト教徒の臣民は、行為が法に反することがないかぎり、破門を受けることはない[108]。なぜなら、偽善であるかどうか、真剣に良心から行っているかどうかについては、「神のみが判断者」[109]だからである。

　ホッブズのアングリカニズムからすると、「国家と教会とはともに同じ人々である」[110]から、教会＝サンヘドリン（議会）ということにはならない。教会は「一人の主権者の人格において統一された、キリスト教への信仰を告白する人々の一団」であって、議会が主権者である場合には、議会がこの「人々の一団」を統一する一人格となるが、ホッブズが主権者を導き出す旧約の歴史の根拠は、サンヘドリンではなく、アブラハムとモーセの政治的主権者＝「主権的預言者」という地位なのである。旧約の歴史を用いて、一方で、セルデンはリンヘドリンから議会の最高権力を、他方で、ホッブズは「主権的預言者」という地位から政治的主権者（君主と議会の両方の可能性を含む）の最高権力を正当化しようとするのである。

　次に、祭司長の位置づけについて見てみよう。古代ユダヤの歴史において、モーセの死後、神の直接の統治が終わり、サウルが王に任命されるまでの間、祭司長は主権をもっていたかどうかが問題となった。カトリックは祭司長が主権をもっていたとし、この祭司長を法王の先駆者だと主張する。長老派は、祭司長は教会問題に関して独立の権力を有しているだけでなく、世俗的権威も大いに行使していたと主張し、祭司長を長老の先駆者に位置づけて、彼らの教会権力を正当化する。エラストゥス主義者はこうした聖職者主義を打破するため、これとはまったく反対に祭司長の役割を最小化し、祭司長をサンヘドリンに従属する下位の存在に位置づける[111]。これに対し、ホッブズはモーセの死後、祭司長エレアザル以降「神の王国」が解体するときまで、祭司長が主権をもっていたことを認めている。

エラストゥス主義者にとって、祭司長の主権を認めることは、祭司長を彼らのよりどころであるサンヘドリンの上位に位置づけることになってしまうため、許されなかった。しかしながら、ホッブズにとって祭司長は、アブラハムとモーセの地位の継承者であり、現在の主権者（君主／議会）の先駆者であるから、問題とはならない。カトリックや長老派が祭司長の地位を高く評価すればするほど、それはホッブズにとって、政治的主権者＝「主権的預言者」の地位を高く評価することとなり、主権者による宗教・教会問題の支配を確たるものとし、反対に、聖職者主義は自己の目的を打ち砕かれてしまうのである。

ところで、筆者はこれまでフッカーとホッブズの類似性を強調するために、ホッブズの国家教会体制論をアングリカニズムと表現してきた。実際、ホッブズの大部分の見解はアングリカンが唱えていることときわめて近似している。[112] この点はより注視されるべきであろう。では、ホッブズの理論と同時代のアングリカンの立場との相違はどこにあるのか。それは、ホッブズの政治的主権者＝「主権的預言者」という論理である。アングリカンは、キリスト教徒の君主は教会の首長であるという、ホッブズとまったく同じ立場をとるが、支配者は教会統治について聖職者を通じて行うべきであると論じる。なぜなら、聖職者は神から直接、霊的権力を授けられているからである。アングリカンの議論において、教会には二つの側面がある。一つには、国家と教会は同一の団体であるというホッブズと同様の捉え方で、それは「立法制度」を言う側面から見たときを指す。他方で、霊的権力の受け皿となる人的団体という意味では、教会は主教たちを指す。アングリカンは、後者の観点から、主教たちの宗教的管轄権や破門の権力を主張する。[113] ロード派はこれを徹底的に行ったため、革命をまねいた。

これに対して、ホッブズは、聖職者は主権者が彼らに付与することを承認したもの以外は、いかなる権力ももちえないとし、聖職者を主権者の単なる代行者に位置づける。先に論じたように、ホッブズは主教の権威を神から直接受けたものとする主張を退けている。この点で、通常のアングリカンの立場と異なるが、さらにホッブズは、伝統的に聖職者に限られてきた機能、すなわち説教、洗礼、主の晩餐の聖礼の執行、神殿や牧者を神への奉仕のために聖別する権威を主権者に認め、主権者はあらゆる牧者の機能を行使することができると主張する。[114] このような立場は、カトリック、長老派、アングリカンだけでなく、独立派とも異なるものである。[115] ホッブズはこうした主張を、「主権的預言者、つまり、地上における神の代理人であり、キリスト教徒の人々を統治する権威を、神に次いでもつ者」というカテゴリーの措定によって、導き出しているのである。ホッブズの国家教会体制論は、政治的主権者＝「主権的預言者」という論理によって、聖職者主義的な立場ともエラストゥス主義とも異なる独創的な理論を提出したのである。

ヘブライ学者であるセルデンは古代ユダヤの歴史的文脈にそって議論を構築しているのに対し、ホッブズは『リヴァイアサン』の第一部および第二部の理論を枠組みとして聖書を解釈している。古代ユダヤの歴史や実践をより正確に理解していたのは、セルデンのほうかもしれないが、政治による宗教のコントロールという課題をより論理的に一貫して構築したのはホッブズのほうかもしれない。

以上のように、ホッブズにおいて、哲学と聖書解釈による歴史――「神の自然の王国」と「神の預言の王国」――とは、政治的主権者＝「主権的預言者」という論理によって結びつけられるのである。[116]

（3）暗黒の王国

ホッブズは、『リヴァイアサン』第一部・第二部の「神の自然の王国」の議論と第三部の「神の預言の王国」の議論を理論的な根拠として、最後に第四部で「暗黒の王国」の破壊にとりかかる。ホッブズの「暗黒の王国」の定義は次のとおりである。

聖書のあちこちで述べられている暗黒の王国とは、この現世において、人々に対する支配権を手に入れるため、暗愚で誤った教義によって、人々がもつ自然の光と福音の光の両方を消し去り、彼らに来るべき神の王国へ入るための準備をさせないように努力する、欺く者たちの同盟にほかならない[117]。

ホッブズが「暗黒の王国」を攻撃する目的は、「敵」すなわちカトリック、長老派、千年王国論を主張する独立派、神権的主教制を唱えるアングリカンのロード派など、地上にある「現在の教会」を「神の王国」と捉える人々の主張を反駁し、彼らの教会権力および教会的権威の理論的根拠を破砕することである。

ホッブズは、「欺く者たちの同盟」が、いかにして「霊的誤り」つまり「霊的暗黒」をもたらしてきたかについて、次の四つを挙げる。第一に、聖書の間違った解釈によって、第二に、聖書に対する迷信的な異教徒の魔物学の導入によって、第三に、聖書に対する異教徒の宗教の遺物およびギリシア人とりわけアリストテレスの空虚な哲学の混入によって、第四に、聖書に対する誤ったもしくは疑わしい歴史と言い伝えの混入によってである[118]。これらについて、ホッブズは第四部の第四四章「聖書の間違った解釈から生じる霊的暗黒について」、第四五章「魔物学および異邦人の宗教のその他の遺物について」、第四六章「空虚な哲学と架空の言い伝えから生じる暗黒について」において順に明らかにし、最後に第四七章「このような暗黒から生まれる利益とその利益は誰に生ずるのかについて」において、「暗黒の王国」による利益が誰にもたらされるのかを明示し、ここでカトリックと長老派を徹底的に攻撃する。

それでは、ホッブズの叙述に従って彼の「暗黒の王国」論を整理しながら、それが第一部から第三部の議論とどのような関係にあるのかについて考察していきたいと思う。

ⓐ 聖書の間違った解釈

ホッブズは聖書の主要な誤用として次の三つを挙げている。第一に、「現在の教会」を「神の王国」であるとすること。第二に、聖別を呪文か魔法のようにしてしまうこと。最後に、人間は本性によって身体から分離しうる不死の魂をもつと考えて、「永遠の生」と「永劫の死」を誤解することである。[119] これらについて順に見ていこう。

先に「神の王国」論のところで論じたように、ホッブズは「神の王国」を「現在の教会」もしくは「今生きているキリスト教徒の集団」とする解釈を否定している。なぜなら、「現在の教会」を「神の王国」とする教説は、教会権力の政治権力からの独立を支持し、二つの権力による支配の二重構造を生み出してしまうからである。ホッブズによれば、この教説を根拠に、僧職に就いている者は、聖職者（Clergy）の名のもとに自分たちを古代イスラエルのレヴィ人になぞらえ、レヴィ人に支払われた十分の一税や貢納を自分たちに納めるよう要求する。そのためキリスト教徒の人民は、一方で国家に、他方で聖職者に納税を迫られ、二重貢納を強いられてきた。「現在の教会」を「神の王国」とする教説から、聖職者は政治権力から独立した財源を確保するとともに、国法と教会法の区別、および政治的国家への貢納と裁判からの免除をも獲得する。[120] すなわち、この教説によって、彼らは政治権力によるコントロールを免れた独立した支配領域を手に入れることができるのである。

聖書の第二の誤用は、聖別を呪文や魔法に変えてしまうことである。ホッブズに従えば、法王や司祭は、主の晩餐の聖礼においてパンとぶどう酒を神への特別の奉仕のために聖別するが、このとき、彼らはこの聖別によってパンとぶどう酒が本当にキリストの肉体と血に変化した、すなわちパンとぶどう酒の本性が変化したと称する。あるいは洗礼の儀式、および結婚、病人の見舞い、教会や墓地の聖別の儀式などにおいて、「幻影（Phantasmes）や想像上の霊（Imaginary Spirits）」を追い払うのに有効として呪文がかけられる。こうすることによって、聖職者は、自分たちのみが化体を導き、悪霊を追い払うといった超自然的な力をもち、神聖な儀式を行うのに必要な霊的な権力を有すると主張するのである。[121] ホッブズはこうした主張を打破するため、聖別を次のように定義して、脱魔術化を図る。

　聖別するとは、聖書においては、ある人あるいは何かほかのものを、一般的な使用から切り離して、敬虔で礼儀正しい言葉と身のこなしでもって、捧げ、供え、奉納することである。言い換えれば、それを神聖にし、もしくは神のものとすることであって、（私がすでに第三五章で十分証明したように）神が彼の公的代行者として任命した人々によってのみ使用されるべきものとすることである。つまり、それによって、聖別されたものそのものを変化させるのではなく、ただそれの使用を、世俗的で一般的なものから神聖な神への奉仕に特有のものへと変化させるだけなのである。[122]

　ホッブズ自身が述べているように、彼はすでに第三部第三五章「聖書における神の王国、神聖な、神に捧げられた、および聖礼の意味について」のなかで、「聖別された（consecrated）」ものの意味を「人々の献納によって神聖なものとされ、神の公的礼拝においてのみ使用されるよう神に供されるもの」と定義している。[123] これは第四部第四四章での議論を見据えた布石だったのである。

　聖書解釈の第三の誤りは、人間は本性上肉体から分離しうる不死の魂をもつと考えることである。この教義からすると、人間の魂は不死なので、信仰深い者であろうと邪悪な者であろうと、すべての人は「永遠の生」を享受することになり、「永劫の死」は存在しないことになる。これをごまかすために、「永劫の死」が意味するのは「拷問のなかでの永劫の生」であるとされてきた、とホッブズは指摘する。[124] また、魂と肉体がそれぞれ切り離されうる別の実体であって、しかも魂は不死だとすると、肉体の死を迎えた人間の魂はどこにあるのかという問題が生ずる。ローマ・カトリックは、肉体のない魂のための場所として、煉獄すなわち天国でも地獄でもない第三の場所をつくりあげた。この煉獄において、死者の魂は火に焼かれて罪を浄化され、天国にふさわしいものにされると言う。そして贖宥の教義をつくりだして、これによってこの煉獄の火からも免れられると称するのである[125]。

人々は、神によって「神の王国」の住人として選ばれて永遠の生命を授けられることを望み、終わることのない地獄の火のなかでの苦しみという永遠の断罪に対して恐怖する。もし儀式や呪文によって、永遠の火あるいは煉獄の火から免れさせることのできる者がいたとしたら、どうしてこの人に従わないであろうか。この教義は、天国か地獄か、救済か断罪かといった信仰の核心部分をコントロールできる権威を聖職者に与え、人々の彼らへの依存性を高め、支配を絶対的なものにする。ホッブズはこれを覆すために、煉獄の教義の基礎となっている「分離した魂の自然の永遠性という教義[126]」を反駁する。

ホッブズによれば、「聖書における魂は常に生命あるいは生ける被造物を意味し、そして肉体と魂は二つが一緒になって生きている肉体を表す」のであって、魂は「肉体から分離した実在という非物質的な実体」を意味するのではない。ホッブズはここでも第三部の議論をもち出す。「信仰深い者の魂は、彼ら自身の本性からではなく、神の特別の恩寵によって、復活からまさに永遠に向かって、肉体のなかに存在するということを、私はすでに第三八章において、聖書から十分に証明したと思う[127]」。ホッブズは第三部第三八章「聖書における永遠の生、地獄、救済、来世、および贖罪の意味について」において、これらの表題に関する定義を行い、人間の不死性はその本性によるものではなく、「永遠の生」は神の恩寵、神の意志によってのみ与えられると論じる。そして、この「永遠の生」とは、最後の日の復活による「肉体の復活」すなわち魂と肉体を合わせもった状態での「人間の不死性」を意味し、魂の不死性ではないことを強調する[128]。彼は第三八章で、これらについて詳しく論じておいたうえで、再度第四部第四四章で、「聖書からは、人間の魂の不死性は本性によるのではなく、恩寵によるものであることが証明される」ということ、聖書のなかに「肉体のない魂のための場所の必要を証明しうるものはなにもない」ということを繰り返す。「一片の土に命を与えることのできた神は、それと同じ力で、死者に再び命を与え、生命のない腐敗した死体を輝かしい霊的な不死の肉体によみがえらせることができる」[129]。ホッブズは「永遠の生」に対する神の恩寵と神の全能性を強く打ち出し、魂の不死性だけでなく、肉体から分離した非物質的実体としての魂それ自体を徹底的に否定するのである。

ⓑ 魔物学と異邦人の宗教の遺物

ホッブズの分析によれば、キリスト教に混入した異教徒の宗教の遺物は、一つは魔物学であり、もう一つは偶像崇拝である。魔物学はユダヤ人の媒介によってキリスト教にもち込まれたが、偶像崇拝は異邦人がキリスト教に改宗したあとに彼らの間で残ってしまったものである[130]。人間の魂が肉体とは別個の非物質的な実体であるという考えは、ギリシア人の魔物学から伝染したものである[131]。ホッブズは、魔物学は古代の人々が感覚認識の性質をまだよく知らなかったことから生じているとし、第四五章を視覚認識のメカニズムの説明からはじめる。

人間は自分の外部に存在するある対象つまり物体（Body）を見たとき、この対象によって視覚器官にその印象（Impression）を与えられ、この印象によって、その対象についての想像（Imagination）を引き起こされる。この対象についての想像が「視覚（Sight）」と呼ばれるものである。人間は一般に、この想像を自分の身体のなかの諸器官の運動とは思わず、自分の外部に存在する物体そのものと考える。しかしそれは、実は外部の物体が目、耳、鼻等の感覚器官を圧迫して身体内に引き起こす運動なのである。そして、運動を引き起こした対象が取り去られたあともこの運動が続く場合、我々はそれを想像や記憶と呼び、睡眠中のそれは夢と呼ぶのである。「これらのことについては、私はすでに第二章と第三章において簡単に述べておいた」[132]とホッブズが言うように、かれは第一部第一章「感覚について」で感覚を定義し、第二章「想像について」で想像、記憶、夢および幻影について説明し、第三章「想像の連鎖または連続について」でこの想像の連続が思考のもとであると論じている。本書第II部第一章第一節で述べたように、ホッブズが第一部でこのように感覚および想像を人間の身体内の作用（運動）と厳密に規定したのは、第三部において、自分が見た夢や幻を啓示や霊感だと言って自らを預言者とする私的預言者の跋扈《ばっこ》を封じるためであり、かつ第四部において、魔物学への攻撃すなわち迷信的な信仰の基礎をなす非物質的な霊という観念を原理的に打破するためである。

このような感覚認識のメカニズムが発見されていない古代においては、想像——身体内の運動＝感覚＝幻想（Fancy）——における対象の像（Image）は、実際に外部に存在するもの、すなわち非物質的な実体と考えられた。こうして、人々は夢で見た死者のことを幽霊（Ghost）と恐れ、鏡や川や太陽に魔物（Dæmon）または幽霊を見たと恐れたので、異教徒の統治者は、人々の恐怖を服従と国家の平和に向かうよう統御するために、魔物学を樹立したと言う(133)。そして、ギリシア人は植民と征服によって、彼らの魔物学をアジア、エジプト、イタリアに伝え、これがユダヤ人に波及した。ギリシア人の魔物学では魔物というのは善悪両方の霊を含んでいたが、ユダヤ人は悪霊のみを魔物に帰属させ、善なる魔物には「神の霊（the Spirit of God）」という名称を与えて、これが肉体に入り込んだ人を預言者と呼んだ。反対に、邪悪なる魔物を「悪魔（*Devill*）」と呼び、これにとりつかれることが狂気、身体の障害、病気の原因であるとした。つまり、ユダヤ人も幻影すなわち頭のなかの単なる偶像を現実に存在する実体と捉えたのである(134)。

しかしながら、ホッブズの聖書分析によれば、「聖書は霊が非物質的（Incorporeall）であるとは教えていない(135)」と言う。

結論として言えば、私が見るところによると、聖書には善と悪の天使と霊が存在するが、それらは、人々が暗闇や夢もしくは幻のなかで見る亡霊（Apparitions）のごとく、非物質的であるのではない。古代ローマ人はそれらをスペクトラ（*Spectra*）と呼び、魔物と捉えた。しかし私は、〔聖書のなかに〕（かすかで見えないけれども）物質的な霊が存在するということは見出せるが、どんな人の肉体もそれらにとりつかれたり、宿られたりするということは見つけられないのである。[136]

それにもかかわらず、非物質的霊が存在するという魔物学はキリスト教に混入され、教会のなかで広く普及し、この教説に基づいて、「悪魔祓いの儀式（つまり呪文による悪魔追い出しの儀式）」がつくりだされた。[137] 聖職者は、狂人や病人を魔物つきと呼んで悪魔祓いを行い、魂を肉体から離れた非物質的霊と主張して魂の浄化の儀式を執り行う。これによって、彼らは自分たちの霊的権力を顕示して、キリスト教徒に対する支配力を確固たるものにしようとした、とホッブズは批判する。

さて、異教徒の宗教のもう一つの遺物としての偶像崇拝もまた、感覚認識のメカニズムに対する無知に基づいているとホッブズは見る。

異邦人の一般的な宗教というのは、外部にある諸物体によって感覚器官に与えられた印象から頭のなかに残ったそれらの物体の感覚的印象（Apparences）を、神々として崇拝するものである。この感覚的印象は普通、それらを引き起こす外部の物体の表象として、観念、偶像、幻影、概念と呼ばれるが、しかし、夢のなかで目の前にあるように見えるものと同じで、それらの実体はまったくないのである。[138]

ホッブズはこのように述べ、「崇拝（Worship）」、「像（Image）」、「幻影（Phantasmes）」「偶像（Idols）」を定義づけて、「像」および「偶像」が実体でないことを強調し、異邦人の宗教が、以上のような人間の頭のなかの想像物に対する迷信的信仰であることを示す。そのうえで、聖書で禁止されている「偶像崇拝（Idolatry）」を考察し、異邦人の最初の改宗によって残された偶像崇拝が、のちにいかに「ローマの司祭によって、支持され、確立され、増大させられた」のかを明らかにする。[139]こうして、魔物学と偶像崇拝によって、無知な民衆を迷信的信仰へと導いてきたローマ教会の霊的支配のからくりを暴き、政治権力に対して煽動的なローマ教会の権力基盤をホッブズは掘り崩していくのである。

ⓒ 空虚な哲学と架空の言い伝え

「霊的暗黒」の第三の原因は、キリスト教への「ギリシア人とりわけアリストテレスの空虚な哲学の混入」である。数多くの見解が哲学として聖書の解釈に利用され、間違った解釈がつくりだされてきたが、ホッブズによれば、慎慮（経験）による知識、間違った教説、理性的推論をともなわない単なる書物からの知識は哲学ではない。ホッブズの定義は次のとおりである。「**哲学**とは、『ある事物の生成の仕方からその固有の性質を導く推論によって、もしくはその固有の性質からある事物の可能な生成の方法を導く推論によって獲得される知識であり、物質と人間の力が許すかぎり、人間生活が必要とするような効果を生み出すことができるようにするためのもの』と理解される」。[140]ホッブズはこのように定義して、哲学と神学の絶対的な分離を図ろうとする。

ホッブズによれば、古代ギリシアの哲学の様々な学派を起源として、ヨーロッパ中に学校が設立されるようになり、これらはやがて統合され大学へと展開する。主要な大学は「三つの職業、すなわちローマの宗教、ローマの法およびローマの医学のために制定された」。したがって、大学で教えられる哲学はローマの宗教のためのものであって、しかもそこではアリストテレスの権威のみが尊重されたため、それは「正確には哲学ではなく、アリストテレス学」にすぎなかった。[141]こうして、アリストテレス学に基づく聖書解釈からスコラ神学が生み出され、これを通じて、「ギリシア人の空虚な哲学と神学」がキリスト教に混入されるようになった。そしてホッブズは、とりわけアリストテレスの『形而上学』、『自然学』、および『政治学』からの影響を問題視する。

スコラ学者を通じて、アリストテレスの『形而上学』からキリスト教にもち込まれた誤りとは、「この世には物体から分離したある本質が存在する」という見解である。スコラ学者はこれを「抽象的本質および実体的形相」と呼ぶ。[142]ホッブズは第一部第四章「言葉について」で唯名論的議論を展開し、第五章「理性と科学について」で科学に必要な推論の方法を定義づけているが、再度ここでこれを繰り返し説明し、学問の方法を欠くスコラ神学が用いる言葉がいかに意味をなさないものであるかを説く。その目的は、「アリストテレスの空虚な哲学のうえに築かれた分離した本質というこの教説によって、内容のない名辞を用いて人々を怖がらせ、国の法に従わせないようにするそのような者たちに、人々がこれ以上だまされないようにすることである」[143]と述べている。

「分離した本質」という学説は、肉体から分離した死者の魂が存在すると信じさせるので、幽霊や魔物に対する悪魔祓いを根拠づけ、聖別や聖礼の神秘化を導く。したがって、迷信的恐怖におののく民衆は、聖別の祈りによってパンとぶどう酒を神自身にすることができ、悪魔祓いの儀式によって幽霊を追い払うことのできる司祭に依存し、服従する。こうして、彼らは政治的主権者ではなく、聖職者に、教会権力につき従い、社会の分裂、混乱は必至となる。

次に、アリストテレスの『自然学』からもち込まれた誤りとは、自然哲学における不条理である。スコラ学者は『自然学』すなわち自然現象の従属的および二次的な原因の知識」に関して無意味な言葉しか提供しない。たとえば、物体の重さの原因は重力であるとか、人間の魂はそれを注ぎ込まれることによってつくられるとか、意志することの原因は行為をなそうとする意志の能力にあるとか、ホッブズからすれば、彼らの論じていることは虚偽の論証であり、意味のない言葉の羅列でしかない。[144]

さらに、ホッブズは、スコラ学者自身の道徳と政治の哲学は、アリストテレスの『形而上学』および『自然学』以上に大きな不条理を抱えていると批判する。すなわち、アリストテレスやそのほかの異教徒の哲学者は、善悪を私人の欲求によって定義するが、この教説は、自然法つまり善悪についての共通の基準が存在しない自然状態においては問題ない。しかし、スコラ学者はこの教説を国家が樹立されたなかにおいても主張するという誤りを犯す。ホッブズの立場からすれば、「国家共同体のなかでは」、善悪の行為についての基準は「私人の欲求ではなく、国家の意志と欲求である法が基準」である。にもかかわらず、スコラ学者は、国家共同体のなかでも依然として自らの情念である欲求によって自己と他者の行為の善悪について、さらには国家共同体の行為の善悪についても判断すべきであると主張し、政治的不安を引き起こす。[145]

本書第II部の第一章第一節で考察したように、ホッブズは第一部第六章「一般に情念と呼ばれる自発的な運動の内的はじまり、およびそれらが表される言葉について」において、欲求や意志を含む様々な情念について定義し、第七章「論究の結末すなわち決定について」において、判断や良心について論じ、人間の判断が生成されるプロセスを解説している。こうした意志と判断の分析をもとに、彼は良心を単なる私的意見に減じて、良心に基づく私人の善悪の判断を主観的なものとして退ける。そして、これらの定義を前提に、第二部第二九章「国家共同体を弱め、解体にいたらせるものごとについて」において、善悪の私的判断こそが国家の弱体化と解体の源であり、主権者の「公的良心」が法であって、これを基準に行為の善悪は判断されねばならないことを論じる。そして第四六章では、これを学問的な不条理の問題として取り上げ、私人を善悪の判定者とするこの教説は空虚であるばかりでなく、国家にとって有害であると強く訴えるのである。

最後に、アリストテレスの『政治学』から、スコラ学者は二つの誤った学説を取り入れたと言う。一つは、民主的でない統治はすべて専制政治とするものである。これによって、人民は自分たちの公的代表者が、自分たちの思い通りに統治するかどうかを私的に判断し、不快と思ったときには、「専制政治（*Tyranny*）」、「無政府状態（*Anarchy*）」、「寡頭政治（*Oligarchy*）」と呼ぶのである。[146]

もう一つの誤りは、統治は法によるのであって、人間によるのではないとすることである。ホッブズの立場からすれば、法はただ紙に書かれた言葉というだけでは何ら効果がない。つまり、「言葉と約束ではなく、兵と武器が法の実力と権力をつくる」のであって、法は剣をもった人間によって命じられなければならないのである。しかし、この間違った教説は、「人々が統治者を好まなくなるたびに、その統治者を専制君主と呼ぶ者たちを信奉させ、統治者に対して戦争を起こすことは合法的であると思わせる。しかもなお、聖職者はこの誤りを説教壇からしばしば奨励する」(147)。

そしてさらにスコラ学者は、アリストテレス、キケロ、その他異教徒の哲学者から学んだのではない、彼ら自身の政治哲学における二つの誤りを犯している。一つは、人間の行為のみを規制する法の権力を、思想と良心にまで拡大し、審査と異端審問を行うことである。ホッブズは異端に対する処罰に次のように強く反対している。「確かに、説教を引き受ける代行者（a Minister in the charge of Teaching）を雇用しようと思っている為政者は、この代行者がこれこれの説教や教義に賛成しているかどうかを尋ねてよく、もし彼が否定するようなら、彼の雇用をやめてもよい。しかし、彼の行為が法によって禁じられていないのに、自分の意見について自責するように彼を強制することは自然法に反している」(148)。なお、ホッブズは『リヴァイアサン』の公刊によって、彼自身に対する激しい異端非難を受けたため、一六六八年に『リヴァイアサン』ラテン語版を出版する際に、この異端問題を敷衍した付録三篇を書き加えている。ラテン語版の付録については後述するが、ホッブズはここでも、福音書は異端者と交際を避けること以外は何も定めておらず、「私にはどのような世俗の処罰も是認されているとは思えない」と述べ、異端者への法的処罰を明白に否定している(149)。

スコラ学者の政治学におけるもう一つの誤りは、私人による法の私的解釈、とくに聖書に書かれている神の法の私的解釈を勧めることである。このようなことはアリストテレスもそのほかの異教徒の哲学者も認めていないとホッブズは言う[150]。ホッブズの観点からすると、スコラ学者は人々の私的な欲求を法であると主張し、国法であれ神法であれ、法を私的に解釈し国家の行為の善悪を判断することを正当化することによって、宗教的良心に基づく国家権力への叛逆を煽り立てることになる。

ホッブズが挙げる「霊的暗黒」の最後の原因は、「間違ったあるいは疑わしい歴史からもち込まれた誤り」である。具体的には、聖者の奇蹟についての作り話の言い伝え、そしてローマ教会の博士たちが語る地獄と煉獄と悪魔祓いの力に関する教説、および理性によっても聖書によっても保証されない、そのほかの教説を保持するために申し立てる「亡霊と幽霊についてのあらゆる物語」を指摘する[151]。

以上の議論から見てとれるように、ホッブズはスコラ学における「宗教と科学の危険な混合[152]」を拒絶する。とりわけ「分離した本質」や「抽象的な本質」という観念は、世俗権力と教会権力の支配の二重構造を生み出し、国家への不服従を正当化するために用いられ、政治的に危険な虚構を生じさせる。それゆえホッブズは、一方で、科学を幾何学的論証方法を参照して定義しなおし、哲学を神学と宗教から厳密に区別し[153]、他方で、キリスト教については、プロテスタントの正統派、すなわちルターやカルヴァンへの回帰を志向する[154]。この姿勢は、一六五六年に出版された『自由、必然、偶然に関する諸問題』では、「空虚な哲学」に反対するルターとメランヒトンによる警告の引用によって、より明白に示される[155]。アッリゴ・パッキの言うところによれば、ホッブズはキリスト教からギリシア哲学的要素を取り除き、霊的な姿勢からヘブライ文化の現世的な姿勢へと回帰させようとしたのだと言う[156]。ホッブズはできるだけ聖書から神秘的なものをそぎ落とし、史実へと転換しようとした。そして戒め告げる。「あなたはキリスト教をプラトンとアリストテレスから学ぶのか[157]」。

ⓓ　ホッブズの政治学における神

ホッブズは以上の考察から、第四七章において「霊的暗黒」による利益が誰にもたらされるか、言い換えれば、

「キリスト教世界のなかのこの地域で、このように長い間、人民を人類の平和な社会に反するこれらの教説に取りつかせたのは誰だと言えるか」について結論を下す。それは、ローマ教会と長老派の聖職者を筆頭とする「現在の教会」を「神の王国」だと主張する人々である。この誤った教説のために、「教会の牧者と教師は、神の公的代行者という教会を統治する資格を与えられ、したがって、(教会と国家共同体は同じ人格であるから) 国家共同体の指導者であり統治者であるという資格をも与えられる」[158]。彼らの「暗黒の諸教義」は、彼らに対する民衆の畏怖と依存を強め、「キリスト教徒の人民の正当な主権者のうえに不法の権力」を設定し、維持するために利用される。そして彼らは「霊的主権」をもって、人民に政治的主権者に対する不服従と叛逆を命じ、無秩序をまねく[159]。

ホッブズは、第四部において、「『神の王国』が現世に存在すると主張し、それゆえ現世において政治国家とは別個の権力をもつことを要求する」このような者たちの主張を原理的に封じ込めるために、彼らの「虚偽の奇蹟、誤った言い伝え、および間違った聖書解釈」を徹底的に反駁した。彼のその批判は第一部から第三部の理論を前提として進められた。しかしホッブズは、この攻撃を宗教論や神学としてではなく、あくまで政治学として論じたということを強調している。彼は本論の最後の文にあたる第四七章の末尾でこう書いている。「そしてこれが、私が**政治学**の教説に関して言わんとしたすべてである。私はそれを総括したなら、進んで私の祖国の批判にさらそう」[160]。これから明らかなように、『リヴァイアサン』ははじめから終わりまで、政治学として論じられた著作であるということができる。

しかし、スプリングボーグは、もしホッブズが政治学を新しい科学に基礎づけることをねらっていたとしたら、それは同時に宗教的にも動機づけられていると主張する。「なぜなら、新しい科学は反形而上学を意味するからである」[161]。これまで考察してきたように、ホッブズはブラムホール主教との自由意志論争においても、第四部のスコラ学批判においても、形而上学はきわめて不条理であると主張している。そして、この主張を背後から支えているのが、『ヨブ記』の全能者としての神である。先行研究では、ホッブズには第一起動者としての神とヨブの神という二つの神観念——哲学における運動の究極的原因としての神と『ヨブ記』における抵抗しえない力をもつ絶対的な神——が存在するということが言われてきた[162]。まず、第一起動者としての神についてホッブズの叙述を見てみよう。

好奇心すなわち原因に関する知識への愛は、人間を結果の考察から原因の探求へ、さらに原因の原因の探求へと誘い、ついには、それより前には原因がなく永遠であるような何らかの原因が存在するという思考に必然的にいたらせる。これを人は神と呼ぶのである。したがって、自然の原因について深く探求すると、一つの永遠の神が存在するということを信じさせないではおかないのである。もっとも、人は神の本性について答えられるいかなる神の観念も思い描くことはできないが。……この世の目に見えるものごととそれらのみごとな秩序から、人間はそれらのものごとの原因、つまり人々が神と呼ぶものが存在すると考えることはできる。しかしながら、神についてのいかなる観念も像も思い描くことはできないのである[163]。

このように、ホッブズは神をあらゆる事物の第一原因とみなしながら、人間は神の本性を決して知ることはできないということを強調する。自然理性の諸原理から神の属性について議論することは、「神の名誉を汚すこと」にほかならず、人々が神に与える属性とは「哲学的真理」を意味するのではなく、「我々のできるかぎり最も大きな敬意を表するという敬虔な意図」を示すものと理解されねばならない。したがって、知識を求める者は神の名を軽々しく用いて不敬不遜にも神の属性を討議すべきではなく、ただ自然現象の二次的原因の究明にいそしむべきである[164]。というのも、「神はあらゆる自然活動（actiones naturales）を、自発的活動であろうと非自発的活動であろうと、二次的原因つまり宇宙を構成している物体によって遂行する[165]」からである。つまり、人間は何ごとを知るにも自然理性によって自然の二次的原因（すなわち物体とその運動）を探求する以外に方法はないのである。

ところで、C・ライエンホルストの指摘によれば、ホッブズの政治哲学では非常に顕著な自然法の観念は、「彼の自然哲学ではまったく現れない」と言う(166)。しかし、これは当然の帰結である。なぜなら、自然哲学はその範囲を自然現象の二次的原因の探求に限定されるので、神は第一原因として登場すればそれで十分だからである。第一起動者としての神はホッブズの自然哲学における神である。だが『リヴァイアサン』は、「統治と服従の教説に必要なこと以外はなにも主張しない性質の著作(167)」であって、道徳哲学（自然法についての科学(168)）と政治哲学（主権者と臣民の権利と義務についての科学(169)）の書である。ここでは、社会において何が善で何が悪であるのか、国家においてどのような権利によって法が命じられるのか、法を遵守する義務の根拠は何かという、人間の善悪と権利義務が主題となる。したがって、政治学においては、神が登場するとすれば、それは自然哲学の第一原因としてだけではなく、この主題との関りを問われることになる。それが自然法である。

しかしながら、ホッブズの「神の王国」論では、現世には「神の王国」は存在しない。あるとすれば、比喩としての「神の自然の王国」だけである。したがって、理性によって発見される「一般法則(170)」は、啓示すなわち神の特別の言葉なしに、自然理性だけによって、人間にとって自然法＝神の法とならねばならない。つまり、人間と神との間に道徳的な接点ができることが必要となってくる。第一原因の神が人間との関係で道徳性を帯びるには、人間の善悪と神の善悪との接点が必要であり、理性の指示が法となるには、神と人間との間に権利と義務の関係が形成される必要がある。だからこそ、ホッブズは「神の自然の王国」における神の主権の根拠を語らなければならなかった。そしてこの根拠こそ、「抵抗しえない力」である。人間が自然法＝神の法に従わなければならないのは、神が「抵抗しえない力」をもつ全能者であって、その力を正義とみなすほかなく、その力にはあらゆるものを支配する権利が自然にともなわれるからである。

抵抗しえない力をもつ人々には、その力の優越ゆえに、すべての人々に対する支配が自然とつき従う。その結果、この力から、人間を支配する王国と人間を意のままに苦しめる権利とが、創造者および慈悲深き神としてではなく、全能者としての万能の神に、自然に属するのである。[171]

神がヨブを苦しめた時、神はヨブに罪を帰せたのではなく、神の力をヨブに告げることによって、ヨブを苦しめることを正しいものとしたのである。「(神は言う) おまえは、私のような腕をもっているのか。私が大地の基礎を築いたとき、おまえはどこにいたのか」。同様に、我々の救世主も、盲目に生まれた人について、それは彼や彼の親の罪からではなく、ただ神の力が彼において示されるためであると言った。獣は死と苦しみを被るが、しかし獣は罪を犯しえない。それは、そうあるべしという神の意志なのである。抵抗しえない力は、それをもつ者は誰であれ、そのすべての行為を、現実に、当然に、正しいものとする。より小さな力はそうではない。そしてそのような力は、神においてのみ存在するのだから、神はあらゆる行為において正しいとされねばならない。しかも我々は、彼の意図を理解することができないのだから、彼を法廷に呼び出すことは、不正を犯すことになるのである。[172]

ホッブズは「学説の真理はすべて理性か聖書かに依存している」[173]と言う。それゆえ、神の本性は知りえないという態度を貫きながら、彼は「神の自然の王国」の主権を自然理性から論理的に導き出し、聖書の『ヨブ記』によって裏付けようとしたのである。

さらに、ホッブズの神は、彼の二類型の国家論と対応している。「設立による国家共同体」とは、信約＝約束によって各人が自分たちを保護してくれる主権者を設立して、それに服従する場合であり、「獲得による国家共同体」とは、自分を救うことも滅ぼすこともできる「自然の力 (Naturall force)」をもつものに対し、主権者として、各人が服従を約束する場合である。[174]「自分を救うことも滅ぼすこともできる力[175]」とは、言い換えれば、「抵抗しえない力」のことである。つまり、服従の約束とは「抵抗しえない力」に従うことへの同意である。ここから明らかなように、「神の自然の王国」の神の主権は、この「獲得による国家共同体」の主権と対応しているのである。また、神が自らの言葉によって樹立した「神の預言の王国」は、約束によって形成される「設立による国家共同体」からのアナロジーであると思われる。なぜなら、ホッブズはその聖書解釈において、キータームであるこの「約束」を預言すなわち神の言葉と結びつけ、神の言葉とは「神が彼の人民に約束したもの」を指し、その「約束したもの」とは、約束によって樹立された過去の「神の預言の王国」と復活を約束されたキリストによる「神の王国」を意味する、と論じているからである。[176]このように、ホッブズは「設立による国家共同体」と「獲得による国家共同体」という二種類の国家論を設定したうえで、この国家論を基礎として、「神の預言の王国」と「神の自然の王国」という二種類の「神の王国」を提示し、前者は預言者を通じた神の支配であって、それは過去と未来に現実に存在し、人間はそれを預言すなわち聖書から知ることができるということ、そして後者は自然の力を通じた、まさに現世における神の支配であり、人間はそれを自然理性によって知ることができるということを示すのである。

以上のように、ホッブズは、現在の世界から「暗黒の王国」すなわち現世における偽りの「神の王国」を追放し、真の「神の王国」を過去と未来に位置づけ、この世を「神の自然の王国」と定めて、人間の主権者が統治を担当する世界という結論を導き出す。『リヴァイアサン』とは、まさにこの結論を理性と聖書の双方から立証しようとした政治学的著作なのである。

(4)『リヴァイアサン』ラテン語版と三位一体論

これまで見てきたように、『リヴァイアサン』とは、政治的主権者＝「主権的預言者」によって、宗教を政治の制御下におく国家理論である。第四部の「暗黒の王国について」は、第三部のキリスト教の政治学に基づいた教会権力およびスコラ学批判である。ここではとくに、非物質的霊を否定する議論が展開されるが、霊を厳密に物体と捉える同様の主張を、ホッブズは、一六五五年の『物体論』においても表している。霊を物体と認識する考え方は、当時において相当に異端的であり、とりわけ一六六〇年の王政復古後においては、ホッブズと『リヴァイアサン』に対する異端ないし無神論批判が強まった。その結果、イングランドにおける英語の著書刊行と『リヴァイアサン』の再版を禁止されたホッブズは、以前から出版の計画をしていたラテン語著作集のなかに、『リヴァイアサン』のラテン語版を組み入れることにしたのである。だが、ホッブズが『リヴァイアサン』のラテン語版を新たに書き下ろしたのは、単に英語の著作刊行を禁止されたという消極的理由からだけではなく、『リヴァイアサン』がエリートの共通語たるラテン語で著されることによって、全ヨーロッパの知識人に対して開かれるという積極的理由からでもある。それは、彼がイングランドにとどまらない理論の普遍性を自負していたからに違いない。

『リヴァイアサン』ラテン語版は、一六六八年にオランダで出版された。ラテン語版は、基本的に英語版の翻訳であるが、ラテン語版では、第四部最後の第四六章と第四七章の文章が全面的に書き改められ、英語版の「総括と結論」が削除された代わりに、第四七章の終わりの部分が結論を兼ね、付録三篇（第一章「ニケア信仰箇条について」第二章「異端について」第三章「リヴァイアサンに対するいくつかの反論について」）が追加されている。この付録三篇は、キリスト教の基本的な教理である三位一体論（神はその本性において一つであり、この一つの神のうちに三つの位格（Persona）すなわち父と子と聖霊があるとする教説）の考察を共通の軸としており、対話形式で議論が展開されている。付録第一章の主題である「ニケア信仰箇条」とは、三位一体論を確立したキリスト教の伝統的な信仰箇条のことである。この信仰箇条がつくられた経緯を簡単に紹介すると、まず、三二五年のニケア公会議において、父なる神と、子なる神であるイエス・キリストとの同一本質が確立され、原ニケア信仰箇条として制定された。次に、三八一年のコンスタンティノポリス公会議で、父と子と聖霊とは同一の神であり、三位格は同一本質であるということが確定され、ニケア・コンスタンティノポリス信仰箇条として制定された。[177]

ホッブズは、まず、付録第一章において、三位一体論の中身について、ニケア公会議にまで遡って明らかにしたうえで、次に、第二章において、異端と呼ばれる教説の端緒は三位一体論に関る教義にあったと規定し、[178] 三位一体論の確立過程との連関で異端問題を論じる。ここから、異端は「宗派の意見」[179]にすぎず、「キリスト教徒は異端者を政治的処罰によって罰することを禁じられていると私は考える（puniri Hæreticum a Christiano homine pœna civili prohibitum puto）」[180]という結論を導き出す。こうして、これを前提に、『リヴァイアサン』への異端非難に対する弁明を第三章において行うのである。第三章の異端批判への弁明における最も特徴的なものは、三位一体論に関るホッブズの代表制理論の修正である。このラテン語版における修正は、「主権的預言者」において到達する『リヴァイアサン』英語版の体系的な論理構造について、我々に対し再考を促すものである。結論的に言えば、ホッブズ自身は、この修正によって『リヴァイアサン』の論理構造が影響を与えられるとは考えていない。だが、それについては問題をはらんでおり、検討を要する。また、三位一体論と代表制理論との関係を探っていくと、ホッブズの思想的系譜としてフッカーの理論的重要性が、再度、浮かび上がってくるのである。そこでここでは、付録第三章における修正について補足的な考察を行うことによって、ホッブズ研究に対して問題を提起し、最後に、それらをふまえたうえで、『リヴァイアサン』（英語版・ラテン語版）全体の構造を明らかにすることにしたい。

ⓐ 代表制理論に関るホッブズの人格論

三位一体論は、『リヴァイアサン』英語版において、代表制理論の基礎となる人格（Person）論に付随する形で議論に現れる。[181] そこで、ラテン語版の修正についての考察に入る前に、まず、英語版におけるホッブズの人格論の理論的役割について整理しておこう。ホッブズの社会契約論は、契約する諸個人が、主権を担う「一人の人あるいは一つの合議体」を指名し、権威付与《オーソライゼイション》によって主権者の人格を形成するという理論である。人格論はその社会契約論の基礎となるものであり、それは今日の代表制のもととなった考え方でもある。[187] ホッブズは、『リヴァイアサン』第一部第一六章において人格についての説明を行っている。

> **人格**とは、「その言葉あるいは行為が自分自身のものとみなされるか、その言葉あるいは行為が帰せられる他者あるいは何かほかのものの言葉あるいは行為を、本当にあるいは擬制的に代表するとみなされる」人のことである。[183]
>
> 他者を演じる者は、彼の人格を担う、あるいは、彼の名において行為すると言われる。……そして様々な状況によって、代表（*Representer*）、代表者（*Representative*）、代理人（*Lieutenant*）、代理（*Vicar*）、代人（*Attorney*）、副官（*Deputy*）、代官（*Procurator*）、行為者（*Actor*）などと多様に呼ばれるのである。[184]

第一六章の人格論を前提に、続く第一七章において社会契約論の原理が語られる。

> 「私は、この人あるいはこの合議体を権威づけ、自己を統治する私の権利を譲渡する。それはあなたも同じ仕方であなたの権利を彼に譲渡し、彼のすべての行為を権威づけるという条件においてである」。これが行われると、一つの人格に統一された群衆は**国家共同体**、ラテン語では**キウィタス**と呼ばれる。これがあの偉大な**リヴァイアサン**の生成である。[185]

権威付与を行うという人民の信約に基づいて、「主権」の担い手として主権者という一人格が形成される。つまり、主権者は人民の代表者となるのである。同じ原理に基づいてイスラエル人の主権者となったモーセは、他方で、

「神の預言者」であることによって、神の名において行為する者、すなわち、神の人格の代表者となる。

（アーロン、他の祭司たち、七〇人の長老、神のもとに登ってくることを禁じられた人民いずれでもなく、）ただ一人、神のもとに呼ばれたモーセのみが、イスラエル人に対して神の人格を代表したのであり（he, that represented to the Israelites the Person of God）、言い換えれば、神のもとにおける唯一の主権者であった。[186]

ホッブズは、権威の資質を「人格的なもの」[187]とすることによって、主権者は、人民が自分たちの平和と秩序を維持するために「主権」を与えた一人格として人民の代表者であり、神が被造物の秩序維持のために与えた「主権」を担う一人格として神の代表者である、ということを導き出そうとするのである。

ところで、第一六章の人格論では、この人格（Person）が、一つの神のうちに父と子と聖霊という三つの位格（Persona）があるとする三位一体論と結びつけられながら説明されている。

真の神は人格化されうる。第一に、モーセによって。モーセは、（彼の人民ではなく神の人民である）イスラエル人を、……自分の名においてではなく、……神の名において統治した。第二に、人の子であり、神自身の子であり、我々の祝福された救世主であるイエス・キリストによって人格化されうる。キリストは、ユダヤ人を彼の父の王国に復帰させ、またすべての国民をそこへ導くために、自らではなく、彼の父から使わされた者として、やって来たのであった。そして第三に、使徒たちに語り働く、聖霊すなわち慰めを与えてくれるものによって人格化されうる。聖霊は、自らではなく、神とキリストの両者によって、使わされ、もたらされたのであった。[188]

「神の王国」の歴史的原型であるモーセは、神に由来する「主権」を、人民から与えられることを通じて、人民の代表者であるとともに、神の人格の代表者でもあった。したがって、モーセの「地位」の継承者も、人民の人格の代表者かつ神の人格の代表者ということができる。ホッブズは、この人格（Person）の代表という論理に対して、さらに三位一体論の位格（Persona）をからめて、代表制の理論を補強しようとしたのである。すなわち、第一部の人格論を三位一体論と結びつけている意図は、第三部の「神の王国」論におけるモーセの「主権」に神的カリスマを付与することにある。以下において、ホッブズの思考のなかで、「神の王国」論と三位一体論とがどういう関係になっているか敷衍しよう。

三位一体論に関するホッブズの聖書解釈によれば、モーセ、キリスト、「聖霊を受けた使徒」は、「みな、それぞれの時代において、神の人格を代表した」[189]と理解される。しかし、神の人格の代表者といっても、彼らの職務はそれぞれ異なるものであった。なぜなら、「神の王国」が解体した以降の歴史世界において、キリストは王ではなく贖罪者として現れたのであり、政治的権威は神（キリスト）によって人間の王に委ねられ、そこにはモーセの「地位」の継承者がつくことになるからである。

なぜなら、キリストは、〔彼が地上において説教をしているとき〕モーセの席に座っている者に服従するように、カエサルに対して税を払うように、命じたからである[190]。

我々の救世主が（マタイ二三章二節）「律法学者とパリサイ人とは、モーセの席に座っている。したがって、彼らがあなたたちに行えと命じることは何であれ、守り行いなさい」と言うとき、彼は、そのときの王権が彼自身ではなく律法学者とパリサイ人にあるということを明言しているのである[191]。

したがって、「主権」の担い手という意味における神の人格の代表者でいえば、三位一体論のうち、現在の世界に関るのは、第一の神の人格の代表者であるモーセ（の「地位」）のみである。第二の神の人格の代表者であるキリストは、来世の「神の王国」の王として位置づけられ、現世における職務は贖罪者ないし牧者に限定されている。また、第三の神の人格の代表者である「聖霊を受けた使徒」は、「神の王国」論との関連では議論されず、彼らは単なる「キリストの代行者」としてみなされる。つまり、使徒は、政治的権威をもたない福音伝道を行う牧者という職務に限定されるのである。なぜなら、第三の神の人格の代表者たる使徒の継承者は、ローマ・カトリック教会すなわち法王であり、ホッブズの課題は、教会的権威と結びついた法王の政治権力を根本的に破壊することだからである。そのために彼は、現世には「神の王国」は存在しないという理論をたてることによって、第三の神の人格の代表者である聖霊を「神の王国」論から排除し、使徒教会ないし法王から一切の政治的権威を剝ぎ取るのである。これについて、スプリングボーグは次のように述べている。「ホッブズは、聖霊の人格において神を代表した使徒の教会を、王の人格において神を代表する国教会に変質させることによって、……教会権力が適切に言えば権力ではないということを確立した」[192]。スプリングボーグのこの指摘は的確である。「王の人格」とは「神の王国」論に即して言えば、モーセの「地位」の継承者の人格のことである。ホッブズが、「神の王国」論から聖霊の人格を排除して、神の人格の代表者としてモーセのみを強調したのは、この世における政治的主権者の「主権的預言者」という「地位」を確固たるものにしようとしたからにほかならない。しかしながら、この三位一体論に結びつけられた人格論は、スプリングボーグの指摘にとどまらない、いくつかの重要な論点を内包するものであった。

ⓑ 三位一体論の解釈上の問題

人民あるいは神の人格の代表者の議論に三位一体論を連関させた説明が、第一部から第三部にかけて、体系的に論じられたにもかかわらず、代表制理論を三位一体論と接続させようというホッブズの企図は、結果としてうまくいかなかった。というのは、三位一体論の解釈において問題が生じたからである[193]。その問題とは、モーセがキリス

トと同等の地位におかれていることである。ホッブズは、キリストを次のように描いている。来るべき「神の王国」において、

> キリストは、荒野におけるモーセや、サウルの治世の前の祭司長たち、その後の王たちのように、父なる神に従属する者あるいは代理人（Vicegerent）としてのみ、王である。(194)

モーセの権威がただ従属的なものであって、彼は神の代理人でしかないことからすれば、人間としての権威がモーセのものと同様であるキリストも、彼の父なる神の権威に従属的なものにすぎないということになる。(195)

ホッブズのキリスト像は、神性よりも人性のほうに重点がおかれている。神性は父なる神に、人性は子イエス・キリストに特化されているのである。それによって、人間としてのキリストは、モーセと同等に神の人格の代表者として描かれうる。言い換えれば、それを根拠に、単なる人間にすぎないモーセが、キリストと同等に神の人格の担い手になりうる、とホッブズには思われた。しかし、彼のこの解釈は、猛烈な批判を受けるものであった。それは、ホッブズ自身の言葉を借りるならば、「モーセが……三位一体の諸位格の一つを担っているように見える(Mosem...unam videtur facere personam in Trinitate)(196)」からである。つまり、ホッブズの解釈では、モーセがキリストと聖霊と並んで、神の三つの人格のうちの一つを担うとされているのである。このような彼の教説は、「きわめて多くの神学者から異端および無神論として非難されたのである（〔dogmata〕a plerisque Theologis Hæreseos & Atheismi accusata sunt)(197)」。

そこで、ホッブズは、『リヴァイアサン』ラテン語版において、解釈の欠点を認め、以下のように修正を施す。

> 神は、自らの人格において、代行者モーセによって自分の教会をたて、子の人格において教会を贖罪し、聖

霊の人格において、教会を聖化した（Deum in Persona propria constituisse sibi (ministrante Mose) Ecclesiam; in Persona Filii eandem redemisse; in Persona Spiritus Sancti eandem sanctificasse）[198]。

神自身が人格の担い手となり、モーセは神の人格の「代表者」からはずされ、神の「代行者」に変更された。この「代表者（Representative）」から「代行者（Minister）」への変更はどういう意味があるのであろうか。ホッブズは、第一六章において、先の引用に見られるとおり、「代表者（Representative）」の同義語として「代理人（Lieutenant）」などを挙げているが、「代行者（Minister）」はそのなかに含まれていない[199]。彼は、「代表者」または「代理人」と「代行者」とを、本文中においても明確に使い分けている。人民の人格の「代表者」あるいは神の人格の「代表者」と言われる場合は、「代表者（*Representative*）[200]」ないし「代表する（represent）[201]」が使われており、「神の代理人（Lieutenant）」の場合も、神の人格の「代表者」という同じ意味で用いられている[202]。ホッブズにおいて「代表者」および「代理人」は、実質的な権力保持者を意味しているのである。これに対して、「代行者（Minister）」とは「代表者の人格に奉仕し、代表者の命令に反して、あるいは、代表者の権威なしには何もなしえない」人のことである[203]。つまり、「代行者」は、明確に「代表者」に従属する者を指す。たとえば、行政官、聖職者、軍人、裁判官などが政治的主権者の「代行者」である[204]。同様な意味で、「七〇人の長老」は「モーセの代行者[205]」、使徒は「キリストの代行者[206]」として説明されている。以上のことから、モーセを「代表者」から「代行者」に変更とすることは、明白な格下げを意味する。したがって、モーセが「代行者」になることにより、政治的主権者であるとともに「主権的預言者」でもあるというモーセの「地位」は、大きな変質を余儀なくされるように思われる。

しかし、ホッブズ自身においては、それはそれほど大きな影響を受けないと考えられている。というのは、彼にとって、三位一体論とは、実質的には「主権」の補強材料にすぎないからである。すなわち、人民の人格および神の人格の「代表者」という「地位」自体は、実際には、三位一体論と論理的には関係しない。「神の王国」の存在しない現在の世界において、人民および神の人格の「代表者」＝政治的主権者という主張は、実は、「主権」は神に由来するという「受動的服従」の思想にむしろ依拠しており、本来的な意味での三位一体論に依拠してはいないのである。なぜかと言えば、「神の王国」が解体している現世において、政治的主権者は、「神の預言の王国」の王である神の「代理人」ではなく、「神の自然の王国」のもとで、神から統治を委ねられた王であり、そうした意味でのみ「神の代理人」だからである。つまり、この世における人間の主権者は、神が与えた神の全能性に次ぐ力である「主権」を、主権者の「地位」につくことによって担い、来世の「神の王国」が来るまで、神に代わって統治を引き受ける、というように理解されるからである。主権者の代表制理論は、三位一体論の神の諸位格から導き出されたわけではなく、単に、モーセを介して神の第一の人格をからめて述べられたにすぎず、論理上、それと直接的な関係をもってはいない。前節で述べたように、主権者の「地位」をモーセの「主権」から類推するホッブズの発想は、同意理論と結びつけられたフッカーの「受動的服従」の思想伝統に由来すると思われる。フッカーは、モーセの「主権」をイングランド国王に類推・適用する同意理論をつくりあげることにより、「受動的服従」の思想を再生し、国王への服従を確保しようとした。ホッブズは、おそらくこうした思想を徹底しようとして、モーセの「主権」を三位一体論と関連づけ、主権者の「地位」の神的なカリスマ性を高めようとしたのである。三位一体論を導入した目的は、「主権」のもつ官職カリスマ性の増強である。したがって、モーセを「代行者」に変更することによって、主権者の議論から三位一体論を切り離したとしても、主権者の神的カリスマが減少するだけで、理論の大勢には影響はないとホッブズは考えたのである。だからこそ、彼は、モーセの位置づけについて、「それぞれの箇所において容易に訂正することができる（unoquoque loco facile emendari potest）」と主張しえたのであろう。(207)

フッカーの「受動的服従」の思想において、主権者の権力の正当性は人民の同意にあった。ホッブズの政治思想においてもそれは同じである。自然によって世界を統治する神は、直接的には働きかけない歴史的現在において、被造物の秩序を維持するために「主権」を与えた。主権者に予定されている「一人の人あるいは一つの合議体」は、この「主権」を、人民から与えられることによって、人民の代表者となり、「神のもとで主権をもつ」という意味で、神の人格の代表者にもなるのである。(208)したがって、ホッブズの意図に即せば、モーセが人民から「主権」を付与された主権者であるかぎり、神の「代行者」に降格されようと、代表制理論に対して大きな影響を与えはしないのである。

しかしながら、ホッブズの意図から一歩離れてみると、問題はやや異なった様相を帯びることになる。モーセの「代行者」への変更は、定義に基づく厳密な論証というホッブズの手法に鑑みれば、明らかに、政治的主権者＝「主権的預言者」というモーセの「地位」に変質をもたらすものである。英語版において「代行者」とは、従属すべき上位者である「代表者」の存在を想定した概念であった。したがって、この「代行者」の意味を機械的に当てはめていくならば、モーセの「代行者」への降格は、神とモーセとの間に、「代表者」である誰かが介在する余地を与えてしまうと思われる。これは、神の言葉の伝達経路を政治的主権者＝「主権的預言者」に一本化するというホッブズの課題を危うくするものであろう。むろん、「代行者」であっても、神自身から言葉を受けてその意志を遂行するというのであれば、神の意志を神の名において行為する者と同じであり、それは呼び名が違うだけで、実質的には「代表者」となんら変わらない、と考えることもできる。しかし、そうであるならば、人格論において「代表者」を厳密に定義し、「代行者」と明確に区別した意味がかき消されてしまう。このことは、第一に、「代表者」と「代行者」とを区別した主たる目的である、「キリストの代行者」としての教会人や聖職者の権力からの排除に対して、少なからぬ影響を与えるであろうし、第二に、神の人格の「代表者」として描かれた「主権的預言者」の神的カリスマを減少させる。とくに後者の問題は、単に官職カリスマの減少にとどまらず、『リヴァイアサン』の理論の普遍性自体への懐疑をもたらしかねない。この点について、さらに検討しよう。

現世における「主権的預言者」は、過去の「神の王国」におけるモーセや未来の「神の王国」におけるキリストのように、神から直接的に話しかけられたことを根拠に「神の預言者」であるわけではなく、むしろ王サウルが「会衆のために公的に祈る」（本質的信仰箇条を告白する）ことによって「主権的預言者」であったのと同じ原理で、その「地位」を正当化される。したがって、それを形成する論理が、モーセの「代行者」への降格によって、直接的に破壊されるわけではない。現在の世界を、過去と未来の「神の王国」から切り離して見るというのが、ホッブズの基本的な視点だからである。「主権的預言者」の概念は、社会契約論と現世における「神の王国」を否定する歴史論とが体系的に結びつけられながら精巧に形成されたものである。しかし、その論証の体系性ゆえに、「主権的預言者」から神の人格の「代表者」という「地位」を削除するという論述の変更は、権威の資質を「人格的なもの」とした意義を半減させ、ホッブズのよどみない幾何学的論証形式に一つの瑕疵をもたらしてしまう。翻って言えば、「神の代理人」としての「主権的預言者」というカテゴリー自体が、そもそも論理的に微妙な危うさを内包するものであったのかもしれない。

「主権的預言者」は、政治と宗教との対立という当時の時代状況が生んだ課題を克服するために創出された。ホッブズは、「神（キリスト）の王国」を未来に放逐し、この世に現れたキリストの干的資格を否定するとともに、私的預言者を排除して、神の言葉を伝える「神の預言者」の「地位」を政治的主権者に一元化する。その際、三位一体論を関連づけ、「神の預言者」、言い換えれば、神の人格の「代表者」として、モーセを人間キリストと同じ位置におくことによって、「キリストの王国」を待望し、自らキリストの道具になって熱狂的に革命を推進するピューリタンに対し、モーセすなわち「主権的預言者」への服従は、キリストへの服従と同じほど、神聖であり、義務的であることを示そうとしたのである。

ここで注意すべきは、モーセとキリストの同位性が二つの次元において類推されていることである。第一に、「神の預言者」としての同位性である。すなわち歴史的過去における「神の王国」の「主権的預言者」であるモーセと、現世における「神から使わされた預言者」[209]としてのキリストとが、「神の預言者」として同位置にあるとみなされているのである。これによって、モーセの預言者としての資格に、キリストと同等の神聖さが付与される。第二に、「父なる神」のもとにおける政治的主権者としての同位性である。すなわち過去の「神の王国」におけるモーセの政治的主権者としての「地位」が、来世の「神の王国」におけるキリストの「父なる神の従属者あるいは代理人としての王」という「地位」と同等におかれているのである[210]。これによって、モーセに対する臣民の服従義務は、来るべき「神の王国」の王たるキリストに対するのと同じほど厳格化されうる。つまり、ホッブズは、現世における「神の預言者」と来世における王という、キリストの二つの時代の職務をモーセに類推することによって、モーセの「主権的預言者」という「地位」の神聖性を高めようとしたのである[211]。ここにおいて、モーセと対置されるのはあくまで人間の資格におけるキリスト、という操作がなされてはいるが、しかし、キリストが同時に神であることを否定するものではなく、ホッブズは、むしろ、モーセがそのような特別な存在であるキリストと同等な位置にあるということを意識したように思われる。キリストが人間であり神であるということ、これはキリスト教信仰の根本教理である。キリスト教では、キリストの一人格のなかに神性と人性の二つの性質があって、このキリストの神性と人性という二つの本性は、分かれないし混ざらないと考えられている。しかし、とくに宗教改革以降、キリストの神性と人性との非分離非混合という原則は一大論争となり、この論争は、宗教改革運動を、ドイツのルターを中心とするルター派と、スイスのツヴィングリを中心とする改革派の両派に分裂させてしまうほどであった[212]。また、ポーランドでは三位一体論とキリストの神性を否定するソッツィーニ派が現れ、異端問題を引き起こし、彼らは、ローマ教会の圧力を受けたポーランド議会によって弾圧された[213]。このように、三位一体論や「一位格・二本性」のキリスト論は、一六、一七世紀のヨーロッパ各国において、国政を揺るがし、国内を分裂させるような大問題だったのである。

ホッブズが三位一体論を代表制理論に関連づけたのは、こうしたキリスト教神学の大問題への政治学的な対応だと思われる。だが、その関連のつけ方は、非常に複雑な問題を含んでいる。ホッブズは、英語版においてモーセとキリストとを対照するとき、キリストを人間として特化し、これによって、両者の類推は問題ないとみなした。しかし、もしホッブズが、キリストから神性を完全に切り離していたとしたら、非分離の原則に抵触し、キリストの神性を否定するソッツィーニ派的異端とみなされるであろう。また反対に、キリストの神性と人性の一体性を強調するならば、キリストと同等の「地位」におかれたモーセまで神性を帯びることを認めてしまうことになろう。これも三位一体論の解釈として異端である。筆者が見るかぎり、英語版の論調は、非分離非混合の原則に則っており、したがって、三位一体論やキリスト論の解釈自体については、ホッブズは異端ではない。しかし、「主権的預言者」に対する臣民の服従義務を確固たるものとするために、モーセの「地位」の議論すなわち代表制理論に三位一体論を結びつけようとしたことは、異端的と言わざるをえない。なぜなら、そのねらいの背後に、モーセの神的カリスマを、同等の「地位」に設定された人間キリストの切り離されることのない神性から類推しようという意識が垣間見られるからである。少なくとも、読者にはそういう印象を与え、それゆえ、ラテン語版で修正を迫られたのである。だから、ホッブズは、付録第一章や第二章で三位一体論について洗い直し、第二章で、代表制理論から三位一体論を切り離すことによって、『リヴァイアサン』に対する異端の疑いを払拭しようとしたのである。

以上のことから、遡って考えてみると、「主権的預言者」の概念は、当初から、論理的に危うい微妙な問題を内包していたと言える。『リヴァイアサン』は、政治的主権者＝「主権的預言者」によって統合される国家理論であり、その原理の新しさ、手法の強引さゆえに、保守的な人々からすれば異端的に映るけれども、論理の緻密さによって、理論の普遍性が担保されるものであった。だが、デリケイトな建造物は、土台のビス一本が抜け落ちても、大きなダメージを受けかねない。ラテン語版における三位一体論の切り離しは、異端批判を回避するためになされたが、それは、ホッブズの意図とは異なって、定義に基づく体系的な論証形式という彼の方法の空転を引き起こし、微妙なバランスで構成されていた政治と宗教の理論を突き崩しかねない危険性をもつものだったのである。

しかし、念のために付け加えるならば、このような問題の指摘は、ホッブズの「主権的預言者」が思想的な意義をもちえないということを意味するものではない。「主権的預言者」を論理的到達点とするホッブズの政治学は、政治と宗教の問題に対して原理的に取り組んだ、一つの画期をなす体系的理論であり、宗教問題が政治問題となる究極の危機的状態において、いかに秩序と平和を形成するかについて一つの解決策を提示するものである。それは、今日においても多くの示唆に富むものと言えるであろう。また、ラテン語版における修正への取り組みも、単に彼に向けられた異端や無神論の批判に対する自己防衛ではなく、とりわけ王政復古後のイングランドに広まっていた、ピューリタンへの報復政策や異端迫害の風潮に対して警鐘を鳴らす目的でなされたと思われる。ホッブズからすれば、異端の迫害とは自己を絶対化し、異なる宗教的見解をもつ人々を残酷に抑圧することであって、ひいては分裂と戦争をもたらす。彼はイングランドが再び内乱に陥るのを防ぐために、『リヴァイアサン』における神学的欠点を取り除き、理論の普遍性を再度訴えて、様々な宗派を国家権力の秩序の枠内へ包摂しようとしたのである。

ⓒ 主権的預言者——哲学と歴史が交差する原点

では、これまでの考察から、『リヴァイアサン』の構造の分析についてまとめてみたい。「神の王国」を「現在の教会」と捉えるカトリックおよびピューリタンの救済論は、超越的理念のもとで「停止している今」という永遠の至福に向かおうとする現在的で空間的なイメージをもつものである。とりわけ、「神の王国」の実現に向けて現世改革へ突き進むピューリタンの宗教的心情は、政治を、宗教的理想を追う手段とし熱狂化する。これに対して、ホッブズは、現実主義的な醒めた政治イメージを突きつける。国家（リヴァイアサン）とは、宗教的理想を達成する華やかな手段ではなく、人々の生命を守り、外的平和を保障するために、絶対的な権力を保持し、地道に政策を運営する装置である。ホッブズは、宗教に対して政治の立場にたつ。彼の立場は、秩序と平和を守ろうという政治的で時間的——哲学的で歴史的——な価値に基づくものである。『リヴァイアサン』はこの観点から構成されている。

ホッブズの世界観は、幾何学の座標軸のように、哲学と歴史とが交錯している。現在は、まず、垂直的な空間軸（y軸）上において、神が自然によって統治している世界として描かれる。この非時間的な空間軸上においては、なにごとも哲学的に、つまり「自然科学の諸原理によって」、すなわち自然理性によって理解されるのである[214]。哲学領域において、人間の状態は、神と断絶している自然法なき自然状態であり、人間本性《ネイチャー》から国家を形成した後は「国家状態（a civill estate）[215]」となる。次に、直線的な時間軸（x軸）上において、現在は、歴史的に知られる「神の王国」の存在しない時代で、「神の王国」は時間軸上の過去と未来という左右両極におかれるのである。したがって、この世における最高の統治者は、哲学領域においては、人間の本性から必然的に導かれる信約によって樹立された政治的主権者であり、歴史領域においては、来るべき「神の王国」の到来まで、神に代わって統治を行う「主権的預言者」なのである。つまり、座標の原点は、政治的主権者＝「主権的預言者」である。政治的主権者＝「主権的預言者」を原点として、ホッブズの哲学と歴史とは交錯するのである。『リヴァイアサン』は、現在における人間の状態を、第一部と第二部においては哲学的に、第三部と第四部においては史実としての聖書から歴史的に説明するものである。とくに、第二部の社会契約論は、第三部の「神の王国」論をつくるための理論的基礎として構成されており、第二部と第三部とは論理的に連関し、「主権」を担う人格たる主権者において哲学と歴史とが交錯する構造になっている。このことから、なぜ著書のタイトルが『リヴァイアサン』となっているのかについて、明らかとなる。なぜなら、自然的な、哲学の領域において、「自然人より大きくて強い、自然人の保護と防衛のためにつくられた人工的人間」と呼ばれるリヴァイアサンは、聖書の『ヨブ記』において、人間の力を凌駕する怪物として登場するものであり、それゆえ、まさにリヴァイアサン自身が、哲学においても、聖書においても、神に次ぐ力（Power）すなわち「主権」の担い手を表すからである。いわば、リヴァイアサンは、政治的および預言的主権者の象徴なのである。

政治と宗教の対立という問題に対するホッブズの解決策は、諸個人の信約を根本原理として生成される政治的主権者＝「主権的預言者」において、宗教が政治の枠内に組み込まれるというキリスト教の政治学を確立することであった。ホッブズの国家教会体制論において、主権者は、政治的主権者の資格において国家を代表する人格であり、「主権的預言者」の資格において教会を代表する人格である。主権者は、二つの性質をもった同一の人格であり、一つの主権国家は、主権者において、政治的にも宗教的にも統合されるのである。したがって、キリスト教徒の臣民は、自らの意志（同意）に基づいて、聖俗双方の領域において、主権者への服従を厳格に義務づけられる。この服従義務は、人間学、社会契約論および「神の王国」論から体系的に論証されるがゆえに、きわめて明白で普遍的なものとなるのである。このように、緻密な論理構成によって人々の服従義務を獲得しようとする、ホッブズの『リヴァイアサン』は、後世に大きな影響を与え、ロックやルソーはホッブズを継承しながら、政治と宗教の対立問題を乗り越えようとした。そして、ロックからは政教分離の政治論が、ルソーからは市民宗教をともなう政治理論が提起されることになるのである。

おわりに

ホッブズの政治思想は、フッカーに由来するアングリカニズムの思想伝統との格闘のなかで形成された。ホッブズはフッカーに見られるような自由意志論を否定し、「受動的服従」の思想を再生しようとする。そのために彼は、ルターの「奴隷意志論」やカルヴァンの「予定説」にいま一度立ち返り、「自由意志」を否定する宗教意識を土台にして、『リヴァイアサン』の人間学をつくりあげるのである。それは、思考の根源となる人間の感覚・認識作用から意志の生成過程を描く意志論を中心に据えるものであった。自由意志論的な立場においては、良心や理性が絶対化され、臣民各人の良心ないし理性が、主権者の行動の善悪についての判定者となり、政治的叛逆を生み出しうる。ホッブズはこれに対抗するために、良心や理性を伝統的な自由意志論的定義から根本的に転換し、叛逆を原理的に封じる人間像をつくりだそうとするのである。一見、「機械論的哲学」に見えるホッブズの人間学は、実は、叛乱の根拠となりうる自由意志論的な人間像を打ち壊すために形成されたものであり、きわめて政治的な課題を組み込まれたものであった。

また、「自由意志」を否定するか肯定するかについては、神義論問題に対する態度決定に大きく関る。ホッブズは、神義論問題への取り組みのなかで、神と人間との善悪についての断絶的な状態という思想をもつにいたり、ここから、政治学の公理たる自然状態という概念を生み出すのである。そして、この自然状態という根本仮定から、自然法と自然権という観念が、意志論と結びついて導出される。こうして政治学の論理的出発点となる自然状態から演繹された信約（国家を形成することへの各人の同意）に基づいて、国家が樹立される。しかし、意志は必然的に決定され、人間自身のコントロールを超えているという意志論に基づくため、国家は意志（内面）の領域に介入しないという特徴をもつ。つまり、国家権力は、一切個人の内面には介入せず、外面的な行為のみを規制し、操作するというものである。ホッブズは、人間の意志の「自由」を否定し、意志は「必然的」なものだと主張する。ホッブズにおいて、人間の「自由」とは、意志が行為となって現れる際に「外的障害」のないことを指し、したがって、国家の作動範囲は、行為における「自由」の領域に限られる。ホッブズの外面的国家は、「信仰や内面の思考」には一切介入せず、ただ行為のみを規制するものである。これによって、互いに対立し争っていたカトリック、アングリカン、ピューリタンその他様々なセクトを、その固有の内面的信仰には手を触れずに、一つの国家のなかに包摂することが可能となる。あらゆる党派的な対立を超えて、すべての人民を一つの国家に統合するということ、これこそホッブズの政治思想の課題であった。

ホッブズにおいて、国家の樹立とは、各人が主権者に予定されている人あるいは人々の統治に、自らを「自発的に」服従させることであるから、この服従契約は「自発的な」、自らの意志に基づく行為とされる。自分の意志に従うことは、究極的には自己の意志を決定している神の意志に従うことである。というのは、ホッブズにおける「意志」は、「必然的」な「意志」であり、神によって必然化されたものだからである。したがって、自らの意志による服従契約は、自分の意志を経由して神に対する義務をもつ。こうして服従義務は、自己責任と神への義務によって厳格な拘束力をもつことになる。義務の根拠は、自らの「意志」という点にあり、かつ、この「意志」は、究極的には神と結びついている。その意味で、『リヴァイアサン』は神の存在を前提としており、無神論ではない。自然法の義務の根拠は、自らの「意志」であるということ、それは「全能なる神」によって「決定された意志」であるということ、つまり、「意志」において自己と神とが接続するかぎりにおいて、義務は成立するのである。これによってホッブズは、神や良心に対する義務から生まれる政治権力への抵抗を、神に対する義務としての政治的主権者への服従義務へと一八〇度転換させようとするのである。つまり、ルターやティンダルからフッカーに受け継がれた「受動的服従」の思想がもつ本質的な精神——平和と秩序のための厳格な服従義務の確立——を再生し、権力への抵抗を「受動的服従」の枠のなかに抑え込もうとするのである。こうした宗教意識に由来する意志論に基づいたホッブズの社会契約論は、平和と秩序のための服従義務を確立する「義務の理論」であり、政治的主権者＝「主権的預言者」において統合される国家教会体制の理論枠組みとなっているのである。『リヴァイアサン』の有名な口絵は、まさにこうした国家イメージを表していると言えよう。(1)

以上のように、ホッブズの宗教意識は、人間学、政治学および歴史論の体系的な形成に対し、内在的な影響を与えているが、それは彼の政治的課題と深く連係しており、相互作用によって形成されたものだと言える。たとえば、宇宙は物体《ボディ》であるとするホッブズの世界観（宇宙イメージ）は、しばしば唯物論を示していると言われるが、実際には、それは「神の王国」を「現在の教会」と捉える見方の否定を意味しており、同時に、現世における神と人間との断絶的な距離感に由来するものなのである。『リヴァイアサン』は無神論ではない。物体論にまで遡って繰り広げられるホッブズの宇宙像は、全能なる神の世界支配のあり方を内実とする。ホッブズは、リヴァイアサン（国家）の創出は、神の世界統治の模倣と述べている。(2)ここで

『リヴァイアサン』(1651年，ヘッド版)
口絵（水田洋氏所蔵）

最も重要なものは意志である。つまり、政治（すなわち国家的規模の共同体の意志決定のあり方）の理論的な大本《たいほん》は、神の意志—人間各人の意志—主権者の意志が結びついて創出される、ということなのである。

結　論

本書の課題は、ホッブズの政治思想の基本的側面を解明するという関心のもとに、『リヴァイアサン』が書かれた歴史的文脈とホッブズの問題意識を探求し、それとの連関で、『リヴァイアサン』の体系的な構成の意味を理解するというものであった。そこで、まず第Ⅰ部において、ホッブズの歴史的実像に迫り、一七世紀イングランドの時代の性格、ホッブズの実践的な課題、そして、『リヴァイアサン』が構成される外的および内的過程を追究し、次に、これを受けて、第Ⅱ部において、『リヴァイアサン』全四部の体系的な論理構造を分析し、その理論的性格を明らかにした。最後に、これらについて総括し、本書の考察によって得られた結論と展望を述べることによって、本書を終えたいと思う。

まず、伝記的研究で我々が知るのは、ホッブズの経歴は、古い伝統に拘泥しない彼の思想形成に非常に関りがあるということである。彼は、アングリカン牧師の父をもつ家庭に育った。このことは、彼が後にアングリカニズムを志向するきっかけとなったと思われる。また幼少期にはルネサンス・ヒューマニズムの思想的伝統を身につけた。そして、彼はオックスフォード大学を卒業後、名門の政治的貴族キャヴェンディッシュ家の家庭教師として雇われ、ここにおいて国家的視野を育まれることになる。彼は知識人の伝統的職種である聖職を選はず、大貴族の雇い人となるが、これは彼の学問的探究における宗教的制約からの自由を意味した。やがて、ヨーロッパでは三十年戦争がはじまり、ホッブズは主人を通じてヴェネツィア人と国際情勢について情報を交換し、国際的視野を広げた。そして、一六三〇年頃、ホッブズは幾何学と出会い、これを契機に著作の論証形式を転換することとなった。また、主人の大陸旅行のお供の際に、ヨーロッパの著名な知識人、ガリレオ、メルセンヌ、ガッサンディ、デカルトなどと知り合い、知的交流を行った。このような交際が、ホッブズを知識人として開花させていく通路を開いたのである。

ところが、革命前夜の一六四〇年、彼が書いた最初の政治的著作『法の原理』が、議会改革派の攻撃対象となり、彼はフランスへの亡命を余儀なくされる。だが、亡命地フランスで、ホッブズは研究に没頭し、思索を深めた。その頃イングランドでは、一六四二年八月に内乱が勃発し、一六四六年六月に第一次内乱は終結するが、一六四八年四月に第二次内乱がはじまり、四ヶ月後に終結するものの、翌年一月のチャールズ一世の処刑という結果をともなった。こうした激動する母国の状況を受けて、ホッブズは一六四二年にラテン語で『市民論』を出し、さらに一六五一年に母国語で書いた『リヴァイアサン』を出版した。彼は、一六四五年に、同様に亡命してきたアングリカン主教ブラムホールとパリで自由意志論争を行っているが、この自由意志論争は、イングランドでは、大論争となってアングリカンとピューリタンとの激しい対立をもたらし、革命を引き起こす一つの火種であった。ブラムホールとの論争のなかで展開された、自由意志を否定するホッブズ独自の意志論は、『リヴァイアサン』においてそのまま再出する。彼は、この意志論を中心とする人間学を『リヴァイアサン』の理論の基礎に据え、宗教を政治に包摂する論理を徹底し、革命的な宗教的心情を原理的に封じ込める国家論を構築したのである。

『リヴァイアサン』はイングランド内外で非常に影響を与えた。しかし、亡命宮廷のアングリカン聖職者はホッブズを異端として排斥するようチャールズ二世に働きかけたので、彼は亡命宮廷にいられないようになり、革命政権下のイングランドへ帰国することを強いられた。『リヴァイアサン』によって、ホッブズは知識人としての名声をヨーロッパ中で獲得する一方、異端者ないし無神論者という批判も浴びることになる。ホッブズに対する批判は王政復古後激しくなり、彼は一六六八年に『リヴァイアサン』のラテン語版を出版し、そのなかで、異端ないし無神論批判を受けた議論を一部修正するにいたっている。『リヴァイアサン』において提示された国家像は、新しい世界観をもとに導出されており、それが当時の人々の異端ないし無神論批判を引き起こしたのであるが、しかし、この新しい世界観――ローマ・カトリックに代表されるような、現在の自分たちの教会を空間的に存在する霊的な「神の王国」と捉える「神の王国」論から、現在に空間的に存在するのではなく、過去と未来においてのみ、現実に地上に存在する歴史的もしくは時間的な存在としての「神の王国」論への変換――こそが政治と宗教との関係についての近代的転換を果たしたと言えるであろう。こうした大胆な転換をなしえたのは、彼が権威に束縛されずに自己の思索を展開するという、ルネサンス・ヒューマニズムの知的態度を厳然と貫いていたからかもしれない。ホッブズは、一方で、聖書を駆使して宗教論・教会論を展開し、政治哲学の書において名声を獲得しながら、他方で、トゥキュディデスやホメロスの翻訳でも成功を収め、ユダヤ―キリスト教思想とギリシア思想の双方の伝統を兼ね備えた知識人であったと言えよう。

一七世紀イングランドがホッブズの思考を規定した要素は、ローマ教会からのイングランドの自律化を端緒としてはじまった、政治権力と聖職者・教会権力との対抗、および宗教の政治化である。自由意志論争や千年王国論などは、これらが先鋭的に表面化するトピックであった。一七世紀イングランドの時代の性格は、教義や教会統治をめぐって、信仰や宗教的使命に突き動かされた人々が、政治的手段をとって現世改革を行おうとした宗教戦争の時代ということができる。このような時代背景をもつホッブズの実践的課題は、革命的な宗教的心情を原理的に政治の枠内に位置づけることであった。とくに、『リヴァイアサン』が構成されるホッブズの内的過程として重要なのは、先にあげた自由意志論争と千年王国論である。自由意志論争は、自由意志論との対抗のなかで必然的な意志という独特の意志論を生み出させ、同時に、彼の内面に神義論問題を突きつけることによって、自然状態という観念を生成せしめた。ホッブズは神義論問題との内的格闘を通して、神と人間との間には善悪についての共通性は存在しないという意識をもつにいたり、自然状態を、神と人間、人間と人間との関係において、道徳的・倫理的に白紙の状態として描いたのである。このような自然状態論は、千年王国論との対決においても密接に関ってくる。神と人間との断絶という意識は、現在の世界において神は直接的には働きかけないという認識へとつながった。こうした認識を素地として、ホッブズは、現在の教会を「神の王国」と捉えるピューリタンの千年王国論への対抗のなかで、霊的で空間的な「神の王国」論を根底からひっくり返して、現実的で時間的な「神の王国」論へと転換し、「神の王国」を歴史の過去と未来の両極に位置づけ、この世から放逐する歴史論を打ち出したのである。「神の王国」あるいは天国は、目には見えないけれど、今、空間的に我々の背後の霊的世界において存在する、というような考え方は、今日においてもよく見聞きする。しかし、ホッブズは、すでに一七世紀において、こうした考え方を突き破り、宗教的世界の支配力の最大の根拠であった「神の王国」を現世から消滅させ、現在の世界を、政治の世界が管轄する領域にせしめ、支配権を地上の主権者の手にしっかりとおいたのである。

さて、二つめの課題は、『リヴァイアサン』の体系的な叙述に即して、全四部の論理的な関係の分析を行うことであった。その論理構造の中身は以下のとおりである。第一部は人間論で、その中心は意志論であった。ホッブズの意志論とは、彼の宗教意識と人間の意志作用の考察との結合によって人間学として創り出されたものである。しかし、さらに踏み込んでみるならば、この意志論は、内的プロセスにおけるフッカーを端緒とするアングリカニズムの思想伝統との格闘によって生み出されたことがわかる。ホッブズからすれば、フッカーの思想は「受動的服従」を再生しようとしているにもかかわらず、自由意志論の立場にたっているので、究極的には自らの良心を審判者とすることを認めてしまい、「受動的服従」を貫き通すことができない。そこでホッブズは「受動的服従」の思想を確立したルターに立ち戻り、自由意志論を放棄する。彼は、ルターの「奴隷意志論」に依拠しながら、しかし意志を神学的な問題としてではなく哲学の問題として設定して、必然的な意志の理論を構築するのである。これが

『リヴァイアサン』の構想の内奥にある源泉であると思われる。ホッブズにおける意志は、自らにとって自由ではなく、神によって必然化された心の運動すなわち欲求ないし嫌悪である。したがって、自分の意志に従うことは、究極的には自己の意志を必然化している神の意志に従うことになる。自然法は、一般的には、自己保存のための合理的指示であるが、それが自らの意志となったとき、法的性格を帯びる。自然法とは同意そのものであって、自己の意志を通して神と結びつき、自己の内面を義務づける。それゆえ、国家を樹立することへの同意（信約）は、自己責任と神への義務によって厳格な拘束力をもつのである。このようにホッブズの意志論は、宗教意識と結びつきながら、しかし神学ではなく哲学領域の問題（人間学）として理論化されている。なぜなら、それは同じく哲学領域にある政治学――主権者と臣民の権利義務についての理論(1)――の論理的な基礎となるべく構成されているからである。

第二部の国家論（政治学）は、このようなホッブズの独特の意志論によって導出された同意（信約）概念を論理的出発点として構成される。この同意（信約）によって形成される国家には二つの類型が用意されている。それは「設立による国家共同体」と「獲得による国家共同体」である。ピューリタン革命とは国王対議会の内乱であった。したがって、ホッブズは、内乱の終結と再発の防止のための現実の選択肢として、人民各人が国王か議会かのいずれかを選択して相互に契約し、内乱を終結するか（設立による国家共同体）、それが困難なときには、内乱の勝利者に服従して非抵抗の信約を結び、内乱の再発を防止するか（獲得による国家共同体）、という二つの可能性を思考し、これらの理論的な類型化を行ったのである。「設立による国家共同体」は、各人相互間の恐怖によって主権者を選んで服従するものであり、「獲得による国家共同体」は、自分が恐怖する人へ服従するものである。すなわち、両方とも同じ「恐怖」を理由とする服従契約によって形成される国家である。ホッブズの政治学は、いわゆる社会契約論によって形成された主権者、つまり選挙で選ばれた主権者だけを正当化するわけではない。それは同時に、戦争に勝利し、人々の同意によって統治者となった者をも論理的に対等に正当化する。臣民は、自らの同意によって生成された国家権力に対する非抵抗を自然法によって内面的に義務づけられ、叛逆の口実を論理上一切取り除かれる。なぜなら、ホッブズの意志論においては、希望と恐怖の交互的生起という熟慮の過程を経ているかぎり、行為は「自発的」なものであり、自己の「自発的」行為を無効にしないということが義務の定義だからである。恐怖によって強要された信約は有効である、というのが、ホッブズの国家論の核心である。ホッブズの社会契約論の基本的性格は、ピューリタン革命という神や良心への義務から生じる国家権力への抵抗を、神に対する義務によって権力への非抵抗へと一八〇度転換させるというものである。この転換は、新しい人間学（意志論）の構成によって論理的に可能となったのである。

第三部のキリスト教の国家論では、ホッブズ独自の「神の王国」論が展開される。ホッブズは、「設立による国家共同体」と「獲得による国家共同体」という国家の二類型を理論的枠組みとして、聖書から「神の王国」の歴史的原型としてのアブラハムとモーセを導き出す。この二つの歴史的原型は、現在の世界の主権者の地位を聖書に描かれている歴史から正当化するという効果をもつ。そしてホッブズは同時に、このアブラハムとモーセの「神の王国」を歴史的過去に、キリストの「神の王国」を未来に位置づけることによって、現世から「神の王国」を排除した。これによって、現在の教会を「神の王国」と捉えるローマ・カトリック、独立派、長老派、国教会のロード派の解釈を打ち破ろうとしているのである。そして、さらにホッブズは、「主権的預言者」というカテゴリーを創出して、神と政治的主権者と人民とを一元的に結びつける国家像を形成する。主権者は、政治的主権者の資格において国家を代表する人格となり、「主権的預言者」の資格において教会を代表する人格となる。主権者は二つの性質をもった同一の人格であり、一つの主権国家は、この主権者の人格において、政治的にも宗教的にも統合され、その対立が封じ込められるのである。

第四部「暗黒の王国について」では、このような「主権的預言者」を軸とするキリスト教の政治学を前提として、「神の王国」を「現在の教会」もしくは「今生きているキリスト教徒の集団」であると捉えて、自分たちを神と人々とをつなぐ媒介者であるとする、主としてローマ・カトリック教会や長老派（その他十年王国論者や国教会ロード派などが念頭におかれながら）の主張が論駁される。とりわけスコラ学は当時の大学の支配的学問であり、カトリックの依拠する霊的世界が、目には見えないが現在において空間的に存在しているということを保証するような、不滅の魂や霊、天使、霊感、悪霊、および「非物質的な物体」、「非物質的な実体」、「物体から分離した本質」、「停止している今」といった観念の理論的根拠を提供していた。ホッブズは、第四部で、このようなスコラ学の様々な観念が異教的で迷信めいたものであって、学問的には「無意味な言葉」にすぎないということを主張するために、まず第一部において、幾何学的な方法論による論証形式——言葉の明確な定義を行い、諸命題をたて、諸命題の足し引きと配列という計算によって知識を獲得するという方法——に基づく学問体系を用意周到に設定したのである。現代の読者が『リヴァイアサン』をはじめて読むと、ともすればうんざりしてしまうような、第一部のはじめで羅列されている言葉の定義は、第四部まで読み通すことによって、その存在の意義が理解できる。つまり、第四部の主張を理解することによって、第一部の位置づけがより明白となり、『リヴァイアサン』全体としての説得力が増す構造だと言えよう。

「現在の教会」を「神の王国」とみなす考え方は、人間（政治的主権者）の命令よりも、王である神（キリストすなわちその代行者たる聖職者や説教者の命令に従うことが神に対する義務であると人々に説くものである。これによって、民衆が服従すべき対象が二つ存在することになり、支配の二重構造つまり政治と宗教の対立をまねく。イングランドは現実に、一方でカトリック勢力による主権国家イングランドへの介入と、他方でピューリタンの宗教的革命思想による内乱に直面した。ホッブズは、宗教の政治への介入によって引き起こされる戦争状態からイングランドを脱却させ、その再発を防ぐために、「神の王国」自体を否定することなく、過去と未来の彼方に放逐し、ピューリタンを国教会体制の枠内へ包摂しようとしたのである。彼のこの取り組みは、徹頭徹尾、政治的なものであったと言える。

さて、『リヴァイアサン』は、以上のような論理的構造をとっていたということが理解された。『リヴァイアサン』は全体の構成として、現在における人間の状態を、第一部と第二部において哲学的に、第三部と第四部において聖書から歴史的に説明するものである。とくに、第二部の社会契約論は、第三部の「神の王国」論をつくるための理論的基礎として構成されており、第二部と第三部とは論理的に連関し、「主権」を担う人格たる主権者において哲学と歴史とが交錯する構造になっている。したがって、研究史に対しては、第二部の社会契約論と第三部の「神の王国」論との論理的連関性が強調されるべきであろう。すでに述べたように、『リヴァイアサン』はホッブズの新しい世界観に支えられている。このホッブズの世界観は、哲学（自然理性）と歴史（聖書）という二つの領域からなっている。まず、哲学的領域から見た現在の世界は、神が自然によって統治している世界であり、それは存在する実体がすべて物体《ボディ》である宇宙全体を意味する。それゆえ、この領域では、なにごとも哲学的につまり自然科学の諸原理によって理解されるのである。次に、歴史的領域においては、現在は、歴史的に知られる「神の王国」の存在しない時代で、「神の王国」は時間軸上の過去と未来の両極に位置づけられる。したがって、現在の地上の世界は、哲学的に言えば、自然理性による論理的推論によって導出される政治的主権者が、歴史的に言えば、聖書から事実として導き出される「主権的預言者」が支配する世界なのである。つまり、『リヴァイアサン』において、ホッブズの哲学と歴史とは、政治的主権者＝「主権的預言者」を軸に交錯するのである。

こうして、ホッブズの政治思想の基本的側面が明らかにされる。ホッブズは現世から「神の王国」を放逐して、この世の支配権の担い手を宗教的権威から政治的権威へと切り替えた。国家と教会とは政治的主権者を頂点として統合され、聖職者は政治的主権者に従属させられる。しかし、これによって、政治権力が人々の信仰に対し暴力的に介入することを認められたわけではなく、むしろ、政治権力の内面への非介入の原則に基づいて、信仰や思想は権力の規制を受けない私的領域へと移され、人々の内面的思想の自由を保障するとともに、聖職者が人々の内面を操って、公的（政治）領域に出てくることを原理的に封じているのである。中世からの近代的転換を示す一つのメルクマールである政治の宗教に対する原理的対決は、ホッブズにおいてこのように果たされたのであった。

本書によって明らかとなったのは、『リヴァイアサン』を分析する際に、ホッブズの意志論の理解が重要であること、そして、それと関って、ホッブズにおけるフッカーの思想の影響の可能性について、より注目されるべきであるということである。これは、ホッブズ研究に対し、一つの問題提起をするものとなろう。これまで、ほとんどのホッブズ研究者は、ホッブズの信約や同意といった概念を、現代的な意味で解釈してきた。我々は、通常、契約というものは、自発的な意志に基づいて結ばれたもののみが有効であって、強迫によって強いられた契約は無効であると考える。しかし、これはいわば自由意志論の立場の考え方である。シュトラウスやウォーレンダーは、自由意志論的な立場からホッブズを理解しようとしたため、誤解に陥っているのである。ホッブズの意志論からすれば、人間の意志は、自分にとって自由なものではなく、神によって必然化された心理運動の結果である。ホッブズにとって意志とは欲求もしくは嫌悪であって、意志の自由の否定は、我々が空腹感をコントロールできないのと同じ論理に基づいている。しかし、自発性が否定されているわけではない。人間は行為の結果を想像し、心のなかで運動として、欲求と嫌悪、希望と恐怖が交互的に生起する。この熟慮の過程の最後の欲求（希望）ないし嫌悪（恐怖）が意志であり、この最後の欲求あるいは嫌悪＝意志によって現れた行為は、紛れもない自分の意志的行為となり、究極的には、欲求／嫌悪という運動を引き起こした神と結びついて、自らの義務・責任が発生する。自らの意志による、という自発性ゆえに、行為は義務の問題をともなうのである。

ホッブズは、フッカーに由来する思想伝統の問題を克服するため、自由意志論と理論的な格闘を行い、以上のような意志論を創り上げた。ここから言えることは、近代政治思想史には、二つの意志論から生じた二つの類型の契約概念が存在する、ということである。さらに、この類型は理性概念にも当てはまる。我々は、しばしば、近代の特徴を合理主義や理性的人間という言葉によって説明する。しかしながら、理性という概念それ自体も、一方で、自由意志論的発想における、絶対的に正しいもの、あるいは普遍的な道徳的基準という意味もあれば、他方で、ホッブズにおける、各人に個別的な、主観的計算という意味もある。ホッブズの場合、各人の理性は、自らの善についての計算としては正しいものであるが、各人の善それ自体が主観的なものであるから、他者と共有しうる道徳的行為の合理的基準とはみなされないのである。したがって、ひとくちに近代といっても、それがもつ諸概念の内容はひとくくりにすることができないほど多様であることがわかる。

ホッブズ、ロック、ルソーの関係は、一般に社会契約論の近代的発展過程として捉えられ、近代政治原理の研究としてはある種の確立をみたようにさえ理解されている。しかし、社会契約論の研究において、その先駆形態としてのフッカーの同意理論を本格的に視野に入れるならば、ホッブズと、従来フッカーの直接的継承者として見られてきたロックとの関係に変化が生じ、社会契約論の思想的系譜に新しい観点がもたらされると思われる。すなわち、ホッブズとロックは、ホッブズからロックへという直線的関係ではなく、フッカーを端緒とする思想類型のうちの二つのパターンとして理解されうるのである。このようなホッブズとロックの思想的関係の変化は、ルソーのホッブズとロックに対する思想的対決にも新たな視点を与えるかもしれない。

彼らの国家論には、政治と宗教の問題をどのように解決したかということがそれぞれ現れている。それは、人間と神との関係についての原理的な探究に基づく人間学――その一つが意志論である――を基礎としている。この点に十分配慮しながら、あらためて近代の社会契約論者たちを再考することが必要であると筆者は考える。

あとがき

本書の校正のさなか、二〇〇五年七月七日、ロンドンで同時爆破テロが起きた。国際社会に対して従来の国連主導の国際政治のあり方に強く変更を迫ってきた英米の政権は、国内においてテロ予防策として人権の一部制限を正当化し、自由民主主義的理念と制度によって保たれていた多民族社会の均衡を崩しつつある。とりわけアメリカにおいては、イスラム教原理主義に対する批判が、自由主義の強化ではなく、むしろキリスト教原理主義やユダヤ教原理主義の政治的な結束を引き起こしている。このような英米政権による反テロリズム戦略は、対外的にも対内的にも、自由民主主義体制を侵食し、政治と宗教の関係を変容させているのではないだろうか。近代以降、西洋において確立されてきた政教分離の原則は、二一世紀になって動揺しはじめている。政治と宗教の関係という問題は、今、新たな局面を迎えており、自由民主主義国家の内部においても、また自由民主主義国家と非自由民主主義国家との間においても、取り組まざるをえない急務の課題となっている。そして、学問としての政治思想は、この難局を打開する新しい視点、新しい理論の構築を求められているのである。

本書を執筆した筆者の課題は、ホッブズの政治思想の基本的要素を抽出すること、そして、政治思想史における政治と宗教の関係という主題と格闘するための準備をすることにある。本書は、この困難な主題のためのほんの出発点にすぎない。しかしながら、政治と宗教の問題がいっそう問われ、対テロリズムにおける戦争状態として自然状態という考え方が強調される今日、ホッブズのステレオタイプ的なイメージを払拭することは、様々な世界観をもつ人々の平和的共存の方法を構想するための新しい視座を提供することにつながると考える。本書は従来の『リヴァイアサン』解釈を覆している。『リヴァイアサン』は政治と宗教の対立問題に挑んだ歴史的遺産であり、内面と外面を峻別しつつ、平和の確立と戦争の回避のために、国家教会体制という一種の政教一致の国家体制論を提示している。それは、近現代の政治思想史および政治哲学におけるホッブズの思想的継承者と批判者の両者に対して、決定的な影響を与えた。このような問題提起を試みた一つの小さな作品である本書が、『リヴァイアサン』自身の力を借りて、上に述べたような緊迫した現代の状況に対して、ささやかながら一石を投ずることができれば、と願う次第である。

本書は、著者が二〇〇三年一一月に名古屋大学大学院法学研究科に提出した博士学位論文「ホッブズのリヴァイアサン――一七世紀イングランドにおける政治と宗教」に、若干の加筆と修正を行ったものである。公刊に際し、タイトルを『ホッブズ　政治と宗教――『リヴァイアサン』再考』に改めた。

本書が出版されるまでには、実に多くの方々のお世話になっている。この場を借りて、感謝の言葉を述べさせていただきたい。名古屋大学大学院法学研究科の先生方からは様々な形でご指導とご支援を賜った。指導教官の磯部隆先生は、キリスト教に疎く古典を学ぶ準備のまったくできていなかった私に、ラテン語とキリスト教について徹底的にご教授くださった。ギリシア哲学、ユダヤ―キリスト教、仏教、儒教など西洋および東洋の古典をご専門とされる磯部先生との広大かつ深遠な議論を通じて、私はきわめて多くのことを啓発され、近代および現代の政治思想における政治と宗教の問題という自らの研究課題を構築し、とりわけ『リヴァイアサン』の宗教論に切り込むという課題を設定するにいたったのである。本書は、先生のご指導の賜物である。

また、政治学の小野耕二先生、行政学の後房雄先生、進藤兵先生からは、政治学科の研究会でいつも本質を突く鋭いコメントをいただき、幅広い視野に基づく冷徹な洞察の必要性をご指導いただいた。政治学の田村哲樹先生には、博士論文の執筆に向けて常に建設的なご助言をいただくとともに、先輩として温かい励ましをいただいた。国際政治史の佐々木雄太先生（現愛知県立大学）と日本政治史の増田知子先生からは、歴史研究の厳しさ、史実を地道に探求し続ける真摯な学問的姿勢を、身をもって教えていただいた。学位論文では、西洋政治史の北住炯一先生と国際政治学の定形衛先生に大変なご尽力をいただいた。両先生のご教授とご支援がなければ、学位論文の成立はありえなかった。深くお礼申し上げたい。法哲学の森際康友先生には、学位論文審査の副査としてお出ましいただき、テクストに徹底的に内在した読解という点で、哲学的観点から高度かつ有益な批評を賜った。

一橋大学名誉教授の田中浩先生からは、私が研究者を志すことにおいて、幾度となくご支援と励ましをいただいた。ホッブズ研究の意義を諄諄と説いて教示し、私に勇気を与えようとする先生の真心のこもった励ましに、何度救われたことだろう。読者の視点を常に意識し尊重せよという田中先生の教えは、私が論文を書くうえでの指針となっている。

名古屋大学経済学部の長尾伸一先生には、学位論文の成立に多大なご支援とご教授をいただくとともに、学位論文の公刊に向けて名古屋大学出版会にご推薦いただいた。長尾先生の働きかけがなければ、本書の公刊はありえなかった。心からお礼申し上げたい。

本書の挿絵として用いられている『リヴァイアサン』初版本の口絵は、名古屋大学名誉教授の水田洋先生の蔵書からお借りしたものである。水田先生は、『リヴァイアサン』の三種類の初版本を快くお貸しくださるだけでなく、ホッブズに関するきわめて貴重な資料をもお譲りくださった。また現在も古典への格闘の仕方をご指導いただいている。先生のご好意に深くお礼申し上げたい。

本書の公刊にあたっては、名古屋大学出版会の橘宗吾氏と三木信吾氏に大変お世話になった。よりよい本をつくるという信念に対して、きわめて誠実なお二人とともに仕事ができ、私は教えられるところが多く、とても幸運であった。ここに謝意を表したい。

二〇〇五年八月

梅田 百合香

水田洋著
思想の国際転位 A5・326 頁
―比較思想史的研究― 本体5,500円

長尾伸一著
ニュートン主義とスコットランド啓蒙 A5・472 頁
―不完全な機械の喩― 本体6,000円

田中秀夫著
啓蒙と改革 A5・494 頁
―ジョン・ミラー研究― 本体6,800円

竹本洋著
スミスの倫理 A5・262 頁
―『道徳感情論』を読む― 本体5,400円

将基面貴巳著 A5・324 頁
ヨーロッパ政治思想の誕生 本体5,500円

安藤隆穂著
フランス自由主義の成立 A5・438 頁
―公共圏の思想史― 本体5,700円

王寺賢太著
消え去る立法者 A5・532 頁
―フランス啓蒙における政治と歴史― 本体6,300円

田中秀夫／坂本達哉監修　篠原久他訳 A5・502 頁
イギリス思想家書簡集　アダム・スミス 本体6,300円

アダム・スミスの会監修　水田洋他訳 A5・450 頁
アダム・スミス　法学講義 1762～1763 本体6,600円

田中敏弘訳 A5・500 頁
ヒューム　道徳・政治・文学論集［完訳版］ 本体8,000円

J. G. A. ポーコック著　田中秀夫他訳
マキァヴェリアン・モーメント A5・718 頁
―フィレンツェの政治思想と大西洋圏の共和主義の伝統― 本体8,000円

J. G. A. ポーコック著　田中秀夫訳 A 5・340/ 424 頁
野蛮と宗教　I・II 本体5,400/6,800円

S. シェイピン／ S. シャッファー著　吉本秀之監訳
リヴァイアサンと空気ポンプ A5・454 頁
―ホッブズ，ボイル，実験的生活― 本体5,800円

《著者略歴》

梅田百合香《うめだゆりか》

1968年，名古屋市に生まれる。2004年，名古屋大学大学院法学研究科博士課程修了，現在，桃山学院大学経済学部教授，博士（法学）。専攻は政治思想史，社会思想史。著訳書に『ホッブズ　リヴァイアサン（シリーズ世界の思想）』（角川書店，2022年），『甦るリヴァイアサン』（講談社，2010年），マーク・フィルプ『トマス・ペイン——国際派革命知識人の生涯』（共訳，未来社，2007年）。論文に「ホッブズの『教会史 *Historia Ecclesiastica*』」（『思想』1130号，2018年），「ホッブズとセルデン——自然法とヘブライズム」（『思想』1109号，2016年）他多数。

ホッブズ　政治と宗教

—『リヴァイアサン』再考—

2005年10月10日　初版第1刷発行
2023年 4 月20日　初版第2刷発行

定価はカバーに
表示しています

著　者　梅 田 百 合 香

発行者　西　澤　泰　彦

発行所　一般財団法人　名古屋大学出版会

〒464-0814　名古屋市千種区不老町1名古屋大学構内
電話(052)781-5027 / FAX(052)781-0697

© UMEDA Yurika, 2005　　Printed in Japan

印刷・製本 ㈱太洋社　　ISBN978-4-8158-0523-4

乱丁・落丁はお取替えいたします。

JCOPY 〈出版者著作権管理機構　委託出版物〉

本書の全部または一部を無断で複製（コピーを含む）することは，著作権法上での例外を除き，禁じられています。本書からの複製を希望される場合は，そのつど事前に出版者著作権管理機構（Tel：03-5244-5088，FAX：03-5244-5089，e-mail：info@jcopy.or.jp）の許諾を受けてください。

事項索引

ア 行

カ 行

サ　行

ラ　行

人名索引

ア 行

アイゼナッハ　Eisenach, E. J.　12, 185, 189, *18, 34, 71–72*
アウグスティヌス　Augustinus, Aurelius　80, 115
アスカム　Ascham, Anthony　72, 74
アダム　Adam　114, *15, 46*
アブラハム　Abraham　163, 185, 187–189, 194, 198, 200–201, 207–208, 252, *34*
アリストテレス　Aristotelēs　40, 55–56, 61, 78, 98, 103, 132, 170, 210, 217–221, *53–56, 68*
アーリントン卿　Bennet, Henry, first Earl of Arlington　95
アルミニウス　Arminius, Jacobus　52, 62, 82, 107, 128, *44, 57, 67*
アーロン　Aaron　158, 222
アン王妃　Anne of Denmark　42
アンリエッタ・マリア　Henrietta Maria　61
伊豆蔵好美　24, *24, 39*
ウォルウィン　Walwyn, William　160, *26, 73*
ウィルキンソン　Wilkinson, John　40
上野修　28, *26, 40, 55*
ウェブスター　Webster, John　78
ウェルギリウス　Vergilius, Maro, Publius　101
ウェルドン　Wheldon, James　105
ウォーレンダー　Warrender, Howard　8–12, 20–21, 255, *23, 32, 34, 36–38*
ウォリス　Wallis, John　47, 86–89, 91, 93–94, 100
ウッド　Wood, Anthony　100–101
エヴァンス　Evans　39
エウリピデス　Euripides　39
エラスムス　Erasmus, Desiderius　80, *38–39, 44*
エリザベス一世　Elizabeth I　165
エレアザル　Eleazar　200, 208
オウエン　Owen, John　87–88
オーヴァートン　Overton, Richard　160
太田可夫　18, *25*
オークショット　Oakeshott, Michael　11, *20, 24, 33*
オジルビィ　Ogilby, John　101
オーバーホッフ　Overhoff, Jürgen　129, *20, 36, 55–58, 62, 69*
オーブリー　Aubrey, John　40, 46, *14–15, 19, 41, 52*
オレンジ公ウィリアム（ウィリアム三世）　William III　105

カ 行

カエサル　Caesar, Gaius Julius　231
ガッサンディ　Gassendi, Pierre　48, 71, 88–89, 248
ガート　Gert, Bernard　10, *19*
加藤節　20, *25, 37*
カーリー　Curley, Edwin　*14, 18, 43, 48, 64*
ガリレオ　Galileo　16, 47–48, 61, 115, 248
カルヴァン　Calvin, Jean　15–16, 26, 79–80, 115–116, 118, 130, 221, 243, *55, 58, 73*
川添未央子　24, *25, 37, 39, 55*
キケロ　Cicero, Marcus Tullius　220
岸畑豊　20, *25, 37*
キャヴェンディッシュ家　41, 44–47, 49, 69, 105, 108, 112, 129, 149, 247
　デヴォンシャー伯爵家　41, 44, 46, 105
　ハードウィック男爵／一代目デヴォンシャー伯爵（ホッブズの雇い主でウィリアムの父）　Cavendish, William, first Earl of Devonshire　40–42, 44
　ウィリアム／二代目デヴォンシャー伯爵（ホッブズの生徒）　Cavendish, William, second Earl of Devonshire　41–46
　ヴォンシャー伯爵／三代目デヴォンシャー伯爵（ウィリアムの息子）　Cavendish, William, third Earl of Devonshire　45, 47, 49, 52–53, 55, 60, 62, 67, 69–71, 92–93, 95, 104–105, *57*
　デヴォンシャー伯爵夫人（ウィリアムの妻）

Cavendish, Christian, Countess of Devonshire　47
チャールズ（三代目デヴォンシャー伯爵の弟）　Cavendish, Charles　62
キャヴェンディッシュ卿（三代目デヴォンシャー伯爵の長男で後のデヴォンシャー公爵）　Cavendish, William, fourth Earl and first Duke of Devonshire　104–105
ニューカスル伯爵／侯爵／公爵　Cavendish, William, first Earl, first Marquis, and first Duke of Newcastle　41–42, 46, 48–50, 52–53, 57, 59, 62, 65, 70, 95
チャールズ・キャヴェンディッシュ（ニューカスル伯爵の父）　Cavendish, Charles　41
チャールズ・キャヴェンディッシュ卿（ニューカスル伯爵の弟）　Cavendish, Sir Charles　49, 57–58
キリスト　Christ, Jesus　53, 115, 130, 161, 163–164, 174, 178, 189–190, 192–195, 199–200, 205–206, 211, 226–227, 230–234, 236–239, 252, *78–79*
久野真大　26, *25, 39*
クーパー　Cooper, Samuel　12, *51*
グラバー　Glover, W. B.　115, *19*
クリフトン卿　Clifton, Gervase　46
グリンダル　Grindal, Edmund　159, 163
グロティウス　Grotius, Hugo　116, 148, 204
クロムウェル　Cromwell, Oliver　71, 77, 87, 161, *15, 23, 26, 61, 65*
ケアリ（フォークランド子爵）　Cary, Lucius, Viscount Falkland　52
ケンヨン　Kenyon, Timothy　13, 185
コージン　Cosin, John　67
ゴーティエ　Gauthier, David P.　10, 21, 138, *19, 33, 60*
ゴドルフィン　Godolphin, Sidney　52
コンスタンティヌス大帝　Constantine the Great　200

サ 行

サウル　Saul　189, 194, 200–201, 207, 233, 237
佐々木力　115, *26, 55*
佐藤正志　115, *26, 55*
サマヴィル　Sommerville, Johann P.　205, *22, 34, 40, 66, 74–75*
サムエル　Samuel　189, 194, *52, 54*
サルピ　Sarpi, Paolo　42
ジェイムズ一世　James I　40, 42–43
ジェイムズ二世／ヨーク公ジェイムズ　James II　104–105
ジェセフ　Jesseph, Douglas M.　89, *19*
シャーリー　Shirley, F. J.　115, 171, 173, *22, 62, 68*
ジャヴェス（クリフトン卿の息子）　Clifton, Gervase　46
ジャコ　Jacquot, Jean　*12, 17*
モース　Morse, Justinian　105–106
シューマン　Schuhmann, Karl　*12–13, 21–22, 40, 57*
シュトラウス　Strauss, Leo　7–9, 11–12, 18, 20–21, 55, 114–115, 255, *23, 26, 31–32, 35–38, 45, 53–54, 57*
シュミット　Schmitt, Carl　8, *21, 26, 32, 61, 79*
ジョーンズ　Jones, Harold Whitmore　*12, 17*
ヘイルズ　Hales, John　149, 164–165
ジョンソン　Johnson, Paul J.　149, 164–165, *19, 63*
スキナー　Skinner, Quentin　11–12, 14, 21, 23, 32, 40, 74, 98, *22, 34–35, 42, 48–49, 52–53, 70*
鈴木朝生　21, 98, 164, 185, *26, 39, 44, 48, 51, 64, 72*
スタッブ　Stubbe, Henry　88
スティーヴン　Stephen, Leslie　33, *22, 40*
ステイト　State, Stephen　149–151, 167, *22, 63, 67*
ストラフォード伯　Wentworth, Thomas, first Earl of Strafford　53
スプリングボーグ　Springborg, Patricia　12–13, 185, 222–232, *22, 34, 71, 77–78*
セルデン　Selden, John　204–207, 209, *18, 74–75*
ソルビエール　Sorbière, Samuel　61, 68, 70–71, 88–89, 95–96
ソロモン　Solomon　200

タ 行

ダヴィデ　David　200, *15, 19, 23, 33, 35, 41*
高橋眞司　18, *26, 36, 46*
高野清弘　21, *26-27, 32, 39, 47, 54, 63, 77*
タック　Tuck, Richard　14, 33, 50, 58, 96, 98, *13, 23, 27, 35, 44-45, 50-53, 59, 61*
田中浩　18, 33, *13, 27-28, 32, 35-37, 39-40, 51, 54*
ダントレーヴ　d'Entrèves, Alexander Passerin　134, *27, 58*
チャールズ一世　Charles I　40, 42, 45, 51-53, 60, 62, 65-66, 68-69, 72-73, 77, 129, 157
チャールズ二世　Charles II　41, 65-66, 71-72, 77, 92-93, 97, 103-105, 157, 248
チリングワース　Chillingworth, William　149, 164-165
ツヴィングリ　Zwingli, Ulrich　238
デイヴィス　Davis, John　79
ディグビィ　Digby, Kenelm　61
テイラー　Taylor, A. E.　9-10, 15, 21, *23, 27, 32*
ティンダル　Tyndale, William　154, 176, 245
デカルト　Descartes, René　48, 55-59, 83-85, 88-89, 104, 192, 248, *15, 27-28, 44-46*
テニエス　Tönnies, Ferdinand　*23, 32, 36, 40*
デュ・ヴェルデュ　du Verdus, François　88, *14*
デュウイ　Dewey, John　138, *18, 59*
デル　Dell, John　47, 61, 78, 86, 205, *54*
ドゥ・スルス　de Sluse, René-François　94
ドゥ・マルテル　de Martel, Thomas　65
トゥキュディデス　Thucydides　41, 45, 51, 98, 114
トゥリコー　Tricaud, François　*13*
トマス・アクィノス　Thomas Aquinas　150
ドリスラウス　Dorislaus, Isaac　72

ナ 行

中村義知　21, *27, 38*
ナーマン　Naaman　178
ニーダム　Nedham, Marchamont　74
ネーゲル　Nagel, Thomas　10, 138, *20, 33, 60*

ハ 行

ハイド（クラレンドン伯）　Hyde, Edward, Earl of Clarendon　52, 71, 94
パウロ　Paul　154, 177, *15, 18-19, 36, 46*
パッキ　Pacchi, Arrigo　221, *20, 34, 76*
バリー　Barry, Brian　21, *18, 33, 60*
ピーターズ　Peters, Richard Stanley　33, *21, 40*
ヒナント　Hinnant, Charles H.　33, *19, 40-41*
ピム　Pym, John　53
フェル　Fell, John　100-101
フェルディナント（神聖ローマ皇帝フェルディナント二世）　Ferdinand II　33, *27, 31*
フォルクナー　Faulkner, Robert K.　171, 173, *19, 62, 67-68*
福鎌忠恕　*14*
福田歓一　*24, 28, 36-37*
藤原保信　20, 115, *28, 37, 55*
フッカー　Hooker, Richard　26, 148-173, 175, 178-180, 183-184, 189, 196-197, 199, 208, 228, 235, 243, 245, 250, 255-256, *22, 26-27, 62-69, 73*
フッド　Hood, F. C.　10, 15, 155, *19, 64*
ブラックバーン　Blackburne, Richard　34-35, 101, *14-15, 42*
プラトン　Platōn　221, *32, 34*
プラムナッツ　Plamenatz, John　10, *21, 33*
ブラムホール　Bramhall, John　62-63, 65, 79-84, 109, 115, 122, 128-130, 133, 179, 222, 248, *11, 16-17, 58-59*
フリードリヒ五世　Friedrich V　43
ベイコン　Bacon, Francis　42-43
ベザ　Beza, Theodorus　193, *73*
ペテロ　Peter　154, 163, 177, *19*
ペラギウス　Pelagius　80
ベラルミーノ　Bellarmino, Francesco Romulo Roberto　47, 191, 193
ベンサム　Bentham, Jeremy　138, *59*
ホイヘンス　Huygens, Christiaan　94
ボイル　Boyle, Robert　93-94
ホーリデイ　Halliday, R. J.　13, 185, *34, 71, 78*
ポコック　Pocock, J. G. A.　12-13, 21, 185, 189-192, *21, 34, 71-72*
ボダン　Bodin, Jean　1

ホッブズ　Hobbes, Thomas　2-29, 32-120, 122-140, 142-160, 162-165, 167-170, 173-201, 203-245, 247-256, *11-29*, *31-49*, *51-79*
母アリス　Alice　38
父トマス　Thomas　38-39
兄エドマンド　Edmund　38-39
妹アン　Anne　38
伯父フランシス　Francis　39
ホメロス　Homēros　39, 101-103, 249
ボルケナウ　Borkenau, Franz　114
ホワイト　White, Thomas　61-62, 95, *12*, *26*, *55*

マ・ヤ行

マーティニッチ　Martinich, A. P.　14-17, 23-24, 27, 34-36, 96, 149-151, *20*, *35-36*, *40-54*, *63*, *78-79*
マイヤー＝タッシュ　Mayer-Tasch, P. C.　18, *20*, *28*, *36*
マキアヴェリ　Machiavelli, Niccolō Bernardo　2, 148
マルコム　Malcolm, Noel　14, 34, 93, *13*, *20*, *35*, *40*, *51*
ミカンツィオ　Micanzio, Fulgentio　42
水田洋　18, *13*, *28*, *36*, *54*
三吉敏博　11, *28*, *32*, *36*
ミンツ　Mintz, Samuel I.　115, *20*, *52*, *54*, *75*
メランヒトン　Melanchton, Philipp　80, 221, *58*
メルセンヌ　Mersenne, Marin　41, 48-49, 56-59, 62, 67, 248
モーセ　Moses　151, 157-158, 163, 187-189, 194, 197-198, 200-201, 207-208, 229-239, 252, *79*
モラン　Morin, Jean-Baptiste　88-89
モリス　Morris, Christopher　168, *20*, *28*, *62*, *65*, *67*
ユークリッド／エウクレイデス　Euclid / Eukleidēs　13, 46-47, 86, 112
ヨブ　Job　*19*, *58-59*

ラ・ワ行

ライエンホルスト　Leijenhorst, Cees　224, *19*, *77*
ライプニッツ　Leibniz, Gottfried Wilhelm　83, 90, 100, 109, *29*, *50*
ライリー　Riley, Patrick　115, *21*, *54*
ラティマー　Latimer, Robert　39-40, 99, 102
ラファエル　Raphael, D. D.　144, *21*, *60*
リーヴ　Reeve, Andrew　13, 185, *34*, *78*
リンデマン　Lindemann, C.　86
ルイ一四世　Louis XIV　104
ルソー　Rousseau, Jean-Jacques　3, 65, 124-125, 127, 145, 148, 242, 256, *29*, *38-39*, *47*, *57*, *60*, *63*
ルター　Luther, Martin　16, 26, 46, 79-80, 115-116, 118, 130, 154, 173-177, 179-180, 184, 203, 221, 238, 243, 245, 250, *18*, *29*, *38-39*, *55*, *58*, *63*, *68-69*
レアード　Laird, John　33, *19*
レイク　Reik, Mirriam M.　33, *21*, *40*
レトウィン　Letwin, Shirley Robin　115, *20*, *54*
ロード　Laud, William　52-53, 62, 107, 128, 161-162, 165, 169, 192, *44*, *67*
ロゴー　Rogow, Arnold A.　33-34, *21*, *25*, *40-41*
ロジャーズ　Rogers, G. A. J.　*12-13*, *34*, *44*, *51*, *74*
ロック　Locke, John　3, 18, 148-149, 169, 242, 256, *25*, *37*
ケーガン　Kagan, Robert　28, *40*
ロバートソン　Robertson, George Croom　33, *21*, *40*, *51*
ワード　Ward, Seth　8, 52, 78, 87, 93-94, *25*, *36*
ワーリング　Waring, Walter　46
ワトキンス　Watkins, J. W. N.　10, 115, 138, *23*, *32-34*, *37-38*, *54*

ホッブズのテクストについて

ホッブズの主要著作からの引用は，それぞれ下記の略記によって示された刊本を出典とする。本書におけるテクストの日本語訳に関しては，先達の訳文を参考にしながら，筆者自身が翻訳したものである。なお訳出の際，原典において大文字で書かれている単語は太字で示し，イタリックになっているものは，固有名詞を除いて，強調の場合は傍点をふり，引用文の場合は『 』で示した。また，筆者による補足は〔 〕で挿入した。

EW　英語版全集

The English Works of Thomas Hobbes, ed. William Molesworth, 11vols. (London : John Bohn, 1839–1845) reprint, Aalen : Scientia Verlag, 1966.

OL　ラテン語版全集

Thomæ Hobbes Malmesburiensis Opera Philosophica quæ Latine scripsit Omnia, in unum corpus nunc primum collecta studio et labore, Gulielmi Molesworth, 5v., (Londini : Joannem Bohn, 1839–1845) reprint, Bristol : Thoemmes Press, 1999.

AB 「ブラムホール主教の著作『リヴァイアサンの捕獲』に対する回答」

An Answer to a Book published by Dr. Bramhall, Late Bishop of Derry ; called "The Catching of the Leviathan," in EW, vol. IV, pp. 279–384.

B 『ビヒモス』

Behemoth, or the Long Parliament, ed. Ferdinand Tönnies, (originally published, London : Simpkin, Marshall, 1889) reprinted with an introduction by Stephen Holmes, Chicago : University of Chicago Press, 1990.

Considerations 「考察」

Considerations upon the Reputation, Loyalty, Manners, and Religion, of Thomas Hobbes, of Malmesbury, written by Himself by Way of Letter to a Learned Person (*John Wallis, D. D.*), in EW, vol. IV, pp. 409–440.

DC 『市民論』

De Cive, the Latin Version, entitled in the first edition Elementorvm Philosophiæ Sectio Tertia De Cive, and in later editions Elementa Philosophica de Cive, ed. Howard Warrender, Oxford : Clarendon Press, 1983.

『市民論』は 1642 年にラテン語で書かれ，1651 年に英語版の翻訳が出版されるが，この翻訳がホッブズ自身によってなされたかどうかについては議論があり，よって本書ではラ

テン語版を使用する。なお，近年，伊藤宏之・渡部秀和両氏によって，『市民論』の邦訳が刊行された。伊藤宏之・渡部秀和訳「トマス・ホッブズ著『真の市民に関する哲学的原理（市民論）』(1)〜(9・完)」『福島大学教育学部論集　社会科学部門』第62号，1997年，第63号，1997年，第65号，1998年，第66号，1999年，第67号，1999年，第68号，2000年，第69号，2001年，第70号，2002年，第71号，2002年。

De Corpore　『物体論』

Elementorum Philosophiæ Sectio Prima De Corpore, in OL, vol. I, pp. 1–431.
英語訳は，*Elements of Philosophy, the First Section, Concerning Body, written in Latin by Thomas Hobbes of Malmesbury, and Translated into English*, in EW, vol. I, pp. 1–532. 英語訳のページ数を（ ）に入れて付記した。

DM　『「世界論」批判』

Critique du De mundo de Thomas White, Introduction, texte critique et notes par Jean Jacquot et Harold Whitmore Jones, Paris : J. Vrin, 1973.
トマス・ホワイトの『世界についての三つの対話（*De mundo dialogi tres*）』（通称『世界論』1642年）に対する批判としてホッブズが書いたラテン語による未刊の草稿を，1973年に，ジャン・ジャコとハロルド・W・ジョーンズが公刊した。この英訳もジョーンズによって出された。*Thomas Hobbes : Thomas White's De Mundo Examined*, the Latin translated by Harold Whitmore Jones, London : Bradford University Press, 1976. 引用の際には，章と項目番号およびページ数を記し，英語訳のページ数も（ ）に付加した。

EL　『法の原理』

The Elements of Law, Natural and Politic, ed. Ferdinand Tönnies, Cambridge : Cambridge University Press, 1928.
なお，『第一原理についての小稿』（*A Short Tract on First Principles*）が，付録としてテニエス版『法の原理』の152–167ページに収められている。

L　『リヴァイアサン』（英語版）

『リヴァイアサン』の翻訳に際しては，次の刊本を使用した。
Leviathan, or the Matter, Forme, & Power of a Common wealth Ecclesiasticall and Civill, London : Andrew Crooke, 1651.
Leviathan, a critical edition by G. A. J. Rogers and Karl Schuhmann, Bristol : Thoemmes Continuum, 2003.
Leviathan, ed. Richard Tuck, Cambridge ; New York : Cambridge University Press, 1996.
『リヴァイアサン』の英語版の初版には三つの異本（通称，ヘッド版，ベアー版，オーナメント版）が存在する。本書は初版本として，英語版はヘッド版を採用した。2003年に出たG・A・J・ロジャーズ／カール・シューマン編集版は，既刊の『リヴァイアサン』すべてを調査した，今のところ最も信頼しうる校訂版である。ロジャーズらは今後出版される『リヴァイアサン』はオーナメント版を基礎にすべきだと主張しているが，彼らの版自体は実用的理由からヘッド版をベースにしている。本書は，オーナメント版が最も信頼

すべき版であるというロジャーズ／シューマンの主張に対しては，ノエル・マルコムから反論が出ていること（Noel Malcolm, “Changing the sheets : A game of blind man’s buff with *Leviathan*,” *TLS*, December 3, 2004, pp. 3–4 参照），および 20 世紀に出版された『リヴァイアサン』の主要な版のほとんどがヘッド版をもとにしていることから，読者の参照のしやすさを鑑みて，ヘッド版を選択した。なお，ヘッド版，ベアー版，オーナメント版の異同はロジャーズ／シューマン編集版で確認できる。リチャード・タック編集版は，ホッブズによる校正が最も行われたと考えられる当時の大判紙版とチャールズ二世に献呈された子牛皮紙装丁された手書きの『リヴァイアサン』をもとにしており，ロジャーズ／シューマン編集版が出るまでは，これが最も正確な『リヴァイアサン』であるとされ，現在でも評価は高い。英語版の邦訳は，水田洋訳『リヴァイアサン』(一)～(四)，岩波文庫，1954–1992 年，水田洋・田中浩訳『リヴァイアサン』（世界の大思想 9），河出書房新社，1974 年，永井道雄・宗方邦義訳『リヴァイアサン』（世界の名著 28），中央公論新社，1979 年などがあり，参照した。引用に際しては〈L, chap. 18, p. 92（143, 126）. 訳 II 44–45 ページ〉という略記によって，まずヘッド版の章とページ数を記し，（ ）のなかに，ロジャーズ／シューマン編集版と，次にタック版のページ数を付記した。そのあとに水田訳の岩波文庫版の巻数とページ数を付けた。

LL 『リヴァイアサン』（ラテン語版）

Leviathan, sive De Materia, Forma, & Potestate Civitatis Ecclesiasticæ & Civilis, in *Thomæ Hobbes Malmesburiensis Opera Philosophica, Quae Latine scripsit, Omnia, Ante quidem per partes, nunc autem, post cognitas omnium Objectiones, conjunctim & accuratius Edita*, Amstelodami : Ioannem Blaev, 1668, VIII, pp. 1–365.

Leviathan, sive De Materia, Forma, et Potestate Civitatis Ecclesiasticæ et Civilis, in OL, vol. III, pp. i–viii, 1–569.

ラテン語版の訳出には，1668 年版とモールズワース編集のラテン語著作集第 3 巻の『リヴァイアサン』を用いた。『リヴァイアサン』ラテン語版には二つの異本（1668 年版と 1670 年版）があるが，本書はラテン語版として 1668 年版を採用した。フランソワ・トゥリコーは，『リヴァイアサン』フランス語訳の訳者序論において，1670 年版はホッブズ本人によって校正がなされていると主張したが，ロジャーズらはこの校正はラテン語学者によるものであってホッブズ自身によるものではないと反論している。本書はロジャーズらの見解に従って，1668 年版を基礎とした。なお，英語版およびラテン語版異本についてのトリコーの分析は *Léviathan traité de la matière, de la forme et du pouvoir de la république ecclésiastique et civile*, traduit de l’anglais, annoté et comparé avec le texte latin par François Tricaud, Paris : Sirey, 1971, pp. xvi–xxii を参照。ラテン語版を全訳した邦訳はないが，ラテン語版の付録である「第一章　ニケア信仰箇条について」「第二章　異端について」「第三章　リヴァイアサンに対するいくつかの反論について」に関しては，水田訳の岩波文庫第 4 巻末尾（241–331 ページ）に記載されているので参照した。引用の際，1668 年版，ラテン語全集モールズワース版，邦訳の順にページ数を記し，（LL, p. 352, OL, III, p. 548. 訳 IV 295 ページ）という略記において示した。また，トゥリコーによる

『リヴァイアサン』フランス語訳は，多数の注でラテン語版との詳しい比較検討をしており，とりわけ付録三篇は全訳されていて，水田訳もこれを利用しているので，こちらも参照した。付録三篇の英語訳はエドウィン・カーリー編集版にも収められている。*Leviathan, with selected variants from the Latin edition of 1668*, ed. Edwin Curley, Indianapolis ; Cambridge : Hackett Publishing Company, 1994.

LN 「自由と必然について」

Of Liberty and Necessity, in EW, vol. IV, pp. 229–278.

LNC 「自由，必然および偶然に関する諸問題」

The Questions concerning Liberty, Necessity, and Chance, in EW, vol. V, pp. 1–455.

V 「マームズベリのトマス・ホッブズの生涯」

Tomæ Hobbes Angli Malmesburiensis Philosophi Vita, in OL, vol. I, pp. xiii–xxi.

1676 年にラテン語で書かれた短い自叙伝。

ラテン語による散文の自伝（V）と下記の詩形式の自伝（VC）との二つについては，福鎌忠恕による解説および邦訳がある。福鎌忠恕「トーマス・ホッブズ著『ラテン詩自叙伝』――ワガ生涯ハワガ著作ト背馳セズ」『東洋大学大学院紀要』第 18 集，1981 年，1-46 ページ。

VA 「ホッブズの生涯補遺」

Vitæ Hobbianæ Auctarium, in OL, vol. I, pp. xxii–lxxx.

オーブリーがホッブズ自身から聞いて書き留めていた伝記資料をもとにして，リチャード・ブラックバーン（Richard Blackburne）がラテン語に翻訳して書いたホッブズの伝記。この「ホッブズの生涯補遺」は，1681 年に，「マームズベリのトマス・ホッブズの生涯」と「詩で表現されたマームズベリのトマス・ホッブズの生涯」とともに一冊にされて出版された。

VC 「詩で表現されたマームズベリのトマス・ホッブズの生涯」

Thomæ Hobbes Malmesburiensis Vita carmine expressa, in OL, vol. I, pp. lxxxi–xcix.

ホッブズの友人であるフランス貴族フランソワ・デュ・ヴェルデュ（François du Verdus）に宛てて 1672 年に書かれたラテン詩による自叙伝。ホッブズが死去した 1679 年に 14 ページの小冊子として公刊された。

C 書簡集

The Correspondence of Thomas Hobbes, ed. Noel Malcolm, 2vols., Oxford : Clarendon Press, 1994.

文献目録

外国語文献

【一次資料】

Abbott, Wilbur Cortez. *The Writings and Speeches of Oliver Cromwell*, vol. I, Cambridge : Harvard University Press, 1937.

Aubrey, John. *Brief lives and other selected writings by John Aubrey*, ed. Anthony Powell, London : Cresset Press, 1949.

Aubrey, John. *Aubrey's Brief Lives*, ed. Oliver Lawson Dick, (originally published, London : Martin Secker & Warburg, 1949) Boston : David R. Godine Publisher, 1999.

Aubrey, John. *Brief Lives*, ed. John Buchanan-Brown, London : Penguin Books, 2000.

Blackburne, Richard. *Vitæ Hobbianæ Auctarium*, in *Thomæ Hobbes Malmesburiensis Opera Philosophica quæ Latine scripsit Omnia*, in unum corpus nunc primum collecta studio et labore, Gulielmi Molesworth, 5v., (Londini : Joannem Bohn, 1839) reprint, Bristol : Thoemmes Press, 1999, vol. I, pp. xxii–lxxx.

Clarendon, Edward Hyde, Earl of. *A Brief View and Survey of the Dangerous and Pernicious Errors to Church and State, in Mr. Hobbes's Book entitled Leviathan*, (reprint of 1676 edtion, Oxford : Theater) London : Routledge/Thoemmes Press, 1996.

Cross, Claire. *The Royal Supremacy in the Elizabethan Church*, London : George Allen & Unwin, 1969.

Descartes, René. *Meditationes de Prima Philosophia, Œuvres de Descartes*, publiées par Charles Adam & Paul Tannery, nouvelle présentation, en co-édition avec le centre national de la recherche scientifique, t. VII, Paris : J. Vrin, 1964.

Hobbes, Thomas. Chatsworth Hobbes mss. EIA : Catalogue of Hardwick library, made by 1628, in Thomas Hobbes's hand.

Hobbes, Thomas. *Leviathan, or the Matter, Forme, & Power of a Common-wealth Ecclesiasticall and Civill*, London : Andrew Crooke, 1651.

Hobbes, Thomas. *Leviathan, sive De Materia, Forma, & Potestate Civitatis Ecclesiasticæ & Civilis*, in *Thomæ Hobbes Malmesburiensis Opera Philosophica, Quae Latine scripsit, Omnia, Ante quidem per partes, nunc autem, post cognitas omnium Objectiones, conjunctim & accuratius Edita*, Amstelodami : Ioannem Blaev, 1668, VIII, pp. 1–365.

Hobbes, Thomas. *Thomæ Hobbes Angli Malmesburiensis Philosophi Vita*, in *Opera Philosophica*, (Londini, 1839) Bristol, vol. I, pp. xiii–xxi.

Hobbes, Thomas. *Thomæ Hobbes Malmesburiensis Vita carmine expressa*, in *Opera*

Philosophica, (Londini, 1839) Bristol, vol. I, pp. lxxxi–xcix.

Hobbes, Thomas. *Elementorum Philosophiæ Sectio Prima De Corpore*, in *Opera Philosophica*, (Londini, 1839) Bristol, vol. I, pp. 1–431.

Hobbes, Thomas. *Elementorum Philosophiæ Sectio Secunda De Homine*, in *Opera Philosophica*, (Londini, 1839) Bristol, vol. II, pp. 1–132.

Hobbes, Thomas. *Of Liberty and Necessity*, in *The English Works of Thomas Hobbes*, ed. William Molesworth, 11vols., (London : John Bohn, 1840) reprint, Aalen : Scientia Verlag, 1966, vol. IV, pp. 229–278.

Hobbes, Thomas. *An Answer to a Book published by Dr. Bramhall, Late Bishop of Derry ; called "The Catching of the Leviathan,"* in *English Works*, (London, 1840) Aalen, vol. IV, pp. 279–384.

Hobbes, Thomas. *An Historical Narration concerning Heresy, and the Punishment thereof*, in *English Works*, (London, 1840) Aalen, vol. IV, pp. 385–408.

Hobbes, Thomas. *Considerations upon the Reputation, Loyalty, Manners, and Religion, of Thomas Hobbes, of Malmesbury, written by Himself, by Way of Letter to a Learned Person (John Wallis, D. D.)*, in *English Works*, (London, 1840) Aalen, vol. IV, pp. 409–440.

Hobbes, Thomas. *A Dialogue Between a Philosopher & a Student of the Common Laws of England*, in *English Works*, (London, 1840) Aalen, vol. VI, pp. 1–160.

Hobbes, Thomas. *The Art of Rhetoric,* in *English Works*, (London, 1840) Aalen, vol. VI, pp. 419–536.

Hobbes, Thomas. *Leviathan, sive De Materia, Forma, et Potestate Civitatis Ecclesiasticæ et Civilis*, in *Opera Philosophica*, (Londini, 1841) Bristol, vol. III, pp. i–viii, 1–569.

Hobbes, Thomas. *The Questions concerning Liberty, Necessity, and Chance*, in *English Works*, (London, 1841) Aalen, vol. V, pp. 1–455.

Hobbes, Thomas. *The History of the Peloponnesian War written by Thucydides*, in *English Works*, (London, 1843) Aalen, vol. VIII, pp. 1–518, vol. IX, pp. 1–486.

Hobbes, Thomas. *Homer's Iliads*, in *English Works*, (London, 1844) Aalen, vol. X, pp. 1–301.

Hobbes, Thomas. *Homer's Odysses*, in *English Works*, (London, 1844) Aalen, vol. X, pp. 303–536.

Hobbes, Thomas. *De Principiis et Ratiocinatione Geometrarum ; contra Fastum Professorum Geometriæ*, in *Opera Philosophica*, (Londini, 1845) Bristol, vol. IV, pp. 385–484.

Hobbes, Thomas. *Rosetum Geometricum*, in *Opera Philosophica*, (Londini, 1845) Bristol, vol. V, pp. 1–88.

Hobbes, Thomas. *Lux Mathematica*, in *Opera Philosophica*, (Londini, 1845) Bristol, vol. V, pp. 89–150.

Hobbes, Thomas. *Principia et Problemata Aliquot Geometrica*, in *Opera Philosophica*, (Londini, 1845) Bristol, vol. V, pp. 151–214.

Hobbes, Thomas. *Objectiones ad Cartesii Meditationes de Prima Philosophia*, in *Opera Philosophica*, (Londini, 1845) Bristol, vol. V, pp. 249-274.

Hobbes, Thomas. *De Mirabilibus Pecci*, in *Opera Philosophica*, (Londini, 1845) Bristol, vol. V, pp. 319-340.

Hobbes, Thomas. *Historia Ecclesiastica*, in *Opera Philosophica*, (Londini, 1845) Bristol, vol. V, pp. 341-408.

Hobbes, Thomas. *Decameron Physiologicum*, in *English Works*, (London, 1845) Aalen, vol. VII, pp. 69-177.

Hobbes, Thomas. *Six Lessons to the Professors of the Mathematics*, in *English Works*, (London, 1845) Aalen, vol. VII, pp. 181-356.

Hobbes, Thomas. *ΣΤΙΓΜΑΙ, or Marks of the Absurd Geometry, Rural Language, Scottish Church Politics, and Barbarisms of John Wallis*, in *English Works*, (London, 1845) Aalen, vol. VII, pp. 357-400.

Hobbes, Thomas. *Behemoth, or the Long Parliament*, ed. Ferdinand Tönnies, (originally published, London : Simpkin, Marshall, 1889) reprinted with an introduction by Stephen Holmes, Chicago : University of Chicago Press, 1990.

Hobbes, Thomas. *The Elements of Law, Natural and Politic*, ed. Ferdinand Tönnies, Cambridge : Cambridge University Press, 1928.

Hobbes, Thomas. *Léviathan traité de la matière, de la forme et du pouvoir de la république ecclésiastique et civile*, traduit de l'anglais, annoté et comparé avec le texte latin par François Tricaud, Paris : Sirey, 1971.

Hobbes, Thomas. *Critique du De mundo de Thomas White*, Introduction, texte critique et notes par Jean Jacquot et Harold Whitmore Jones, Paris : J. Vrin, 1973.

Hobbes, Thomas. *De Cive, the Latin Version, entitled in the first edition Elementorvm Philosophiæ Sectio Tertia De Cive, and in later editions Elementa Philosophica de Cive*, ed. Howard Warrender, Oxford : Clarendon Press, 1983.

Hobbes, Thomas. *The Correspondence of Thomas Hobbes*, ed. Noel Malcolm, 2vols., Oxford : Clarendon Press, 1994.

Hobbes, Thomas. *The Elements of Law Natural and Politic*, ed. J. G. A. Gaskin, Oxford : Oxford University Press, 1994.

Hobbes, Thomas. *Leviathan, with selected variants from the Latin edition of 1668*, ed. Edwin Curley, Indianapolis ; Cambridge : Hackett Publishing Company, 1994.

Hobbes, Thomas. *Leviathan,* ed. Richard Tuck, Cambridge ; New York : Cambridge University Press, 1996.

Hobbes, Thomas. *Leviathan*, a critical edition by G. A. J. Rogers and Karl Schuhmann, Bristol : Thoemmes Continuum, 2003.

Hobbes, Thomas. *Hobbes and Bramhall on Liberty and Necessity*, ed. Vere Chappell, Cambridge : Cambridge University Press, 1999.

Hooker, Richard. *Of the Lawes of Ecclesiastical Politie,* Eight Books, London : William

Stansbye, 1622, fol.

Hooker, Richard. *The Works of that Learned and Judicious Divine, Mr. Richard Hooker*, arranged by John Keble, 3vols., third edition, Oxford : Clarendon Press, 1845.

Hooker, Richard. *The Folger Library Edition of The Works of Richard Hooker*, W. Speed Hill, general editor, 6vols., Cambridge : Belknap Press of Harvard University Press, 1977-1993.

Luther, Martin. *Von den guten Werken, 1520*, in *Luthers Werke in Auswahl*, hrsg. von Otto Clemen, 8Bde., (Bonn : A. Marcus und E. Weber, 1912-1913) Berlin : W. de Gruyter, 1950, Bd. I, S. 227-298.

Luther, Martin. *Von weltlicher Obrigkeit, wie weit man ihr Gehorsam schuldig sei, 1523*, in *Luthers Werke in Auswahl*, hrsg. von Otto Clemen, Bd. II, S. 360-394.

Luther, Martin. *Ermahnunge zum Frieden auf die zwölf Artikel der Bauernschaft in Schwaben, 1525*, in *Luthers Werke in Auswahl*, hrsg. von Otto Clemen, Bd. III, S. 47-68.

Luther, Martin. *Ob Kriegsleute auch in seligem Stande sein können, 1526*, in *Luthers Werke in Auswahl*, hrsg. von Otto Clemen, Bd. III, S. 317-351.

Selden, John. *De Synedriis & præfecturis juridicis veterum Ebræorum libri tres*, Amstelædami : Joannis à Someren & Henrici & Theodori Boom, 1679.

【二次資料】

Arendt, Hannah. "Expansion and the Philosophy of Power," *Sewanee Review*, vol. LIV, November 1946.

Barry, Brian. "Warrender and His Critics," *Philosophy*, vol. XLIII, no. 164, April 1968.

Bobbio, Norberto. "Hobbes e il giusnaturalismo," *Rivista critica di storia della filosofia*, 17, 1962.

Bobbio, Norberto. *Thomas Hobbes and the Natural Law Tradition*, translated by Daniela Gobetti, Chicago : University of Chicago Press, 1993.

Connolly, William E. *Political Theory and Modernity*, Ithaca ; London : Cornell University Press, 1993.

Cooke, Paul D. *Hobbes and Christianity : Reassessing the Bible in Leviathan*, Lanham, MD : Rowman & Littlefield, 1996

Curley, Edwin. "Notes and Discussions : Calvin and Hobbes, or, Hobbes as an Orthodox Chiristian," *Journal of the History of Philosophy*, vol. 34, no. 2, April 1996.

Damrosh, Leopold Jr. "Hobbes as Reformation Theologian : Implications of the Free-Will Controversy," *Journal of the History of Ideas*, vol. XL, no. 3, July-September 1979.

Dewey, John "The Motivation of Hobbes's Political Philosophy," in *John Dewey : The Middle Works, 1899-1924*, vol. 11 : 1918-1919, ed. Jo Ann Boydston, (originally published in *Studies in the History of Ideas*, 1, 1918) Carbondale : Southern Illinois University Press, 1983-1988.

Eisenach, E. J. "Hobbes on Church, State and Religion," *History of Political Thought*, vol. III, no. 2, Summer 1982.

Enden, H. Van den. "Thomas Hobbes and the Debate on Free Will : His Present-day Significance for Ethical Theory," *Philosophica*, 24, 1979.

Faulkner, Robert K. *Richard Hooker and the Politics of a Christian England*, Barkeley, University of California Press, 1981.

Fukuda, Arihiro. *Sovereignty and the Sword : Harrington, Hobbes, and Mixed Government in the English Civil Wars*, Oxford : Clarendon Press, 1997.

Gauthier, David P. *The Logic of Leviathan : The Moral and Political Theory of Thomas Hobbes*, Oxford : Clarendon Press, 1969.

Gauthier, David P. "Why Ought One Obey God ? Reflections on Hobbes and Locke," *Canadian Journal of Philosophy*, vol. VII, no. 3, September 1977.

Geach, Peter. "The Religion of Thomas Hobbes," *Religious Studies*, vol. 17, 1981.

Gert, Bernard. "Hobbes and Psychological Egoism," *Journal of the History of Ideas*, vol. XXVIII, no. 4, October-December 1967.

Glover, W. B. "Human Nature and the State in Hobbes," *Journal of the History of Philosophy*, vol. 4, no. 4, October 1966.

Greenleaf, W. H. "A Note on Hobbes and the Book of Job," *Annales de la Catedra "Francisco Suarez,"* 14, 1974.

Halliday, R. J. , T. Kenyon and A. Reeve, "Hobbes's Belief in God", *Political Studies*, vol. XXXI, no. 3, September 1983.

Hill, Christopher. *The Collected Essays of Christopher Hill, vol. II, Religion and Politics in 17th Century England*, Brighton : Harvester Press, 1986.

Hinnant, Charles H. *Thomas Hobbes*, Boston : Twayne Publishers, 1977.

Hinnant, Charles H. *Thomas Hobbes : a reference guide,* Boston : G. K. Hall, 1980.

Hood, F. C. *The Divine Politics of Thomas Hobbes : An Interpretation of Leviathan*, Oxford : Clarendon Press, 1964.

Hunter, Michael. *John Aubrey and the Realm of Learning*, New York : Science History Publications, 1975.

Jesseph, Douglas M. *Squaring the Circle : The War between Hobbes and Wallis*, Chicago ; London : University of Chicago Press, 1999.

Johnson, Paul J. "Hobbes's Anglican Doctrine of Salvation," in *Thomas Hobbes in His Time*, ed. Ralph Ross, Herbert W. Schneider, Theodore Waldman, Minneapolis : University of Minnesota Press, 1974.

Jolley, Nicholas. "The Relation between Theology and Philosophy," in *The Cambridge History of Seventeenth-Century Philosophy*, Volume I, ed, Daniel Garber and Michael Ayers with the assistance of Roger Ariew and Alan Gabbey (first published 1998), Cambridge ; New York : Cambridge University Press, 2003.

Kavka, Gregory S. *Hobbesian Moral and Political Theory*, Princeton : Princeton University

Press, 1986.

Laird, John. *Hobbes*, (first published, London : E. Benn, 1934) New York : Russell & Russell, 1968.

Leijenhorst, Cees. *The Mechanisation of Aristotelianism : The Late Aristotelian Setting of Thomas Hobbes' Natural Philosophy*, Leiden : Brill, 2002.

Letwin, Shirley Robin. "Hobbes and Christianity," *Daedalus*, vol. 105, no.1, Winter 1976.

Lloyd, S. A. *Ideals as Interests in Hobbes's Leviathan : The Power of Mind over Matter*, Cambridge : Cambridge University Press, 1992.

Macdonald, Hugh and Mary Hargreaves. *Thomas Hobbes : A Bibliography*, London : The Bibliographical Society, 1952.

Macpherson, C. B. *The Political Theory of Possesive Individualism : Hobbes to Locke*, Oxford : Clarendon Press, 1962.

Malcolm, Noel. "Hobbes and the Royal Society," in *Perspectives on Thomas Hobbes*, ed. G. A. J. Rogers and Alan Ryan, Oxford : Clarendon Press, 1988.

Malcolm, Noel. *Aspects of Hobbes*, Oxford : Clarendon Press, 2002.

Malcolm, Noel. "Changing the sheets : A game of blind man's buff with *Leviathan*," *TLS*, December 3, 2004.

Martinich, A. P. "Identity and Trinity," *The Journal of Religion*, vol. 58, 1978.

Martinich, A. P. *The Two Gods of Leviathan : Thomas Hobbes on Religion and Politics*, Cambridge : Cambridge University Press, 1992.

Martinich, A. P. "On the Proper Interpretation of Hobbes's Philosophy," *Journal of the History of Philosophy*, vol. 34, no. 2, April 1996.

Martinich, A. P. *Hobbes A Biography*, Cambridge : Cambridge University Press, 1999.

Mayer-Tasch, P. C. *Thomas Hobbes und das Widerstandsrecht*, Tübingen : J. C. B. Mohr, 1965.

Mintz, Samuel I. *The Hunting of Leviathan : Seventeenth-Century Reactions to the Materialism and Moral Philosophy of Thomas Hobbes*, reprint of the 1962 edition (Cambridge : Cambridge University Press) Bristol : Thoemmes Press, 1996.

Mintz, Samuel I. "Hobbes on the Law of Heresy : A New Manuscript," *Journal of the History of Ideas*, vol. XXIX, no. 3, July–September 1968.

Mintz, Samuel I. "Hobbes's Knowledge of the Law : A Reply," *Journal of the History of Ideas*, vol. XXXI, no. 4, October–December 1970.

Morris, Christopher. *Political thought in England : Tyndale to Hooker*, London : Geoffrey Cumberlege, Oxford University Press, 1953.

Nagel, Thomas. "Hobbes's Concept of Obligation," *Philosophical Review*, vol. 68, no. 1, January 1959.

Oakeshott, Michael. "Introduction to Leviathan," in *Hobbes on Civil Association*, Oxford : Basil Blackwell, 1975.

Overhoff, Jürgen. "The Lutheranism of Thomas Hobbes," *History of Political Thought*,

vol. XVIII, no. 4, Winter 1997.

Overhoff, Jürgen. *Hobbes's Theory of the Will : Ideological Reasons and Historical Circumstances*, Lanham, MD : Rowman & Littlefield, 2000.

Pacchi, Arrigo. "Hobbes and the Problem of God," in *Perspectives on Thomas Hobbes*, ed. G. A. J. Rogers and Alan Ryan, Oxford : Clarendon Press, 1988.

Peters, Richard Stanley. *Hobbes*, Harmondsworth, Middlesex : Penguin Books, 1956.

Plamenatz, John. "Mr. Warrender's Hobbes," in *Hobbes Studies*, ed. K. C. Brown, Oxford : Basil Blackwell, 1965.

Pocock, J. G. A. "Time, History and Eschatology in the Thought of Thomas Hobbes," in *Politics, Language and Time : Essays on Political Thought and History*, London : Methuen, 1972.

Polin, Raymond. "L'Obligation Morale et Politique chez Thomas Hobbes," in *Hobbes-Forschungen*, hrsg. von Reinhart Koselleck und Roman Schnur, Berlin : Duncker & Humblot, 1969.

Popkin, Richard H. "Hobbes and Scepticism," in *History of Philosophy in the Making : A Symposium of Essays to Honor Professor James D. Collins on His 65th Birthday*, ed. Linus J. Thro, Washington, D. C. : University Press of America, 1982.

Popkin, Richard H. "The Religious Background of Seventeenth-Century Philosophy," *Journal of the History of Philosophy*, vol. 25, no. 1, January 1987.

Pritchard, Allan. "The Last Days of Hobbes," *Bodleian Library Record*, vol. 10, no. 3, June 1980.

Raphael, D. D. *Hobbes : Moral and Politics*, London : George Allen & Unwin, 1977.

Reik, Mirriam M. *The Golden Lands of Thomas Hobbes*, Detroit : Wayne State University Press, 1977.

Riley, Patrick. "Will and Legitimacy in the Philosophy of Hobbes : Is He a Consent Theorist ?," *Political Studies*, vol. XXI, no. 4, December 1973.

Riley, Patrick. *Will and Political Legitimacy : A Critical Exposition of Social Contract Theory in Hobbes, Locke, Rousseau, Kant, and Hegel*, Cambridge Mass. ; London : Harvard University Press, 1982.

Robertson, George Croom. *Hobbes,* reprint of the 1886 edition (Edinburgh ; London : William Blackwood) Bristol : Thoemmes Press, 1993.

Rogow, Arnold A. *Thomas Hobbes : Radical in the Service of Reaction*, New York ; London : W. W. Norton, 1986.

Rorty, Richard. *Consequences of Pragmatism : essays 1972–1980*, Brighton : Harvester Press, 1982.

Roshwald, Mordecai. "The Judeo-Christian Elements in Hobbes's Leviathan," *Hobbes Studies*, vol. VII, 1994.

Ryan, Alan. "A More Tolerant Hobbes?," in *Justifying Toleration : Conceptual and Historical Perspectives*, ed. Susan Mendus, Cambridge ; New York : Cambridge Univer-

sity Press, 1988.

Schmitt, Carl. *Der Leviathan in der Staatslehre des Thomas Hobbes : Sinn und Fehlschlag eines politischen Symbols*, Hamburg : Hanseatische Verlagsanstalt, 1938.

Schuhmann, Karl. *Hobbes Une Chronique : Cheminement de sa pensée et de savie*, Paris : Librarie Philosophique J. Vrin, 1998.

Schuhmann, Karl. *Selected papers on Renaissance philosophy and on Thomas Hobbes*, ed. Piet Steenbakkers and Cees Leijenhorst, Dordrecht : Kluwer Academic Publishers, 2004.

Schwartz, Joel. "Hobbes and the Two Kingdoms of God," *Polity : the journal of the Northeastern Political Science Association*, vol. 18, no. 1, 1985.

Shapiro, Gary. "Reading and Writing in the Text of Hobbes's *Leviathan*," *Journal of the History of Philosophy*, vol. 18, no. 2, April 1980.

Sherlock, Richard. "The Theology of Leviathan : Hobbes on Religion," *Interpretation*, vol. 10, no. 1, January 1982.

Shirley, F. J. *Richard Hooker and Contemporary Political Ideas*, (reprint of the edition of 1949 published by S. P. C. K., London) Westport, Conn. : Hyperion Press, 1979.

Skinner, Quentin. "Hobbes's 'Leviathan'," *Historical Journal*, vol. VII, no. 2, 1964.

Skinner, Quentin. "Hobbes on Sovereignty : An Unknown Discussion," *Political Studies*, vol. XIII, no. 2, June 1965.

Skinner, Quentin. "Conquest and Consent : Thomas Hobbes and the Engagement Controversy," in *The Interregnum : The Quest for Settlement 1646–1660*, ed. G. E. Aylmer, London : Macmillan, 1972.

Skinner, Quentin. "Thomas Hobbes on the Proper Signification of Liberty," *Transactions of the Royal Historical Society*, vol. 40, 1990.

Skinner, Quentin. *Reason and Rhetoric in the Philosophy of Hobbes*, Cambridge : Cambridge University Press, 1996.

Sommerville, Johann P. "John Selden, the Law of Nature, and the Origins of Government," *The Historical Journal*, vol. 27, no. 2, 1984.

Sommerville, Johann P. *Thomas Hobbes : Political Ideas in Historical Context*, New York : St. Martin's Press, 1992.

Sommerville, Johann P. "Hobbes, Selden, Erastianism, and the history of the Jews," in *Hobbes and History*, ed. G. A. J. Rogers and Tom Sorell, London : Routledge, 2000.

Springborg, Patricia. "Leviathan and the Problem of Ecclesiastical Authority," *Political Theory*, vol. 3, no. 3, August 1975.

Springborg, Patricia. "Leviathan, the Christian Commonwealth Incorporated," *Political Studies*, vol. XXIV, no. 2, June 1976.

Springborg, Patricia. "Thomas Hobbes and Cardinal Bellarmine : Leviathan and 'The Ghost of the Roman Empire'," *History of Political Thought*, vol. XVI, no. 4, Winter 1995.

State, Stephen "Hobbes and Hooker ; Politics and Religion : A Note on the Structuring of Leviathan," *Canadian Journal of Political Science*, vol. XX, no. 1, March 1987.

Stephen, Leslie. *Hobbes*, reprint, (originally published, London : Macmillan, 1904) Bristol : Thoemmes, 1991.

Strauss, Leo. *The Political Philosophy of Hobbes : Its Basis and Its Genesis*, translated from the German Manuscript by Elsa M. Sinclair, (first published, Oxford : Clarendon Press, 1936) Chicago ; London : University of Chicago Press, 1952.

Strauss, Leo. *Natural Right and History*, Chicago : University of Chicago Press, 1953.

Sutherland, Stewart R. "God and Religion in *Leviathan*," *Journal of Theological Studies*, vol. XXV, pt. 2, October 1974.

Taylor, A. E. "The Ethical Doctrine of Hobbes," (first published in *Philosophy*, vol. XIII, no. 52, October 1938) in *Hobbes Studies*, ed. K. C. Brown, Oxford : Basil Blackwell, 1965.

Trevor-Roper, Hugh. *Catholics, Anglicans and Puritans : Seventeenth Century Essays*, Chicago : The University of Chicago Press, 1988.

Tuck, Richard. "Hobbes and Descartes," in *Perspectives on Thomas Hobbes*, ed. G. A. J. Rogers and Alan Ryan, Oxford : Clarendon Press, 1988.

Tuck, Richard. *Hobbes*, Oxford ; New York : Oxford University Press, 1989.

Tuck, Richard. "Hobbes and Locke on Toleration," in *Thomas Hobbes and Political Theory*, ed. Mary G. Dietz, Lawrence, Kansas : University Press of Kansas, 1990.

Tuck, Richard. "The 'Christian Atheism' of Thomas Hobbes," in *Atheism from the Reformation to the Enlightenment*, ed. Michael Hunter and David Wootton, Oxford : Clarendon Press, 1992.

Tönnies, Ferdinand. *Gemeinshaft und Gesellshaft : Grundbegriffe der reinen Soziologie*, Berlin : Karl Curtius, 1922.

Tönnies, Ferdinand. *Thomas Hobbes : Leben und Lehre*, Stuttgart : Fr. Frommann, 1925.

Warner, D. H. J. "Hobbes's Interpretation of the Doctrine of the Trinity," *Journal of Religious History*, vols. 5–6, 1969–70.

Warrender, Howard. *The Political Philosophy of Hobbes : His Theory of Obligation*, Oxford : Clarendon Press, 1957.

Watkins, J. W. N. *Hobbes's System of Ideas*, London : Hutchinson University Library, (first edition, 1965) second edition, 1973.

Wernham, A. G. "Liberty and Obligation in Hobbes," in *Hobbes Studies*, ed. K. C. Brown, Oxford : Basil Blackwell, 1965.

Willman, R. "Hobbes on the Law of Heresy," *Journal of the History of Ideas*, vol. XXXI, no. 4, October–December 1970.

Wolin, Sheldon S. *Politics and Vision : Continuity and Innovation in Western Political Thought*, Boston ; Toronto : Little, Brown and Company, 1960.

日本語文献

青木道彦「クロムウェルの教会構想」田村秀夫編『クロムウェルとイギリス革命』聖学院大学出版会，1999 年。

青木道彦「千年王国論の三つの類型——スコットランド長老派と千年王国論」田村秀夫編『千年王国論』研究社出版，2000 年。

青木保『多文化世界』岩波書店，2003 年。

有馬忠広「マルティニッチのホッブズ解釈」『同志社法学』46 巻 3・4 号，1994 年。

有馬忠広『ホッブズ「リヴァイアサン」の人間像——理性的人間のイメージ』近代文芸社，2002 年。

安藤高行『一七世紀イギリス憲法思想史』法律文化社，1993 年。

池田貞夫「ホッブズにおける自然・人間・社会」『中央大学論集』第 2 号，1981 年。

石埼学「いかなる意味で代表するのか？　代表制・半代表『制』・半代表の論理——リュシアン・ジョームのホッブズ研究の紹介を中心に」『立命館法学』第 246 号，1996 年。

伊豆蔵好美「ホッブズにおける宗教の問題」『奈良教育大学紀要』第 46 巻第 1 号，1997 年。

磯部隆「近代政治思想史の形成と宗教意識——神義論と「自由意志」論争をめぐって(1)～(6・完)」『名古屋大学法政論集』第 106 号，1985 年，第 108 号，1986 年，第 112 号，1986 年，第 113 号，1986 年，第 114 号，1987 年，第 115 号，1987 年。

磯部隆『ギリシア政治思想史』北樹出版，1997 年。

磯部理一郎編『わたくしたちの「信条集」』ナザレ企画，1994 年。

伊藤宏之『近代政治理論の古典と現代』北樹出版，2002 年。

井上公正「ホッブズの『リヴァイアサン』における国家と宗教との関係の問題について——寛容論研究の側面から」『奈良女子大学文学部研究年報』第 24 号，1980 年。

岩井淳「二つのイングランドを結ぶもの——ジョン・コトンと独立派・第五王国派」田村秀夫編『千年王国論』研究社出版，2000 年。

上野修「意志・徴そして事後——ホッブズの意志論」『カルテシアーナ』第 11 号，1991 年。

上野修・岩崎稔「ホッブズを超えて——力と恐怖の論理」『現代思想』第 31 巻第 15 号，青土社，2003 年。

ウォーリン，シェルドン・S『西欧政治思想史』尾形典男・福田歓一・佐々木武・有賀弘・佐々木毅・半澤孝麿・田中治男訳，福村出版，1994 年。

梅田百合香「ホッブズの生涯 (1)～(2・完)」『名古屋大学法政論集』第 187 号，2001 年，第 188 号，2001 年。

梅田百合香「ホッブズのリヴァイアサン——一七世紀イングランドにおける政治と宗教(1)～(3・完)」『名古屋大学法政論集』第 189 号，2001 年，第 190 号，2001 年，第 191 号，2002 年。

梅田百合香「『リヴァイアサン』解釈の方法——ホッブズ研究の批判的考察」『名古屋大

学法政論集』第 203 号，2004 年。

梅林誠爾「ホッブズ想像力論——言葉と想像」『熊本女子大学学術紀要』第 43 巻第 1 号，1991 年。

オークショット，マイケル「M・オークショット『リヴァイアサン』序論（1)〜(3)」岡部悟朗訳，『鹿児島大学法学論集』第 22 巻第 2 号，1987 年，第 23 巻第 1・2 合併号，1987 年，第 24 巻第 1 号，1988 年。

大久保桂子「王政復古と名誉革命」今井宏編『世界歴史大系イギリス史 2 近世』山川出版社，1990 年。

太田可夫『イギリス社会哲学の成立』弘文堂，1948 年。

大谷恵教「ホッブズの政治哲学—義務論—に関するハワード・ウォーリンダーの見解（その 1)〜(その 7)」『拓殖大学論集』第 15 号，1957 年，第 16 号，1958 年，第 17 号，1958 年，第 18 号，1958 年，第 19 号，1959 年，第 20 号，1959 年，第 21 号，1959 年。

オーブリー，ジョン『名士小伝』橋口稔・小池銈訳，冨山房，1979 年。

岡部悟朗「アーノルド・A・ロゴー『トマス・ホッブズ』(1)〜(3)」『鹿児島大学法学論集』第 28 巻第 2 号，1993 年，第 29 巻第 1・2 号，1994 年，第 33 巻第 1 号，1998 年。

荻間寅男「ホッブズの神学批判——『レヴァイアサン』第 3 部「キリスト教のコモンウェルスについて」への予備考察」『東洋女子短期大学紀要』第 34 巻，2002 年。

荻間寅男「ホッブズと英国国教会——『リヴァイアサン』研究その 2」『東洋学園大学紀要』第 11 号，2003 年。

小嶋潤『西洋教会史』刀水書房，1986 年。

小嶋潤『イギリス教会史』刀水書房，1988 年。

加藤喜代志「戦後イタリアにおけるホッブズ研究——ボッビオおよびカッターネオの所論を中心として」『社会思想史研究』3 号，1979 年。

加藤節『近代政治哲学と宗教——一七世紀社会契約説における「宗教批判」の展開』東京大学出版会，1979 年。

川添未央子「ホッブズ自然権論における個人概念——生命および財産をめぐって」『法学政治学論究』第 31 号，1996 年。

川添未央子「自由意志論争におけるホッブズの 2 つの視座——ホッブズ政治神学研究への序」『法学政治学論究』第 40 号，1999 年。

川添未央子「政治思想における自由意志の問題——ホッブズとブラモールの比較考察」『法学政治学論究』第 45 号，2000 年。

菅野喜八郎『抵抗権論とロック，ホッブズ』信山社，2001 年。

岸田紀「絶対王政からピューリタン革命へ」村岡健次・川北稔編『イギリス近代史』ミネルヴァ書房，1986 年。

岸田紀「名誉革命体制の展開」村岡健次・川北稔編著『イギリス近代史』ミネルヴァ書房，1986 年。

岸畑豊『ホッブズ哲学の諸問題』創文社，1974 年。

木村良一『近代政治理論の源流——ホッブズ研究序説』成文堂，1988 年。

久野真大「トマス・ホッブズの『専制的支配』論――『法の原理』および『市民について』を中心に」『政治研究』（九州大学政治研究会）第 48 号，2001 年。

ケーガン，ロバート『ネオコンの論理――アメリカ新保守主義の世界戦略』山岡洋一訳，光文社，2003 年。

小泉徹「エリザベスの治世」今井宏編『世界歴史大系イギリス史 2 近世』山川出版社，1990 年。

小泉徹「初期ステュアート朝の展開」今井宏編『世界歴史大系イギリス史 2 近世』山川出版社，1990 年。

コノリー，ウィリアム・E『政治理論とモダニティ』金田耕一・栗栖聡・的射場敬一・山田正行訳，昭和堂，1993 年。

佐々木高雄「ホッブズの『獲得国家』について」『工学院大学研究論叢』第 18 号，1980 年。

佐々木力「リヴァイアサン，あるいは機械論的自然像の政治哲学（上）（下）」『思想』第 787 号，1990 年，第 788 号，1990 年。

佐藤正志「ホッブズ機械論的自然像の形成過程――『トマス・ホワイトの＜宇宙論＞への批判』を通して」『イギリス哲学研究』創刊号，1978 年。

佐藤正志『政治思想のパラダイム――政治概念の持続と変容』新評論，1996 年。

重森臣広「ホッブズ晩年の孤高の闘い――異端と迫害をめぐって」『法学新報』第 96 巻第 9・10 号，1990 年。

渋谷浩編訳『自由民への訴え――ピューリタン革命文書選』早稲田大学出版部，1978 年。

渋谷浩「近代化と良心の自由――ホッブズとクロムウェル」『明治学院論叢法学研究』第 275 号（22），1979 年。

シュトラウス，レオ『自然権と歴史』塚崎智・石崎嘉彦訳，昭和堂，1988 年。

シュトラウス，レオ『ホッブズの政治学』添谷育志・谷喬夫・飯島昇藏訳，みすず書房，1990 年。

シュミット，カール『リヴァイアサン――近代国家の生成と挫折』長尾龍一訳，福村出版，1972 年。

新村出編『広辞苑』岩波書店，1955 年。

菅原秀二「急進派と神の国――一六四九年の分裂におけるウィリアム・ウォルウィンをめぐって」田村秀夫編著『千年王国論』研究社出版，2000 年。

鈴木朝生『主権・神法・自由――ホッブズ政治思想と 17 世紀イングランド』木鐸社，1994 年。

妹尾剛光「ホッブズにおける人間と社会――自然法，誓約，市民社会」『関西大学社会学部紀要』第 14 巻第 2 号，1983 年。

妹尾剛光「ホッブズにおける人間と社会――市民社会と宗教」『関西大学社会学部紀要』第 16 巻第 1 号，1984 年。

高野清弘『トマス・ホッブズの政治思想』御茶の水書房，1990 年。

高野清弘「リチャード・フッカーの思想的出立」『甲南法学』第 37 巻第 4 号，1997 年。

高野清弘「予定説と自然状態――トマス・ホッブズとキリスト教的人間」『比較法史研

究』第 7 巻，1998 年。

高橋眞司「デカルトとホッブズ——情念，道徳，政治をめぐって」『長崎造船大学研究報告』第 15 巻第 2 号，1974 年。

高橋眞司『ホッブズ哲学と近代日本』未来社，1991 年。

竹島博之「カール・シュミットとレオ・シュトラウス——ホッブズをめぐって」『同志社法学』51 巻 6 号，2000 年。

タック，リチャード『トマス・ホッブズ』田中浩・重森臣広訳，未来社，1995 年。

田中正司「ホッブズ自然法思想の近代性解釈をめぐって——ウォーリンダー氏の所論を中心として」『横浜大学論叢』（社会科学系列）第 10 巻第 3，4 合併号，1959 年。

田中秀夫「ホッブズの初期論説『トゥキュディデースの生涯と歴史』について——ホッブズ社会哲学の成立過程（2）」『経済論叢』（京都大学）第 119 巻 4・5 号，1978 年。

田村秀夫「総括——ピューリタニズム・千年王国・革命」田村秀夫編『千年王国論』研究社出版，2000 年。

田中浩「ホッブズ——近代国家論の生誕」田口富久治・田中浩編『国家思想史』（上）近代，青木書店，1974 年。

田中浩『ホッブズ研究序説——近代国家論の生誕』御茶の水書房，1982 年。

田中浩・高野清弘訳『ホッブズ——その思想体系』未来社，1988 年。

田中浩『イギリス思想叢書 3——ホッブズ』研究社出版，1998 年。

ダントレーヴ，A・P『自然法』久保正幡訳，岩波書店，1952 年。

テイラー，A・E「A. E. テイラー著『トマス・ホッブズ』（1）」木村良一訳，『青森中央学院大学研究紀要』第 2 号，2000 年。

デカルト，ルネ「省察および反論と答弁」所雄章訳，『デカルト著作集』第 2 巻，白水社，1973 年。

テニエス，フェルディナント『ゲマインシャフトとゲゼルシャフト（上）』杉之原寿一訳，岩波書店，1957 年。

徳永賢治「T. ホッブズ『リヴァイアサン』口絵の一解釈」『沖縄法学』第 13 号，1985 年。

トルミー，M『ピューリタン革命の担い手たち——ロンドンの分離教会 1616–1649』大西晴樹・浜林正夫訳，ヨルダン社，1983 年。

長尾龍一「ホッブズ再考」『社会科学紀要』（東京大学教養学部社会科学科）45 号，1996 年。

中谷猛・足立幸男編『概説西洋政治思想史』ミネルヴァ書房，1994 年。

中村義知「トマス・ホッブズの自然法論における自律的人間観の確立」『政経論叢』（広島大学政経学会）第 24 巻第 1 号，1974 年。

中村義知「ホッブズにおける神と国家」『政経論集』（広島大学政経学会）第 26 巻第 5 号，1977 年。

西原廉太『リチャード・フッカー——その神学と現代的意味』聖公会出版，1995 年。

野嶌一郎「ホッブズにおける義務論と絶対主権論」『史学研究』（広島史学研究会）第 134 号，1976 年。

野嶌一郎「ホッブズの法理論とクックの『人工的理性』」『史学研究』第 154 号，1982 年。

浜林正夫「ホッブズの宗教思想」『社会思想史研究』4号，1980年。

林喜代美「ホッブズの自然状態論」『徳島大学教養部紀要』（人文・社会科学）第24巻，1989年。

林喜代美「ホッブズの寛容論」『徳島大学社会科学研究』第13号，2000年。

林達夫他編『哲学事典』平凡社，1971年。

ヒル，クリストファー『17世紀イギリスの宗教と政治――クリストファー・ヒル評論集II』小野功生訳，法政大学出版局，1991年。

廣松渉他編『岩波哲学・思想事典』岩波書店，1998年。

福鎌忠恕「トーマス・ホッブズ著『ラテン詩自叙伝』――ワガ生涯ハワガ著作ト背馳セズ」『東洋大学大学院紀要』第18集，1981年。

福田歓一『近代政治原理成立史序説』岩波書店，1971年。

福田歓一「トマス・ホッブズの自由論――『抵抗権』論議との関連において」『国家学会雑誌』90巻9・10月号，1977年。

福田歓一『政治学史』，東京大学出版会，1985年。

福田歓一『国家・民族・権力――現代における自由を求めて』岩波書店，1988年。

藤原保信『近代政治哲学の形成――ホッブズの政治哲学』早稲田大学出版部，1974年。

ホッブズ，トマス『リヴァイアサン』(1)～(4) 水田洋訳，岩波文庫，1954-1992年。

ホッブズ，トマス「第三の反論」所雄章訳，『デカルト著作集』第2巻，白水社，1973年。

ホッブズ，トマス『リヴァイアサン』（世界の大思想9）水田洋・田中浩訳，河出書房新社，1974年。

ホッブズ，トマス『リヴァイアサン』（世界の名著28）永井道雄・宗方邦義訳，中央公論新社，1979年。

ホッブズ，トマス「トマス・ホッブズ著『真の市民に関する哲学的原理（市民論）』(1)～(9・完)」伊藤宏之・渡部秀和訳，『福島大学教育学部論集　社会科学部門』第62号，1997年，第63号，1997年，第65号，1998年，第66号，1999年，第67号，1999年，第68号，2000年，第69号，2001年，第70号，2002年，第71号，2002年。

ホッブズ，トマス『哲学者と法学徒との対話――イングランドのコモン・ローをめぐる』田中浩・重森臣広・新井明訳，岩波文庫，2002年。

ボルケナウ，フランツ『封建的世界像から市民的世界像へ』水田洋他訳，みすず書房，1965年。

マイヤー＝タッシュ，P・C『ホッブズと抵抗権』三吉敏博・初宿正典訳，木鐸社，1976年。

マクファーソン，C・B『所有的個人主義の政治理論』藤野渉他訳，合同出版，1980年。

水田洋『近代人の形成――近代社会観成立史』東京大学出版会，1954年。

三吉敏博「イギリス，ドイツのホッブズ研究の動向」『社会思想史研究』3号，1979年。

モリス，クリストファー『宗教改革時代のイギリス政治思想』平井正樹訳，刀水書房，1981年。

八代崇『イギリス宗教改革史研究』創文社，1979年。

山田園子「トレヴァ＝ローパーと『虚構のスペクトル解体』」岩井淳・大西晴樹編『イギリス革命論の軌跡——ヒルとトレヴァ＝ローパー』蒼天社出版，2005年。

山本隆基「“Horae subsecivae”と“Essays”——初期ホッブズの原資料に関するノート」『福岡大学法学論叢』第41巻第2号，1996年。

山本隆基「初期ホッブズの思想——自然法と政治的歴史（1）～（2）」『福岡大学法学論叢』第41巻第3・4号，1997年，第43巻第1号，1998年。

吉田達志「ホッブズにおける義務と自由の問題」『名古屋工業大学学報』第35巻，1983年。

ライプニッツ，ゴットフリート・ヴィルヘルム「宗教哲学『弁神論』上」佐々木能章訳，『ライプニッツ著作集』第6巻，1990年。

ライプニッツ，ゴットフリート・ヴィルヘルム「宗教哲学『弁神論』下」佐々木能章訳，『ライプニッツ著作集』第7巻，工作舎，1991年。

ルソー，ジャン＝ジャック『社会契約論』桑原武夫・前川貞次郎訳，岩波文庫，1954年。

ルソー，ジャン＝ジャック「エミール（下）」樋口謹一訳，『ルソー全集』第7巻，白水社，1982年。

ルター，マルティン「シュワーベンの農民の十二個条に対する平和勧告（1525年）」渡辺茂訳，『ルター著作集』第1集第6巻，聖文舎，1963年。

ルター，マルティン「軍人もまた救われるか（1526年）」神崎大六郎・徳善義和訳，『ルター著作集』第1集第7巻，聖文舎，1966年。

ルター，マルティン「この世の権威について，人はどの程度までこれに対し服従の義務があるのか（1523年）」徳善義和訳，『ルター著作集』第1集第5巻，聖文舎，1967年。

ルター，マルティン「善きわざについて（1520年）」福山四郎訳，『ルター著作集』第1集第2巻，聖文舎，1981年。

ローティ，リチャード『哲学の脱構築——プラグマティズムの帰結』室井尚・吉岡洋・加藤哲弘・浜日出夫・庁茂訳，御茶の水書房，1985年。

注

序　論

1　なぜいま『リヴァイアサン』か

（1）　中谷猛・足立幸男編『概説西洋政治思想史』ミネルヴァ書房，1994 年，82-86 ページ。

（2）　Sheldon S. Wolin, *Politics and Vision : Continuity and Innovation in Western Political Thought*, Boston ; Toronto : Little, Brown and Company, 1960, pp. 198-199. 尾形典男・福田歓一・佐々木武・有賀弘・佐々木毅・半澤孝麿・田中治男訳『西欧政治思想史』福村出版，1994 年，226-228 ページ。

（3）　「試論 1」の表題「失われてしまった世界 The World Well Lost」からの引用である。ローティは次のように述べている。「『世界』とは，表現不可能な感覚の原因とか知性の目標という純粋に空虚な観念であるか，そうでなければ，今のところ探求が手をつけていない対象，つまり今のところ置き換え作業がなされていない船の板に対する名称であるかのどちらかになる」。Richard Rorty, *Consequences of Pragmatism : essays 1972-1980*, Brighton : Harvester Press, 1982, pp. 3, 15. 室井尚・吉岡洋・加藤哲弘・浜日出夫・庁茂訳『哲学の脱構築——プラグマティズムの帰結』御茶の水書房，1985 年，73，96 ページ。

（4）　むろん，今日においては，「ひとりの人物，一つの政党，あるいは多数者の決定などを，決して，それ自体として『ひとつの社会の表現』とみなすことは，もはやできない」という批判はありうるだろう。この点について，ここではこれ以上踏み込まないが，こうした問題を考えるうえでも，代表制理論の端緒に遡ることに一定の意義があるのではないかと筆者は考える。石埼学「いかなる意味で代表するのか？代表制・半代表『制』・半代表の論理——リュシアン・ジョームのホッブズ研究の紹介を中心に」『立命館法学』第 246 号，1996 年，592（134）ページ。

（5）　今日の国民国家における宗教および民族問題については，以下を参照。青木保『多文化世界』岩波書店，2003 年，68-72，82-83 ページ。

2　研究史の特徴と問題

（1）　シュトラウス以降の二〇世紀のホッブズ研究の隆盛に対して先駆的役割を果たしたのが，ドイツのフェルディナント・テニエスである。テニエスは，ホッブズを，原始的な有機的紐帯で結びついている共同体＝ゲマインシャフトの解体後に現れた社会，すなわち各人が自己利益を求めて競争しあうゲゼルシャフトについての理論家と捉えた。ホッブズの近代性を利己主義的人間像にみるテニエスの解釈は，それ以

後も非常に影響力をもち続けたのである。Ferdinand Tönnies, *Gemeinshaft und Gesellshaft : Grundbegriffe der reinen Soziologie*, Berlin : Karl Curtius, 1922, S. 52. 杉之原寿一訳『ゲマインシャフトとゲゼルシャフト（上）』岩波書店，1957 年，114 ページ。

（2） Leo Strauss, *The Political Philosophy of Hobbes : Its Basis and Its Genesis*, translated from the German Manuscript by Elsa M. Sinclair, (first published, Oxford : Clarendon Press, 1936) Chicago ; London : University of Chicago Press, 1952, pp. 24, 155–156. 添谷育志・谷喬夫・飯島昇蔵訳『ホッブズの政治学』みすず書房，1990 年，30，189–190 ページ。

（3） Strauss, *The Political Philosophy of Hobbes*, pp. 71, 74–76. 邦訳，95–96，99–100，102 ページ。

（4） Carl Schmitt, *Der Leviathan in der Staatslehre des Thomas Hobbes : Sinn und Fehlschlag eines politischen Symbols*, Hamburg : Hanseatische Verlagsanstalt, 1938, S. 20–21. 長尾龍一訳『リヴァイアサン――近代国家の生成と挫折』福村出版，1972 年，38–39 ページ。シュトラウスとシュミットのホッブズ解釈をめぐる知的交流に関しては次の論文を参照。竹島博之「カール・シュミットとレオ・シュトラウス――ホッブズをめぐって」『同志社法学』51 巻 6 号，2000 年，170，190–195 ページ。

（5） Howard Warrender, *The Political Philosophy of Hobbes : His Theory of Obligation*, Oxford : Clarendon Press, 1957, pp. 102, 164–165, 213, 237, 248, 252, 279.

（6） Strauss, *The Political Philosophy of Hobbes*, pp. ix, 29. 邦訳，iv，36 ページ。

（7） Warrender, *The Political Philosophy of Hobbes*, pp. 1–2.

（8） Leo Strauss, *Natural Right and History*, Chicago : University of Chicago Press, 1953, pp. 5–6. 塚崎智・石崎嘉彦訳『自然権と歴史』昭和堂，1988 年，7–9 ページ。

（9） たとえば，J. W. N. Watkins, *Hobbes's System of Ideas*, London : Hutchinson University Library, (first edition, 1965) second edition, 1973, p. 57. 田中浩・高野清弘訳『ホッブズ――その思想体系』未来社，1988 年，143 ページ。

(10) A. E. Taylor, "The Ethical Doctrine of Hobbes," *Philosophy*, vol. XIII, no. 52, October 1938 (*Hobbes Studies*, ed. K. C. Brown, Oxford : Basil Blackwell, 1965 に再録), pp. 408, 418, 424. なお，テイラーはプラトン研究の権威である。木村良一訳「A. E. テイラー著『トマス・ホッブズ』(1)」『青森中央学院大学研究紀要』第 2 号，2000 年，270 ページ。

(11) 三吉敏博「イギリス，ドイツのホッブズ研究の動向」『社会思想史研究』3 号，1979 年，163–164 ページ。

(12) たとえばイタリアでは，ノルベルト・ボッビオがウォーレンダーの議論に刺激を受けて「ホッブズと自然法理論」という論文を著し，そこにおいて，ホッブズは近代自然法論の創始者であって，彼の自然法理論が法実証主義への道を切り開いた，という解釈を打ち出している。ボッビオはこれを主張する際，シュトラウスを引照しながら，近代的自然法理論の特徴の一つとして，伝統的自然法理論の自然法の優位

に対し自然権の優位をあげる。Norberto Bobbio, *Thomas Hobbes and the Natural Law Tradition*, translated by Daniela Gobetti, Chicago : University of Chicago Press, 1993, pp. 154–155, 159, 171. この著書に収められている当該論文のイタリア語原文の初出は，“Hobbes e il giusnaturalismo,” *Rivista critica di storia della filosofia*, 17, 1962, pp. 470–485. なお，ボッビオの議論については以下の論文を参照した。加藤喜代志「戦後イタリアにおけるホッブズ研究――ボッビオおよびカッターネオの所論を中心として」『社会思想史研究』3 号，1979 年，154 ページ。

(13) Thomas Nagel, “Hobbes's Concept of Obligation,” *Philosophical Review*, vol. 68, no. 1, January 1959, p. 69. John Plamenatz, “Mr. Warrender's Hobbes,” in *Hobbes Studies*, ed. K. C. Brown, Oxford : Basil Blackwell, 1965, pp. 76–80. Watkins, *Hobbes's System of Ideas*, p. 59. 邦訳，146–147 ページ。バリーやゴーティエは，義務の根拠を，権利を放棄するという信約にあると解釈する。Brian Barry, “Warrender and His Critics,” *Philosophy*, vol. XLIII, no. 164, April 1968, pp. 120, 129. David P. Gauthier, *The Logic of Leviathan : The Moral and Political Theory of Thomas Hobbes*, Oxford : Clarendon Press, 1969, pp. 41–42, 195–196.

(14) Nagel, “Hobbes's Concept of Obligation,” p. 69.

(15) Watkins, *Hobbes's System of Ideas*, pp. 56–57, 61. 邦訳，140，142，151 ページ。

(16) Gauthier, *The Logic of Leviathan*, pp. 178, 205.

(17) David P. Gauthier, “Why Ought One Obey God ? Reflections on Hobbes and Locke,” *Canadian Journal of Philosophy*, vol. VII, no. 3, September 1977, pp. 428, 435, 443.

(18) Bernard Gert, “Hobbes and Psychological Egoism,” *Journal of the History of Ideas*, vol. XXVIII, no. 4, October-December 1967, pp. 503, 505, 516.

(19) F. C. Hood, *The Divine Politics of Thomas Hobbes : An Interpretation of Leviathan*, Oxford : Clarendon Press, 1964, pp. 22–23, 91, 138, 143, 233.

(20) Michael Oakeshott, “Introduction to Leviathan,” in *Hobbes on Civil Association*, Oxford : Basil Blackwell, 1975, pp. 66–69. オークショットによると『リヴァイアサン』には三つの義務の概念が存在する。第一に，死の回避を目的とした「相互信頼のある合意」から生じる義務。しかしこれはその拘束力を不履行の場合に起こる結果に対する恐怖に依拠しているので，不安定である。第二に，自然法が神の法としてみなされた場合に生じる義務。ただしこれも，不服従に対し処罰を執行する現世の代行者が存在せず，道徳的義務として純粋であっても不完全なものである。第三に，自然権の譲渡と権威付与によって主権者を構成する信約から生じる「政治的義務」である。この「政治的義務」が前の二つの義務を包括する道徳的義務である。なお，このオークショットの「『リヴァイアサン』序論」には次の邦訳がある。岡部悟朗訳「M・オークショット『リヴァイアサン』序論 (1)〜(3)」『鹿児島大学法学論集』第 22 巻第 2 号，1987 年，第 23 巻第 1・2 合併号，1987 年，第 24 巻第 1 号，1988 年。該当箇所は第 24 巻第 1 号，177–180 ページ。

(21) 三吉「イギリス，ドイツのホッブズ研究の動向」163 ページ。

(22) Warrender, *The Political Philosophy of Hobbes*, p. ix.

(23) 三吉「イギリス，ドイツのホッブズ研究の動向」163ページ。ホッブズ研究の二つの潮流のうち，原典分析を中心とする立場はオックスフォード大学に多く，「社会史的アプローチ」をとる人々は，ケンブリッジ大学，トロント大学，およびアメリカ，ドイツ各地の大学に多いということが指摘されている。

(24) カヴカは今日的な問題関心に関るかぎりでホッブズを読むと明言している。Gregory S. Kavka, *Hobbesian Moral and Political Theory*, Princeton : Princeton University Press, 1986, p. xiv.

(25) Quentin Skinner, "Hobbes's 'Leviathan'," *Historical Journal*, vol. VII, no. 2, 1964, p. 323. リチャード・H・ポプキンも，哲学者の思想はその人物の時代と環境を見ないで理解することはできないという立場で，とくに17世紀の哲学者たちの理論については，ただ哲学的見解のみによるのではなく，哲学者たちの宗教的背景を見ることが必要であることを指摘している。Richard H. Popkin, "The Religious Background of Seventeenth-Century Philosophy," *Journal of the History of Philosophy*, vol. 25, no. 1, January 1987, pp. 35, 41.

(26) 本書では，引用文中のホッブズのCommon-wealthという用語に対しては「国家共同体」という訳語をあてるが，通常の叙述のなかでは国家という用語を用いる。その際，この国家という用語は，国家機構（State）のみを指すのではなく，Common-wealthが示すところの，国家機構と人的団体（国民）をともに含む共同体を意味するものとして用いる。

(27) J. G. A. Pocock, "Time, History and Eschatology in the Thought of Thomas Hobbes," in *Politics, Language and Time : Essays on Political Thought and History*, London : Methuen, 1972, pp. 157, 161, 163, 165. E. J. Eisenach, "Hobbes on Church, State and Religion," *History of Political Thought*, vol. III, no. 2, Summer 1982, pp. 215, 217. そのほかに，ステュワート・サザーランドやアッリゴ・パッキも前半と後半は自律的と捉えている。Stewart R. Sutherland, "God and Religion in *Leviathan*," *Journal of Theological Studies*, vol. XXV, pt. 2, October 1974, p. 378. Arrigo Pacchi, "Hobbes and the Problem of God," in *Perspectives on Thomas Hobbes*, ed. G. A. J. Rogers and Alan Ryan, Oxford : Clarendon Press, 1988, p. 172.

(28) Patricia Springborg, "Leviathan and the Problem of Ecclesiastical Authority," *Political Theory*, vol. 3, no. 3, August 1975, pp. 290–291, 300–301. ホーリデイらは，第三部で描かれるアブラハムの信約がホッブズの理論におけるあらゆる信約の枠組みになっていると言う。R. J. Halliday, T. Kenyon and A. Reeve, "Hobbes's Belief in God", *Political Studies*, vol. XXXI, no. 3, September 1983, p. 418.

(29) 「ホッブズの体系は……少なくともその包括性と一貫性とにおいては，プラトンやスピノザの体系に匹敵する」。Watkins, *Hobbes's System of Ideas*, p. 123. 邦訳，282ページ。「ホッブズは一貫性をもつという期待を与える著作家である」。Oakeshott, "Introduction to Leviathan," p. 64. 邦訳，第24巻第1号，175ページ。

(30) Johann P. Sommerville, *Thomas Hobbes : Political Ideas in Historical Context*,

New York : St. Martin's Press, 1992, pp. 1-2. Richard Tuck, *Hobbes*, Oxford ; New York : Oxford University Press, 1989, p. viii. 田中浩・重森臣広訳『トマス・ホッブズ』未来社，1995 年，3 ページ。Noel Malcolm, *Aspects of Hobbes*, Oxford : Clarendon Press, 2002, pp. vii-viii.

(31) Martinich の名前の読み方については，「マルティニッチ」（有馬忠広「マルティニッチのホッブズ解釈」『同志社法学』46 巻 3・4 号，1994 年，83 ページ），「マーティニッチ」（伊豆蔵好美「ホッブズにおける宗教の問題」『奈良教育大学紀要』第 46 巻第 1 号，1997 年，69 ページ），「マチーニッチ」（伊藤宏之『近代政治理論の古典と現代』，北樹出版，2002 年，47 ページ）と定まっていないようで，また拙稿「ホッブズの生涯（1）」（『名古屋大学法政論集』第 187 号，2001 年，41 ページ）でも「マーティニッヒ」と読んでいたが，本書ではこれを修正して「マーティニッチ」と呼ぶことにしたい。

(32) Skinner, "Hobbes's 'Leviathan'," pp. 332-333. Richard Tuck, "The 'Christian Atheism' of Thomas Hobbes," in *Atheism from the Reformation to the Enlightenment*, ed. Michael Hunter and David Wootton, Oxford : Clarendon Press, 1992, p. 128. タックはシュトラウスに与して自然権の優位を唱える。「シュトラウスがホッブズ理解の前提とする歴史的背景や道徳観には大いに議論の余地があるが，これを別とすれば，彼の解釈にはかなり納得できる。とくに私の見たところ，ホッブズが，自然法を自然権の下位におき，自然法を，自然権の賢明な行使の仕方を教える一般原理のことだと考えていた点を，シュトラウスは正確に認識している」Tuck, *Hobbes*, pp. 101-102. 邦訳，192 ページ。

(33) A. P. Martinich, *The Two Gods of Leviathan : Thomas Hobbes on Religion and Politics*, Cambridge : Cambridge University Press, 1992, pp. 354-356. マーティニッチのこの著作については，有馬忠広が紹介論文においてわかりやすくまとめている。有馬忠広「マルティニッチのホッブズ解釈」，83-110 ページ。なお，コンテクストを重視するアプローチに対する批判は，ウィリアム・コノリーからも提出されている。彼は次のように論じる。思想をより深く理解するためには，それが創造された歴史的な文脈を考慮に入れたほうがよいとしても，思想はそれだけに決定されるものではない。ホッブズのように偉大な思想家は文脈そのものを構築するのであるから，より必要なのは存在論的環境の理解である，と。William E. Connolly, *Political Theory and Modernity*, Ithaca ; London : Cornell University Press, 1993, pp. 17-18. 金田耕一・栗栖聡・的射場敬一・山田正行訳『政治理論とモダニティ』昭和堂，1993 年，35 ページ。

(34) Martinich, *The Two Gods of Leviathan*, p. 44.

(35) Martinich, *The Two Gods of Leviathan*, pp. 3, 72, 135, 334, 354-356.

(36) マーティニッチはコンテクスト分析をより深めるため，その後 1999 年に伝記的研究を著している。A. P. Martinich, *Hobbes A Biography*, Cambridge : Cambridge University Press, 1999.

(37) Martinich, *The Two Gods of Leviathan*, p. 3. ポール・D・クックは，科学とキリス

ト教の信仰とを一致させようとしたホッブズの論理がキリスト教を変質させてしまうこと，いなむしろこのキリスト教の変質，侵食こそがホッブズの目的であったということをマーティニッチは見ていないと批判し，世俗的解釈を主張している。Paul D. Cooke, *Hobbes and Christianity : Reassessing the Bible in Leviathan*, Lanham, MD : Rowman & Littlefield, 1996, pp. 32–34.

(38) Jürgen Overhoff, *Hobbes's Theory of the Will : Ideological Reasons and Historical Circumstances*, Lanham, MD : Rowman & Littlefield, 2000, pp. 53–54, 159.

(39) Overhoff, *Hobbes's Theory of the Will*, pp. 132, 160.

(40) Overhoff, *Hobbes's Theory of the Will*, p. 103.

(41) Overhoff, *Hobbes's Theory of the Will*, p. 205.

(42) Overhoff, *Hobbes's Theory of the Will*, pp. 181, 201.

(43) 高橋眞司『ホッブズ哲学と近代日本』未来社，1991 年，296 ページ。

(44) 高橋『ホッブズ哲学と近代日本』311 ページ。太田可夫『イギリス社会哲学の成立』弘文堂，1948 年。水田洋『近代人の形成——近代社会観成立史』東京大学出版会，1954 年。福田歓一『近代政治原理成立史序説』岩波書店，1971 年。

(45) 太田『イギリス社会哲学の成立』311 ページ。福田『近代政治原理成立史序説』47, 66 ページ。社会経済史的視点を重視する水田がとくに引照するのは，フランツ・ボルケナウや，テニエスをはじめとするドイツの「社会民主主義者」であって，シュトラウスではないが，自然権を優位とする点については立場を同じくしている。水田『近代人の形成』114，313–377 ページ。

(46) 福田は注でウォーレンダーの自然法解釈とは見解を異にすると明白に述べている。福田『近代政治原理成立史序説』275 ページ，注（12）。なお，ウォーレンダーの『ホッブズの政治哲学』を日本でいち早く取り上げ，きわめて詳細な紹介を行ったのは大谷恵教である。大谷恵教「ホッブズの政治哲学—義務論—に関するハワード・ウォーリンダーの見解（その 1)～(その 7)」『拓殖大学論集』第 15 号，1957 年～第 21 号，1959 年。さらに，田中正司はウォーレンダーの解釈を早い段階でとり入れて批判的に継承した。田中は，ウォーレンダーの立場にのっとり，太田が「ホッブズ体系における神の観念の本質的役割を強調し，ホッブズが自然法＝神法と考えていた事実を認める」にもかかわらず，「これを結局は自然権の論理的帰結としての合理的自然法の中に解消」してしまっていると批判する。田中正司「ホッブズ自然法思想の近代性解釈をめぐって——ウォーリンダー氏の所論を中心として」『横浜大学論叢』（社会科学系列）第 10 巻第 3，4 合併号，1959 年，2 ページ。

(47) P. C. Mayer-Tasch, *Thomas Hobbes und das Widerstandsrecht*, Tübingen : J. C. B. Mohr, 1965, S. 94, 102, 121. 三吉敏博・初宿正典訳『ホッブズと抵抗権』木鐸社，1976 年，184，197，243 ページ。

(48) 水田『近代人の形成』291–294 ページ。田中浩『ホッブズ研究序説——近代国家論の生誕』，御茶の水書房，1982 年，37–38 ページ（第一章「ホッブズ——近代国家論の生誕」の初出は，田口富久治・田中浩編『国家思想史』（上）近代，青木書店，1974 年)。福田歓一『国家・民族・権力——現代における自由を求めて』岩波書店，

1988 年，182–183 ページ（第二部の二「トマス・ホッブズの自由論——『抵抗権』論議との関連において」の初出は，『国家学会雑誌』90 巻 9・10 月号，1977 年）。

(49)　L, chap. 21, p. 112 (173, 151). 邦訳 I 96 ページ。

(50)　L, chap. 14, p. 66 (107, 93). 邦訳 I 221 ページ。

(51)　菅野喜八郎は憲法学の見地から，ウォーレンダーの権利解釈に基づいて，「臣民の真の自由」を抵抗権と呼ぶのは不適当であり，「抵抗する権利」というホッブズの表現を通常の抵抗権と同一視することは不可能であると主張している。菅野喜八郎『抵抗権論とロック，ホッブズ』信山社，2001 年，156–157，167–168 ページ。また，ジョエル・シュワルツも次のように述べている。ホッブズにおいて「自由とは，法の沈黙のなかに見出されるのであって，政治的決定過程への抵抗のなかにではない」。Joel Schwartz, "Hobbes and the Two Kingdoms of God," *Polity : the journal of the Northeastern Political Science Association*, vol. 18, no. 1, 1985, p. 23.

(52)　たとえば，林喜代美は 1989 年の論文において，ホッブズの反神学的意義を指摘するシュトラウスに賛意を表明している。林喜代美「ホッブズの自然状態論」『徳島大学教養部紀要』（人文・社会科学）第 24 巻，1989 年，57 ページ。長尾龍一も自らを「自然権優位説」に属していると述べている。長尾龍一「ホッブズ再考」『社会科学紀要』（東京大学教養学部社会科学科）45 号，1996 年，15 ページ。川添未央子も次のように論じている。「ホッブズにとってはあくまで，はじめに自然権ありきなのである。自然法すなわち義務は自然権より後に存在するのである」。川添未央子「ホッブズ自然権論における個人概念——生命および財産をめぐって」『法学政治学論究』第 31 号，1996 年，529 ページ。これらは，シュトラウス的な世俗的解釈が，今日の日本のホッブズ研究においても依然として一定の位置を占めていることを示すものであろう。これに対し，菅野喜八郎は，シュトラウスの「自然権優位説」が通説となっているこうした研究動向を批判的に捉え，ウォーレンダーの解釈に賛同して自ら「自然法優位説」の立場に立ち，シュトラウスの「自然権優位説」とそれに与する日本の代表的なホッブズ研究者（長尾龍一，福田歓一，田中浩）を痛烈に批判している。菅野『抵抗権論とロック，ホッブズ』217，234–243 ページ。菅野の解釈の仕方は，ウォーレンダーと同様，歴史的文脈を捨象するテクストを重視するアプローチに基づくものだが，彼の批判は，現在においてもシュトラウスの多大な影響下にある日本の研究動向に対し，一石を投ずるものである。

(53)　高橋『ホッブズ哲学と近代日本』312–321 ページ。岸畑豊『ホッブズ哲学の諸問題』，創文社，1974 年。藤原保信『近代政治哲学の形成——ホッブズの政治哲学』早稲田大学出版部，1974 年。加藤節『近代政治哲学と宗教——一七世紀社会契約説における「宗教批判」の展開』東京大学出版会，1979 年。

(54)　岸畑『ホッブズ哲学の諸問題』208–209 ページ。藤原『近代政治哲学の形成』3–5 ページ。

(55)　岸畑『ホッブズ哲学の諸問題』210 ページ。

(56)　岸畑や藤原の批判は，欧米における義務論争のなかで出されたワトキンスの問題提起に符合するものと言える。ワトキンスは，ホッブズの政治哲学の本質的部分は自

然哲学にあると捉えてシュトラウスとウォーレンダーの両者を批判し，自然哲学と政治哲学とを一つの哲学体系として理解すべきと論じた。Watkins, *Hobbes's System of Ideas*, pp. 14–17, 55–68. 邦訳，51–58，139–168 ページ。

(57) 加藤は次のように述べる。「ホッブズが救済に必要な唯一の信仰箇条として見出した『イエス信仰』が，救世主イエスの神的権威に負うて，此岸的一切価値の転倒を求め『人によりは神に』従うべきことを説くイエスの実定的戒律への全面的献身を強いる地点にまで徹底せずにはいない以上，かかる『イエス信仰』と『人への』政治的服従とはもとより相容れるものではない」。加藤『近代政治哲学と宗教』132 ページ。しかしここでは，政治権力への服従を神に対する義務とする「受動的服従」というキリスト教の思想的伝統との関係が問われていない。「受動的服従」の思想については，本書第 II 部第二章第一節において考察される。

(58) 藤原『近代政治哲学の形成』269，300 ページ。加藤『近代政治哲学と宗教』108 ページ。

(59) 藤原『近代政治哲学の形成』269 ページ。

(60) 藤原『近代政治哲学の形成』180–181 ページ。

(61) 中村義知「トマス・ホッブズの自然法論における自律的人間観の確立」『政経論叢』（広島大学政経学会）第 24 巻第 1 号，1974 年，33–34，67–71 ページ。

(62) 中村義知「ホッブズにおける神と国家」『政経論集』（広島大学政経学会）第 26 巻第 5 号，1977 年，88–89 ページ。

(63) 野嶌一郎「ホッブズにおける義務論と絶対主権論」『史学研究』（広島史学研究会）第 134 号，1976 年，50–51 ページ。

(64) たとえば，木村良一が挙げられるが，彼はシュトラウスと岸畑の立場を受け継ぎ，第三部・第四部の聖書解釈は，単なる国家哲学の理論武装のためのものと主張している。木村良一『近代政治理論の源流——ホッブズ研究序説』成文堂，1988 年，213 ページ。80 年代以降，宗教論を視野に入れる努力が積み重ねられるが，分析手法としてコンテクストを重視するアプローチを導入するという面では，80 年代は過渡期と言っていいかもしれない。妹尾剛光は，ホッブズの宗教論を，『法の原理』，『市民論』，『リヴァイアサン』という三つの政治的著作を比較検討することによって考察している。しかし，当時の文脈のなかに位置づけていないので，ホッブズが具体的に誰を念頭に論じているのかということや，当時の政治的宗教的状況に規定されたホッブズの問題意識が見えてこない。それゆえ，ホッブズの叙述に内在する問題関心を十分に汲み取らずに，やや現代的なキリスト教理解からホッブズを批判している感がある。妹尾剛光「ホッブズにおける人間と社会——市民社会と宗教」『関西大学社会学部紀要』第 16 巻第 1 号，1984 年，142，151，153 ページ。他方で，磯部隆の研究は，西洋近代政治思想史を宗教意識との関連で理解しようという観点から，自由意志論争を基軸にして，エラスムスとルター，ホッブズとルソーを思想類型として対抗的に分析し，彼らの政治思想の特質を抽出しようとする。自由意志論争を座標軸としてホッブズの諸著作に切り込む磯部の分析，とりわけここから提出される『リヴァイアサン』第二部と第三部に論理的連関を見出す磯部の

解釈は，85から87年という発行年を考えると，その先見性は明らかであり，本書も『リヴァイアサン』理解において大いに参照した。だが磯部はエラスムスからルソーという長期的コンテクストのなかで課題を設定しているため，より歴史的コンテクストに即すべきというホッブズ研究特有の要請については考慮の外にある。このため，宗教的自由に関しホッブズとエラスムスと比較する場合には，ホッブズの理論を宗教的寛容論ではないとし，ルソーと比較する場合には，「ルター＝ホッブズ的な政教分離論（寛容論）」と規定するように，問題設定によってホッブズ固有のコンテクストの比重が左右される。本書はホッブズ研究に特化してこの点を補完しつつ，磯部の観点を引き継ぐものである。磯部隆「近代政治思想史の形成と宗教意識――神義論と「自由意志」論争をめぐって（1）」『名古屋大学法政論集』第106号，1985年，60-62ページ，磯部「近代政治思想史の形成と宗教意識（4）」『名古屋大学法政論集』第113号，1986年，389，396ページ，磯部「近代政治思想史の形成と宗教意識（6）完」『名古屋大学法政論集』第115号，1987年，376ページ。

(65) 鈴木朝生『主権・神法・自由――ホッブズ政治思想と17世紀イングランド』木鐸社，1994年，21ページ。

(66) 鈴木『主権・神法・自由』，22ページ。高野清弘『トマス・ホッブズの政治思想』御茶の水書房，1990年，4ページ。

(67) 高野『トマス・ホッブズの政治思想』51，57，209，256ページ。

(68) 鈴木『主権・神法・自由』13-15ページ。

(69) 鈴木『主権・神法・自由』164-165ページ。

(70) 鈴木『主権・神法・自由』64，173-174ページ。

(71) 伊豆蔵好美「ホッブズにおける宗教の問題」51，52，59，66ページ。『リヴァイアサン』の宗教論におけるホッブズの課題が，一方で宗教諸セクトの聖書解釈を論難しながら，他方で，同じ聖書に依拠して主権者への服従義務を説くことにあったという伊豆蔵の主張に筆者も同意するが，残念ながら，伊豆蔵はこの服従義務の論理の中身について説明を提示していない。伊豆蔵「ホッブズにおける宗教の問題」66ページ。

(72) 川添未央子「自由意志論争におけるホッブズの二つの視座――ホッブズ政治神学研究への序」『法学政治学論究』第40号，1999年，144ページ。川添未央子「政治思想における自由意志の問題――ホッブズとブラモールの比較考察」『法学政治学論究』第45号，2000年，38ページ。

3　『リヴァイアサン』解釈の方法

(1) 木村良一『近代政治理論の源流』第一章。田中浩『イギリス思想叢書3――ホッブズ』研究社出版，1998年，第3章。

(2) 久野真大「トマス・ホッブズの『専制的支配』論――『法の原理』および『市民について』を中心に」『政治研究』（九州大学政治研究会）第48号，2001年，109ページ。

（3） 林達夫他編『哲学事典』平凡社，1971年，417ページ。
（4） 廣松渉他編『岩波哲学・思想事典』岩波書店，1998年，435ページ。
（5） 上野修・岩崎稔「ホッブズを超えて――力と恐怖の論理」『現代思想』第31巻第15号，青土社，2003年，24-41ページ。ロバート・ケーガン『ネオコンの論理――アメリカ新保守主義の世界戦略』（山岡洋一訳，光文社，2003年）参照。

第I部　はじめに

（1） Leslie Stephen, *Hobbes*, reprint,（originally published, London : Macmillan, 1904）Bristol : Thoemmes, 1991. Ferdinand Tönnies, *Thomas Hobbes : Leben und Lehre*, Stuttgart : Fr. Frommann, 1925. John Laird, *Hobbes*,（first published, London : E. Benn, 1934）New York : Russell & Russell, 1968. Richard Stanley Peters, *Hobbes*, Harmondsworth, Middlesex : Penguin Books, 1956. Charles H. Hinnant, *Thomas Hobbes*, Boston : Twayne Publishers, 1977. Richard Tuck, *Hobbes*, Oxford ; New York : Oxford University Press, 1989. 田中浩・重森臣広訳『トマス・ホッブズ』未来社，1995年。Johann P. Sommerville, *Thomas Hobbes : Political Ideas in Historical Context*, New York : St. Martin's Press, 1992. 田中浩『イギリス思想叢書3――ホッブズ』研究社出版，1998年。
（2） George Croom Robertson, *Hobbes,* reprint of the 1886 edition（Edinburgh ; London : William Blackwood）Bristol : Thoemmes Press, 1993. Mirriam M. Reik, *The Golden Lands of Thomas Hobbes*, Detroit : Wayne State University Press, 1977. Arnold A. Rogow, *Thomas Hobbes : Radical in the Service of Reaction*, New York ; London : W. W. Norton, 1986. ロゴーの伝記は，岡部悟朗によって紹介されている。岡部悟朗「アーノルド・A・ロゴー『トマス・ホッブズ』(1)～(3)」『鹿児島大学法学論集』第28巻第2号，1993年，第29巻第1・2号，1994年，第33巻第1号，1998年。A. P. Martinich, *Hobbes A Biography*, Cambridge : Cambridge University Press, 1999.
（3） Reik, *The Golden Lands of Thomas Hobbes*, p. 20.
（4） Robertson, *Hobbes*, p. 57. 山本隆基「“Horae subsecivae” と “Essays”　初期ホッブズの原資料に関するノート」『福岡大学法学論叢』第41巻第2号，1996年，261ページ。
（5） Reik, *The Golden Lands of Thomas Hobbes*, pp. 15, 196.
（6） Rogow, *Thomas Hobbes*, pp. 17-77.
（7） Martinich, *Biography*, p. 359.
（8） *The Correspondence of Thomas Hobbes*, ed. Noel Malcolm, 2vols., Oxford : Clarendon Press, 1994.
（9） なお，年代と日付については，Karl Schuhmann, *Hobbes Une Chronique : Cheminement de sa pensée et de sa vie*, Paris : Librairie Philosophique J. Vrin, 1998を参照した。

(10) OL, I, p. xi.
(11) ラテン語韻文の自叙伝は，ホッブズの亡くなった年である1679年に先に一度，小冊子として公刊されている。Charles H. Hinnant, *Thomas Hobbes : a reference guide*, Boston : G. K. Hall, 1980, pp. 2, 5. 福鎌忠恕「トーマス・ホッブズ著『ラテン詩自叙伝』——ワガ生涯ハワガ著作ト背馳セズ」『東洋大学大学院紀要』第18集，1981年，5ページ。
(12) Michael Hunter, *John Aubrey and the Realm of Learning*, New York : Science History Publications, 1975, pp. 78–79.
(13) Martinich, *Biography*, p. 252.
(14) LL, p. 352, OL, III, p. 548. 訳IV 295ページ。
(15) VC, p. xcix. 邦訳，26ページ。

第I部第1章　政治思想家としての出発 1588–1640

1　マームズベリそしてオックスフォード大学

17世紀イングランドでは，大陸のグレゴリオ暦（現行太陽暦）に対し，3月25日を元日とするユリウス暦（旧太陽暦）が使われていた。本書では，ホッブズの伝記的研究における慣行に従い，年月日をユリウス暦で記した。

(1) Martinich, *Biography*, p. 2. 但し，ロゴーによると，母親の名前は確定できるものではないようである。Rogow, *Thomas Hobbes*, p. 258 n7. 岡部「アーノルド・A・ロゴー『トマス・ホッブズ』(1)」73ページ。
(2) VA, p. xxii.
(3) VC, p. lxxxvi. 邦訳，14ページ。
(4) Martinich, *Biography*, pp. 2–5.
(5) Martinich, *Biography*, p. 4.
(6) *Aubrey's Brief Lives*, ed. Oliver Lawson Dick, (originally published, London : Martin Secker & Warburg, 1949) Boston : David R. Godine Publisher, 1999, p. 148. 橋口稔・小池銈訳『名士小伝』冨山房，1979年，96ページ。なお，本書は原典にディック版を用いたが，上記邦訳は *Brief lives and other selected writings by John Aubrey*, ed. Anthony Powell, London : Cresset Press, 1949 に主に依拠し，ディック版を適宜参照するという形をとっている。ディック版とパウエル版では，記述の内容や順序においていくつかの相違がある。したがって，引用に際しては，必ずしもこの訳文に従っているわけではないことをお断りしておく。
(7) *Aubrey's Brief Lives*, p. 148. 邦訳，98–99ページ。
(8) VA, p. xxiii.
(9) Martinich, *Biography*, p. 7. L, chap. 30, p. 234. 訳II 264ページ。
(10) *Aubrey's Brief Lives*, p. 150. 邦訳，101ページ。
(11) Martinich, *Biography*, p. 8.
(12) VC, p. lxxxvi. 邦訳，14ページ。

(13) Martinich, *Biography*, p. 9.
(14) 小泉徹「エリザベスの治世」今井宏編『世界歴史大系イギリス史 2 近世』山川出版社，1990 年，110 ページ。
(15) Martinich, *Biography*, pp. 14–17.
(16) 小泉徹「初期ステュアート朝の展開」今井宏編『世界歴史大系イギリス史 2 近世』，山川出版社，1990 年，153 ページ。
(17) Martinich, *Biography*, p. 18.
(18) V, p. xiii. 邦訳，38 ページ。
(19) Quentin Skinner, *Reason and Rhetoric in the Philosophy of Hobbes*, Cambridge : Cambridge University Press, 1996, p. 437.
(20) VC, p. lxxxvii. 邦訳，15 ページ。
(21) Martinich, *Biography*, p. 18.
(22) Martinich, *Biography*, p. 18. オーブリーは当時の学長をジェイムズ・ハッシー（James Hussee）と記述している。*Aubrey's Brief Lives*, p. 149. 邦訳，100 ページ。
(23) VA, p. xxiii.

2 キャヴェンディッシュ家とトゥキュディデスの翻訳

(1) C, pp. 814–815.
(2) Martinich, *Biography*, p. 24.
(3) VA, pp. xxiii–xxiv.
(4) Martinich, *Biography*, pp. 27–28.
(5) 出発した年をブラックバーンは 1610 年，マーティニッチは 1614 年としている。VA, p. xxiv. Martinich, *Biography*, p. 30.
(6) Martinich, *Biography*, p. 37.
(7) Martinich, *Biography*, pp. 28–29.
(8) Martinich, *Biography*, p. 38.
(9) 小泉「初期ステュアート朝の展開」159–160 ページ。
(10) 小泉「初期ステュアート朝の展開」164 ページ。
(11) L, chap. 18, p. 92 (143, 126). 訳 II 44–45 ページ。
(12) Martinich, *Biography*, p. 65.
(13) *Aubrey's Brief Lives*, pp. 149–150. 邦訳，101 ページ。
(14) Martinich, *Biography*, p. 43.
(15) Martinich, *Biography*, pp. 60–61.
(16) V, pp. xiii–xiv. 邦訳，38 ページ。
(17) Martinich, *Biography*, p. 69.
(18) OL, V, pp. 319–340.
(19) Martinich, *Biography*, p. 77.
(20) VC, p. lxxxviii. 邦訳，16 ページ。
(21) Martinich, *Biography*, p. 77.

(22) V, p. xiv. 邦訳，39ページ。

(23) 田中秀夫によれば，ホッブズは，トゥキュディデスが自身の宗教に対する敬虔さを保ちながら，民衆の宗教のなかにおける迷信を鋭くも見抜くという理性的態度をとっていたことに深く共感し，これを自分のピューリタニズムに対する態度に重ねていたと言う。田中秀夫「ホッブズの初期論説『トゥキュディデースの生涯と歴史』について——ホッブズ社会哲学の成立過程（2）」『経済論叢』（京都大学）第119巻4・5号，1978年，22ページ。

(24) EW, VIII, p. v.

(25) EW, VIII, pp. vii-viii. 初期ホッブズの思想の特色を理解するには，トゥキュディデスの政治的歴史がきわめて重要であるということが，山本隆基によって指摘されている。山本隆基「初期ホッブズの思想——自然法と政治的歴史（1）」『福岡大学法学論叢』第41巻第3・4号，1997年，3ページ。山本隆基「初期ホッブズの思想——自然法と政治的歴史（2）」『福岡大学法学論叢』第43巻第1号，1998年，3-4ページ。

(26) 磯部隆『ギリシア政治思想史』北樹出版，1997年，243ページ。

(27) 小泉「初期ステュアート朝の展開」171-173ページ。

(28) EW, VIII, p. xi.

3　幾何学との出会いと『法の原理』

(1) C, p. 821.

(2) Martinich, *Biography*, p. 83.

(3) C, p. 14.

(4) Martinich, *Biography*, p. 84.

(5) Aubrey's Brief Lives, p. 150. 邦訳，102ページ。

(6) V, p. xiv. 邦訳，39ページ。

(7) C, p. 17.

(8) V, p. xiv. 邦訳，39ページ。

(9) VC, pp. lxxxviii-lxxxix. 邦訳，17ページ。

(10) C, p. 21.

(11) V, p. xiv. 邦訳，39ページ。

(12) Martinich, *Biography*, pp. 90-91.

(13) VA, p. xxviii.

(14) *Leviathan with selected variants from the Latin edition of 1668*, ed. Edwin Curley, Indianapolis; Cambridge: Hackett Publishing Company, 1994, p. xlviii.

(15) Martinich, *Biography*, p. 91.

(16) C, p. 19.

(17) *Leviathan*, ed. Curley, p. l.

(18) De Corpore, Epistola Dedicatoria (viii). “Galilaus primus aperuit nobis physica universa portam primam, naturam motus.”

(19) L, chap. 46, p. 380 (546, 474). 訳 IV 134 ページ。Considerations, p. 432.

(20) L, chap. 18, p. 91 (141–142, 124–125). 訳 II 42–43 ページ。

(21) C, pp. 835, 863.

(22) V, p. xiv. 邦訳，39 ページ。

(23) C, p. 815.

(24) C, pp. 37, 39.

(25) Martinich, *Biography*, p. 98.

(26) C, p. 38.

(27) C, pp. 102–103, 108.

(28) EL, pp. 152–167.

(29) EL, p. 161.

(30) Richard Tuck, "Hobbes and Descartes," in *Perspectives on Thomas Hobbes*, ed. G. A. J. Rogers and Alan Ryan, Oxford : Clarendon Press, 1988, pp. 17–18.

(31) 小泉「初期ステュアート朝の展開」189 ページ。

(32) ロードが実際に神学上アルミニウス派であったかどうかは歴史家のあいだで問題となっている。だが，クリストファー・ヒルによれば，ロードは確かに予定説を廃棄しようと努めており，当時のピューリタンにとって，予定説の否定はそれだけで即アルミニウス主義であり，カトリシズムへの回帰を意味し，同時に，アルミニウス主義は政治的には絶対王政主義理論と同質とみなされていたので，それゆえ，ロードは宗教的にも政治的にもアルミニウス主義者として非難されたのだと言う。Christopher Hill, *The Collected Essays of Christopher Hill, vol. II, Religion and Politics in 17th Century England*, Brighton : Harvester Press, 1986, pp. 32, 76, 78–79. 小野功生訳『17 世紀イギリスの宗教と政治——クリストファー・ヒル評論集 II』法政大学出版局，1991 年，53，105，108 ページ。鈴木朝生『主権・神法・自由——ホッブズ政治思想と 17 世紀イングランド』木鐸社，1994 年，38 ページ。また，ヒュー・トレヴァ＝ローパーによれば，イングランドの「アルミニウス主義」はそもそもはエラスムスを起源とする思想運動であったが，1620 年代に次第に変容し，聖職主義者的主教制という教会支配と国王の絶対主義という政治体制を支える新しい合成物となっていったのだと言う。Hugh Trevor Roper, *Catholics, Anglicans and Puritans : Seventeenth Century Essays*, Chicago : The University of Chicago Press, 1988, pp. 41, 114. なお，アルミニウス主義やロード主義に関するヒルとトレヴァ＝ローパーの対立については，山田園子「トレヴァ＝ローパーと『虚構のスペクトル解体』」岩井淳・大西晴樹編『イギリス革命論の軌跡——ヒルとトレヴァ＝ローパー』蒼天社出版，2005 年，164–185 ページを参照。

(33) 岸田紀「絶対王政からピューリタン革命へ」村岡健次・川北稔編『イギリス近代史』ミネルヴァ書房，1986 年，35 ページ。

(34) VC, p. xc. 邦訳，18 ページ。

(35) Martinich, *Biography*, pp. 102–105.

(36) 小泉「初期ステュアート朝の展開」188 ページ。

(37) *Leviathan*, ed. Curley, p. l.
(38) 小泉「初期ステュアート朝の展開」189ページ。
(39) Martinich, *Biography*, p. 121.
(40) C, p. 171.
(41) EL, pp. 116–117.
(42) EL, pp. 58–62, 149–150.
(43) Martinich, *Biography*, p. 122.
(44) 今井宏「ピューリタン革命」今井宏編『世界歴史大系イギリス史2近世』山川出版社，1990年，192–193ページ。
(45) C, p. 115.
(46) 今井「ピューリタン革命」193ページ。

第I部第2章　フランス亡命と名声の確立 1640–1651

1　デカルトとの対決

(1) Martinich, *Biography*, p. 162.
(2) L, chap. 21, p. 114 (176–177, 153–154). 訳II 101ページ。
(3) Leo Strauss, *The Political Philosophy of Hobbes : Its Basis and Its Genesis*, translated from the German Manuscript by Elsa M. Sinclair, (first published, Oxford : Clarendon Press, 1936) Chicago ; London : University of Chicago Press, 1952, p. 41. 添谷育志・谷喬夫・飯島昇藏訳『ホッブズの政治学』みすず書房，1990年，62ページ。
(4) *Aubrey's Brief Lives*, p. 158. 邦訳，122ページ。
(5) Strauss, *The Political Philosophy of Hobbes*, p. 35. 邦訳，46ページ。
(6) V, p. xiii. 邦訳，38ページ。
(7) C, p. 51.
(8) Tuck, "Hobbes and Descartes," p. 14.
(9) V, p. xv. 邦訳，39ページ。
(10) C, pp. 54, 57.
(11) C, pp. 70, 79.
(12) C, p. 100.
(13) C, pp. 102, 107.
(14) C, pp. 95, 97.
(15) C, pp. 102–103, 108.
(16) Tuck, "Hobbes and Descartes," p. 28. 反対に，リチャード・H・ポプキンは，ホッブズは亡命中，フランス懐疑主義にどっぷりつかりながら暮らしたにもかかわらず，その影響は著作にはまったく現れていないと主張している。Richard H. Popkin, "Hobbes and Scepticism," in *History of Philosophy in the Making : A Symposium of Essays to Honor Professor James D. Collins on His 65th Birthday*, ed. Linus J.

Thro, Washington, D. C.: University Press of America, 1982, p. 140.

(17) Martinich, *Biography*, p. 164.

(18) OL, V, p. 272. René Descartes, *Meditationes de Prima Philosophia, Œuvres de Descartes*, publiées par Charles Adam & Paul Tannery, nouvelle présentation, en co-édition avec le centre national de la recherche scientifique, t. VII, Paris: J. Vrin, 1964, p. 194. ルネ・デカルト「省察および反論と答弁」所雄章訳『デカルト著作集』第2巻，白水社，1973年，235ページ。

(19) OL, V, p. 256. Descartes, *Meditationes de Prima Philosophia, Œuvres de Descartes*, t. VII, p. 176. デカルト「省察および反論と答弁」213ページ。

(20) OL, V, p. 258. Descartes, *Meditationes de Prima Philosophia, Œuvres de Descartes*, t. VII, p. 178. デカルト「省察および反論と答弁」216ページ。

(21) OL, V, pp. 252–254. Descartes, *Meditationes de Prima Philosophia, Œuvres de Descartes*, t. VII, pp. 172–174. デカルト「省察および反論と答弁」209–211ページ。

(22) OL, V, p. 256. Descartes, *Meditationes de Prima Philosophia, Œuvres de Descartes*, t. VII, p. 176. デカルト「省察および反論と答弁」213ページ。

(23) OL, V, p. 259. Descartes, *Meditationes de Prima Philosophia, Œuvres de Descartes*, t. VII, p. 179. デカルト「省察および反論と答弁」217ページ。

(24) OL, V, p. 258. Descartes, *Meditationes de Prima Philosophia, Œuvres de Descartes*, t. VII, p. 178. デカルト「省察および反論と答弁」216ページ。

(25) OL, V, p. 256. OL, V, p. 256. Descartes, *Meditationes de Prima Philosophia, Œuvres de Descartes*, t. VII, p. 176. デカルト「省察および反論と答弁」213ページ。

(26) OL, V, p. 264. Descartes, *Meditationes de Prima Philosophia, Œuvres de Descartes*, t. VII, p. 185. デカルト「省察および反論と答弁」224–225ページ。

(27) OL, V, p. 272. Descartes, *Meditationes de Prima Philosophia, Œuvres de Descartes*, t. VII, p. 194. デカルト「省察および反論と答弁」235ページ。

(28) L, chap. 12, p. 53 (88, 77). 訳I 184ページ。

(29) C, p. 827.

(30) Martinich, *Biography*, p. 171.

(31) 高橋眞司によれば，ホッブズとデカルトの哲学体系を対比するとき，デカルトは究極的には道徳的関心をもっていたのに対し，ホッブズは政治的関心をもっていたと言うことができると言う。彼は次のように述べている。「デカルトとホッブズの哲学は，情念と理性について，すなわち人間性に関して，考えられる二つの見方をそれぞれ代表したものであり，その各々はヨーロッパ近代の道徳哲学と政治哲学とが築かれてゆく思想的基盤をなした。その意味で，デカルトとホッブズの哲学の対比は，そこから道徳学と政治学とが分岐してゆく近代思想史上の重要な分岐点であったと言わなければならないのである」。高橋眞司「デカルトとホッブズ――情念，道徳，政治をめぐって」『長崎造船大学研究報告』第15巻第2号，1974年，111，113ページ。

2 『市民論』と自由意志論争

（1） 今井宏「ピューリタン革命」193ページ。
（2） C, pp. 120-121.
（3） 今井「ピューリタン革命」196ページ。
（4） Martinich, *Biography*, p. 178.
（5） VC, p. xc. 邦訳，18-19ページ。
（6） Martinich, *Biography*, p. 205.
（7） DM, XL : 9, p. 438（496）. ホッブズの『世界論』批判については，高野清弘『トマス・ホッブズの政治思想』（御茶の水書房，1990年，140-142ページ）を参照。
（8） DM, XXXVII : 8, p. 408（453）.
（9） DM, XXXII : 2, p. 373（401）.
（10） Martinich, *Biography*, p. 182.
（11） 今井「ピューリタン革命」197ページ。
（12） C, p. 816.
（13） 今井「ピューリタン革命」197ページ。
（14） C, p. 814.
（15） C, p. 52.
（16） C, p. 806.
（17） 岸田紀「絶対王政からピューリタン革命へ」38ページ。
（18） Martinich, *Biography*, p. 195. *Hobbes and Bramhall on Liberty and Necessity*, ed. Vere Chappell, Cambridge : Cambridge University Press, 1999, p. xi.
（19） 小泉徹「初期ステュアート朝の展開」189ページ。
（20） LNC, to the Reader.
（21） C, pp. 88, 91.
（22） LN, p. 273.
（23） LNC, p. 34.
（24） LNC, p. 9.
（25） LN, p. 273.
（26） L, chap. 14, p. 65（106, 93）. 訳I 219ページ。
（27） ジャン＝ジャック・ルソー『社会契約論』桑原武夫・前川貞次郎訳，岩波文庫，1954年，183ページ。
（28） *Leviathan*, ed. Curley, p. li.
（29） Martinich, *Biography*, p. 267.

3 革命と『リヴァイアサン』

（1） 今井「ピューリタン革命」209ページ。
（2） V, p. xv. 邦訳，40ページ。
（3） Martinich, *Biography*, p. 207.
（4） VC, p. xcii. 邦訳，20ページ。

(5) 今井「ピューリタン革命」221–222 ページ。
(6) 今井「ピューリタン革命」224 ページ。
(7) C, pp. 163–164.
(8) V, p. xvi. 邦訳，40 ページ。
(9) Martinich, *Biography*, p. 205.
(10) *The Elements of Law Natural and Politic*, ed. J. G. A. Gaskin, Oxford : Oxford University Press, 1994, p. xlvii. Quentin Skinner, “Conquest and Consent : Thomas Hobbes and the Engagement Controversy,” in *The Interregnum : The Quest for Settlement 1646–1660*, ed. G. E. Aylmer, London : Macmillan, 1972, p. 94.
(11) カーリーはホッブズ，マーティニッチは他者と主張している。*Leviathan*, ed. Curley, p. lii. Martinich, *Biography*, pp. 180–181.
(12) Martinich, *Biography*, p. 213.
(13) V, p. xix. 邦訳，42 ページ。
(14) C, p. 816.
(15) C, p. 814.
(16) L, chap. 21, p. 114 (177, 154). 訳 II 101 ページ。
(17) C, pp. 155–156, 157.
(18) L, Dedicatory (3, 3). 訳 I 32 ページ。
(19) C, pp. 156, 157–158.
(20) C, p. 170.
(21) C, p. 179.
(22) Edward Hyde, the Earl of Clarendon, *A Brief View and Survey of the Dangerous and Pernicious Errors to Church and State, in Mr. Hobbes's Book entitled Leviathan*, (reprint of 1676 edtion, Oxford : Theater) London : Routledge/Thoemmes Press, 1996, p. 317. クラレンドンのホッブズに対する批判については，安藤高行による研究があり，参照した。安藤高行『17 世紀イギリス憲法思想史』法律文化社，1993 年，131–132 ページ。
(23) L, Review and Conclusion, pp. 395–396 (567, 491). 訳 IV 172 ページ。
(24) Martinich, *Biography*, pp. 213–214.
(25) V, pp. xvi–xvii. 邦訳，41 ページ。
(26) VC, p. xciii. 邦訳，21 ページ。Martinich, *Biography*, p. 214.

第 I 部第 3 章　論争の時代 1651–1660

1　エンゲイジメント論争

(1) 1648 年 12 月 6 日の「プライドのパージ」によって，長老派議員は追放され，「長期議会」はわずか 60 名ほどの独立派議員だけで構成されることになり「ランプ（残部）議会」と呼ばれるようになった。今井宏「ピューリタン革命」214 ページ。
(2) 鈴木朝生『主権・神法・自由』279 ページ。

（3） 鈴木『主権・神法・自由』278ページ。
（4） Skinner, "Conquest and Consent," pp. 96–97.
（5） L, Review and Conclusion, p. 390 (558–559, 484). 訳 IV 160ページ。
（6） スキナーは1990年の論文において，ホッブズを「事実上の理論」の擁護者と捉えた自分の解釈を撤回している。Quentin Skinner, "Thomas Hobbes on the Proper Signification of Liberty," *Transactions of the Royal Historical Society*, vol. 40, 1990, pp. 145–146.
（7） L, chap. 20, p. 102 (159, 139). 訳 II 72ページ。
（8） L, chap. 20, p. 103 (160, 140). 訳 II 74ページ。
（9） L, chap. 20, p. 103 (160, 140). 訳 II 74ページ。
（10） L, chap. 20, p. 104 (161, 141). 訳 II 75ページ。
（11） L, chap. 14, p. 69 (112, 97). 訳 I 229ページ。
（12） VC, p. xciii. 邦訳，21ページ。
（13） L, Review and Conclusion, pp. 395–396 (567, 491). 訳 IV 172ページ。

2 神義論と政治学

（1） Martinich, *Biography*, p. 264.
（2） Martinich, *Biography*, pp. 264–265.
（3） L, chap. 46, p. 370 (533, 462). 訳 IV 112ページ。
（4） L, chap. 46, p. 371 (533, 462). 訳 IV 113ページ。
（5） Martinich, *Biography*, p. 265.
（6） L, chap. 46, p. 376 (541, 469). 訳 IV 125ページ。
（7） LNC, p. 266.
（8） Martinich, *Biography*, p. 267.
（9） LNC, pp. 64–65.
（10） 磯部隆「近代政治思想史の形成と宗教意識（一）——神義論と「自由意志」論争をめぐって」『名古屋大学法政論集』第106号，1985年，62–65ページ。
（11） LNC, p. 306.
（12） LNC, p. 112.
（13） LNC, p. 215.
（14） LNC, p. 298.
（15） LNC, p. 115.
（16） LNC, p. 116.
（17） LNC, p. 116.
（18） LNC, p. 212.
（19） L, chap. 31, p. 187 (282, 247). 訳 II 288ページ。
（20） LNC, p. 192.
（21） L, chap. 13, p. 62 (101, 88). 訳 I 210ページ。
（22） C, pp. 713, 731. 最初の手紙（1670年7月13日付）はホッブズに届けられていない

可能性がある。C, p. 721. ホッブズが返事を書いた証拠は残っていないので，おそらく書いていないのではないかと思われる。Martinich, *Biography*, pp. 335–336.

(23) C, pp. 716, 720.

(24) ゴットフリート・ヴィルヘルム・ライプニッツ「宗教哲学『弁神論』下」佐々木能章訳，『ライプニッツ著作集』第 7 巻，工作舎，1991 年，186 ページ。

(25) ライプニッツ「宗教哲学『弁神論』上」佐々木能章訳，『ライプニッツ著作集』第 6 巻，1990 年，169 ページ。

(26) ライプニッツ「宗教哲学『弁神論』下」185 ページ。引用文の訳語を若干変更している。

3 『物体論』と数学論争

(1) Martinich, *Biography*, p. 271.

(2) 林達夫他編『哲学事典』平凡社，1971 年，551 ページ。

(3) L, chap. 34, pp. 210–211 (312–313, 273–274). 訳 III 63–65 ページ。

(4) LL, p. 360, OL, III, p. 561. 訳 IV 317 ページ。

(5) VC, p. xciii. 邦訳，21 ページ。Tuck, *Hobbes*, p. 31. 邦訳，65 ページ。

(6) Tuck, *Hobbes*, p. 29. 邦訳，61 ページ。

(7) Martinich, *Biography*, p. 257.

(8) 新村出編『広辞苑』岩波書店，1955 年，317 ページ。

(9) Martinich, *Biography*, pp. 278–279.

(10) VA, p. xxxviii.

(11) Douglas M. Jesseph, *Squaring the Circle : The War between Hobbes and Wallis*, Chicago ; London : University of Chicago Press, 1999, pp. 10–11.

(12) C, pp. 311–314.

(13) Jesseph, *Squaring the Circle*, p. 308.

(14) C, pp. 387–388, 390–391, 398, 413.

(15) C, pp. 388, 391.

(16) C, pp. 428, 429.

(17) VC, p. xciv. 邦訳，21 ページ。

(18) VC, p. xciv. 邦訳，22 ページ。

(19) Jesseph, *Squaring the Circle*, p. 343.

(20) Jesseph, *Squaring the Circle*, p. 341.

(21) ライプニッツ「宗教哲学『弁神論』下」184 ページ。

(22) ライプニッツ「宗教哲学『弁神論』下」98 ページ。

(23) ライプニッツ「宗教哲学『弁神論』下」96 ページ。

(24) ライプニッツ「宗教哲学『弁神論』下」99 ページ。

(25) ライプニッツ「宗教哲学『弁神論』下」99 ページ。

(26) ライプニッツ「宗教哲学『弁神論』下」184 ページ。

(27) VA, p. xxxviii. Jesseph, *Squaring the Circle*, p. 15.

第I部第4章　王政復古そして知識人としての使命 1660–1679

1　『リヴァイアサン』ラテン語版と『ビヒモス』

（1）　*Aubrey's Brief Lives*, pp. 152–153. 邦訳，108 ページ。
（2）　C, p. 819.
（3）　VA, p. xxxix.
（4）　Martinich, *Biography*, p. 297.
（5）　VA, pp. xxxix–xl.
（6）　Noel Malcolm, "Hobbes and the Royal Society," in *Perspectives on Thomas Hobbes*, ed. G. A. J. Rogers and Alan Ryan, Oxford : Clarendon Press, 1988, pp. 64–65.
（7）　Martinich, *Biography*, p. 300.
（8）　Malcolm, "Hobbes and the Royal Society," p. 60.
（9）　Malcolm, "Hobbes and the Royal Society," pp. 57–58.
（10）　岸田紀「名誉革命体制の展開」村岡健次・川北稔編『イギリス近代史』ミネルヴァ書房，1986 年，70 ページ。
（11）　Robertson, *Hobbes*, pp. 193–194. 鈴木朝生『主権・神法・自由』·337 ページ。
（12）　Martinich, *Biography*, p. 297.
（13）　鈴木『主権・神法・自由』350 ページ。
（14）　クラレンドン失脚後，1667 年から 74 年までの政権は指導者 5 人（トマス・クリフォード，アーリントン伯，バッキンガム公，アントニー・アシュリー・クーパー，スコットランド貴族ローダーデイル公）の頭文字を取って「カバル」と呼ばれる。大久保桂子「王政復古と名誉革命」今井宏編『世界歴史大系イギリス史 2 近世』山川出版社，1990 年，244，274 ページ。
（15）　Jesseph, *Squaring the Circle*, p. 335.
（16）　Tuck, *Hobbes*, p. 35. 邦訳，72–73 ページ。
（17）　C, pp. 692–693.
（18）　Tuck, *Hobbes*, p. 34. 邦訳，70 ページ。*Leviathan*, ed. Curley, p. liii.
（19）　Martinich, *Biography*, p. 325.
（20）　VA, p. xli.
（21）　Martinich, *Biography*, p. 325.
（22）　C, pp. 556, 557.
（23）　C, pp. 573–575.
（24）　C, pp. 617, 619.
（25）　『対話』については最後の部分が未完成であるので出版できないとホッブズはオーブリーに伝えている。C, p. 772. だが 1681 年に出版された。C, p. 773. なお，『対話』の邦訳は，田中浩・重森臣広・新井明訳『哲学者と法学徒との対話——イングランドのコモン・ローをめぐる』岩波文庫，2002 年。また，1688 年に出版された『教会史』も，この時期に書かれた異端問題に関る著作と考えられる。Tuck,

Hobbes, p. 34. 邦訳，71 ページ。このほかに，1968 年にミンツによって新しいホッブズの手稿として発表された，異端の法に関する短い覚書がある。Samuel Mintz, “Hobbes on the Law of Heresy : A New Manuscript,” *Journal of the History of Ideas*, vol. XXIX, no. 3, July-September 1968. ただし，この手稿の執筆時期については意見が分かれており，ミンツは当初 1673 年としたが，R・ウィルマンは 1661 から 1664 年のあいだ頃と推定している。Mintz, “Hobbes on the Law of Heresy,” p. 409. R. Willman, “Hobbes on the Law of Heresy,” *Journal of the History of Ideas*, vol. XXXI, no. 4, October-December 1970, pp. 608, 613. 後にミンツもこのウィルマンによる修正を受け入れている。Samuel Mintz, “Hobbes's Knowledge of the Law : A Reply,” *Journal of the History of Ideas*, vol. XXXI, no. 4, October-December 1970, p. 614.

(26) Tuck, *Hobbes*, p. 34. 邦訳，70 ページ。Martinich, *Biography*, p. 320. これに対し，重森臣広は，異端問題の著述は単に自己弁護という消極的なものではなく，「通俗的な異端概念を根底から覆し，異端信仰者に対する加罰の不当性や，これを根拠づけている実定法への批判にまで及ぶ積極的なものであった」と述べ，筆者と同様の見解を示している。重森臣広「ホッブズ晩年の孤高の闘い――異端と迫害をめぐって」『法学新報』第 96 巻第 9・10 号，1990 年，76 ページ。

(27) C, pp. 699, 771.

(28) 岸田「名誉革命体制の展開」71 ページ。

(29) LL, p. 350, OL, III, p. 546. 訳 IV 291 ページ。

(30) LL, p. 358, OL, III, p. 556. 訳 IV 306 ページ。

(31) LL, p. 357, OL, III, p. 557. 訳 IV 305 ページ。

(32) 磯部隆『ギリシア政治思想史』243 ページ。

(33) 磯部『ギリシア政治思想史』245 ページ。

(34) 鈴木『主権・神法・自由』309 ページ。

(35) 鈴木『主権・神法・自由』362-363 ページ。

(36) Tuck, *Hobbes*, p. 35. 邦訳，72 ページ。

(37) Skinner, *Reason and Rhetoric in the Philosophy of Hobbes*, p. 437.

(38) Skinner, *Reason and Rhetoric in the Philosophy of Hobbes*, p. 431.

2 知識人としての使命

(1) *Leviathan*, ed. Curley, p. liii.

(2) C, p. 726.

(3) Martinich, *Biography*, p. 336.

(4) C, p. 918.

(5) VA, pp. xliii-liv. C, pp. 744-745, 746-748.

(6) John Aubrey, *Brief Lives*, ed. John Buchanan-Brown, London : Penguin Books, 2000, pp. 413-414.

(7) Hugh Macdonald and Mary Hargreaves, *Thomas Hobbes : A Bibliography*, London :

The Bibliographical Society, 1952, pp. 58–60. EW, X, pp. i–ii. Martinich, *Biography*, p. 339.

(8) *Aubrey's Brief Lives*, p. 154. 邦訳，116ページ。

(9) EW, X, p. x.

(10) EW, X, p. x.

(11) Skinner, *Reason and Rhetoric in the Philosophy of Hobbes*, pp. 429–431.

(12) VC, p. lxxxix. 邦訳，17ページ。

(13) L, chap. 46, p. 380 (546, 473–474). 訳IV 134–135ページ。

(14) Martinich, *Biography*, p. 336.

(15) EW, VII, pp. 85–87. Martinich, *Biography*, p. 348.

(16) Tuck, *Hobbes*, p. 38. 邦訳，78ページ。この覚書は，スキナーによって，チャッツワースにあるデヴォンシャー公爵の「ホッブズ手稿」コレクションのなかから1665年に発表されたものである。Quentin Skinner, "Hobbes on Sovereignty: An Unknown Discussion," *Political Studies*, vol. XIII, no. 2, June 1965, p. 213.

(17) 岸田「名誉革命体制の展開」72ページ。

(18) 大久保「王政復古と名誉革命」246–247ページ。

(19) Martinich, *Biography*, p. 347.

(20) Skinner, "Hobbes on Sovereignty," p. 218.

(21) L, chap. 43, pp. 330–331 (477–478, 413–414). 訳III 360–361ページ。

(22) Tuck, *Hobbes*, p. 38. 邦訳，78ページ。

(23) L, chap. 43, p. 331 (478, 414). 訳III 360ページ。

(24) *Aubrey's Brief Lives*, pp. 158–159. 邦訳ではこの部分の訳文がない。

(25) Allan Pritchard, "The Last Days of Hobbes," *Bodleian Library Record*, vol. 10, no. 3, June 1980, pp. 182–184.

(26) Martinich, *Biography*, p. 356.

(27) Prichard, "The Last Days of Hobbes," p. 184.

(28) L, chap. 26, p. 149 (227, 198). 訳II 191ページ。

第I部　おわりに

(1) 八代崇『イギリス宗教改革史研究』創文社，1979年，223–224ページ。

(2) L, Introduction, p. 1 (9, 9). 訳I 37ページ。

(3) Strauss, *The Political Philosophy of Hobbes*, p. 29 & passim. 邦訳，36ページおよび諸所に。

第II部第1章　ホッブズの人間学と政治学

1　ホッブズの意志論

(1) L, Introduction, p. 2 (10, 10). 訳I 38ページ。

(2) Samuel I. Mintz, *The Hunting of Leviathan : Seventeenth-Century Reactions to the Materialism and Moral Philosophy of Thomas Hobbes*, reprint of the 1962 edition (Cambridge : Cambridge University Press) Bristol : Thoemmes Press, 1996, pp. 45, 83.

(3) フランツ・ボルケナウ『封建的世界像から市民的世界像へ』水田洋他訳，みすず書房，1965 年，529，567 ページ。ボルケナウは，ホッブズをブルジョワ階級の代表者としてブルジョワ的主権理論を主張した最初の人物と評している。ボルケナウ『封建的世界像から市民的世界像へ』533 ページ。ハンナ・アーレントも「彼〔ホッブズ〕は人間一般ではなく，ブルジョワ的人間についてのほぼ完全な像を描いている」と論じている。Hannah Arendt, "Expansion and the Philosophy of Power," *Sewanee Review*, vol. LIV, November 1946, p. 609. C・B・マクファーソンは，17 世紀イギリスを「所有的市場社会」であったと捉えて，ホッブズはこれを社会モデルとし，人々のブルジョワ的性質を人間本性として据えて政治理論を構築したと解釈する。C. B. Macpherson, *The Political Theory of Possesive Individualism : Hobbes to Locke*, Oxford : Clarendon Press, 1962, pp. 61, 67-68, 105. 藤野渉他訳『所有的個人主義の政治理論』合同出版，1980 年，72，77-78，113-114 ページ。

(4) Leo Strauss, *The Political Philosophy of Hobbes : Its Basis and Its Genesis*, translated from the German Manuscript by Elsa M. Sinclair, (first published, Oxford : Clarendon Press, 1936) Chicago ; London : University of Chicago Press, 1952, pp. 29, 44. 添谷育志・谷喬夫・飯島昇藏訳『ホッブズの政治学』みすず書房，1990 年，36，64 ページ。ゲーリー・シャピロもホッブズを人文主義者と解釈すべきと主張している。Gary Shapiro, "Reading and Writing in the Text of Hobbes's *Leviathan,*" *Journal of the History of Philosophy*, vol. 18, no. 2, April 1980, p. 156.

(5) W. B. Glover, "Human Nature and the State in Hobbes," *Journal of the History of Philosophy*, vol. 4, no. 4, October 1966, pp. 293-295.

(6) Shirley Robin Letwin, "Hobbes and Christianity," *Daedalus*, vol. 105, no. 1, Winter 1976, p. 8. 高野清弘やA・P・マーティニッチの解釈もこのなかに含まれよう。高野清弘『トマス・ホッブズの政治思想』御茶の水書房，1990 年，248-249，256 ページ。高野清弘「予定説と自然状態——トマス・ホッブズとキリスト教的人間」『比較法史研究』第 7 巻，1998 年，103-106 ページ。A. P. Martinich, *The Two Gods of Leviathan : Thomas Hobbes on Religion and Politics*, Cambridge : Cambridge University Press, 1992, p. 3.

(7) Mintz, *The Hunting of Leviathan*, p. 112. J. W. N. Watkins, *Hobbes's System of Ideas*, London : Hutchinson University Library, (first edition, 1965) second edition, 1973, p. 14. 田中浩・高野清弘訳『ホッブズ——その思想体系』未来社，1988 年，51 ページ。Patrick Riley, "Will and Legitimacy in the Philosophy of Hobbes : Is He a Consent Theorist ?," *Political Studies*, vol. XXI, no. 4, December 1973, p. 513（この論文は Patrick Riley, *Will and Political Legitimacy : A Critical Exposition of Social Contract Theory in Hobbes, Locke, Rousseau, Kant, and Hegel*, Cambridge

Mass.; London: Harvard University Press, 1982 に再録されている。該当箇所は p. 42). Jürgen Overhoff, *Hobbes's Theory of the Will: Ideological Reasons and Historical Circumstances*, Lanham, MD: Rowman & Littlefield, 2000, p. 103. 藤原保信『近代政治哲学の形成——ホッブズの政治哲学』早稲田大学出版部，1974 年，104 ページ。佐藤正志『政治思想のパラダイム——政治概念の持続と変容』新評論，1996 年，226 ページ。佐藤によれば，ホッブズの「機械論的自然像の成立は，また同時にアリストテレス——トマス的な目的論的倫理学から，機械論的唯物論に基づく倫理学への転換を意味する」と言う。佐藤正志「ホッブズ機械論的自然像の形成過程——『トマス・ホワイトの〈宇宙論〉への批判』を通して」『イギリス哲学研究』創刊号，1978 年，12 ページ。佐々木力「リヴァイアサン，あるいは機械論的自然像の政治哲学（下）」『思想』第 788 号，岩波書店，1990 年，45 ページ。

（8） Overhoff, *Hobbes's Theory of the Will*, pp. 53–54.

（9） 上野修は，ホッブズの意志論を信約との関係において分析し，ホッブズにおいて自己の意志は，他者が約束を先に履行するということから遡及的に自分のもっていなければならないはずの意志となり，責務を発生する，と捉えている。上野修「意志・徴そして事後——ホッブズの意志論」『カルテシアーナ』第 11 号，1991 年，20–22 ページ。上野の解釈は，意志を他者との連関で見ようとする点で非常に興味深い。しかし，ホッブズの意志論における必然性の問題や自由意志論争との関係については論じられていない。近年では，川添未央子がホッブズの自由意志論争に注目する研究を発表している。だが，この論文の課題は，テクスト分析を通じて，自由意志論争におけるホッブズの理論上の矛盾を解明することであり，川添の取り組みのスタイルは，ルターやカルヴァンなどの宗教思想や同時代に影響力をもっていた神学的立場との対比という視点でもって，ホッブズの意志論を理解しようというものではない。川添未央子「自由意志論争におけるホッブズの二つの視座——ホッブズ政治神学研究への序」『法学政治学論究』第 40 号，1999 年，144 ページ。川添未央子「政治思想における自由意志の問題——ホッブズとブラモールの比較考察」『法学政治学論究』第 45 号，2000 年，38 ページ。

（10） Overhoff, *Hobbes's Theory of the Will*, p. 136.

（11） Overhoff, *Hobbes's Theory of the Will*, p. 155.

（12） Overhoff, *Hobbes's Theory of the Will*, p. 160.

（13） Overhoff, *Hobbes's Theory of the Will*, pp. 132, 211. レオポルド・ダムロッシュの解釈もこれに近い。ダムロッシュによれば，ホッブズが機械論的心理学と，ルターやカルヴァンといった正統派の教義と一致する厳格な決定論に基づく意志論を提示したのは，内乱の恐れを前に，その元凶たる自由意志論を支持するアングリカンの聖職者や楽観的な決定論を信奉するピューリタンに対し，心理学的だけでなく，神学的にも説得力をもって対抗するためであったと言う。Leopold Damrosh, Jr., "Hobbes as Reformation Theologian: Implications of the Free-Will Controversy," *Journal of the History of Ideas*, vol. XL, no. 3, July-September 1979, pp. 349–350.

（14） Overhoff, *Hobbes's Theory of the Will*, pp. 103, 192, 230.

(15) Overhoff, *Hobbes's Theory of the Will*, p. 111.

(16) Overhoff, *Hobbes's Theory of the Will*, pp. 79–80, 82–83. ホッブズの人間像に自律的な理性的人間を見出そうとする有馬忠広は，オーバーホッフのこの「私的判断」の否定はホッブズにおける内面的自由を否定するものだとして批判している。有馬忠広『ホッブズ「リヴァイアサン」の人間像——理性的人間のイメージ』近代文芸社，2002 年，137 ページ。

(17) Overhoff, *Hobbes's Theory of the Will*, p. 159.

(18) L, Introduction, p. 1 (9, 9). 訳 I 37 ページ。

(19) L, chap. 46, p. 367 (528, 458). 訳 IV 105 ページ。

(20) L, chap. 1, p. 3 (13, 13). 訳 I 43 ページ。

(21) L, chap. 1, p. 3 (13, 13). 訳 I 44 ページ。

(22) L, chap. 1, p. 3 (13–14, 14). 訳 I 44 ページ。

(23) L, chap. 1, p. 4 (14, 14). 訳 I 45 ページ。

(24) L, chap. 2, pp. 4–5 (15, 15). 訳 I 47–48 ページ。

(25) L, chap. 2, pp. 6–7 (18, 18). 訳 I 53 ページ。

(26) ホッブズの想像力論をアリストテレスと比較分析する梅林誠爾は，アリストテレスとの相違点をあげ，ホッブズの理論がアリストテレスの学説（および中世のスコラ学）を超えた，新しい近代的な想像力論の先駆けとなっていると論じている。梅林誠爾「ホッブズ想像力論——言葉と想像」『熊本女子大学学術紀要』第 43 巻第 1 号，1991 年，2 ページ。

(27) L, chap. 3, p. 11 (25, 23–24). 訳 I 65 ページ。

(28) L, chap. 6, p. 23 (42, 38). 訳 I 97 ページ。

(29) L, chap. 6, p. 24 (44, 39). 訳 I 100 ページ。

(30) L, chap. 6, p. 25 (46, 41). 訳 I 103 ページ。

(31) L, chap. 6, p. 28 (49, 44). 訳 I 109–110 ページ。

(32) L, chap. 6, p. 28 (50, 44). 訳 I 111 ページ。

(33) L, chap. 6, pp. 28–29 (50, 44–45). 訳 I 111–112 ページ。

(34) L, chap. 5, p. 21 (39, 35). 訳 I 91 ページ。

(35) L, chap. 6, p. 28 (50, 45). 訳 I 111 ページ。

(36) L, chap. 2, p. 4 (15, 15). 訳 I 47 ページ。

(37) ホッブズは『「世界論」批判』のなかで，あらゆる事物の運動の第一起動者が神であることを主張している。"quicquid movet, moveri (excepto Deo, 1o motore)."「運動するものはなんであれ，（第一起動者の神を除いて）運動させられているのである」。DM, XXXVII : 3, p. 404 (447). Overhoff, *Hobbes's Theory of the Will*, p. 23. また，『法の原理』のなかでは，神を「あらゆる原因の第一原因」と位置づけている。EL, p. 41.

(38) L, chap. 21, p. 108 (168, 147). 訳 II 88 ページ。

(39) LNC, p. 35. 同様の定義は『第一原理についての小稿』においても見られる。「それ以外でありえないものは必然的である」。EL, p. 152.

(40) De Corpore, pp. 115–116 (130).
(41) LNC, pp. 18–19.
(42) LN, pp. 273–274.
(43) L, chap. 21, p. 108 (168, 146). 訳 II 88 ページ。
(44) L, chap. 21, p. 108 (168, 147). 訳 II 88 ページ。
(45) LNC, p. 35.
(46) ジャン＝ジャック・ルソー「エミール（下)」樋口謹一訳，『ルソー全集』第7巻，白水社，1982年，62ページ。
(47) ルソー「エミール（下)」50ページ。
(48) ルソー「エミール（下)」57ページ。
(49) L, chap. 7, p. 31 (53–54, 48). 訳 I 119 ページ。
(50) L, chap. 7, p. 30 (52, 47). 訳 I 117 ページ。
(51) L, chap. 7, pp. 30–31 (53, 47–48). 訳 I 118–119 ページ。
(52) L, chap. 29, p. 168 (255, 223). 訳 II 242 ページ。
(53) L, chap. 29, p. 169 (255, 223). 訳 II 243 ページ。
(54) L, chap. 5, p. 18 (35, 32). 訳 I 85 ページ。
(55) L, chap. 5, p. 18 (35–36, 32). 訳 I 85–86 ページ。
(56) L, chap. 5, p. 19 (36, 33). 訳 I 86 ページ。
(57) LNC, p. 194.
(58) L, chap. 26, p. 140 (214, 187). 訳 II 170 ページ。

2 必然的な意志と国家

(1) カルヴィニズムの予定説に反対して人間の「自由意志」を強調した，オランダのJ・アルミニウスに由来するプロテスタントの教派。岸田紀「絶対王政からピューリタン革命へ」村岡健次・川北稔編『イギリス近代史』ミネルヴァ書房，1986年，28ページ。
(2) 岸田「絶対王政からピューリタン革命へ」28ページ。
(3) 岸田「絶対王政からピューリタン革命へ」35ページ。
(4) ホッブズ研究において，1630年の幾何学との出会いを契機として，ホッブズの関心はそれまでの人文主義的研究から自然科学的研究へと移ったと言われている。Strauss, *The Political Philosophy of Hobbes*, p. 29. 邦訳，36ページ。また，ホッブズ自身も自伝のなかで，1634年からデヴォンシャー伯爵と行った大陸旅行中，「パリに滞在している間，自然科学の原理を探究しはじめた」と述べている。V, p. xiv. 邦訳，39ページ。したがって1630年以降，ホッブズは確かに自然科学的研究を集中して行っていたと思われる。
(5) Overhoff, *Hobbes's Theory of the Will*, p. 29. カール・シューマンは『第一原理についての小稿』の執筆時期を，1631年から1634年の間としている。Karl Schuhmann, *Selected papers on Renaissance philosophy and on Thomas Hobbes*, ed. Piet Steenbakkers and Cees Leijenhorst, Dordrecht : Kluwer Academic Publishers, 2004,

p. 249.

（6） Overhoff, *Hobbes's Theory of the Will*, p. 13.

（7） Overhoff, *Hobbes's Theory of the Will*, p. 132.

（8） Overhoff, *Hobbes's Theory of the Will*, p. 160.

（9） DC, p. 293. 伊藤宏之・渡部秀和訳「トマス・ホッブズ著『真の市民に関する哲学的原理（市民論）』(9・完)」『福島大学教育学部論集　社会科学部門』第 71 号，2002 年，19 ページ。

（10） LNC, p. 215.

（11） LNC, pp. 18–19.

（12） LNC, pp. 298–299. ホッブズは尊敬する神学者として，「マルティン・ルター，フィリップ・メランヒトン，ジャン・カルヴァン，ウィリアム・パーキンズ」を挙げている。LNC, p. 266.

（13） LNC, p. 115.

（14） LNC, p. 116.

（15） LNC, p. 192.

（16） L, chap. 13, p. 61（100, 87）. 訳 I 208 ページ。

（17） L, chap. 13, p. 62（101, 88）. 訳 I 210 ページ。

（18） L, chap. 13, p. 62 (102, 89). 訳 I 212 ページ。妹尾剛光は，社会契約が有効であるためには自然状態において自然法が機能していなければならないとし，それゆえ自然状態においても自然法は良心に働きかけているのだから，自然状態において罪や不正はないというのはおかしく，ホッブズの矛盾であると主張している。妹尾剛光「ホッブズにおける人間と社会——自然法，誓約，市民社会」『関西大学社会学部紀要』第 14 巻第 2 号，1983 年，4–5 ページ。しかし，先に見たとおり，ホッブズにおける良心とは，自由意志論的立場のそれとは異なり，単なる私的な意見にすぎない。したがって，自然法が良心に働きかけるからといって，論理上直ちに各人に共通の罪や不正の概念が発生するとは言えないのである。

（19） L, chap. 27, p. 151（230, 201）. 訳 II 200 ページ。

（20） L, chap. 13, p. 63（103, 90）. 訳 I 213 ページ。

（21） L, chap. 13, p. 63（103, 90）. 訳 I 213–214 ページ。W・H・グリーンリーフによれば，『リヴァイアサン』で示される自然状態は，『ヨブ記』におけるヨブの孤独の状態から示唆を受けていると言う。W. H. Greenleaf, “A Note on Hobbes and the Book of Job,” *Annales de la Catedra “Francisco Suarez,”* 14, 1974, p. 28.

（22） A・P・ダントレーヴ『自然法』久保正幡訳，岩波書店，1952 年，115 ページ。

（23） H・ヴァン・デン・エンデンは，ホッブズが神義論問題に取り組んだのは，たまたまブラムホールがこれをホッブズを瀆神的ないし無神論的と批判するための論点として中心に据えたからで，自己の決定論的教説がブラムホールのスコラ学的自由意志論と同じく，宗教的に危険な考え方ではないことを読者に示す必要から考察することを強いられたと解している。H. Van den Enden, “Thomas Hobbes and the Debate on Free Will: His Present-day Significance for Ethical Theory,” *Philoso-*

phica, 24, 1979, p. 202. しかしながら，自由意志論争は，救済にいたる人間の主体的な努力の可能性を認めるか否かで，必然的に神の正義の問題に行きつき，論争当時，両者が情勢を鑑みて論争内容を公表しなかったことからも察せられるように，神義論問題はきわめて深刻で危険な論題であった。それゆえこの論争内容を公刊するとなったからには，ホッブズはただブラムホールの教説と同様に危険ではないことを示すだけでは済まされず，その異色で新奇な所説の意義と透徹した論理を明示しなければならなかったろう。したがって，神学的にも哲学的にも非常に深いレベルで熟考を迫られたと考えられ，それが彼の人間論，政治論，宗教論に対しても大きな影響を与えることになったと推測される。グリーンリーフは次のように述べている。「プロテスタントの文脈においては，人間自身とその世界をいかに理解すべきかについて，その教えを聖書のなかに見出すことは，自らの信仰を示すしるしの一つであり，ホッブズは確実にそうであった」。したがって，ホッブズが政治理論に関する「示唆を聖書から得たということはほとんど驚くに値しない」。Greenleaf, “A Note on Hobbes and the Book of Job,” p. 31. ホッブズは，自由意志論争や『ヨブ記』の神義論問題への深い考察のなかで，神と「人間自身とその世界」について，宗教意識と哲学的見地における論理的な一貫性を追究していったように思われる。

(24) L, chap. 26, p. 138 (211, 185). 訳 II 166 ページ。ホッブズは 「ブラムホール主教の著作『リヴァイアサンの捕獲』に対する回答」においても同様に述べている。「自然状態における自然法（公布の必要がない）は，適切に言えば法ではなく，人間を平和と服従とに向かわせる性質である。国家共同体がいったん建てられたならば，それらは実際に法となるが，それ以前にではない」。AB, p. 372.

(25) L, chap. 13, p. 61 (100, 88). 訳 I 209 ページ。

(26) L, chap. 13, p. 61 (100, 87). 訳 I 209 ページ。

(27) L, chap. 13, p. 63 (103, 90). 訳 I 214 ページ。

(28) L, chap. 14, p. 64 (105, 91-92). 訳 I 217 ページ。

(29) L, chap. 15, p. 80 (127, 111). 訳 I 256 ページ。

(30) L, chap. 6, p. 29 (51, 46). 訳 I 113 ページ。

(31) LNC, p. 180. A・G・ワーナムは，ホッブズのこの一節に依拠して，義務の根拠を自らの意志とする解釈を提示する。彼によれば，自己の安全への恐怖から，人は「自然法を採用しようと意志することによって，〔自然法が禁じている〕行為をなす権利を放棄した」のであり，この権利放棄によって，こうした行為をしない義務を負う。A. G. Wernham, “Liberty and Obligation in Hobbes,” in *Hobbes Studies*, ed. K. C. Brown, Oxford : Basil Blackwell, 1965, pp. 135-136. このようなワーナムの解釈は，義務と恐怖および意志とのつながりを捉えている点で注目に値する。しかし，この意志が神を究極の起点とする必然性に関るものであることは論じられない。

(32) Tuck, *Hobbes*, pp. 97-98. 邦訳，183-184 ページ。デュウイは，ホッブズとベンサムとの類似性を主張する。John Dewey, “The Motivation of Hobbes’s Political Philosophy,” in *John Dewey : The Middle Works, 1899-1924*, vol. 11 : 1918-1919, ed. Jo Ann Boydston, (originally published in *Studies in the History of Ideas*, 1,

1918) Carbondale : Southern Illinois University Press, 1983–1988, p. 40.

(33) 「自然法は実際，人間が自己の利益において行為しうる最も良い，最も合理的な方法である」。Thomas Nagel, "Hobbes's Concept of Obligation," *Philosophical Review*, vol. 68, no. 1, January 1959, p. 83. Watkins, *Hobbes's System of Ideas*, p. 57. 邦訳，142 ページ。David P. Gauthier, "Why Ought One Obey God ? Reflections on Hobbes and Locke," *Canadian Journal of Philosophy,* vol. VII, no. 3, September 1977, p. 435. 吉田達志は次のように言う。「利己的人間こそが社会の価値を発見するのであり，従って利己的人間とは社会契約を結ぶのに適合的な種類の人間なのである」。吉田達志「ホッブズにおける義務と自由の問題」『名古屋工業大学学報』第 35 巻，1983 年，71 ページ。また，中村が紹介しているように，レーモン・ポランは，理性とは論理的・合理的必然性を示すものであり，義務の根拠は理性の計算にあるという解釈を提起している。中村「トマス・ホッブズの自然法論における自律的人間観の確立」73–74 ページ。Raymond Polin, "L'Obligation Morale et Politique chez Thomas Hobbes," in *Hobbes-Forschungen*, hrsg. von Reinhart Koselleck und Roman Schnur, Berlin : Duncker & Humblot, 1969, pp. 133–139.

(34) L, chap. 15, p. 80 (127–128, 111). 訳 I 256–257 ページ。

(35) L, chap. 14, p. 65 (106, 93). 訳 I 219 ページ。

(36) L, chap. 14, p. 64 (104, 91). 訳 I 216 ページ。

(37) L, chap. 14, p. 64 (105, 91). 訳 I 217 ページ。

(38) L, chap. 14, p. 64 (105, 91–92). 訳 I 217–218 ページ。

(39) L, chap. 13, p. 61 (100–101, 88). 訳 I 209 ページ。

(40) L, Introduction, p. 1 (9, 9). 訳 I 37 ページ。

(41) LN, p. 272.

(42) EL, p. 48.

(43) L, chap. 21, p. 108 (167, 146). 訳 II 87–88 ページ。

(44) L, chap. 14, p. 69 (112, 97). 訳 I 229 ページ。

(45) L, chap. 15, p. 71 (114, 100). 訳 I 236 ページ。

(46) D. D. Raphael, *Hobbes : Moral and Politics*, London : George Allen & Unwin, 1977, p. 55.

(47) L, chap. 26, p. 149 (227, 198). 訳 II 191 ページ。「服従と信仰は別のものである。……服従とは，命令されたとおりになしたりなさないでおくことであって，これは意志に従うものである。しかし，信仰とは，意志に従うのではなく，全能なる神が支配する我々の心のなかの摂理と導きに従うものである」。AB, p. 339.

(48) L, chap. 14, p. 64 (104, 91). 訳 I 216 ページ。

(49) ジャン＝ジャック・ルソー『社会契約論』桑原武夫・前川貞次郎訳，岩波書店，1954 年，36–37 ページ，61 ページ。

(50) L, chap. 29, p. 169 (255, 223). 訳 II 243 ページ。

(51) LNC, p. 287.

(52) L, chap. 28, p. 165 (249–250, 218). 訳 II 233 ページ。

(53) カール・シュミットは，この外面的国家という特徴を積極的に取り上げて，ホッブズが政治体系のなかに「内的・私的な思想と信仰の自由の留保」をとりこんでいると解釈する。そして，この「内的・私的な思想と信仰の自由の留保」に近代的良心の自由の萌芽を見出すのである。Carl Schmitt, *Der Leviathan in der Staatslehre des Thomas Hobbes : Sinn und Fehlschlag eines politischen Symbols*, Hamburg : Hanseatische Verlagsanstalt, 1938, S. 85-87. 長尾龍一訳『リヴァイアサン——近代国家の生成と挫折』福村出版，1972 年，89-92 ページ。渋谷浩は，このようなシュミットの主張は『リヴァイアサン』解釈としては問題があり，シュミット自身の問題意識から来る価値認識を含んでいると言う。渋谷浩「近代化と良心の自由——ホッブズとクロムウェル」『明治学院論叢法学研究』第 275 号（22），1979 年，67, 77 ページ。これに対し，シュミットと同様，外面的国家の論理に注目して，さらにホッブズの理論に宗教的寛容論をみる解釈もある。たとえば，井上公正は各宗派の国家内への包括という点に着目し，限定を付しつつもホッブズの主張のなかに宗教的寛容へつながる要因があると論じる。井上公正「ホッブズの『リヴァイアサン』における国家と宗教との関係の問題について——寛容論研究の側面から」『奈良女子大学文学部研究年報』第 24 号，1980 年，40-41 ページ。そのほかホッブズが宗教に対して寛容思想を抱いていたとより積極的に解釈する論者は，タック，アラン・ライアン，および福田有広である。Richard Tuck, "Hobbes and Locke on Toleration," in *Thomas Hobbes and Political Theory*, ed. Mary G. Dietz, Lawrence, Kansas : University Press of Kansas, 1990, p. 165. Alan Ryan, "A More Tolerant Hobbes ?," in *Justifying Toleration : Conceptual and Historical Perspectives*, ed. Susan Mendus, Cambridge ; New York : Cambridge University Press, 1988, p. 57. Arihiro Fukuda, *Sovereignty and the Sword : Harrington, Hobbes, and Mixed Government in the English Civil Wars*, Oxford : Clarendon Press, 1997, p. 153. 他方で，林喜代美は，外面的国家の論理は「現世的権力と教会権力を独占する主権者の専制政治を全面的に正当化」するものであって，「宗教的寛容や信仰の自由への道をきりひらくようなものではなかった」と主張し，ホッブズを宗教的寛容論者とする解釈を斥ける。林喜代美「ホッブズの寛容論」『徳島大学社会科学研究』第 13 号，2000 年，67-68, 93 ページ。筆者は，ホッブズを宗教的寛容論者とはみなさないという点に限定するならば，林と同じ立場にある。その理由は次のとおりである。ホッブズにおける「信仰や内面の思考」に対する国家の非介入という原則は，神による必然の支配する領域には人間の製作物たる国家の力は及びえないということを示しているにすぎない。すなわち，その結果として，各人が心のなかでどのような私的な意見をもとうと，国家は強制することができず，これを前提に，私的意見の表明は，合法的であるかぎりにおいて許されるというものである。このようなホッブズ独特の限定的な意味でのみ，思想の「自由」があると言いうるのである。この「自由」は言うまでもなく，外的障害物すなわち規制の欠如を意味する。ホッブズの外面的国家とは，あらゆる党派的対立の克服という政治的課題の論理的帰結であり，次章で論じるように，その主要な力点は，平和と秩序のために，主権者は礼拝

様式や本質的信仰箇条以外の教義の一切を一元的に統制することができるというところにある。したがって，この点を考慮するならば，ホッブズの国家の内面への非介入という理論を積極的に解釈して，宗教的寛容論とまでみなすことは適切とは言い難いように思われる。しかし，当時の包容・寛容政策に対するホッブズの理論の意義という問題については，コンテクストをより詳細に検討したうえで考察する必要がある。これについては後日に期したい。

(54) L, chap. 16, p. 82 (130–131, 114). 訳 I 264–265 ページ。

第II部第2章　社会契約論とキリスト教の政治学

1　ホッブズとフッカー

フッカーのテクストについて

フッカーの *Of the Laws of Ecclessiastical Polity*『教会政治理法論』については，*The Folger Library Edition of The Works of Richard Hooker*, W. Speed Hill, general editor, Cambridge : Belknap Press of Harvard University Press, 1977–1993 を使用。引用箇所は（Hooker, I, i, pp. 98–99.）という略記によって示した。この例は，フッカー全集第1巻，『教会政治理法論』第1巻，98–99 ページを意味する。なお，原典におけるイタリックは固有名詞を除いて傍点をふり，引用文は『 』で示した。また『教会政治理法論』の序文は翻訳されており，*Of the Laws of Ecclessiastical Polity* という題名の訳語はこれに倣った。村井みどり訳「教会政治理法論・序文（1593 年）」『宗教改革著作集 12 イングランド宗教改革 II』教文館，1986 年。

(1) Overhoff, *Hobbes's Theory of the Will*, p. 102.

(2) F. J. Shirley, *Richard Hooker and Contemporary Political Ideas*, (reprint of the edition of 1949 published by S. P. C. K., London) Westport, Conn. : Hyperion Press, 1979, p. 96.

(3) Hooker, I, pp. xviii, xvii, xxiii.

(4) Robert K. Faulkner, *Richard Hooker and the Politics of a Christian England*, Barkeley, University of California Press, 1981, p. 110. Christopher Morris, *Political thought in England . Tyndale to Hooker*, London : Geoffrey Cumberlege, Oxford University Press, 1953, pp. 197–198. クリストファー・モリス『宗教改革時代のイギリス政治思想』平井正樹訳，刀水書房，1981 年，216 ページ。福田歓一『近代政治原理成立史序説』108–109 ページ。

(5) *The Works of that Learned and Judicious Divine, Mr. Richard Hooker*, arranged by John Keble, third edition, Oxford : Clarendon Press, 1845, vol. I, pp. xxiv–xxv. Chatsworth Hobbes mss. EIA : Catalogue of Hardwick library, made by 1628, in Thomas Hobbes's hand, p. 21. 蔵書目録の "Libri Theologici" の H の項目に記載されている。キャヴェンディッシュ家のハードウィックの図書室には，1628 年までに，フッカーの『教会政治理法論』(*Of the Lawes of Ecclesiastical Politie,* Eight

Books, London : William Stansbye, 1622, fol. なお，この 1622 年版には，表題と目次には 8 巻と記載されているが，本の中には 5 巻までしか収められていない）が所蔵されていたということが，ホッブズ自身がライブラリアンとして手書きで記録している蔵書目録から明らかとなっている。したがって，ホッブズがフッカーの『教会政治理法論』を読んでいたことは，まず間違いない。

（6） Paul J. Johnson, "Hobbes's Anglican Doctrine of Salvation," in *Thomas Hobbes in His Time*, ed. Ralph Ross, Herbert W. Schneider, Theodore Waldman, Minneapolis : University of Minnesota Press, 1974, pp. 112–115.

（7） ホッブズがフッカーの思想を受け継いでいることに関する本節の議論は，磯部隆「近代政治思想史の形成と宗教意識——神義論と「自由意志」論争をめぐって (1)～(4)」(『名古屋大学法政論集』第 106 号，1985 年，第 108・112・113 号，1986 年）から多くの示唆を受けている。この論文は，政治思想の形成について自由意志論争を軸に類型化し，自由意志を肯定する思想類型としてエラスムスとルソーを，そしそれを否定する思想類型としてルターとホッブズをとりあげ，自由意志論争が彼らの政治思想の特質形成にいかに影響したのかを分析している。このなかで著者は，ホッブズの社会契約論がフッカーの「同意」理論を継承していると主張している。本書はこの視点を基本的な立脚点とするものであるが，著者の議論は，西洋近代政治思想史を大きく二つの思想類型に分けて捉えるというきわめて大きな尺度の分析視角から，その一つとしてホッブズを分析しているため，紙幅の制限上，先行者フッカーとの継承関係の説明に多くを割いていない。そこで本節では，もっぱらホッブズ研究の立場からこの論点について丹念に考察し，フッカーとホッブズの思想類型上における継承関係の中身を明らかにするとともに，そうした視点がホッブズ解釈においてきわめて有効であることを示したいと思う。

（8） 高野によれば，フッカーを独立して論じた邦語研究書は，西原廉太『リチャード・フッカー——その神学と現代的意味』(聖公会出版，1995 年）のみであり，日本におけるフッカー研究の不十分さについて指摘している。高野清弘「リチャード・フッカーの思想的出立」『甲南法学』第 37 巻第 4 号，1997 年，34–35 ページ。また，福田歓一は『政治学史』のなかで，絶対主義の時代の自然法理論家の一人でトマス・アクィナスの継承者としてフッカーを紹介している。福田歓一『政治学史』東京大学出版会，1985 年，288–292 ページ。

（9） Stephen State, "Hobbes and Hooker; Politics and Religion : A Note on the Structuring of Leviathan," *Canadian Journal of Political Science*, vol. XX, no. 1, March 1987, p. 80.

(10) State, "Hobbes and Hooker," pp. 82–83, 86, 89–90, 93–94.

(11) State, "Hobbes and Hooker," p. 96.

(12) Martinich, *The Two Gods of Leviathan*, pp. 33, 281. なお，マーティニッチはホッブズの宗教的見解を，教義のうえでは正統派（orthodox），教会統治に関しては主教制（the episcopal system），神学としてはカルヴィニストと規定している。Martinich, *The Two Gods of Leviathan*, pp. 333–334. つまり国教会のなかのカルヴィニ

スト的立場に位置するとみなす。この主張をめぐるカーリーとの論争も参照。Edwin Curley, “Notes and Discussions: Calvin and Hobbes, or, Hobbes as an Orthodox Chiristian,” *Journal of the History of Philosophy*, vol. 34, no. 2, April 1996, p. 257. A. P. Martinich, “On the Proper Interpretation of Hobbes's Philosophy,” *Journal of the History of Philosophy*, vol. 34, no. 2, April 1996, p. 278. 浜林正夫はこれと類似の見解を示しつつも，ホッブズは教義としてはカルヴィニストであるが，より広教主義的立場に近いものであり，また教会形態については国教会を支持するアングリカンであるけれども，主教に特別の権威を認める主教制には批判的であると述べる。浜林正夫「ホッブズの宗教思想」『社会思想史研究』4号，1980年，24-25，28-30ページ。以下，本文のなかで論じるように，ホッブズは宗教的立場としては国教徒に属すが，教義のうえでは幅のあるアングリカンのなかで，とくに予定説を受容するカルヴィニストと自由意志を支持するアルミニアンとの対抗においては前者の立場に近いというのが本書の解釈である。したがって，その意味では，アルミニアンに親和的な広教主義はホッブズのとるところではないということになる。とはいえ，結局「ホッブズがはいるグループはどこにもない」と浜林がいみじくも述べているように，ホッブズの見解はどの宗派や宗教的立場とも完全に一致することはなく，その独自性が彼の思想の特質と言えるだろう。

(13) Hooker, I, i, pp. 98-99.

(14) Hooker, II, i, p. 102.

(15) Hooker, III, viii, p. 339.

(16) Hooker, III, viii, p. 387.

(17) Hooker, III, i, p. 99.

(18) L, chap. 17, p. 87 (136-137, 120). 訳 II 32-33 ページ。

(19) Hooker, I, i, p. 99.

(20) 八代崇『イギリス宗教改革史研究』創文社，1979年，95-103ページ。

(21) 八代『イギリス宗教改革史研究』100ページ。鈴木朝生『主権・神法・自由——ホッブズ政治思想と17世紀イングランド』木鐸社，1994年，118-119ページ。

(22) Hooker, III, viii, p. 398.

(23) L, chap. 20, pp. 104-105 (162, 142). 訳 II 71 ページ。

(24) L, chap. 20, p. 106 (164, 143). 訳 II 80 ページ。L, chap. 42, pp. 270-271 (393-394, 342-343). 訳 III 210-211 ページ。

(25) L, chap. 42, p. 311 (451, 391). 訳 III 308 ページ。

(26) F. C. Hood, *The Divine Politics of Thomas Hobbes: An Interpretation of Leviathan*, Oxford: Clarendon Press, 1964, p. 138.

(27) Hooker, I, i, p. 103.

(28) Hooker, III, viii, p. 340.

(29) L, chap. 19, p. 95 (148, 130). 訳 II 54 ページ。

(30) L, chap. 18, p. 88 (138, 122). 訳 II 36-37 ページ。

(31) L, chap. 19, p. 95 (148, 130). 訳 II 54 ページ。

(32) B, p. 152.
(33) Claire Cross, *The Royal Supremacy in the Elizabethan Church*, London : George Allen & Unwin, 1969, p. 129.
(34) Hooker, III, viii, p. 330.
(35) Hooker, I, iii, p. 250.
(36) Hooker, III, vii, p. 255.
(37) Hooker, III, viii, p. 350.
(38) Hooker, III, viii, p. 317.
(39) L, chap. 20, p. 105（163, 143）. 訳 II 78 ページ。
(40) L, chap. 40, p. 250（372, 324）. 訳 III 173 ページ。
(41) L, chap. 40, pp. 251-252（373-374, 325-326）. 訳 III 174-176 ページ。
(42) Hooker, III, viii, pp. 365-366.
(43) Hooker, I, iii, p. 202.
(44) Hooker, I, iii, p. 202.
(45) 八代『イギリス宗教改革史研究』198 ページ。
(46) 八代『イギリス宗教改革史研究』183 ページ。
(47) 八代『イギリス宗教改革史研究』212 ページ。
(48) グリンダルは改革派であった。八代『イギリス宗教改革史研究』216-217 ページ。
(49) Morris, *Political thought in England*, p. 190. モリス『宗教改革時代のイギリス政治思想』210 ページ。
(50) 渋谷浩編訳『自由民への訴え——ピューリタン革命文書選』早稲田大学出版部, 1978 年, 83, 86, 163, 165, 393 ページ。
(51) 渋谷編訳『自由民への訴え』165-169 ページ。
(52) 渋谷編訳『自由民への訴え』82, 99 ページ。
(53) M・トルミー『ピューリタン革命の担い手たち——ロンドンの分離教会 1616-1649』大西晴樹・浜林正夫訳, ヨルダン社, 1983 年, 166 ページ。
(54) 青木道彦「クロムウェルの教会構想」田村秀夫編『クロムウェルとイギリス革命』聖学院大学出版会, 1999 年, 54 ページ。
(55) Wilbur Cortez Abbott, *The Writings and Speeches of Oliver Cromwell*, vol. I, Cambridge : Harvard University Press, 1937, p. 377.
(56) 八代『イギリス宗教改革史研究』261 ページ。
(57) 八代『イギリス宗教改革史研究』273-274 ページ。
(58) Hooker, I, i, p. 131.
(59) Hooker, I, iii, p. 206.
(60) Hooker, III, viii, p. 323.
(61) Hooker, III, viii, p. 318.
(62) Hooker, III, viii, p. 319.
(63) Hooker, III, vii, p. 231.
(64) 「国王至上令」の最終的権威の称号は，ヘンリー八世の「最高の首長」から，エリ

ザベスのときに「最高の統治者」へと変更された。八代『イギリス宗教改革史研究』176ページ。フッカーは，この称号の変更は実質的内容の変化を意味するものではないと論じている。Hooker, III, viii, p. 357.

(65) L, chap. 39, p. 248 (369, 321–322). 訳 III 166–167ページ。

(66) L, chap. 42, p. 299 (435, 377). 訳 III 279ページ。

(67) L, chap. 40, p. 254 (377–378, 329). 訳 III 181ページ。

(68) L, chap. 40, pp. 249–252 (370–375, 322–326). 訳 III 169–176ページ。

(69) Hooker, III, viii, p. 321.

(70) Hooker, I, i, p. 128.

(71) Keble, *The Works*, vol. III, p. 513.

(72) L, chap. 43, p. 324 (469, 407). 訳 III 345ページ。

(73) Johnson, "Hobbes's Anglican Doctrine of Salvation," p. 104.

(74) Johnson, "Hobbes's Anglican Doctrine of Salvation," pp. 106–107, 122.

(75) Johnson, "Hobbes's Anglican Doctrine of Salvation," pp. 112–114.

(76) 鈴木『主権・神法・自由』192–213ページ。

(77) サマヴィルは，ホッブズとテュウ・サークルのメンバーとの共通点として，「イエスはキリストである」という信仰箇条を唯一必要なものとする点や教父や教会の伝統に対して否定的な態度をとっているところを挙げる。相違点としては，ホッブズが主権者に対する臣民の絶対的服従を説くのに対し，テュウ・サークルの思想家たちは主権者に背いてでも履行しなければならない自然とキリスト教の命令があるという伝統的見解をとっている点，また彼らが神は自発的に神を拒絶した者だけを断罪すると捉えるのに対し，ホッブズは救済と断罪は全能なる神の独断的な命令の帰結だとする点を挙げている。とくに，ホッブズの唯物論と奇蹟，預言および啓示に対する彼の懐疑主義的態度が異端の非難を引き起こし，それが彼とテュウ・サークルのメンバーとを分かつことになったと言う。Johann P. Sommerville, *Thomas Hobbes : Political Ideas in Historical Context*, New York : St. Martin's Press, 1992, pp. 147–149, 167. テュウ・サークルの中心メンバーはフォークランドをはじめ，救済における自由意志の役割を重要視するアルミニウス主義者が多かった。これに対しホッブズは神の絶対的力に基づく神義論と人間の意志の必然性を説く。この根本における相違が彼らの間を決定的に分かち，聖書解釈における異なった見解を生み出していくのである。

(78) 八代『イギリス宗教改革史研究』168ページ。

(79) 八代『イギリス宗教改革史研究』165，201，211ページ。

(80) Hooker, III, iii, pp. 244–245.

(81) Hooker, III, vii, p. 219.

(82) Hooker, III, viii, p. 360.

(83) Hooker, I, iii, p. 235.

(84) Hooker, I, iii, p. 219.

(85) Hooker, I, i, pp. 138–139.

(86) Hooker, I, iii, pp. 202–203.
(87) Hooker, III, viii, p. 396.
(88) Hooker, III, viii, pp. 328–329.
(89) L, chap. 42, p. 276 (401–402, 349–350). 訳 III 223–225 ページ。L, chap. 42, pp. 277–279 (403–407, 351–353). 訳 III 227–232 ページ。LL, pp. 354, 357, OL, III, pp. 551, 556. 訳 IV 299，305 ページ。
(90) State, "Hobbes and Hooker," p. 86.
(91) Faulkner, *Richard Hooker and the Politics of a Christian England*, pp. 164–165.
(92) 鈴木『主権・神法・自由』94 ページ。
(93) Hooker, III, viii, p. 347.
(94) Hooker, III, viii, p. 407.
(95) Hooker, III, viii, p. 437.
(96) Hooker, III, viii, p. 439.
(97) 八代『イギリス宗教改革史研究』252 ページ。
(98) Hooker, III, viii, p. 445.
(99) Hooker, III, viii, p. 406.
(100) Morris, *Political thought in England*, p. 187. モリス『宗教改革時代のイギリス政治思想』206–207 ページ。
(101) カルヴァン主義に距離をとり，よりアルミニウス主義に傾斜したロードは，実際，フッカーが承認したランベス条項（1595 年に大主教ホイットギフトのもとにランベス宮に集まった委員によって作成された神学命題集で，カルヴァン主義に基づく予定説を採用）の予定説を廃棄しようとした。Christopher Hill, *The Collected Essays of Christopher Hill, vol. II, Religion and Politics in 17th Century England*, Brighton : Harvester Press, 1986, p. 76. 小野功生訳『17 世紀イギリスの宗教と政治——クリストファー・ヒル評論集 II』法政大学出版局，1991 年，105，448 ページ。
(102) 荻間寅男は，宗教改革の徹底のための「宗教と政治の結合は，大陸各地において惨憺たる宗教戦争を引き起こし」たが，「英国国教会の特質は大陸における異端審問や宗教戦争とは無縁であった」と論じている。荻間寅男「ホッブズの神学批判——『レヴァイアサン』第 3 部「キリスト教のコモンウェルスについて」への予備考察」『東洋女子短期大学紀要』第 34 巻，2002 年，81 ページ。現実には，ホッブズの時代にピューリタン革命といういわば宗教戦争が起きてしまうのであるから「無縁であった」とまでは言えないだろう。正確に言えば，むしろ，大陸のような宗教戦争の勃発を避けるために，宗教問題の政治的な解決の方法を理論化することがフッカーの課題だったのであり，このフッカーのアングリカニズムの思想がこれ以後のイングランド国教会の特質の一つとなったのである。
(103) L, chap. 29, p. 169 (256, 224). 訳 II 244 ページ。
(104) L, chap. 18, p. 90 (140–141, 124). 訳 II 40–41 ページ。
(105) L, chap. 42, pp. 295–296 (430, 373). 訳 III 270–271 ページ。
(106) L, chap. 36, p. 232 (343, 299). 訳 III 117 ページ。

(107) Hooker, III, viii, p. 387.

(108) Hooker, III, viii, p. 338. 支配の正当性は統治者が「国王として支配している政治体全体」の「同意」にあるとされる。

(109) Hooker, I, i, pp. 78–79. C・ライエンホルストによると，16 世紀のアリストテレス主義はイエズス会士や反宗教改革者に独占されていたわけではなく，とりわけドイツではプロテスタント（カルヴァン主義およびルター主義）のアリストテレス主義が展開し，アリストテレス主義の伝統のなかに決定論的傾向が存在するようになり，これがイギリスに輸出された。ところが，プロテスタントのアリストテレス主義者は，決定論的要素を保持しつつも，人間の意志を自由の原因と定義し，意志にまで決定論を拡大するのを差し控えたが，ホッブズはこの限定を取り払い，意志作用にまで拡大したのだという。Cees Leijenhorst, *The Mechanisation of Aristotelianism : The Late Aristotelian Setting of Thomas Hobbes' Natural Philosophy*, Leiden : Brill, 2002, pp. 10, 214, 217, 220.

(110) Hooker, III, viii, pp. 338–339.

(111) Hooker, III, viii, p. 400.

(112) Shirley, *Richard Hooker and Contemporary Political Ideas*, pp. 226–227.

(113) Faulkner, *Richard Hooker and the Politics of a Christian England*, p. 163.

(114) Hooker, I, i, p. 103.

(115) Martin Luther, *Von weltlicher Obrigkeit, wie weit man ihr Gehorsam schuldig sei, 1523*, in *Luthers Werke in Auswahl*, hrsg. von Otto Clemen, (Bonn : A. Marcus und E. Weber, 1912–1913) Berlin : W. de Gruyter, 1950–1959, Bd. II, S. 382. 徳善義和訳「この世の権威について，人はどの程度までこれに対し服従の義務があるのか (1523 年)」『ルター著作集』第 1 集第 5 巻，聖文舎，1967 年，175 ページ。なお，訳語において表現を若干変更している。また，ルター解釈については次の論文を参照した。磯部「近代政治思想史の形成と宗教意識 (2)」137 ページ。

(116) 磯部「近代政治思想史の形成と宗教意識 (2)」107–108 ページ。

(117) 磯部「近代政治思想史の形成と宗教意識 (2)」143 ページ。*Ermahnunge zum Frieden auf die zwölf Artikel der Bauernschaft in Schwaben, 1525*, in *Luthers Werke in Auswahl*, Bd. III, S. 52–59. 渡辺茂訳「シュワーベンの農民の十二個条に対する平和勧告（1525年)」『ルター著作集』第1集第6巻，聖文舎，1963年，325–337 ページ。

(118) 磯部「近代政治思想史の形成と宗教意識 (2)」144，149 ページ。

(119) クリストファー・ヒルも，教会内の職務への世俗権力の介入を正当化するという「その道はルターからまっすぐ『リヴァイアサン』へと通じている」と主張している。Hill, *The Collected Essays of Christopher Hill*, p. 38. 邦訳，56 ページ。

(120) DC, p. 217. 伊藤宏之・渡部秀和訳「トマス・ホッブズ著『真の市民に関する哲学的原理（市民論)』(6)」『福島大学教育学部論集　社会科学部門』第 68 号，2000 年，33 ページ。

(121) B, p. 50.

(122) L, chap. 17, p. 88 (137, 121). 訳 II 34 ページ。

(123) 鈴木『主権・神法・自由』146 ページ。

(124) 鈴木『主権・神法・自由』110–111 ページ。

(125) 鈴木『主権・神法・自由』168–169 ページ。

(126) 鈴木『主権・神法・自由』126–127 ページ。

(127) 鈴木『主権・神法・自由』169 ページ。

(128) 磯部「近代政治思想史の形成と宗教意識（2）」138–140 ページ。

(129) 鈴木『主権・神法・自由』123, 160 ページ。

(130) 鈴木は,「受動的服従」=不服従というルター解釈を, 1520 年の「善きわざについて」に依拠している。鈴木『主権・神法・自由』, 120–122 ページ。Martin Luther, *Von den guten Werken, 1520*, in *Luthers Werke in Auswahl*, Bd. I, S. 287. 福山四郎訳「善きわざについて（1520 年）」『ルター著作集』第 1 集第 2 巻, 聖文舎, 1981 年, 114–115 ページ。ここでは「暴君」の強制に対し, キリスト教徒は殉教してでも神の命令を守るべきだということが述べられている。しかし, 1526 年の「軍人もまた救われるか」においては, 鈴木自身が指摘しているとおり, ルターは厳格な非抵抗を主張している。*Ob Kriegsleute auch in seligem Stande sein können, 1526*, in *Luthers Werke in Auswahl*, Bd. III, S. 330. 神崎大六郎・徳善義和訳「軍人もまた救われるか（1526 年）」『ルター著作集』第 1 集第 7 巻, 聖文舎, 1966 年, 571 ページ。鈴木によれば, こうした主張のアクセントの移動は, 農民戦争を目の当たりにしたルターが自らの理論の変更させたことに起因するという。鈴木『主権・神法・自由』, 133–134 ページ。他方で, 筆者が依拠したルターの良心論は 1525 年の「シュワーベンの農民の十二個条に対する平和勧告」における叙述である。ルターが積極的な「言葉による抵抗」の主唱者なのか, あるいは抵抗の拒絶者なのか, ルター研究において議論の分かれるところである。磯部「近代政治思想史の形成と宗教意識（2）」137–138 ページ。異なる時期の著作に依拠するため, 鈴木と筆者との間でルター解釈に違いが現れるのも無理はないのかもしれない。しかし筆者は, ホッブズの服従理論に親和的な良心論や非抵抗の主張が書かれている 1525 年の著書が存在するという事実と, ホッブズ自身が『自由, 必然, 偶然に関する諸問題』において尊敬する神学者としてルターを挙げていることからも (LNC, p. 266.), ホッブズがルターおよび彼の「受動的服従」を拒絶したとは考えない立場をとる。なお, オーバーホッフもホッブズの著作におけるルターの教説の影響の大きさを力説している。Jürgen Overhoff, "The Lutheranism of Thomas Hobbes," *History of Political Thought*, vol. XVIII, no. 4, Winter 1997, p. 606.

(131) L, chap. 42, p. 270 (393–394, 342–343). 訳 III 210–211 ページ。

(132) B, pp. 50–51.

(133) L, chap. 42, p. 271 (395, 344). 訳 III 212–213 ページ。

(134) Hooker, I, i, pp. 78, 90.

(135) L, chap. 19, p. 94 (147, 129). 訳 II 52 ページ。

(136) L, chap. 19, p. 99 (154, 135). 訳 II 62 ページ。

(137) L, chap. 19, pp. 100–101 (155–157, 136–137). 訳 II 64–67 ページ。

(138) L, chap. 17, p. 88 (137, 121). 訳 II 34 ページ。

(139) L, chap. 21, pp. 111–112 (173, 151). 訳 II 96 ページ。

(140) L, chap. 21, p. 112 (174, 152). 訳 II 98 ページ。

(141) L, chap. 18, p. 89 (139, 122–123). 訳 II 38–39 ページ。

(142) L, chap. 18, p. 88 (138, 121). 訳 II 36 ページ。

(143) L, chap. 20, p. 102 (159, 139). 訳 II 72 ページ。

(144) L, chap. 20, p. 103 (160, 140). 訳 II 73 ページ。

(145) L, chap. 20, p. 103 (160, 141). 訳 II 74 ページ。

(146) L, chap. 20, p. 104 (161, 141). 訳 II 75 ページ。

(147) L, chap. 18, p. 89 (140, 123). 訳 II 39 ページ。

(148) L, chap. 20, p. 103 (160, 140). 訳 II 73 ページ。

(149) L, chap. 20, p. 104 (161, 141). 訳 II 75 ページ。

(150) L, chap. 14, p. 65 (106, 93). 訳 I 219 ページ。

(151) 佐々木高雄は,「設立による国家共同体」と「獲得による国家共同体」の二つの国家論を同じ理論体系に組み込まれたものとして,「可能なかぎり統一的に捉える努力を怠ってはならない」と強調し, ホッブズは「設立による国家共同体」においても「獲得による国家共同体」においても, 契約論の人為的構成を貫徹していると結論づける。佐々木高雄「ホッブズの『獲得国家』について」『工学院大学研究論叢』第 18 号, 1980 年, 98, 112 ページ。

(152) L, chap. 20, p. 102 (158, 138). 訳 II 70 ページ。

(153) L, chap. 14, p. 69 (112, 97). 訳 I 229 ページ。

(154) 福田『近代政治原理成立史序説』317 ページ。

(155) スキナーの解釈によれば, ホッブズは『法の原理』や『市民論』で論じていた征服に関する議論を『リヴァイアサン』において変更し, 征服と同意が両立しうることを論証することによって, 現実の征服者たる議会派の政府の正当性が人々の自由な同意にあるということを明示しようとしたのだと言う。Quentin Skinner, "Thomas Hobbes on the Proper Signification of Liberty," *Transactions of the Royal Historical Society*, vol. 40, 1990, pp. 147–151. 福田有広はこのようなスキナーの解釈を批判し,『リヴァイアサン』による修正は『法の原理』や『市民論』では確立していた服従理論を掘り崩す結果となり, 実際には, 共和政政府の正当性を支えるいかなる共通権力の基礎ももたらしえなかったと主張する。福田によると,『リヴァイアサン』では信約よりも共通権力のほうに重点がシフトされたため, 戦争の勝敗の決定を人民自身の私的判断にゆだねる余地が出てきてしまい, 勝利者である征服者が人民の服従を維持させておくだけの圧倒的な力を保持していなければ, 人民が征服者たる共和政政府の共通権力は自分たちを畏怖させておくのに十分ではないと判断した場合には, 彼らはより大きな保護を求めて敵を支持し, 政府を見捨ててしまいかねず, 共通権力自体が崩壊するであろうと言う。Fukuda, *Sovereignty and the Sword*, pp. 59–67. しかし, ホッブズが私的判断を禁じているのは, 主権者が樹

立されてからである。『リヴァイアサン』において，戦争状態にある人々は「自己の判断と理性において，彼が生命の維持に最も適した手段と考えるどんなことでも行う自由」(L, chap. 14, p. 64 (104, 91). 訳I 216ページ）をもっている。人々が私的判断を放棄して，主権者の判断（公的良心，国家の理性とも言い換えうる）を自己のものとする信約を締結し，自然状態から脱却する際，この直前まで，各人は戦争の続行か平和を求めるのかを思考し，理性と判断（つまり自己の心のなかの対話過程における最後の意見）を様々に働かせているということは理論上の前提である。まさにこの思考もしくは熟慮の過程を経て，最終的に征服者を主権者として受け入れることが自己の意志になったとき，信約行為が行われ，自然状態から脱却するのである。また，もし戦争の勝利者が他を圧倒するような力をもっていなければ，それは征服者すなわち「獲得による国家共同体」の「専制的支配」のケースにはならず，むしろ議会派と王党派を含めて，人々が互いの力の優劣を争い合う，相互の恐怖が存在する状態であって，むしろ「設立による国家共同体」のケースになりうるのではないか。つまり，人民各人が議会派か王党派かどちらかを選択し，相互に信約を結ぶことによって内乱を終結させる，「設立による国家共同体」となるのである。確かに福田の言うように，実際の革命政権は人民すべてを畏怖させうるような圧倒的な力を保持してはいなかったかもしれない。だが，『リヴァイアサン』におけるホッブズは，決定的な勝利があるかないかについて，どちらの状態も見込んでいたがゆえに，このような国家の二類型を用意したと考えられる。したがって，この点についての福田の指摘は，『リヴァイアサン』の論理に対する有効な批判とはならないように思われる。

2　リヴァイアサン——政治と宗教の問題に対するホッブズの解決策

（1）　J. G. A. Pocock, “Time, History and Eschatology in the Thought of Thomas Hobbes,” in *Politics, Language and Time: Essays on Political Thought and History*, London: Methuen, 1972, p. 165.

（2）　E. J. Eisenach, “Hobbes on Church, State and Religion,” *History of Political Thought*, vol. III, no. 2, Summer 1982, pp. 215–216. 日本の研究者でこの立場をとるのは池田貞夫である。池田によると，『リヴァイアサン』第三部はホッブズの救済史観つまり歴史であって，宗教論の中心部分は，キリスト教からギリシア的要素を排除して，聖書的キリスト教を復活させ，同時に宗教に対する世俗的権力の自律性を確保することであり，宗教と哲学を分離することであったと言う。池田貞夫「ホッブズにおける自然・人間・社会」『中央大学論集』第2号，1981年，14，18ページ。

（3）　Patricia Springborg, “Leviathan and the Problem of Ecclesiastical Authority,” *Political Theory*, vol. 3, no. 3, August 1975, p. 290.

（4）　Springborg, “Leviathan and the Problem of Ecclesiastical Authority,” pp. 300–301.

（5）　R. J. Halliday, T. Kenyon and A. Reeve, “Hobbes's Belief in God,” *Political Studies*, vol. XXXI, no. 3, September 1983, pp. 432–433.

(6) 鈴木朝生『主権・神法・自由』55ページ。
(7) L, chap. 31, p. 187 (281, 246). 訳 II 287ページ。
(8) L, chap. 31, p. 186 (280, 245). 訳 II 286ページ。
(9) L, chap. 35, p. 217 (321, 281). 訳 III 80-81ページ。L, chap. 35, p. 219 (323-324, 283). 訳 III 85ページ。
(10) L, chap. 40, p. 249 (370, 322). 訳 III 169ページ。
(11) L, chap. 40, p. 250 (372, 324). 訳 III 171-172ページ。
(12) L, chap. 35, pp. 216-217 (320-321, 281). 訳 III 79-80ページ。
(13) L, chap. 40, p. 249 (370, 322). 訳 III 169ページ。
(14) L, chap. 40, p. 250 (372, 324). 訳 III 171-173ページ。
(15) L, chap. 40, pp. 250-251 (372-373, 324). 訳 III 173ページ。
(16) L, chap. 40, p. 249 (370, 322). 訳 III 169ページ。
(17) L, chap. 40, p. 249 (370-371, 323). 訳 III 170ページ。
(18) L, chap. 20, p. 102 (159, 139-140). 訳 II 71-72ページ。
(19) L, chap. 18, p. 88 (138, 121-122). 訳 II 36ページ。
(20) L, chap. 35, p. 218 (322, 282). 訳 III 83ページ。
(21) L, chap. 36, p. 228 (336, 294). 訳 III 107ページ。
(22) L, chap. 35, p. 219 (324, 284). 訳 III 85ページ, L, chap. 40, p. 254 (377, 328). 訳 III 180-181ページ。
(23) L, chap. 41, p. 262 (382, 333). 訳 III 190ページ。
(24) L, chap. 38, p. 247 (366, 319). 訳 III 159ページ。
(25) L, chap. 41, p. 264 (385, 336). 訳 III 195ページ。
(26) Eisenach, "Hobbes on Church, State and Religion," p. 223.
(27) Pocock, "Time, History and Eschatology," p. 176.
(28) Pocock, "Time, History and Eschatology," pp. 177-178.
(29) L, chap. 44, p. 334 (483, 419). 訳 IV 20ページ。
(30) Pocock, "Time, History and Eschatology," p. 197. ホッブズはこれら以外にも「国王陛下に対立した敵」として，再洗礼派，第五王国派，クウェーカー，アダマイツを，『ビヒモス』において挙げている。B, p. 3.
(31) L, chap. 44, p. 340 (490, 425). 訳 IV 32ページ。
(32) L, chap. 42, p. 314 (455, 394). 訳 III 315ページ。
(33) L, chap. 42, pp. 300-320 (436-464, 378-402). 訳 III 281-330ページ。
(34) L, chap. 4, pp. 16-17 (33, 30). 訳 I 79-80ページ。
(35) L, chap. 46, p. 371 (534, 463). 訳 IV 114ページ。L, chap. 46, p. 374 (538, 466-467). 訳 IV 120ページ。
(36) L, chap. 46, p. 371 (534, 463). 訳 IV 114ページ。
(37) L, chap. 46, pp. 373-374 (537-539, 466-467). 訳 IV 118-122ページ。
(38) 八代崇『イギリス宗教改革史研究』272ページ。
(39) 田村秀夫「総括――ピューリタニズム・千年王国・革命」田村秀夫編『千年王国

論』研究社出版，2000年，154ページ。

(40) 菅原秀二「急進派と神の国――1649年の分裂におけるウィリアム・ウォルウィンをめぐって」田村秀夫編著『千年王国論』研究社出版，2000年，68ページ。

(41) 青木道彦「千年王国論の三つの類型――スコットランド長老派と千年王国論」田村秀夫編著『千年王国論』研究社出版，2000年，18ページ。

(42) 青木「千年王国論の三つの類型」27ページ。

(43) 青木「千年王国論の三つの類型」31-33ページ。

(44) 岩井淳「二つのイングランドを結ぶもの――ジョン・コトンと独立派・第五王国派」田村秀夫編著『千年王国論』研究社出版，2000年，53ページ。

(45) L, chap. 44, p. 341 (492, 426-427). 訳IV 34ページ。

(46) ベザはカルヴァンの死後，その後継者として，ジュネーヴのみならずフランスその他の改革派教会を指導した。小嶋潤『西洋教会史』刀水書房，1986年，346ページ。ピューリタンのトマス・カートライトはベザと親交を結び，イングランドに長老派教会を設立し，国教会体制に反対した。小嶋潤『イギリス教会史』刀水書房，1988年，104ページ。

(47) L, chap. 47, p. 382 (548, 476). 訳IV 141-142ページ。

(48) L, chap. 44, p. 341 (492, 427). 訳IV 35ページ。

(49) L, chap. 38, pp. 238-239 (352-353, 307-308). 訳III 136-137ページ。

(50) L, chap. 40, p. 254 (377, 328). 訳III 180ページ。

(51) L, chap. 41, p. 263 (384, 334). 訳III 192-193ページ。

(52) L, chap. 41, p. 262 (382-383, 333). 訳III 190-191ページ。

(53) L, chap. 44, pp. 345-346 (498-500, 432-433). 訳IV 44-47ページ。

(54) L, chap. 42, p. 269 (392, 341). 訳III 207ページ。

(55) L, chap. 41, p. 262 (382, 333). 訳III 190ページ。

(56) L, chap. 42, p. 270 (393, 342). 訳III 209ページ。

(57) L, chap. 42, p. 310 (449, 390). 訳III 305ページ。

(58) L, chap. 39, p. 248 (369, 321). 訳III 166-167ページ。

(59) L, chap. 42, p. 299 (435, 377). 訳III 279ページ。

(60) L, chap. 39, p. 248 (369-370, 322). 訳III 167-168ページ。

(61) L, chap. 42, p. 296 (431,374). 訳III 272ページ。

(62) L, chap. 42, p. 313 (454, 393). 訳III 313ページ。

(63) Hooker, III, vii, p. 312.

(64) L, chap. 36, p. 228 (337, 295). 訳III 108ページ。

(65) L, chap. 7, p. 32 (55, 49). 訳I 121ページ。

(66) L, chap. 43, p. 323 (467, 405). 訳III 341-342ページ。

(67) L, chap. 32, p. 196 (293, 257). 訳III 28ページ。

(68) L, chap. 8, p. 38 (64, 56-57). 訳I 136ページ。

(69) L, chap. 32, p. 198 (296, 259). 訳III 33ページ。

(70) L, chap. 32, p. 196 (293, 257). 訳III 28ページ。

(71) L, chap. 2, pp. 6–7 (17–19, 17–18). 訳 I 50–53 ページ。

(72) L, chap. 43, p. 323 (467, 405). 訳 III 342 ページ。

(73) L, chap. 36, p. 231 (342, 298–299). 訳 III 116 ページ。

(74) L, chap. 43, p. 324 (469, 407). 訳 III 345 ページ。

(75) L, chap. 43, p. 327 (472, 409). 訳 III 351 ページ。

(76) L, chap. 43, p. 330 (477, 413). 訳 III 359 ページ。

(77) L, chap. 36, p. 231 (342, 299). 訳 III 116 ページ。

(78) L, chap. 36, p. 231 (342, 299). 訳 III 116–117 ページ。

(79) L, chap. 36, pp. 224–225 (332, 290). 訳 III 98–99 ページ。

(80) L, chap. 36, p. 225 (332, 291). 訳 III 100 ページ。

(81) L, chap. 40, p. 253 (375–376, 327). 訳 III 178 ページ。

(82) L, chap. 36, p. 228 (336–337, 294). 訳 III 107–108 ページ。L, chap. 40, pp. 254–255 (377–378, 328–329). 訳 III 180–182 ページ。

(83) L, chap. 36, p. 229 (338, 295). 訳 III 109 ページ。

(84) L, chap. 40, p. 250 (372, 324). 訳 III 171 ページ。

(85) L, chap. 40, p. 252 (374, 326). 訳 III 176 ページ。

(86) L, chap. 40, pp. 249–250 (371, 323). 訳 III 170 ページ。

(87) L, chap. 36, p. 230 (340–341, 297). 訳 III 113–114 ページ。

(88) L, chap. 36, p. 232 (343, 299). 訳 III 117 ページ。

(89) L, chap. 42, p. 310 (450, 390–391). 訳 III 307 ページ。

(90) L, chap. 37, p. 238 (351, 306). 訳 III 134 ページ。

(91) L, chap. 42, pp. 317–318 (460–461, 399). 訳 III 324 ページ。

(92) L, chap. 42, p. 318 (462, 400). 訳 III 326 ページ。傍線筆者。

(93) L, chap. 43, p. 321 (464, 402). 訳 III 337 ページ。

(94) L, chap. 36, p. 232 (343, 299). 訳 III 117 ページ。

(95) Johann P. Sommerville, “Hobbes, Selden, Erastianism, and the history of the Jews,” in *Hobbes and History*, ed. G. A. J. Rogers and Tom Sorell, London : Routledge, 2000, p. 160. Mintz, *The Hunting of Leviathan*, p. 28. セルデンを理解するうえでサマヴィルの研究は大いに役立った。またセルデンの政治論については以下の論文を参照。Johann P. Sommerville, “John Selden, the Law of Nature, and the Origins of Government,” *The Historical Journal*, vol. 27, no. 2, 1984.

(96) C, pp. 30, 32.

(97) *Aubrey's Brief Lives*, ed. Oliver Lawson Dick, (originally published, London : Martin Secker & Warburg, 1949) Boston : David R. Godine Publisher, 1999, pp. 272–273. 橋口稔・小池銈訳『名士小伝』冨山房, 1979 年, 221 ページ。

(98) L, chap. 10, p. 46 (78, 69). 訳 I 163 ページ。

(99) Sommerville, “Hobbes, Selden, Erastianism, and the history of the Jews,” pp. 168–169.

(100) ホッブズはエラストゥス本人の信奉者ではない。Sommerville, *Thomas Hobbes :*

Political Ideas in Historical Context, p. 108. Mintz, *The Hunting of Leviathan*, p. 28.

(101) John Selden, *De Synedriis et præfecturis juridicis veterum Ebræorum libri tres*, Amstelædami : Joannis à Someren & Henrici & Theodori Boom, 1679, II : Cap. 10, pp. 272–273, II : Cap. 16, pp. 424–425, III : Cap. 1, p. 5. この著作の初版は三巻本で，それぞれ 1650, 1653, 1655 年に出版され，第三巻は未完で死後出版であった。Sommerville, “Hobbes, Selden, Erastianism, and the history of the Jews,” pp. 170, 176, 183 n38.

(102) L, chap. 42, p. 275 (400, 348). 訳 III 221–222 ページ。傍線筆者。

(103) Selden, *De Synedriis*, I : Cap. 9, pp. 152–163. Sommerville, “Hobbes, Selden, Erastianism, and the history of the Jews,” p. 176.

(104) Selden, *De Synedriis*, I : Cap. 10, pp. 198–213. Sommerville, “Hobbes, Selden, Erastianism, and the history of the Jews,” pp. 170–171.

(105) L, chap. 42, p. 275 (400–401, 348–349). 訳 III 222–223 ページ。

(106) L, chap. 42, p. 296 (431, 374). 訳 III 272 ページ。

(107) L, chap. 42, pp. 299–300 (435–436, 377–378). 訳 III 279–281 ページ。

(108) L, chap. 42, pp. 278–279 (405–406, 352–353). 訳 III 230–231 ページ。

(109) L, chap. 42, p. 300 (436, 378). 訳 III 280 ページ。

(110) L, chap. 42, p. 299 (435, 378). 訳 III 280 ページ。

(111) Sommerville, “Hobbes, Selden, Erastianism, and the history of the Jews,” p. 178. Sommerville, *Thomas Hobbes : Political Ideas in Historical Context*, p. 118.

(112) 「彼〔ホッブズ〕の宗教的見解のいくつかは，たとえば三位一体論のように，著しく独創的であったが，しかし彼が論じたことの大部分はアングリカンの常套句であった」。Sommerville, *Thomas Hobbes : Political Ideas in Historical Context*, p. 107.

(113) Sommerville, *Thomas Hobbes : Political Ideas in Historical Context*, pp. 119–121, 132.

(114) L, chap. 42, p. 297 (431, 374). 訳 III 273 ページ。

(115) Sommerville, *Thomas Hobbes : Political Ideas in Historical Context*, p. 121.

(116) M・ロシュワルドの解釈によれば，ヘブライ学者というよりはむしろギリシア・ラテン学者といってよいホッブズが旧約の世界に魅かれたのは，一つには，新約の世界に比べて旧約の世界は，より具体的な言葉で描かれていてより現実的で自然的であること，そして二つには，神とイスラエルの人民との関係の基礎である信約の制度の魅力からだと言う。また，ホッブズは時折聖書の語句や比喩をなぞらえて記述しており，『リヴァイアサン』第一四章の基本的自然法の定義「平和を求め，それに従え」は，旧約の詩篇 34 篇 15 節「平和を求め，それを追え」をまねたものだと指摘している。Mordecai Roshwald, “The Judeo-Christian Elements in Hobbes’s Leviathan,” *Hobbes Studies*, vol. VII, 1994, pp. 100, 121–122. この指摘の妥当性はさらなる分析を要するが，興味深い視点である。

(117) L, chap. 44, p. 333 (481, 417–418). 訳 IV 17–18 ページ。『リヴァイアサン』第四部の概要については，S・A・ロイドがコンパクトにまとめている。S. A. Lloyd, *Ideals*

as Interests in Hobbes's Leviathan : The Power of Mind over Matter, Cambridge : Cambridge University Press, 1992. とくに第五章参照。

(118) L, chap. 44, p. 334(482, 418). 訳 IV 19 ページ。

(119) L, chap. 44, p. 334(483, 419). 訳 IV 20 ページ。L, chap. 44, p. 337 (486, 422). 訳 IV 25 ページ。L, chap. 44, p. 339 (489, 424). 訳 IV 29-30 ページ。

(120) L, chap. 44, pp. 335-337 (483-486, 419-422). 訳 IV 21-25 ページ。

(121) L, chap. 44, pp. 337-339 (486-489, 422-424). 訳 IV 25-29 ページ。

(122) L, chap. 44, p. 337 (486, 422). 訳 IV 25 ページ。傍線筆者。

(123) L, chap. 35, p. 220 (326, 285). 訳 III 89 ページ。

(124) L, chap. 44, p. 339 (489-490, 424-425). 訳 IV 29-31 ページ。

(125) L, chap. 44, p. 340 (491, 426). 訳 IV 32-33 ページ。L, chap. 44, p. 346 (500, 433-434). 訳 IV 47-48 ページ。

(126) L, chap. 44, p. 346 (500, 433). 訳 IV 47 ページ。

(127) L, chap. 44, pp. 339-340 (490, 425). 訳 IV 31-32 ページ。

(128) L, chap. 38, pp. 240-241 (355-356, 310). 訳 III 141-142 ページ。

(129) L, chap. 44, p. 343 (495, 430). 訳IV 40ページ。L, p. 348 (502-503, 436). 訳IV 51-52 ページ。

(130) L, chap. 45, p. 356 (513, 445). 訳 IV 75 ページ。

(131) L, chap. 44, p. 340 (491, 426). 訳 IV 33 ページ。

(132) L, chap. 45, p. 352 (507, 440). 訳 IV 65 ページ。

(133) L, chap. 45, pp. 352-353 (507-508, 440-441). 訳 IV 65-67 ページ。

(134) L, chap. 45, p. 353 (508-509, 441-442). 訳 IV 67-69 ページ。

(135) L, chap. 45, p. 354 (510, 443). 訳 IV 70 ページ。

(136) L, chap. 45, p. 355 (512-513, 444-445). 訳 IV 73-74 ページ。

(137) L, chap. 45, p. 356 (513, 445). 訳 IV 74 ページ。

(138) L, chap. 45, p. 356 (513-514, 445). 訳 IV 75-76 ページ。

(139) L, chap. 45, pp. 357-366 (514-527, 446-457). 訳 IV 77-99 ページ。

(140) L, chap. 46, p. 367 (528, 458). 訳 IV 105 ページ。

(141) L, chap. 46, p. 369 (530, 460). 訳 IV 109 ページ。L, chap. 46, p. 370 (533, 462). 訳 IV 112 ページ。

(142) L, chap. 46, p. 371 (533-534, 462-463). 訳 IV 113-114 ページ。

(143) L, chap. 46, pp. 372-373 (536, 465). 訳 IV 117 ページ。

(144) L, chap. 46, pp. 374-376 (539-541, 467-469). 訳 IV 122-125 ページ。

(145) L, chap. 46, p. 376 (541, 469). 訳 IV 125-126 ページ。

(146) L, chap. 46, p. 377 (542-543, 470-471). 訳 IV 128-129 ページ。

(147) L, chap. 46, pp. 377-378 (543, 471). 訳 IV 129 ページ。

(148) L, chap. 46, p. 378 (543-544, 471). 訳 IV 130 ページ。

(149) LL, p. 358, OL, III, p. 557. 訳 IV 305-306 ページ。

(150) L, chap. 46, p. 378 (544, 472). 訳 IV 130-131 ページ。

(151) L, chap. 46, p. 379 (545, 473). 訳 IV 133 ページ。

(152) Leijenhorst, *The Mechanisation of Aristotelianism*, p. 37.

(153) Nicholas Jolley, "The Relation between Theology and Philosophy," in *The Cambridge History of Seventeenth-Century Philosophy*, Volum I, ed., Daniel Garber and Michael Ayers with the assistance of Roger Ariew and Alan Gabbey (first published 1998), Cambridge; New York : Cambridge University Press, 2003, pp. 366-367.

(154) Leijenhorst, *The Mechanisation of Aristotelianism*, pp. 31-34.

(155) LNC, p. 64.

(156) Arrigo Pacchi, "Hobbes and the Problem of God," in *Perspectives on Thomas Hobbes*, ed. G. A. J. Rogers and Alan Ryan, Oxford : Clarendon Press, 1988, p. 185.

(157) Considerations, p. 427.

(158) L, chap. 47, pp. 381-382 (547-549, 474-476). 訳 IV 139-142 ページ。

(159) L, chap. 47, pp. 382-383 (549-551, 476-478). 訳 IV 142-145 ページ。

(160) L, chap. 47, p. 387 (556, 482). 訳 IV 153-154 ページ。

(161) Patricia Springborg, "Thomas Hobbes and Cardinal Bellarmine : Leviathan and 'The Ghost of the Roman Empire'," *History of Political Thought*, vol. XVI, no. 4, Winter 1995, p. 510.

(162) 高野清弘『トマス・ホッブズの政治思想』199-200, 209 ページ。

(163) L, chap. 11, p. 51 (85, 74-75). 訳 I 178 ページ。

(164) L, chap. 31, p. 191 (287, 251-252). 訳 II 298 ページ。

(165) DM, XXXVI : 7, p. 399 (439).

(166) Leijenhorst, *The Mechanisation of Aristotelianism*, p. 211.

(167) L, chap. 46, p. 372 (536, 465). 訳 IV 117 ページ。

(168) L, chap. 15, pp. 79-80 (127, 110-111). 訳 I 255-256 ページ。

(169) L, chap. 9, Table (68, 61). 訳 I 148 ページ。

(170) L, chap. 14, p. 64 (104, 91). 訳 I 216 ページ。

(171) L, chap. 31, p. 187 (281-282, 246-247). 訳 II 287-288 ページ。

(172) LNC, p. 116. L, chap. 31, p. 188 (282-283, 247-248). 訳 II 289-290 ページ。

(173) L, Review and Conclusion, p. 395 (565, 490). 訳 IV 170 ページ。

(174) L, chap. 17, p. 88 (137, 121). 訳 II 34-35 ページ。

(175) L, chap. 20, p. 103 (160, 140). 訳 II 73 ページ。

(176) L, chap. 36, p. 223 (330, 288-289). 訳 III 95-96 ページ。

(177) 磯部理一郎編『わたくしたちの「信条集」』ナザレ企画，1994 年，245-246 ページ。荻間寅男によると，イングランド国教会がニケア信仰箇条を聖書を補う重要な構成要素と認めたのは「17 世紀の終わりに近い時期」であるという。荻間寅男「ホッブズと英国国教会——『リヴァイアサン』研究その 2」『東洋学園大学紀要』第 11 号，2003 年，93 ページ。

(178) LL, p. 349, OL, III, p. 543. 訳 IV 289 ページ。

(179) LL, p. 353, OL, III, p. 550. 訳 IV 297 ページ。

(180) LL, p. 358, OL, III, p. 557. 訳 IV 306 ページ。

(181) ホッブズの政治理論の分析において，彼の人格論と三位一体論との関連について論じている研究は以下のものがある。Martinich, *The Two Gods of Leviathan*, p. 206. Halliday, Kenyon and Reeve, "Hobbes's Belief in God," pp. 422–423. D. H. J. Warner, "Hobbes's Interpretation of the Doctrine of the Trinity," *Journal of Religious History*, vols. 5–6, 1969–70, p. 307. なお，マーティニッチは，神学としての三位一体論それ自体についても論究している。A. P. Martinich,"Identity and Trinity," *The Journal of Religion*, vol. 58, 1978.

(182) ホッブズの主権論における代表人格の概念の重要性は，野嶌一郎によって指摘されている。野嶌一郎「ホッブズの法理論とクックの『人工的理性』」『史学研究』第154号，1982年，25，38ページ。

(183) L, chap. 16, p. 80 (128, 111). 訳 I 260 ページ。

(184) L, chap. 16, pp. 80–81 (128, 112). 訳 I 261 ページ。

(185) L, chap. 17, p. 87 (137, 120). 訳 II 33 ページ。傍線筆者。

(186) L, chap. 40, p. 251 (373, 325). 訳 III 174 ページ。

(187) L, chap. 33, p. 206 (306, 268). 訳 III 51 ページ。

(188) L, chap. 16, p. 82 (130–131, 114). 訳 I 264–265 ページ。

(189) L, chap. 42, p. 268 (390, 340). 訳 III 205 ページ。

(190) L, chap. 41, p. 263 (384, 335). 訳 III 193 ページ。

(191) L, chap. 41, p. 262 (383, 334). 訳 III 191 ページ。

(192) Patricia Springborg, "Leviathan, the Christian Commonwealth Incorporated," *Political Studies*, vol. XXIV, no. 2, June 1976, p. 182.

(193) ホーリデイらは，ホッブズは正統の教理アタナシオス派の立場（キリストは父なる神と同一本質であるという立場）にあると主張。ワーナーは，ホッブズの解釈はアタナシオス派をはじめとする正統の信条と完全に一致するわけではないけれども，まったく矛盾するわけでもないと論じている。Halliday, Kenyon and Reeve, "Hobbes's Belief in God," p. 422. Warner, "Hobbes's Interpretation of the Doctrine of the Trinity," p. 299.

(194) L, chap. 41, p. 264 (386, 336). 訳 III 196–197 ページ。

(195) L, chap. 41, p. 266 (388, 338). 訳 III 199 ページ。

(196) LL, p. 362, OL, III, p. 563. 訳 IV 320 ページ。

(197) LL, p. 360, OL, III, p. 560. 訳 IV 316 ページ。

(198) LL, p. 362, OL, III, p. 564. 訳 IV 320 ページ。傍線筆者。

(199) L, chap. 16, p. 81 (128, 112). 訳 I 261 ページ。

(200) L, chap. 18, p. 88 (138, 121). 訳 II 36 ページ。

(201) L, chap. 18, p. 89 (139, 122). 訳 II 37 ページ。

(202) L, chap. 41, p. 266 (388, 338). 訳 III 199–200 ページ。L, chap. 42, pp. 268–269 (391, 341). 訳 III 206 ページ。

(203) L, chap. 23, p. 124 (191, 167). 訳 II 129–130 ページ。

(204)　L, chap. 23, pp. 123-125 (190-192, 166-168). 訳 II 128-131 ページ。
(205)　L, chap. 40, p. 252 (375, 327). 訳 III 177 ページ。
(206)　L, chap. 42, p. 270 (393, 342). 訳 III 209 ページ。
(207)　LL, p. 362, OL, III, p. 564. 訳 IV 320 ページ。
(208)　L, chap. 18, pp. 88-89 (138-139, 121-122). 訳 II 36-38 ページ。
(209)　L, chap. 41, p. 261 (381, 332). 訳 III 188 ページ。
(210)　L, chap. 41, p. 264 (386, 336). 訳 III 196-197 ページ。
(211)　リチャード・シャーロックは，キリストとモーセの同位性とは，つまりキリストの特別な地位の引き下げであって，それにともなって，モーセとその継承者である現在の政治的主権者の地位が目立たない形で引き上げられたのだと解釈している。Richard Sherlock, "The Theology of Leviathan : Hobbes on Religion," *Interpretation*, vol. 10, no. 1, January 1982, pp. 50-51.
(212)　磯部（理）『わたくしたちの「信条集」』270-273 ページ。
(213)　廣松渉他編『岩波哲学・思想事典』岩波書店，1998 年，987 ページ。ホッブズがソッツィーニ主義者であったとする解釈については，次を参照。Peter Geach, "The Religion of Thomas Hobbes," *Religious Studies*, vol. 17, 1981, p. 556. Springborg, "Thomas Hobbes and Cardinal Bellarmine", p. 529.
(214)　L, chap. 31, p. 191 (287, 251-252). 訳 II 298 ページ。
(215)　L, chap. 14, p. 68 (110, 96). 訳 I 227 ページ。
(216)　L, Introduction, p. 1 (9, 9). 訳 I 37 ページ。

第II部　おわりに

(1)　マーティニッチによれば，『リヴァイアサン』の口絵は，国家の政治的要素と宗教的要素とは同格であって，同等に統合されなければならず，さらに宗教はイングランド改革教会の主教制形態がとられるべきということを，メッセージとして伝えているという。Martinich, *The Two Gods of Leviathan*, p. 367. なお，『リヴァイアサン』の口絵の特徴については，カール・シュミットやキース・ブラウンの解釈を手がかりにした徳永賢治による考察があり，参照した。徳永賢治「T. ホッブズ『リヴァイアサン』口絵の一解釈」『沖縄法学』第 13 号，1985 年，245-255 ページ。
(2)　L, Introduction, p. 1 (9, 9). 訳 I 37 ページ。

結　　論

(1)　L, chap. 9, p. 61. 訳 I 148 ページ。